大连海事大学校企共建特色教材
大连海事大学–海丰国际教材建设基金资助

船舶操纵

CHUANBO CAOZONG

主　编　史国友

主　审　刘正江

大连海事大学出版社
DALIAN MARITIME UNIVERSITY PRESS

图书在版编目(CIP)数据

船舶操纵 / 史国友主编. —大连：大连海事大学
出版社，2023.12
　ISBN 978-7-5632-4472-0

　Ⅰ. ①船… Ⅱ. ①史… Ⅲ. ①船舶操纵 Ⅳ.
①U675.9

中国国家版本馆 CIP 数据核字(2023)第 213737 号

大连海事大学出版社出版

地址：大连市黄浦路523号　邮编：116026　电话：0411-84729665(营销部)　84729480(总编室)

http://press.dlmu.edu.cn　E-mail：dmupress@dlmu.edu.cn

大连天骄彩色印刷有限公司印装　　　　　大连海事大学出版社发行

2023 年 12 月第 1 版　　　　　　　　　　2023 年 12 月第 1 次印刷
幅面尺寸：184 mm×260 mm　　　　　　　　　　　印张：16.75
字数：411 千字　　　　　　　　　　　　　　印数：1~2000 册

出版人：刘明凯

责任编辑：李继凯　　　　　　　　　　　　责任校对：董洪英
封面设计：解瑶瑶　　　　　　　　　　　　版式设计：解瑶瑶

ISBN 978-7-5632-4472-0　　　定价：42.00 元

大连海事大学校企共建特色教材

编 委 会

总前言

航运业是经济社会发展的重要基础产业,在维护国家海洋权益和经济安全、推动对外贸易发展、促进产业转型升级等方面具有重要作用,对我国建设交通强国、海洋强国具有重要意义。大连海事大学作为交通运输部所属的全国重点大学、国家"双一流"建设高校,多年来为我国乃至国际航运业培养了大批高素质航运人才,对航运业的发展起到了重要作用。

进入新时代以来,党中央、国务院及教育主管部门对高等教育的人才培养体系提出了更高要求,对教材工作尤为重视。根据要求,学校大力开展了新工科、新文科等建设及产教融合、科教融合等改革。在教材建设方面,学校修订了教材管理相关制度,建立了校企共建本科教材机制,大力推进校企共建教材工作。其中,航运特色专业的核心课程教材是校企共建的重点,涉及交通运输、海洋工程、物流管理、经济金融、法律等领域。

2021 年以来,大连海事大学与海丰国际控股有限公司签订了校企共建教材协议,共同成立了"大连海事大学校企共建特色教材编委会"(简称"编委会"),负责指导、协调校企共建教材相关工作,着力建成一批政治方向正确、满足教学需要、质量水平优秀、航运特色突出、符合国家经济社会发展需求和行业需求的高水平专业核心课程教材。编委会成员主要由大连海事大学校领导和相关领域专家、海丰国际控股有限公司领导和相关行业专家组成。

校企共建特色教材的编写人员经学校二级单位推荐、学校严格审查后确定,均具有丰富的教育教学和教材编写经验,确保了教材的科学性、适用性。公司推荐具有丰富实践经验的行业专家参与共建教材的策划、编写,确保了教材的实践性、前沿性。学校的院、校两级教材工作委员会、党委常委会通过个人审读与会议评审相结合、校内专家与校外专家相结合等不同形式对教材内容进行学术审查和政治审查,确保了教材的学术水平和政治方向。

在校企共建特色教材的编写与出版过程中,海丰国际控股有限公司还向学校提供了经费资助,在此表示感谢。大连海事大学出版社对教材校审、排版等提供了专业的指导与服务,在此表示感谢。同时,感谢各方领导、专家和同仁的大力支持和热情帮助。

校企共建特色教材的编写是一项繁重而复杂的工作,鉴于时间、人力等方面的因素,教材内容难免有不妥之处,希望专家不吝指正。同时,希望更多的航运企事业单位、专家学者能参与到此项工作中来,为我国培养高素质航运人才建言献策。

大连海事大学校企共建特色教材编委会

2022 年 12 月 6 日

内容提要

本教材共八章:第一章,船舶操纵绪论;第二章,船舶操纵基础;第三章,操纵设备及其效应;第四章,航行环境对操纵的影响;第五章,港内操纵;第六章,大风浪船舶操纵;第七章,特殊水域船舶操纵;第八章,应急船舶。船舶操纵基础主要介绍船舶操纵运动方程、船舶操纵性能、船舶操纵性标准等基础理论,为后续章节包含的复杂工程问题提供理论支撑;船舶操纵设备及其效应主要包含螺旋桨、舵、侧推器等操纵设备的作用及效应等内容,明确了操纵设备的性能约束;航行环境对船舶操纵的影响主要解释了风、流、受限水域等外界因素对船舶操纵的作用及效应,并评估了外界环境对操纵的影响;各种情况下的船舶操纵主要将前述章节所学理论知识运用于解决航海实践中的复杂工程问题,为实际操船提供支撑。

本教材可以作为航海类专业"船舶操纵"课程的选用教材,也可作为船舶驾驶、引航人员以及其他有关人员的技术参考用书。

前　言

本教材是在普通高等教育"十一五"国家级规划教材和"十二五"辽宁省首批本科规划教材《船舶操纵》的基础上修订而成的。本次编写任务由高等院校航海类专业教学指导委员会讨论确定。

本教材以航海类专业面向21世纪教学内容和课程体系改革精神为指导，并考虑到船舶智能化、自主化新进展，力求符合《1978年海员培训、发证和值班标准国际公约马尼拉修正案》《海船船员考试大纲（2022版）》的有关标准。本教材在编写过程中，融入了编者多年教学、科研取得的成果，吸收了国内外船舶操纵学术研究的成果，运用了最新的模型试验、实船试验和操纵结果，更新补充了部分知识内容，并对全书章节进行了重新编排，内容上力求理论联系实际，文字上力求简明、准确。

本教材由史国友主编，刘正江主审。谢洪彬、卜仁祥、李伟峰、高孝日、李强、于家根、王焕新等参与了本书的编写。全书由史国友、李伟峰、高孝日修改定稿。

本教材的创新、修订在于：

（1）深化了船舶操纵运动数学模型的有关理论基础，便于学生理解智能化背景下的船舶操纵运动；

（2）引入了矢量角四象限反正切算法、斜航角等新概念，补充了一阶线性响应模型的拉普拉斯变换形式、风动力系数与水动力系数的回归公式、利用级数展开方案来计算螺旋桨推力系数和转矩系数的方法等内容以便于教材体系的完整。

（3）调整了书中的部分章节结构，包括风和流的基本理论等基础知识；

（4）反映了课程体系改革的成果，对教学过程中发现的原教材中存在的问题和不足进行了修改和完善。

在本教材编写的过程中，编者广泛征求了航海院校、航运企业等相关单位的资深船长、引航员及专家学者的意见，得到了全国各引航站、各大航运公司及其他相关单位的大力支持和帮助，在此一并向他们表示衷心的感谢。

本教材虽经多次修改，不足和疏漏在所难免，恳请航运界专家和读者提出宝贵意见。

编　者
2024年2月

目　录

第一章

船舶操纵绪论

船舶海上航行、进出港口、锚泊以及靠离泊等都离不开操船者的操纵,而这些船舶运动过程的安全性又取决于操船者的操纵技术。这就要求操船者除了要具有丰富的实践经验外,还应了解船舶操纵运动的理论知识。简单来讲,船舶操纵(Ship Handling)是指操纵人员对船舶所进行的操作。具体来说,船舶操纵是指船舶操纵人员利用船舶运动控制设备对船舶运动状态所进行的控制,也就是利用操纵设备产生的力和力矩来克服或减小外力和力矩的影响,进而安全地改变或保持船舶的运动状态。船舶操纵研究的内容包括船舶操纵性和操纵方法等,对船舶运输的效率和安全具有重要的意义。

一、船舶操纵的含义及原理

船舶操纵指船舶操纵人员为了完成操纵任务,以保持或改变船舶运动状态为目的而进行的必要的控制过程。为了达到操纵目的,船舶操纵人员需要进行必要的观察和判断,并充分利用船舶本身或其他设备的特性和功能。

1.常规船舶操纵的含义

船舶操纵所控制的具体运动状态变量因船舶操纵任务和操纵目的而异。实践中船舶操纵任务可以分为保持航向、改变航向、改变船速、保持或改变位置的操纵等。其中保持航向、改变航向和改变船速是最基本的常规船舶操纵,复杂的操纵均可分解成若干基本操纵。

(1)保持航向(Course Keeping or Steering)

从事海上运输的船舶在海上航行的主要目的是以最短航程、最少时间和最小的油耗安全抵达目的地。为此,船舶操纵人员总是力求使船舶保持直线运动。此外,在港内,为了使船舶保持在直线航道内航行,也需要船舶保持直线运动。

(2)改变航向(Manoeuvring or Course Changing)

当船舶航行到转向点或在预定的航线上遇到障碍物或其他船舶时,为了驶向新航向或避免危险,船舶操纵人员又力求使船舶及时改变航向。

(3)改变船速(Speed Changing)

当船舶进出港口、靠离泊或锚泊时,需要对船速进行控制,为此,操纵人员期望及时改变船速。实践中,当船舶在海湾、内海操纵或者进入停泊地点以及在港内系泊时,为确保航行安全,经常要相当频繁地使用主机来控制速度大小,以避免碰撞或触礁。

2. 船舶操纵原理

如前所述,船舶操纵是人对船舶某种运动状态所进行的控制过程。以保持航向的操纵过程为例,通常操纵人员从船舶上的显示装置中获得实际航向与计划航向之间的偏差,为纠正这一偏差,操纵人员根据船舶运动状态、特性以及外界环境因素等进行综合分析和判断,得出决策舵角,并下达指令要求舵工转动舵轮。随后,舵机驱动舵叶至某一舵角,同时将实际舵角值实时传送到显示装置上,供船舶操纵人员了解。舵角的存在,产生了作用在船舵系统上的水动力,从而使船舶改变航向,实际航向值被送至显示装置,以供进一步操纵使用。可见,船舶实际的操纵过程形成了一个闭合回路,称为闭环控制,见图 1-1-1。

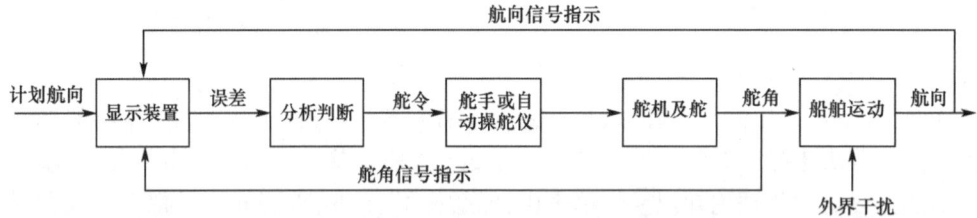

图 1-1-1　船舶操纵运动(航向)控制回路

尽管以上描述的是航向保持(或跟踪)的闭环控制过程,但是改变航速以及保持或改变船舶航迹、姿态等复杂操纵的过程和原理均与其类似。

二、船舶运动控制设备

船舶操纵人员是通过船舶操纵设备对船舶运动状态进行控制的。船舶操纵设备主要包括推进器、舵、锚、缆、拖船和侧推器等,船舶操纵应根据任务的需要综合运用。外界环境因素对船舶操纵也有直接影响,但不受操纵人员的控制,只能趋利避害地加以利用。

通常情况下,改变或保持船舶的运动方向主要用舵来完成;改变船舶的运动速度主要用推进器来完成。从舵和推进器的运用幅度来看,可将船舶操纵分为常规操纵和应急操纵两大类。常规操纵包括用小舵角保持航向、中等舵角改变航向以及减速或增速操纵;应急操纵包括用大舵角(一般为满舵)进行旋回和用全速倒车进行紧急停船。

在船速较低,操舵不能控制船舶航向的情况下,可使用侧推器。在船舶本身操纵设备不能确保安全操纵的情况下,还需要外力即拖船协助操纵。

在系泊操纵过程中,船舶需要综合运用推进器、舵、锚、缆、拖船等,控制船舶的姿态,完成系泊操纵任务。

任何控制设备或协助手段都有其能力极限。这种能力极限与控制设备的特性、船舶运动状态、操船环境等多种因素有关。例如,舵控制船舶航向的能力随船速的降低而减弱,当船速低到一定程度时,即使操满舵也不能控制船舶航向,这时的船速为有舵效的极限船速;再如,侧推器控制船舶航向的能力随船速的提高而减弱,当船速提高到一定程度时,将失去控制航向的能力,这时的船速为侧推器有效的极限船速。

三、标准操船指令

船舶的运动状态受车、舵、锚等设备的控制,而如何使用这些操纵设备,使用到何种程度则取决于驾驶人员所发出的包括舵令、车令、锚令等操船指令。

由于船舶操纵设备存在差异,各国用语习惯也有不小差别,操船指令混杂。鉴于这些操船指令在船舶操纵中的地位和作用极为重要,错听或错用可能带来严重的后果,故在IMO《标准航海用语》中,有关各种操船指令的用语应作为标准操船指令加以普及和推广。

1. 车令(Engine Orders)

车令即驾驶台指挥人员发出的使用主机控制船舶推进的命令,一般由船长、引航员、值班驾驶员根据操船需要发出,通过驾驶台车钟(Bridge Telegraph)向机舱传达该车令。

(1)备车(Stand by Engine)

船舶主机尚未运转且由停泊状态转入航行状态之前应下达备车令;另外,船舶由海上船速转换为港内船速行驶时(包括进入雾航、抛锚、进港、驶入狭水道等受限水域之前)也应下达备车令。相对于海上船速(Sea Speed),港内船速(Harbour Speed)也称为备车船速(Stand by Speed)或操纵船速(Manoeuvring Speed)。机舱接到该车令后,应将主机输出功率降为常用功率一半左右,并使主机处于随时可以启动、停止、加速和减速的操纵状态。备车时船舶需将燃油由重油换为柴油。

(2)推进

推进车令如表1-1-1所示。

表1-1-1　推进车令

推进车令	含义
Full Ahead	前进三
Half Ahead	前进二
Slow Ahead	前进一
Dead Slow Ahead	微进
Stop Engine	停车
Dead Slow Astern	微退
Slow Astern	后退一
Half Astern	后退二
Full Astern	后退三

毫无疑问,上述车令均为备车之后,即在使用港内船速后才可使用。由于推进器结构和主机工况的限制等原因,倒车时后退三的转速仍然比较低。因此,在紧迫情况下仍感觉后退三的制动力量不足时,还可使用紧急全速倒车,即冲车的车令Again Full Astern。有些特殊船舶如军舰等还使用另外两个车令,即Minimum Ahead(最慢进)和Minimum Astern(最慢退)。

(3)完车(Finished with Engine)

当主机使用完毕,船舶由航行转入停泊作业阶段时使用的车令。机舱在接到该车令后即可解除进港部署。

(4)定速(Running Full Away/Ring up Engine)

船舶出港后由港内船速(即备车船速)改至海上船速时使用的车令,机舱在接到该车令后即可解除出港部署而转入正常航行值班。当然,燃油也应由柴油换为重油。

为了区别海上全速与港内全速,英文分别将其称为Navigation Full和Manoeuvring Full。

2. 舵令（Wheel Orders）

船舶通过操舵控制船舶的航向。大洋航行时常采用自动操舵使船舶驶于设定的航线上。在较为曲折的航道或交通密集的狭水道或港内水域常采用手操舵改向或定向航行。当风浪使船首向某一侧偏摆时，可向其相反一侧压舵，此时驾驶员既要关心压舵以防偏航，又要关心本船船位以便进行保向操舵，所以经常发出舵令并询问舵效的好坏、舵角和航向。

舵令应由船长、引航员、值班驾驶员根据操船需要发出。舵工（Helmsman）听到舵令后，应立即复诵（Repeat）并执行，该舵令发令者发令后应注意听诵，发现复诵有误，需立即纠正或再一次发出舵令。当舵转至发令的舵角位置时，舵工应向发令者报告舵角到位的实际情况；发令者听到该报告应该予以确认，做出"好"的回答的同时检查监督该舵令是否确已被正确执行。IMO 所建议的标准舵令较以前惯用的舵令具有更为明确的含义。

（1）操舵令

操舵令包括右舵令、左舵令以及回舵令，如表 1-1-2 所示。其中满舵需根据船舶舵角最大实际容许范围，将舵角操至最大舵角处，一般为 35°；回舵令即把原有舵角缓慢减小至同侧要求的度数。

表 1-1-2　操舵令

右舵令	含义	左舵令	含义	回舵令	含义
Starboard 5	右舵 5	Port 5	左舵 5	Ease to 20	回舵至 20
Starboard 10	右舵 10	Port 10	左舵 10	Ease to 15	回舵至 15
Starboard 15	右舵 15	Port 15	左舵 15	Ease to 10	回舵至 10
Starboard 20	右舵 20	Port 20	左舵 20	Ease to 5	回舵至 5
Starboard 25	右舵 25	Port 25	左舵 25		
Hard-A-Starboard	右满舵	Hard-A-Port	左满舵	Midships	正舵

（2）把定

在船首未到达所定航向之前为了留有适当余量，发令者根据船舶的转向快慢适时下达 Midships 舵令；当船舶凭借转头惯性慢慢地接近所定航向或者想尽快地抑制过快的转头速度时，则下达 Steady 舵令；此后在船首指向所定航向的瞬间再一次下达 Steady as She Goes 舵令。舵工当听到 Midships 时，应将舵角回至 0°；当听到 Steady 时，为抑制转头速度应略向相反一舷压舵；当听到 Steady as She Goes 时，立即复诵发令时的航向；当船舶稳定于该航向上时，向发令者报告 Steady on ×××，其中的×××为用三位数字表示的航向。

（3）不要偏右

当船舶指挥人员不希望船首向右偏转时应下达 Nothing to Starboard 舵令。

（4）不要偏左

当船舶指挥人员不希望船首向左偏转时应下达 Nothing to Port 舵令。

（5）完舵

当船舶指挥人员确定不再需要舵工操舵时可下达 Finished with Wheel 舵令。

3. 锚令（Anchor Order）

锚令分为抛锚口令和起锚口令两个部分。锚令通常由船长或引航员发出，或由值班驾驶员转发；在船首进行现场指挥的大副听到锚令后应立即复诵一遍，以表示已经听到该锚令，同时指挥木匠立即执行该锚令,并在执行后向驾驶台报告执行情况。

(1)抛锚令

抛锚令如表 1-1-3 所示。

表 1-1-3　抛锚令

抛锚令	含义
Stand by Starboard Anchor	备右锚
Stand by Port Anchor	备左锚
Stand by Both Anchors	备双锚
Let Go Starboard Anchor	抛右锚
Let Go Port Anchor	抛左锚
Let Go Both Anchors	抛双锚
Hold on	刹住锚链
Walk Out (Veer Out, Slack Away)	松锚链
Veer Out by Windlass(Winch, Gear)	用锚机松锚链
× Shackles in Water	×节落水
× Shackles on Deck	×节甲板
× Shackles in Hawse Pipe	×节锚链筒

抛锚后,大副还应及时判断锚抓底情况,向驾驶台报告锚已抓底或锚未抓牢。

(2)起锚令

起锚令如表 1-1-4 所示。

表 1-1-4　起锚令

起锚令	含义
Stand by Heaving up Anchor	准备起锚
All Ready in Position	起锚准备完毕
Heave up Starboard Anchor	起右锚
Heave up Port Anchor	起左锚
Heave up Both Anchors	起双锚
Heave in Starboard Cable	绞右锚链
Heave in Port Cable	绞左锚链
Heave in Both Cables	绞双锚链
Stop Heaving (Avast Heaving)	停止绞锚链
Heave up × Shackles in Water, Hold on	绞锚链至×节水面刹住
Heave up × Shackles on Deck, Hold on	绞锚链至×节甲板刹住
Stow Anchor	收好锚

(3)锚状态和锚链方向令

锚状态包括锚离底、锚出水面、锚绞缠等。锚状态和锚链方向令如表 1-1-5 所示。

表 1-1-5　锚状态和锚链方向令

锚状态和锚链方向令	含义
Anchor Brough Up	锚已抓底
Anchor Foul	锚绞缠
Anchor Clear	锚清爽
Anchor Aweigh	锚离底
Anchor Up	锚出水面
Anchor Sighted	锚可见
Much Weight on Cable	锚链受力过紧
No Weight on Cable	锚链不吃力
Chain Tight	锚链吃力
Cable Leading Forward,Medium Weight	锚链向前中等受力
Leading Ahead（Leading 12 O'clock）	锚链向前
Leading to Starboard Beam（Leading 3 O'clock）	锚链右正横
Leading Aft（Leading 6 O'clock）	锚链向后
Leading to Port Beam（Leading 9 O'clock）	锚链左正横
Leading to Port	锚链向左
Leading to Starboard	锚链向右
Leading Up and Down	锚链垂直
Across Bow	锚链过船头

所有驾驶指挥人员均应熟悉用中文和英文表达的舵令、车令和锚令,明确其具体含义及动作要求、复诵和报告的要求,不得疏忽大意,关键操作用语应当完整、准确、简洁。

思考题

1.简述船舶操纵的定义及含义。

2.简述船舶运动控制设备及操纵协助手段。

3.图示说明船舶航向控制原理。

第二章

船舶操纵基础

船舶在航行过程中,为了克服环境因素的影响,需要对船舶进行操纵;同时为了改变船舶的运动状态,也需要对船舶进行操纵。操纵人员更关心的是实施操纵后船舶对操纵的反应,即船舶操纵性。本章主要讲述船舶操纵基础的有关问题。

第一节　船舶操纵性概述

船舶操纵性是指船舶对外界干扰或操船者操纵的反应能力。一艘操纵性好的船舶既能按操纵人员的要求,便捷稳定地保持运动状态,又能迅速准确地改变运动状态。传统意义的船舶操纵性是指保持或改变船舶航向的性能。船舶海上长距离航行时,需要经常保持船舶的航向,港内航行或避碰时,不仅需要改变船舶的航向,而且需要改变航速。因此,广义上的船舶操纵性不仅包括航向控制性能,还包括加速、减速、停船等航速控制性能。

一、操纵性指标及判别

船舶操纵性也称为船舶运动性能。船舶运动性能分为船舶固有运动性能和船舶受控运动性能。前者称为船舶固有操纵性,指不考虑控制措施时船舶固有的运动特性,是一种开环控制系统;后者称为船舶控制操纵性,指考虑控制措施(如舵)时船舶的操纵特性,是一种闭环控制系统。

自 20 世纪 40 年代以来,业内进行了大量的理论和试验研究,提出了一些具有普遍意义的评价指标。

1. 操纵性指标

不考虑航行环境的影响,即水域和水深不受限制,IMO 船舶操纵性标准中将船舶的 6 个显著操纵运动性能作为评价船舶操纵性的指标。

(1)固有稳定性(Inherent Dynamic Stability):衡量船舶自动保持直线运动的性能指标,也称为航向稳定性。

(2)保向性(Course-Keeping Ability):衡量船舶受控(操舵)时保持直线运动的性能指标。

(3)初始回转性/改向性(Initial Turning/Course-Changing Ability):衡量船舶改变航向的性能指标。

（4）首摇抑制性（Yaw Checking Ability）：衡量船舶操舵时抑制船舶转动惯性的性能指标。

（5）旋回性（Turning Ability）：衡量操最大舵角时船舶回旋轨迹所占用水域大小的性能指标，也称为回转性。

（6）停船性（Stopping Ability）：衡量船舶纵向运动惯性的性能指标，也称全速倒车停船性能。

在这六个指标中，只有航向稳定性为船舶固有操纵性，其余均为船舶控制操纵性。有关这些操纵性指标的实际意义将在后续有关章节中详细讲述。

2. 航行环境影响下的操纵性

船舶水动力受航行环境的影响，故船舶操纵性也必然受航行环境的影响，因此人们又提出了各种航行环境下的操纵性。

（1）风中操纵性；

（2）受限水域操纵性；

（3）浅水操纵性。

航行环境因素对船舶操纵的影响较大，也比较复杂，除了浅水影响之外，很难用前述的操纵性指标来直接衡量，具体细节将在后续有关章节中讲述。

3. 船舶操纵性的判别

船舶操纵性的优劣是通过实船试验测定的参数来判别的。这些试验包括旋回试验、Z形试验、螺旋试验或逆螺旋试验、回舵试验、停船试验等等。

试验测定的参数分为两类，一类称为"直接判据"，即从试验结果直接读取参数来判别操纵性的优劣，通常有旋回试验的进距（纵距）、横距、旋回初径、定常旋回直径等，Z形试验的超越时间和超越角，螺旋试验或逆螺旋试验的滞后环的宽度和高度等；另一类称为"间接（或分析）判据"，即通过分析判别操纵性的优劣，如操纵性 K、T 指数等。

二、船舶必备操纵性资料

船舶尺度越来越大，航速越来越高，运输量不断增加，使得船舶的航行安全性越来越为人们关注。国际海事组织（IMO）规定，船上必须具备操纵性和制动性资料，所有船只必须提供统一的操纵性手册。对船舶操纵性衡准数，IMO 做出了具体规定，要求出具最科学、合理的标准，以保证船舶操纵的安全性。

为使船舶操纵性有关信息的内容和格式达成一致，建立一个能为驾驶者提供更多操船细节的操纵资料，1987 年 11 月，IMO 大会通过了 A.601（15）决议，要求船舶配备引航卡、驾驶台操纵性图及船舶操纵手册三种形式的随船资料。

1. 引航卡（Pilot Card）

引航卡是一种船长与引航员之间就船舶操纵性能进行信息沟通的资料卡。船舶每次到港由船长签署引航卡。其内容包括本船的主尺度、操纵装置性能、船在不同载况时主机不同转速下的航速以及船舶特殊操纵装置（侧推器）等信息。

2. 驾驶台操纵性图（Wheelhouse Poster）

驾驶台操纵性图是一种详细描述船舶旋回性能和停船性能的图表资料，置于驾驶台显著位置。其内容包括深水和浅水（$h/d = 1.2$）、满载和压载情况下船舶的旋回圈轨迹图及制动性能(停船试验)资料。

3. 船舶操纵手册(Manoeuvring Booklet)

船舶操纵手册是详细描述船舶实船操纵性试验结果的手册,它是重要的船舶资料之一。其主要内容包括旋回试验、Z形试验和停船试验的试验条件、试验记录以及试验分析等。操纵手册包括全部驾驶台操纵性图上的全部信息。除实船试验结果外,操纵手册中的其他操纵性信息是可以通过理论计算获得的。

第二节　船舶操纵运动方程

船舶操纵运动问题同一般物体的力学运动一样分为运动学和动力学两部分。运动学(Kinematics)是理论力学的一个分支,运用几何学方法研究物体运动,通常不考虑力和质量等因素的影响;而动力学(Dynamics)也是理论力学的一个分支,主要研究作用于物体的力与物体运动的关系;单纯描述船舶位置、速度、加速度、姿态、角速度、角加速度随时间的变化问题属于运动学问题,而研究船舶受到外力外力矩作用后位置和姿态如何改变的问题属于动力学问题。为了定量地描述船舶的操纵运动,需要引入船舶操纵运动坐标系,定义船舶运动学参数,建立船舶操纵运动方程,用数学方法来讨论船舶运动问题。水面船舶运动可用刚体平面运动原理加以描述,船舶在静水中的运动可分解为在水平面的平移运动和绕垂直轴的旋转运动。

一、坐标系

物体的位置总是相对的,即任何物体的位置总是相对于其他物体而确定的,研究船舶运动通常采用右手直角坐标系,包括固定坐标系和运动坐标系,本书中有关船舶运动所用参数和符号体系采用国际上普遍采用的国际水池会议(ITTC)以及造船与轮机工程师学会(SNAME)术语公报推荐的体系,如图 2-2-1 所示。

1. 固定坐标系

固定坐标系也称惯性坐标系、地固坐标系,是固定于地球表面且不随时间而变化的空间直角坐标系。船舶运动惯性坐标系常用的是 NED 坐标系(North-East-Down Coordinate System),也称北东地坐标系 $o_n x_n y_n z_n$,下标 n 为 NED 坐标系首字母,$o_n x_n y_n$ 平面切地球表面于 o_n 点,$o_n x_n$ 轴指向正北且轴向单位向量记为 i_n,$o_n y_n$ 轴指向正东且轴向单位向量记为 j_n,$o_n z_n$ 轴向下指向地心方向且轴向单位向量记为 k_n,如图 2-2-1(a)所示。船舶运动是小范围短时间内发生的力学过程,对于这样的过程,可认为 NED 坐标系是近似且足够精确的惯性坐标系。

2. 运动坐标系

运动坐标系也称随船坐标系、船体坐标系、附体坐标系、载体坐标系、BODY 坐标系(Body-Fixed Reference Frame),主要是为了方便研究船舶操纵运动而建立的坐标系统,如在研究船与周围海水间的相互作用力时,因水动力取决于船体与海水的相对运动,用固定坐标系参数来表达就很困难;再比如,用固定坐标系参数表达船体转动惯量,形式上会变得非常复杂。BODY 坐标系 $o_b x_b y_b z_b$ 固定于船体上,下标 b 为 BODY 坐标系首字母。为书写方便,常省略下标 b,将 BODY 坐标系记为 $oxyz$,其原点 o 通常取在过船舶重心(或船中)的横剖面、设计水线面和中纵剖面的交点处，交线为坐标轴，ox 轴指向船首且轴向单位向量记为 i，oy 轴指向右舷且轴向单位向量记为 j，oz 轴向下指向龙骨方向且轴向单位向量记为 k，如图 2-2-1（b）所示。船体所受合力与合力矩在 BODY 坐标系中投影坐标分别为 (X,Y,Z)、(K,M,N)，船舶对地速度 V_o 和角速度 Ω 在 BODY 坐标系上的投影坐标分别为 (u,v,w)、(p,q,r)，船舶姿态由横倾角 φ、纵倾角 θ 和船首向 ψ 组成的三个欧拉角表示，从而确定了 BODY 坐标系和 NED 坐标系间的几何方位关系，如图 2-2-1 所示。

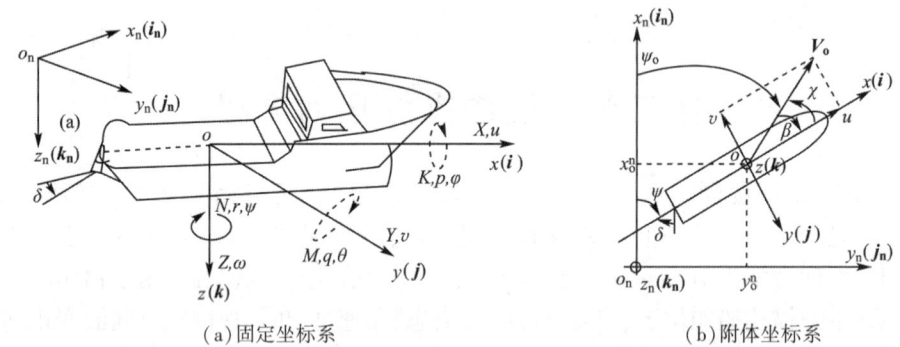

（a）固定坐标系　　　　　　　　　　　（b）附体坐标系

图 2-2-1　船舶操纵运动的固定坐标系与附体坐标系

在 BODY 坐标系下，参考点 o 对地速度 V_o 和角速度 Ω 可表示为 $V_o=ui+vj+wk$、$\Omega=pi+qj+rk$。在惯性坐标系下，船舶运动可用船舶的位置和姿态描述，船舶位置指的是 BODY 坐标系原点 o 在惯性坐标系下的坐标 (x_o^n,y_o^n,z_o^n)，简记为 (x_n,y_n,z_n)，可视为随参考点 o 的平动与绕参考点 o 的转动的叠加。参考点 o 速度矢量 V_o 在惯性坐标系上的三分量为 $(\dot{x}_n,\dot{y}_n,\dot{z}_n)$，即 $V_o=\dot{x}_n i_n+\dot{y}_n j_n+\dot{z}_n k_n$。船舶当前姿态是由欧拉角 (φ,θ,ψ) 按一定次序变换而实现的，船舶六自由度的任意运动可以用 BODY 坐标系下的 (u,v,w,p,q,r) 描述，也可以用固定坐标系 $(\dot{x}_n,\dot{y}_n,\dot{z}_n)$ 以及中间坐标系 $(\dot{\varphi},\dot{\theta},\dot{\psi})$ 描述，两组变量间的变换关系为：

$$\begin{cases} (\dot{x}_n,\dot{y}_n,\dot{z}_n)=(u,v,w)T_V^{\mathrm{T}} \\ (\dot{\varphi},\dot{\theta},\dot{\psi})=(p,q,r)T_\Omega^{\mathrm{T}} \end{cases} \tag{2-2-1}$$

式中：T_V、T_Ω——变换矩阵，由姿态角确定。

在船舶操纵运动领域，通常关心的是船舶在水平面内的运动。对于大多数船舶而言，垂荡、纵摇和横摇运动对水平面内的运动影响甚小，因而，船首向 ψ 以及船舶位置 (x_n,y_n) 仅取决于 (u,v,r)。

二、船舶操纵平面运动参数

船舶操纵平面运动参数包括位置、速度、漂角、航向、航迹向、斜航角、转心以及角速度等。下面介绍其中一些主要的容易混淆的平面运动参数。

1. atan2 算法

矢量角的 atan2 算法，也称矢量角四象限反正切算法，是为方便确定如漂角、斜航角等矢量角的大小和正负号而给出的。矢量角指在二维笛卡尔坐标系 oxy 中任意点 $P(x,y)$ 对应的矢量 oP 与 ox 轴间的夹角。正负号按右手定则确定，即右手握住矢量角的旋转轴，四指从 ox 轴曲向矢量 oP 大拇指指向旋转轴正向时为正，反之为负。其表达式见式（2-2-2）：

$$\text{atan2}(y,x)=\begin{cases} \arctan(y/x) & x>0 \\ \arctan(y/x)+\text{sgn}(y)\pi & x<0 \\ \text{sgn}(y)(\pi/2) & x=0, y\neq 0 \\ 0 & x=0, y=0 \end{cases} \tag{2-2-2}$$

式中:$\text{sgn}(y)$——符号函数。当 $y\geq 0$ 时取值为 1,否则为-1。

本书中 atan2 算法的使用格式及值域范围是 $\text{atan2}(y,x)\in(-\pi,\pi]$。其与 C 语言、MATLAB 等计算机开发语言中的定义一致,但与 WPS、EXCEL 软件中的定义仅在参数顺序方面不同,使用时要特别注意参数的顺序。如 $\text{atan2}(y,x)=\text{atan2}(\sqrt{3},3)=\pi/6$。特别说明:书中涉及的方位、航向和航迹向等角度度量单位为度(°),对应公式中角度的单位为弧度(rad 或省略),由公式计算所得角度的结果单位为弧度,可根据需要转化为度(°)。

2. 斜航角

航速 $\boldsymbol{V}_o$ 是指船舶相对固定坐标系的运动速度(包括流的影响),即船舶对地速度(SOG, Speed Over Ground),也是船舶运动轨迹上某点位移矢量对时间的一阶导数,即 $\boldsymbol{V}_o=\dot{x}_n\boldsymbol{i}_n+\dot{y}_n\boldsymbol{j}_n$,航速 $\boldsymbol{V}_o$ 也可用 BODY 坐标系下的坐标表示,即 $\boldsymbol{V}_o=u\boldsymbol{i}+v\boldsymbol{j}$。如果令 $\varphi=\theta=0$ 代入式(2-2-1)即可得到 NED 坐标系和 BODY 坐标系间的运动参数关系:

$$\begin{cases} \dot{x}_n=u\cos\psi-v\sin\psi \\ \dot{y}_n=u\sin\psi+v\cos\psi \\ \dot{\psi}=r \end{cases} \tag{2-2-3}$$

式中:ψ——船首向(HDG, Heading),单位为度(°)。

船首向是 NED 坐标系的 $o_n x_n$ 轴即正北到 BODY 坐标系的 ox 轴的夹角,正负号按 NED 坐标系的右手定则确定。航速矢量 $\boldsymbol{V}_o$ 与正北间夹角为航迹向 ψ_o(COG, Course Over Ground),正负号按 NED 坐标系的右手定则确定;航速矢量 $\boldsymbol{V}_o$ 与 BODY 坐标系的 ox 轴间夹角为斜航角 χ(Sideslip Angle),当不考虑舵、侧推器等影响,既考虑风又考虑引起的斜航角叫风压差角,仅考虑流引起的斜航角叫流压差角,既考虑风又考虑流引起的斜航角叫风流合压差角(Leeway and Drift Angle),正负号按 BODY 坐标系的右手定则确定,即斜航角左舷负右舷正。根据运动坐标系的几何关系,航速可用下式表示:

$$\begin{cases} u=V_o\cos\chi \\ v=V_o\sin\chi \end{cases} \tag{2-2-4}$$

式中:V_o——航速(m/s),$V_o=|\boldsymbol{V}_o|$;

χ——偏航角(°)$\chi=COG-HDG=\psi_o-\psi=\text{atan2}(v,u)$。

3. 漂角

在静水中船舶相对于水的运动速度 $\boldsymbol{V}_R$(STW, Speed Through Water)等于船对地速度 $\boldsymbol{V}_o$,在 BODY 坐标系中的坐标为 u 和 v。根据刚体运动原理,同一时间内船体上各位置的运动状态各不相同,一般情况下船对水速度是指船舶重心处的速度。船对水速度矢量 $\boldsymbol{V}_R$ 与船首也就是 BODY 坐标系的 ox 轴间夹角为漂角 β(Drift Angle),正负号按 BODY 坐标系的右手定则反向确定,即右手四指从船对水速度矢量曲向 ox 轴的右手定则,与正常的右手定则反向,也就是漂角左舷正右舷负,是衡量船舶运动状态的重要参数之一。

船体刚体可视作极小展弦比的机翼,来流速度矢量与船首间的夹角叫冲角(Angle of Attack),当来流为水流体时的冲角叫漂角,当来流为风流体时的冲角叫风舷角(Wind Angle of

Attack),从本质上看,漂角和风舷角其实都是来流的冲角。左舷来流产生指向右舷正向横向力,右舷来流产生指向左舷负向横向力,所以一般规定漂角或风舷角左舷正、右舷负。

船舶操纵运动方程一般是在静水中建立的,在静水条件下,$\boldsymbol{V}_R = \boldsymbol{V}_o$,$\chi = -\beta$,则式(2-2-4)转变为:

$$\begin{cases} u = V_o \cos \beta \\ v = -V_o \sin \beta \end{cases} \qquad (2\text{-}2\text{-}5)$$

式中:β——漂角($°$),$\beta = -\text{atan2}(v, u)$。

显然,漂角与船舶纵向速度有关,一般来说,纵向速度 u 越高、横向速度 v 越低,漂角越小;反之,纵向速度 u 越低、横向速度 v 越高,漂角越大。

当 $v = 0$ 且 $u > 0$ 时,$\beta = 0$,表示船舶沿 ox 轴方向前进;当 $|v| > 0$ 且 $u = 0$ 时,$|\beta| = \pi/2$,表示船舶沿 oy 轴方向横移;当 $v = 0$ 且 $u < 0$ 时,$\beta = \pi$,表示船舶沿 ox 轴方向后退。漂角 $\beta \neq 0$,表示船舶既有纵向速度也有横向速度,这种情况称为斜航。

4. 转心

船舶转动时,如果船上的每一点都绕某一垂直于船舶平面的垂线做圆周运动,这一垂线称为转轴。

过船舶重心的运动轨迹曲率中心 O_P 点作船舶首尾线的垂线交于 P 点,P 点的运动方向平行于首尾线,且横向运动速度为零。如果船上有人位于 P 点,可以看到船舶绕 P 点做圆周运动,故 P 点称为瞬时转动中心,如图 2-2-2 所示,简称转心(Pivot Point, Yaw Rotation Point)。

船舶在水面做平面运动时,转心位置取决于船舶的运动状态,与船体水下形状以及沿船舶首尾线的分布等因素有关。转心位置一般用转心距船首或船尾的距离占船长的比例来表示,如图 2-2-2 所示。oO_P 为瞬时转动半径 R,则 $R = |\boldsymbol{V}_o|/r$,oP 为转心距船舶重心的距离,根据图中几何关系有 $oP = R|\sin\chi| = |v|/r$。船舶重心横移速度 v 大而角速度 r 小,则转心离重心远,v 小 r 大时则转心离重心近。a 为转心距离船首的距离,船舶前进中定常旋回时,斜航角、船速 u 和转动角速度 r 均为常量,转心位置也为常量,这时,转心位于船首之后约 1/3 船长处。

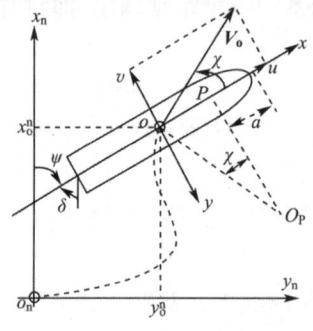

图 2-2-2　瞬时转动中心

5. 船舶平面运动的特征

以上讨论的船舶运动学参数都是船舶重心(质心)点的运动状态。实际上,船舶是一个质点系,质心点(船上的各点)的运动影响船上其他各点的运动,船舶在水面做平面运动时具有如下特征:

（1）转心点的运动特征

船舶转心点只有平动，没有转动，即转心处只有纵向速度，而没有横向速度。除转心点之外，船舶其他点的运动特征为：船长方向不在转心的其他各点，都在通过并垂直于转轴的平面内绕转轴做圆周运动，圆心就是转心，半径就是各点与转轴的垂直距离。

（2）漂角沿首尾线的分布特征

船长方向各点的漂角各不相同，显然转心处的漂角为0，距离转心越远，漂角越大。例如，如果转心位置接近船首，则船尾处的漂角最大。

（3）船舶转动的弧线长度特征

船上各点在同一时间内转过的圆弧长度是不同的，距离转心越远，所转过的弧长越大。例如，如果转心位置接近船首，则船尾处的线速度最大，故在同一时间内，船尾所转过的弧长比船首大。

（4）船舶转动的角度特征

船舶各点在同一时间内绕轴转过的角度是相等的，各点的角速度和角加速度亦相同。因为船舶各点之间的相对位置是不随船舶转动变化的，所以，我们可用与角度有关的量来描述整个船舶的运动。

三、船舶平面运动方程

刚体动力学可用来研究船舶空间运动状态与船舶所受外力及外力矩间的关系，这个关系可用欧拉运动定律（Euler's Laws of Motion）描述。欧拉运动定律是牛顿第二定律的延伸和扩展。欧拉第一运动定律（Euler's First Law of Motion）即刚体线动量（Linear Momentum）的一阶导数等于刚体所受的外力，欧拉第二运动定律（Euler's Second Law of Motion）即刚体角动量（Angular Momentum）的一阶导数等于刚体所受的外力矩。应用欧拉运动定律可得到船舶操纵的一个平面运动矢量方程和一个转动矢量方程，将两个矢量方程在 BODY 坐标系的三轴投影即可得到六个方程，该六自由度（6 DOF，6 Degree of Freedom）运动方程构成船舶操纵运动数学模型的基本框架。船舶处于航向保持、航迹保持或中等强度以下的操纵状态时，其主要运动方式为纵荡、横荡和首摇，至于垂荡、横摇和纵摇运动的影响可忽略，由此可简化得到三自由度的船舶平面运动方程：

$$\begin{cases} m(\dot{u}-vr-r^2 x_g) = X \\ m(\dot{v}+ur+\dot{r}x_g) = Y \\ I_{zz}\dot{r}+mx_g(\dot{v}+ur) = N \end{cases} \qquad (2\text{-}2\text{-}6)$$

式中：I_{zz}——船舶绕 BODY 坐标系 oz 轴的转动惯量；

x_g——船舶重心在 BODY 坐标系下的坐标（船舶重心通常在中纵剖面内，即 $y_g = 0$）；

X、Y、N——船舶运动过程中作用于首尾方向、正横方向的合力以及作用于垂直轴的合力矩，船舶的运动状态则取决于这些力与力矩，确定这些力和力矩的大小，可以定量分析船舶的运动规律。

从船舶操纵角度看，作用于船体的力及力矩可分为操纵力（Manoeuvring Force）及操纵力矩、环境力（Environmental Force）及环境力矩和水动力（Hydrodynamic Force）及水动力矩三类。其中，操纵力也叫控制力或主动力，是由操船者利用操纵设备进行控制的力，如桨力、舵力、锚力、缆力、拖船力以及侧推器力等；环境力，也叫外力，包括风、浪、流作用力等；水动力包括惯性水动力(Inertial Hydrodynamic Force)、黏性水动力(Viscous Hydrodynamic Force)等。

惯性水动力与来流的加速度或角加速度有关,其系数即惯性水动力导数,加速度引起的惯性水动力导数叫作附加质量或附连水质量,角加速度引起的惯性水动力导数叫作附加惯性矩,为了研究问题方便,将惯性力及惯性力矩放在附加质量和附加惯性矩中考虑。从操纵实践看,船体在水中做变速运动时,加速度使船舶惯性增大,相当于船舶质量增加,这部分增加的水质量称为附加质量。同理,当船舶做非定常转动时,角加速度同样引起船舶周围的部分水质量绕垂直轴转动使船舶惯性矩增加,这部分增加的惯性矩称为附加惯性矩。船舶质量与附加质量之和也称为虚质量,惯性矩与附加惯性矩之和也称为虚惯性矩。由此,运动方程式(2-2-6)可写成:

$$\begin{cases} (m+m_x)\dot{u}-(m+m_y)vr-mx_g r^2 = X_h+X_m+X_e \\ (m+m_y)\dot{v}+(m+m_x)ur+mx_g \dot{r} = Y_h+Y_m+Y_e \\ (I_{zz}+J_{zz})\dot{r}+mx_g(\dot{v}+ur) = N_h+N_m+N_e \end{cases} \quad (2-2-7)$$

式中:m_x——纵向附加质量;

　　m_y——横向附加质量;

　　J_{zz}——垂向附加惯性矩;

水动力惯性项已合并到方程式右边,下标为 h 的项是水动力及水动力矩的黏性项,下标为 m 的是操纵操纵力及操纵力矩,下标为 e 的是环境力及环境力矩。

由此可见,考虑船体附加质量和附加惯性矩后,要想保持船舶的同一运动状态,则需要更大的外力和外力矩,或者说附加质量和附加惯性矩使船舶的运动惯性增大。例如,船舶直航时,有一部分推力损失在克服附加质量产生的阻力上;船舶转动时,有一部分舵力转船力矩用来克服附加惯性矩产生的力矩。资料表明,在深水中,超大型船舶的纵向附加质量 $m_x \approx 0.07\,m$;横向附加质量 $m_y \approx 0.75\,m$;垂向附加惯性矩 $J_{zz} \approx I_{zz}$。

在研究船舶操纵的各种具体问题时,根据具体要求和当时的具体条件来选择合适的数学模型,以便描述所讨论的运动。

一般研究环境外力对船舶运动的影响方法是先研究船舶在静水航行中的船体水动力,在此基础上,再进行各种外力影响的修正。显然,船舶运动状态受外力作用的影响,而外力对船舶的作用效果取决于合外力的大小、方向和作用点沿纵向的分布。这里的作用效果指船舶沿船舶纵向和横向的平动与绕垂直轴的转动。一般来说,合外力越大,对船舶运动的影响也越大。在合外力的方向和大小一定的情况下,其作用点越接近船中或重心,转动效果越小,而平动效果越大;作用点越接近船首或船尾,转动效果越大,而平动效果越小。在合外力的作用点和大小一定的情况下,合外力的方向与船舶首尾线的交角越小(越接近船首或船尾方向),转动效果越小,而纵向平移效果越大,横向平移效果越小;合外力的方向与船舶首尾线的交角越大(越接近船舶正横方向),转动效果越大,而纵向平移效果越小,横向平移效果越大。

四、一阶船舶操纵运动方程

响应型船舶运动模型是船舶操纵运动方程的另一种表达形式,其中一阶线性响应模型即一阶 KT 方程。最早从理论上判别船舶操纵性的方法是英国人肯普夫(Kempf)在 20 世纪 40 年代提出的一种衡量船舶机动性能的试验方法,即 Z 形试验。20 世纪 50 年代,野本谦作(Nomoto)和诺宾(Norrbin)提出了一种对 Z 形试验结果进行理论分析的方法,得以广泛应用。

线性船舶运动是船舶受到的外界干扰较小且始终保持在初始平衡状态附近的一类运动。作用在船舶上的各种流体水动力中,线性泰勒展开项处于支配地位,二阶以上的展开项相对较小可忽略不计。一般把船舶匀速直线运动作为初始平衡状态,并假设初始纵向速度为 u_0,其余的初始运动状态和舵角假设为零,即 $v_0 = r_0 = \delta_0 = 0$。在船舶受到外界干扰后,运动状态变为 $u = u_0 + \Delta u, v = v_0 + \Delta v, r = r_0 + \Delta r$,考虑到初始状态船舶阻力与桨推力平衡,忽略二阶量 vr 和 Δur,忽略小扰动下的纵向速度的变化,BODY 坐标系原点设在船舶重心,则式(2-2-7)可简化为下列线性船舶运动方程:

$$\begin{cases} (m + m_y)\dot{v} = Y_v v + \left[Y_r - (m + m_x)u_0 \right] r + Y_\delta \delta \\ (I_{zz} + J_{zz})\dot{r} = N_v v + N_r r + N_\delta \delta \end{cases} \tag{2-2-8}$$

式中: Y——船舶横向受力(N);

N——船舶受到的转船力矩(N·m);

下标 v、r 和 δ 为诱发水动力及水动力矩的因素,其他变量含义见前述内容。

1. 一阶线性响应模型

为使问题简化,假定初始状态为匀速直线运动状态且具有零初值,对式(2-2-8)做拉普拉斯变换得到舵角 δ 到转首角速度 r 的传递函数为:

$$H(s) = \frac{r(s)}{\delta(s)} = \frac{K(1 + T_3 s)}{(1 + T_1 s)(1 + T_2 s)} \tag{2-2-9}$$

式中: K、T_1、T_2、T_3——模型系数。

船舶运动呈现大惯性且舵叶运动速度通常低于 3°/s,也就是船舶运动具有低频特征,上式可降阶为一阶,即 $r(s)/\delta(s) = K/(1 + Ts)$,系数 $T = T_1 + T_2 - T_3$,由此得到一阶转首响应方程:

$$T\dot{r} + r = K\delta \tag{2-2-10}$$

式(2-2-10)即为著名的野本方程(Nomoto Equation),反映的是船首向对舵角的响应,是描述船舶首摇运动最简单的微分方程,也称为一阶船舶操纵运动方程。该方程是野本最早从简单力学平衡中推导得出的,假设转动惯性矩为 I 的物体以角速度 r 回转时遭受黏性阻尼 Nr,阻尼系数 N 为单位角速度的黏性阻尼。当物体尾翼转过角度 δ 产生作用在物体上的力矩 $C\delta$,C 为单位角度产生的力矩,得到物体运动方程 $I\dot{r} + Nr = C\delta$,即转化为野本方程形式。

野本认为,K 与 T 是一种可以表征船舶操纵性的特征参数。K 称为旋回性指数;T 称为追随性指数。K、T 两个指数可描述船舶操纵性能,故将其称为操纵性指数。

2. 操纵性指数的应用

由式(2-2-10)可见,参数 T 是惯性力矩与阻尼力矩之比,T 值越大,表示船舶惯性大而阻尼力矩小;反之,T 值越小,表示船舶惯性小而阻尼力矩大。在实际操船中,操船者总是希望船舶惯性小一些,即 T 值越小越好。

参数 K 是舵产生的回转力矩与阻尼力矩之比,K 值越大,表示舵产生的回转力矩大而阻尼力矩小;反之,K 值越小,表示舵产生的回转力矩小而阻尼力矩大。在实际操船中,操船者总是希望舵产生的回转力矩大一些,即 K 值越大越好。

3. 无因次化操纵性指数

目前,K、T 指数被广泛用来评价船舶的操纵性能。K 指数的单位为 1/s,T 指数的单位为

s,除了上述表达形式以外,还可以采用无因次值 K'、T' 来表示,其定义为:

$$\begin{cases} K' = \dfrac{K}{V/L} \\[3mm] T' = \dfrac{T}{L/V} \end{cases}$$ (2-2-11)

式中:V——船速(m/s);

　　 L——船长(m)。

无因次化操纵性指数体现了操纵性与船长、船速的相对关系,直观物理意义不明显,但便于对不同船型的操纵性进行比较。

五、风动力及力矩

船舶在静水中的运动状态由于水面以上船体及上层建筑受到空气动力的作用而发生改变,进而影响了船舶操纵的安全性。风是空气运动的表现形式之一,其运动参数包括风速和风向,其中风向是指风的来向。由于船舶运动的影响,在船舶上感受到的风速、风向与实际的不同,在惯性坐标系内观测到的风是绝对风,又称真风,即通常说的实际风,而在船体坐标系内观测到的风是相对风,又称视风(Apparent Wind),即通常说的船风。

1. 真风与视风

真风速即绝对风速矢量,用 $\boldsymbol{V}_a$ 表示;V_a 为绝对风速的大小,$V_a = |\boldsymbol{V}_a|$。绝对风向指风来向与正北间夹角,正负号按 NED 坐标系的右手定则确定,用 ψ_a 表示,例如,北(N)风,绝对风向 ψ_a 为 0°,东北(NE)风,ψ_a 为 45°。风对船的相对风速矢量,用 $\boldsymbol{U}_R(\boldsymbol{V}_{oa})$ 表示;U_R 为相对风速的大小,$U_R = |\boldsymbol{U}_R| = |\boldsymbol{V}_{oa}|$。风对船的相对风(即视风)风向指视风来向与船首向间夹角,又称风舷角,用 θ 表示,规定左舷正右舷负,如同漂角。例如,风舷角 θ 为 0°,称为顶风;风舷角 θ 为 90°,称为横风;风舷角 θ 为 180°,称为顺风。各变量在固定坐标系的表达及其关系如图 2-2-3 所示。

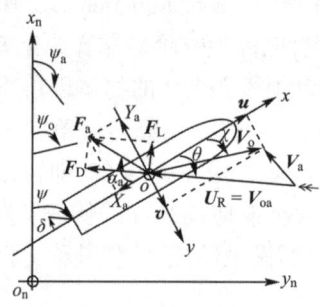

图 2-2-3　真风与视风

图 2-2-3 给出了真风与视风之间的关系,在 BODY 坐标系中显然有如下关系:

$$\begin{cases} \boldsymbol{V}_o = V_o(\cos(\psi_o - \psi), \sin(\psi_o - \psi)) \\ \boldsymbol{V}_a = -V_a(\cos(\psi_a - \psi), \sin(\psi_a - \psi)) \\ \boldsymbol{U}_R = \boldsymbol{V}_{oa} = \boldsymbol{V}_a - \boldsymbol{V}_o = (U_{Rx}, U_{Ry}) \\ \quad = (-V_a\cos(\psi_a - \psi) - V_o\cos(\psi_o - \psi), -V_a\sin(\psi_a - \psi) - V_o\sin(\psi_o - \psi)) \\ \theta = \mathrm{atan2}(-U_{Ry}, -U_{Rx}) \\ U_R = |\boldsymbol{U}_R| = \sqrt{V_o^2 + V_a^2 - 2V_oV_a\cos(\psi_o - \psi_a)} \end{cases}$$ (2-2-12)

式中：V_o——船舶对地速度矢量 $\boldsymbol{V}_o$ 的大小，$V_o = |\boldsymbol{V}_o|$；

　　　ψ_o——$\boldsymbol{V}_o$ 的方向，即航迹向；

　　　ψ——船首向。

给定绝对风速矢量和船舶对地速度矢量即可得到相对风速大小和风舷角。

2. 风动力力矩系数

风力是指风的强度，即风速的大小或对地面或海面的影响程度的等级，风速的单位有 m/s、kn（节）等，且 1 kn = 1 852 m/h ≈ 0. 514 m/s。英国人蒲福（Beaufort）于 1805 年根据风对地面或海面的影响程度拟定了 0~12 共 13 个等级，俗称"蒲福风级"。目前国际上采用的蒲福风级有 0~17 共 18 个等级，13~17 级对应的是台风风级，也有个别台风的中心最大风力超过了 17 级的最高标准。

风压也称风压强，指与风向垂直的单位面积所受的压力，可表示为：

$$q_a = \frac{1}{2}\rho_a U_R^2 \tag{2-2-13}$$

式中：q_a——风压强（N/m²）；

　　　ρ_a——空气密度（1. 226 kg/m³）；

　　　U_R——相对风速（m/s）。

船舶水面以上面积（简称受风面积）的空气动力矢量总和称为风动力。风动力的大小取决于相对风向、风速以及船型等因素，理论计算比较困难。工程上多采用船模风洞试验的方法测得风动力大小，然后根据设定的计算公式求取风动力系数，再反过来应用到实船进行风动力估算。由于试验条件所限，很难对所有船型的各种载态分别进行大量风洞试验。故人们对历史上大量试验资料进行了统计分析，得出一些经验公式，利用经验公式计算风动力系数，再进一步求取风动力和风动力矩。

如图 2-2-3 所示，船舶所受风压阻力 $\boldsymbol{F}_D$ 和风压升力 $\boldsymbol{F}_L$ 的合力为风动合力 $\boldsymbol{F}_a$，在 BODY 坐标系中的分量坐标分别为 X_a 和 Y_a 即 $F_a = |\boldsymbol{F}_a| = \sqrt{X_a^2 + Y_a^2}$，所产生的转船力矩为 N_a，Isherwood 给出的风动力及力矩系数如下：

$$\begin{cases} C_{ax} = \dfrac{X_a}{q_a A_T} \\[2mm] C_{ay} = \dfrac{Y_a}{q_a A_L} \\[2mm] C_{an} = \dfrac{N_a}{q_a A_L L_{oa}} \end{cases} \tag{2-2-14}$$

式中：C_{ax}——纵向风动力系数；

　　　C_{ay}——横向风动力系数；

　　　C_{an}——风动力矩系数；

　　　q_a——风压强（N/m²），由式（2-2-13）计算；

　　　A_T——船舶水线以上正投影面积（Transverse Projected Area）（m²）；

　　　A_L——船舶水线以上侧投影面积（Lateral Projected Area）（m²）；

　　　L_{oa}——船舶总长（m）。

Hughes 早在 1930 年提出了合成风动力系数计算方法,该方法比较直观,便于定性分析船舶的受力和运动规律:

$$C_{\mathrm{a}} = \frac{F_{\mathrm{a}}}{q_{\mathrm{a}}(A_{\mathrm{T}}\cos^2\theta + A_{\mathrm{L}}\sin^2\theta)} \qquad (2\text{-}2\text{-}15)$$

由式(2-2-14)和式(2-2-15),可以根据纵向、横向风动力系数计算合成风动力系数:

$$C_{\mathrm{a}} = \frac{\sqrt{A_{\mathrm{T}}^2 C_{\mathrm{ax}}^2 + A_{\mathrm{L}}^2 C_{\mathrm{ay}}^2}}{A_{\mathrm{T}}\cos^2\theta + A_{\mathrm{L}}\sin^2\theta} \qquad (2\text{-}2\text{-}16)$$

式中:F_{a}——风动合力(N);

θ——风舷角(°)。

藤原敏文对收集到的 10 多种船型共 71 艘船舶分 6 组进行实船风洞试验数据回归,经优化的回归公式如下:

$$\begin{cases} C_{\mathrm{ax}} = \left[C_{\mathrm{LF}} + C_{\mathrm{XLI}}(1 - 0.5\cos^2\theta)\sin^2\theta + C_{\mathrm{ALF}}|\sin\theta|\cos^2\theta \right]\cos\theta \\ C_{\mathrm{ay}} = -\left[C_{\mathrm{CF}}|\sin\theta| + C_{\mathrm{YLI}}(1 + 0.5\sin^2\theta)\cos^2\theta \right]\sin\theta \\ C_{\mathrm{an}} = C_{\mathrm{ay}} C_{\mathrm{LCA}} \end{cases} \qquad (2\text{-}2\text{-}17)$$

式中:C_{LCA}——风力作用中心在 BODY 坐标系下的纵向坐标 x_{CA} 与船舶总长 L_{oa} 的比值;

C_{CF}——横流阻力系数(Coefficient of Cross Flow Drag)。

C_{LCA} 和 C_{CF} 的计算方法见式(2-2-18)和式(2-2-19):

$$C_{\mathrm{LCA}} = \frac{x_{\mathrm{CA}}}{L_{\mathrm{oa}}} = 0.927\frac{C}{L_{\mathrm{oa}}} - 0.149\left(|\theta| - \frac{\pi}{2}\right) \qquad (2\text{-}2\text{-}18)$$

$$C_{\mathrm{CF}} = 0.404 + 0.368\frac{A_{\mathrm{T}}}{H_{\mathrm{BR}}B} + 0.902\frac{H_{\mathrm{BR}}}{L_{\mathrm{oa}}} \qquad (2\text{-}2\text{-}19)$$

式中:C_{LF}——纵向流阻力系数(Coefficient of Longitudinal Flow Drag);

C_{ALF}——纵向流阻力修正系数(Coefficient of Amendment of Longitudinal Flow Drag);

C_{XLI}——纵向升力系数;

C_{YLI}——横向升力系数。

系数 C_{LF}、C_{ALF}、C_{XLI}、C_{YLI} 按照风舷角正横前后不同分别给出如下计算公式:

$$C_{\mathrm{LF}} = \begin{cases} -0.922 + 0.507\frac{A_{\mathrm{L}}}{BL_{\mathrm{oa}}} + 1.162\frac{C}{L_{\mathrm{oa}}}, & |\theta| \leqslant \frac{\pi}{2} \\ 0.018 - 5.091\frac{B}{L_{\mathrm{oa}}} + 10.367\frac{H_{\mathrm{C}}}{L_{\mathrm{oa}}} - 3.011\frac{A_{\mathrm{OD}}}{L_{\mathrm{oa}}^2} - 0.341\frac{A_{\mathrm{T}}}{B^2}, & |\theta| > \frac{\pi}{2} \end{cases} \qquad (2\text{-}2\text{-}20)$$

$$C_{\mathrm{XLI}} = \begin{cases} 0.458 + 3.245\frac{A_{\mathrm{L}}}{H_{\mathrm{BR}}L_{\mathrm{oa}}} - 2.313\frac{A_{\mathrm{T}}}{H_{\mathrm{BR}}B}, & |\theta| \leqslant \frac{\pi}{2} \\ -1.901 + 12.727\frac{A_{\mathrm{L}}}{H_{\mathrm{BR}}L_{\mathrm{oa}}} + 24.407\frac{A_{\mathrm{T}}}{A_{\mathrm{L}}} - 40.31\frac{B}{L_{\mathrm{oa}}} - 5.481\frac{A_{\mathrm{T}}}{H_{\mathrm{BR}}B}, & |\theta| > \frac{\pi}{2} \end{cases} \qquad (2\text{-}2\text{-}21)$$

$$C_{\mathrm{YLI}} = \begin{cases} 0.116 + \pi\frac{A_{\mathrm{L}}}{L_{\mathrm{oa}}^2} + 3.345\frac{A_{\mathrm{T}}}{L_{\mathrm{oa}}B}, & |\theta| \leqslant \frac{\pi}{2} \\ 0.446 + \pi\frac{A_{\mathrm{L}}}{L_{\mathrm{oa}}^2} + 2.192\frac{A_{\mathrm{OD}}}{L_{\mathrm{oa}}^2}, & |\theta| > \frac{\pi}{2} \end{cases} \qquad (2\text{-}2\text{-}22)$$

$$C_{ALF} = \begin{cases} -0.585-0.906\dfrac{A_{OD}}{A_L}+3.239\dfrac{B}{L_{oa}}, & |\theta| \leq \dfrac{\pi}{2} \\[3mm] -0.314-1.117\dfrac{A_{OD}}{A_L}, & |\theta| > \dfrac{\pi}{2} \end{cases} \qquad (2\text{-}2\text{-}23)$$

式中：θ——风舷角(°)，左舷正右舷负；

$\quad B$——船宽(m)；

$\quad C$——水线以上船舶侧向投影面积形心在 BODY 坐标系下的纵向坐标(m)；

$\quad H_C$——水线以上船舶侧向投影面积形心到水线的高度(m)；

$\quad H_{BR}$——从水线到船舶驾驶台等主要结构物的最高位置的高度(m)；

$\quad A_{OD}$——船舶甲板以上结构物的侧投影面积(m^2)；

$\quad$其他符号同式(2-2-14)，符号单位均为国际单位制。

估计上述公式仅需要船舶的八个参数。给定船舶的 L_{oa}、B、C、H_C、H_{BR}、A_T、A_L、A_{OD} 八个参数，应用式(2-2-17)计算风动力风动力矩系数 C_{ax}、C_{ay}、C_{an}，再利用式(2-2-14)即可得到船舶所受的风动力和风动力矩。

由式(2-2-15)可见，作用于船舶的风压力大小与风速、受风面积、风舷角以及船型(风压力系数)等因素有关。风速增加，风动力也增大。在风速、风向一定的情况下，受风面积越大，风动力也就越大。例如，船舶压载状态比满载状态受风面积大；集装箱船和客船比油船和散货船受风面积大，则风动力也相应较大。

合成风动力系数 C_a 与船舶吃水及船体上层建筑形状和面积分布有关。船型一定时，合成风动力系数是相对风舷角的函数：C_a 随 θ 的变化关系近似于马鞍形曲线；当 θ 为 0°和 180°时，C_a 值最小；当 θ 为 30°~40°和 140°~160°时，C_a 出现两个峰值；当 θ 为 90°时，C_a 值不是最大，但此时风动力最大。

3. 风动力角

式(2-2-15)计算的风动力 F_a 在 BODY 坐标系下的坐标为 X_a 和 Y_a，如图 2-2-3 所示。风动力角 α_a 是指风动力合力方向与船尾线的夹角，左舷来风($\theta>0°$)产生右舷风动力角($\alpha_a>0°$)，右舷来风($\theta<0°$)产生左舷风动力角($\alpha_a<0°$)，即风动力角左舷负右舷正。风动力角可用风动力横向分量与纵向分量表示为：

$$\alpha_a = \text{atan2}(A_L C_{ay}, A_T C_{ax}) \qquad (2\text{-}2\text{-}24)$$

式中，atan2 算法如式(2-2-2)所示，$\alpha_a \in (-\boldsymbol{\pi}, \boldsymbol{\pi}]$。

若按照式(2-2-15)得到风动力 F_a，给定风动力角 α_a，风动力分量可按下式计算：

$$\begin{cases} X_a = F_a \cos(\boldsymbol{\pi}-\alpha_a) \\ Y_a = F_a \sin(\boldsymbol{\pi}-\alpha_a) \end{cases} \qquad (2\text{-}2\text{-}25)$$

风动力角 α_a 取决于风舷角 θ、受风面积及船型等因素，其与风舷角关系曲线如图 2-2-4 所示。

一般船舶侧面受风面积远大于正面受风面积，且在不是顶风或顺风时，横向风动力系数通常大于纵向风动力系数，因此，风动力角相对风舷角更偏于正横方向。总的看来，风动力角 α_a 随风舷角 θ 的增大而增大：当风舷角 θ 约为 0°或 180°时，风动力角 α_a 约为 0°或 180°，即顶风或顺风时不产生横向风动力；当 θ 约为 90°时，风动力角 α_a 约为 90°，即横风时不产生纵向风动力;当风舷角 θ 为 $40°\sim140°$ 时,风动力角 α_a 为 $80°\sim100°$。

4. 风动力中心

风动力中心位置是指抽象的风动力作用点。风动力中心在船舶首尾线上纵向的位置与船体水上侧面积形心并不一定是重合的。风动力中心位置一般用风动力中心在 BODY 坐标系下的纵向坐标 x_{CA}(Longitudinal Coordinate of Center of Air Presure)与船舶总长之比($C_{LCA} = x_{CA}/L_{oa}$)来表示,C_{LCA} 与风舷角 θ 和船舶受风面积沿纵向的分布等因素有关。

船型一定时,风动力中心位置 C_{LCA} 随风舷角的增大逐渐向后移动,C_{LCA} 一般在 $-0.3\sim 0.25$ 之间。当 $\theta<90°$,即正横前来风时,风动力中心位置在船中之前;当 $\theta\approx90°$,即正横来风时,$C_{LCA}\approx0$,风动力中心位于船中附近;当 $\theta>90°$,即正横后来风时,风动力中心位置在船中之后。风动力中心位置与风舷角关系曲线如图 2-2-5 所示。

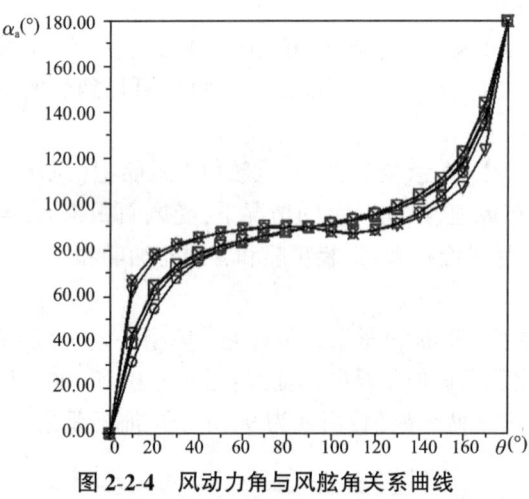

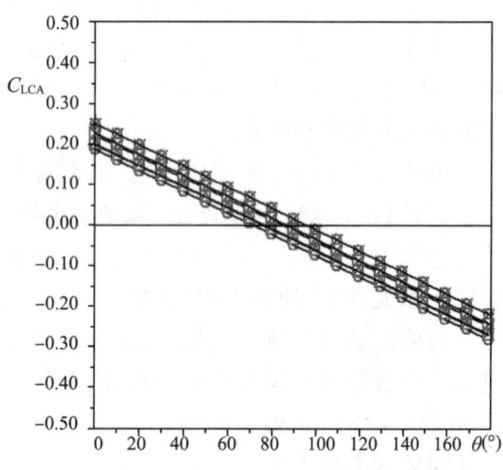

图 2-2-4　风动力角与风舷角关系曲线　　　　图 2-2-5　风动力中心位置与风舷角关系曲线

运输船舶受风面积在船中前后的分布多数不是对称的。平吃水时,受风面积中心大多位于船中之后,则其风动力中心大多比较靠后;船舶压载状态尾倾较大时,受风面积中心可能位于船中之前,则其风动力中心比较靠前。

5. 风动力系数的计算值

利用船模风洞试验方法求取风动力系数时,先在风洞中测得船模在不同风舷角下受力在 x 方向和 y 方向的分量和力矩,然后利用式(2-2-14)计算出风动力系数的大小,进而得到给定船型等参数时风动力系数与风舷角之间的函数关系。部分船型的风动力系数按照式(2-2-17)计算的结果如图 2-2-6~图 2-2-9 所示。船型不同,同一风舷角下的风动力系数差别较大。从船体水上受风面积来看,横向受风面积分布较为均匀的 LNG、VLCC 油船的风动力系数 C_{ax} 和 C_{ay} 较小;而受风面积较大的客船、集装箱船的风动力系数较大。同一船舶,吃水不同其风动力系数也不相同,随着吃水的增大,风动力系数略有减小。VLCC 船舶满载时的风动力矩系数 C_{an} 与其他类型船舶比较有明显的差别,θ 在 $0°\sim180°$ 范围内时 C_{an} 均为负值,这说明,对于任何方向来风,VLCC 船首均向上风偏转。其他船型的风动力系数随相对风舷角的变化比较有规律,且差别不是很大。

除 VLCC 船外,对于同一类船型,风动力系数取决于风舷角的大小。当风舷角 θ 约为 $0°$ 或 $180°$ 时,风动力系数 $C_{ay} = C_{an} = 0$,而 $C_{ax} \neq 0$,这说明顶风和顺风仅对船速有影响,而对横向运动和转动状态没有影响;当风舷角 θ 约为 $30°$ 或 $160°$ 时,风动力系数 C_{ax} 最大,C_{ay} 和 C_{an} 不为 0,这时风对船速的影响最大,并对横向运动和转动状态都有影响;当风舷角 θ 为 $50°\sim60°$ 或 $120°\sim140°$ 时,C_{an} 最大,C_{ay} 较大,而 $C_{ax} \neq 0$,则风不但对船速有影响,且对横向运动和转动状态影响最大,当风舷角 $\theta \approx 90°$ 时,风动力系数 $C_{ax} \approx 0$,C_{ay} 最大,C_{an} 较小,这说明横风对船速没有影响,对横向运动状态影响最大,对转动状态影响较小。

对于满载 VLCC 船舶,当风舷角 θ 为 $135°\sim140°$ 时,其风动力矩系数 C_{an} 最大,说明该方向来风最不易保向。

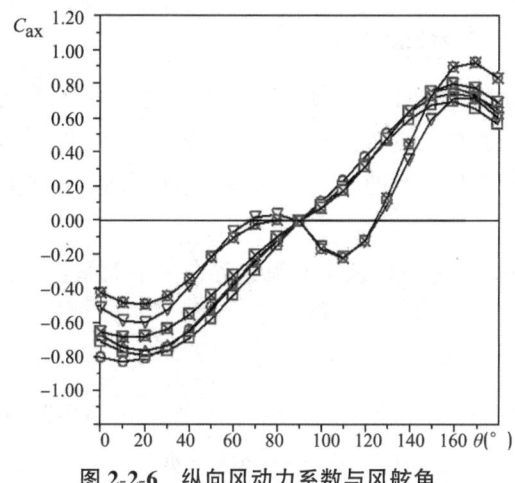

图 2-2-6　纵向风动力系数与风舷角

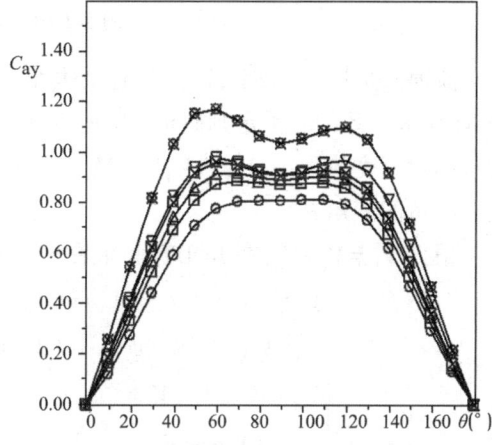

图 2-2-7　横向风动力系数与风舷角

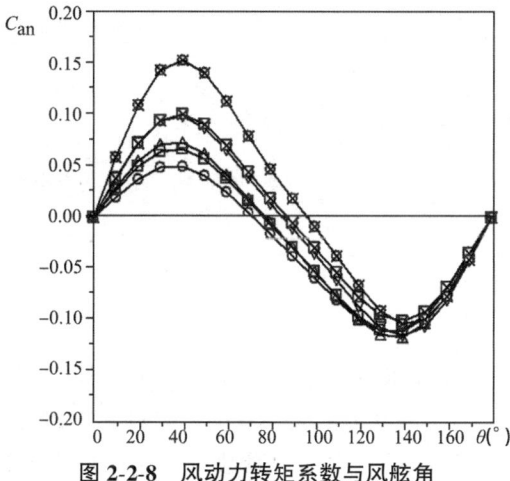

图 2-2-8　风动力转矩系数与风舷角

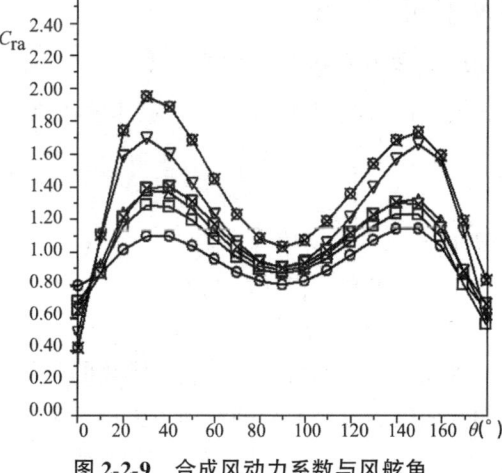

图 2-2-9　合成风动力系数与风舷角

六、水动力及水动力矩

在讨论具体船舶操纵的问题时,需考虑船体水动力及水动力矩的作用。一般情况下,研究外力对船舶运动影响时先研究静水航行中的船体水动力,再在此基础上进行各种外力影响的修正。有流存在时,对于均匀流场,只要将式(2-2-7)里面有关流体动力计算中的速度换成船对水的相对速度即可;对于非均匀流场,先进行非均匀流场网格化再转换成均匀流场计算。

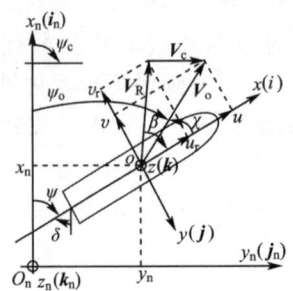

图 2-2-10　有流时船对水速度

流速矢量用 V_c 表示,V_c 为流速的大小,$V_c = |V_c|$,流向指流的去向与正北间夹角,正负号按 NED 坐标系的右手定则确定,用 ψ_c 表示。船对水的相对速度矢量用 $V_R(V_{co})$ 表示,V_R 为船对水相对速度的大小,$V_R = |V_R| = |V_{co}|$,水对船的相对速度即来流方向与船首向夹角,即左舷正右舷负的漂角 β。

根据 $V_R = V_o - V_c$,在 BODY 坐标系下船对水速度、船对地速度和流速存在如下关系:

$$\begin{cases} V_c = V_c(\cos(\psi_c - \psi), \sin(\psi_c - \psi)) \\ V_o = V_o(\cos(\psi_o - \psi), \sin(\psi_o - \psi)) \\ V_R = V_{co} = V_o - V_c = (u_r, v_r) \\ \quad = (V_o\cos(\psi_o - \psi) - V_c\cos(\psi_c - \psi), -V_o\sin(\psi_o - \psi) - V_c\sin(\psi_c - \psi)) \\ \beta = -\mathrm{atan2}(v_r, u_r) \end{cases} \quad (2\text{-}2\text{-}26)$$

当船舶在港内操纵时,可能保持某一漂角进行斜航,水下船体将受到水动力 F_h 和水动力矩 N_h 作用。

1. 水动力系数与水动力矩系数

根据伯努利定理,船舶以一定速度在流体中运动时,产生的动压强表示为:

$$q_h = \frac{1}{2}\rho V_R^2 \quad (2\text{-}2\text{-}27)$$

式中:q_h——水流动压强(N/m^2);

ρ——水密度($1.025\ kg/m^3$);

V_R——船对水的相对速度(m/s)。

水动力力矩系数为给定船型漂角的函数,主要与船体水线下湿水面积的大小和形状有关。船舶水面以下湿水面积的水动力矢量总和称为水动力。水动力的大小取决于船对水的相对速度、来流方向(即漂角)以及船型等因素,理论计算比较困难。水动力系数可通过循环水槽试验获得,也可根据约束船模试验获得水动力导数进行计算。工程上多采用船模试验的方法测得水动力大小,然后根据设定的计算公式求取水动力系数,再反过来应用到实船进行水动力估算。由于试验条件所限,很难对所有船型的各种载态分别进行大量船模试验。故人们对历史上大量试验资料进行了统计分析,得出一些经验公式,利用经验公式计算水动力系数,再进一步求取水动力和水动力矩。目前,高速、小漂角水动力系数的计算方法已经比较完善了,但大漂角水动力系数资料较少,而船舶掉头、靠离泊操纵恰恰需要研究大漂角下的水动力。

如图 2-2-3 所示,船舶斜航时所受水动力 F_h 在 BODY 坐标系中的分量坐标分别为 X_h 和 Y_h,即 $F_h = |F_h| = \sqrt{X_h^2 + Y_h^2}$,所产生的转船力矩为 N_h,水动力系数及水动力矩系数如下:

$$\begin{cases} C_{hx} = \dfrac{X_h}{q_h L d} \\[2mm] C_{hy} = \dfrac{Y_h}{q_h L d} \\[2mm] C_{hn} = \dfrac{N_h}{q_h L^2 d} \end{cases} \tag{2-2-28}$$

式中:C_{hx}——纵向水动力系数;

　　　C_{hy}——横向水动力系数;

　　　C_{hn}——水动力矩系数;

　　　q_h——水流动压强(N/m^2),由式(2-2-27)计算;

　　　L——船舶两柱间长(m);

　　　d——船舶吃水(m)。

水动力系数及水动力矩系数采用乌野庆一公式求取,经优化后的公式如下:

$$\begin{cases} C_{hx} = X'_{uu} |\cos\beta|\cos\beta + X'_{uvv}\cos\beta\sin^2\beta + X'_{uuuvv}\cos^3\beta\sin^2\beta + X'_{vv}\sin^2\beta \\ C_{hy} = -Y'_{uuv}\cos^2\beta\sin\beta - Y'_{uuvvv}\cos^2\beta\sin^3\beta - Y'_{vvv}\sin^3\beta \\ C_{hn} = -N'_{uv}\cos\beta\sin\beta - N'_{uuv}\cos^2\beta\sin\beta - N'_{uuvvv}\cos^2\beta\sin^3\beta - N'_{vvv}\sin^3\beta \end{cases} \tag{2-2-29}$$

式中,X'_{uu}、X'_{uvv}、X'_{uuuvv}、X'_{vv}、Y'_{uuv}、Y'_{uuvvv}、Y'_{vvv}、N'_{uv}、N'_{uuv}、N'_{uuvvv}、N'_{vvv} 为水动力导数。给定船舶 L_{pp}、B、d、C_b、C_P、L_{CB} 六个参数,应用式(2-2-29)计算水动力系数和水动力矩系数 C_{hx}、C_{hy}、C_{hn},由式(2-2-28)即可得到船舶所受的水动力和水动力矩。船体水动力 F_h 也称为斜航阻力,习惯上,将 F_h 的纵向分量 X_h 即纵向水动力称为船舶阻力,而将横向水动力 Y_h 称为水动力。

2. 水动力角

水动力角 α_h 是水动力合力方向与船尾线之间的交角,且与漂角正负号相反,左舷来流($\beta > 0°$)产生右舷水动力角($\alpha_h > 0°$),右舷来流($\beta < 0°$)产生左舷水动力角($\alpha_h < 0°$),即水动力角左舷负右舷正。水动力角可用横向水动力系数与纵向水动力系数表示:

$$\alpha_h = \text{atan2}(C_{hy}, -C_{hx}) \tag{2-2-30}$$

式中,atan2 算法见式(2-2-2),$\alpha_h \in (-\pi, \pi]$。

若按照式(2-2-16)得到水动力 F_h,给定水动力角 α_h,水动力分量可按下式计算:

$$\begin{cases} X_h = F_h \cos(\pi - \alpha_h) \\ Y_h = F_h \sin(\pi - \alpha_h) \end{cases} \tag{2-2-31}$$

水动力角 α_h 取决于漂角 β、湿水面积及船型等因素,其与漂角之间的关系曲线如图 2-2-11 所示。

可见,水动力角的大小取决于横向水动力系数和纵向水动力系数的比值。由于船舶横向水动力系数通常远大于纵向水动力系数,因此,除了进行纯纵向运动或纯横向运动,船舶水动力角 α_h 总是比漂角 β 更偏于正横方向。

对于给定的船型,水动力角为漂角的函数。水动力角随漂角 β 的增大而增大,但由于船舶水下侧投影面积远大于正投影面积,则 $0° < \beta < 180°$ 时,水动力角一般接近正横方向(90°左右)。

当漂角 $\beta \approx 0°$,即船舶向前直航时,水动力角 $\alpha_h \approx 0°$,这种情况下船舶水动力为船舶直航阻力;当漂角 $\beta \approx 90°$,即船舶横向移动时,水动力角 $\alpha_h \approx 90°$,这种情况下船舶水动力相当于船舶靠泊或离泊过程中的横移运动所受的横向阻力;当漂角 $\beta \approx 180°$ 时,水动力角 $\alpha_h \approx 180°$,即船舶受力为后退阻力。

3. 水动力作用中心

水动力作用中心是船体水动力合力在运动坐标系内的作用点,该点在船体坐标系的纵向坐标 x_{ch} 对船舶运动特性影响较大。水动力作用中心与船体水线下侧面积沿船长的分布以及浮心纵向位置 L_{CB} 有关,但与船体水下侧面积的形心并不是重合的,对于给定的船型 x_{ch} 主要取决于漂角,水动力中心系数 C_{LCH}(即水动力中心纵向坐标 x_{ch} 与船长的比值)与风动力中心系数有类似的模型结构,如图 2-2-12 所示,水动力作用中心随漂角 β 的增大而逐渐向后移动。船舶平吃水时,当漂角为 0°,即船舶向前直航时,$C_{LCH} \approx 0.25$,即水动力中心在船首之后约 1/4 船长处,且船速越低,越靠近船中;当漂角为 90°,即船舶对水横向移动时,$C_{LCH} \approx 0$,即水动力中心在船中附近;当漂角为 180°,即船舶后退时,$C_{LCH} \approx -0.25$,即水动力中心在距离船尾之前约 1/4 船长处,且船退速越低,越靠近船中。

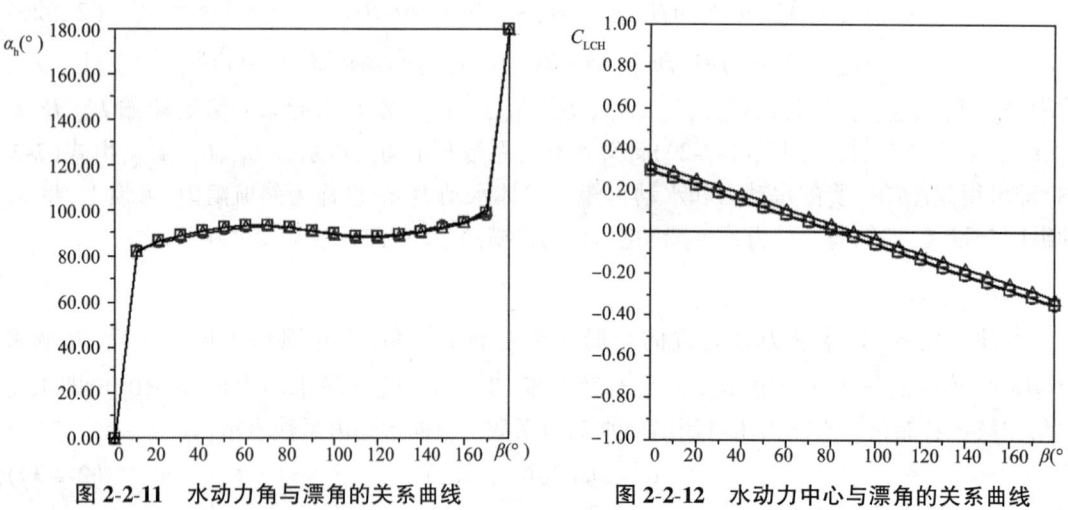

图 2-2-11　水动力角与漂角的关系曲线　　图 2-2-12　水动力中心与漂角的关系曲线

由此可以看出,船舶在斜航时,水动力的作用效果是引起船舶向相反一舷偏转,因此,水动力作用中心的位置对于船舶的操纵性影响较大。

4. 影响船体水动力的因素

把船舶作为刚体,从流体力学的角度出发,在流体中运动的船舶与流体的相互作用与船舶的几何特征及运动特征有关,同时,还与航行环境的几何特征有关。关于这些因素对水动力的影响细节在以后章节中讲述。在此,仅对上述各种因素进行简要介绍。

（1）船舶的几何特征

水中运动船舶的几何形状和尺寸,例如船舶的长度 L、宽度 B、吃水 d,以及无因次几何形状参数 L/B、B/d、C_b 等,都直接影响水动力的大小和分布。

通常,方形系数或长宽比较大的船舶艏部线型比较丰满,斜航(向前)水动力作用中心靠近船首。水下船体侧面积的分布对于水动力作用中心的影响也较大,船首侧面积较大(例如带有球鼻首)的船舶,斜航(向前)时水动力作用中心靠近船首;船尾侧面积较大的船舶,斜航(向前)时水动力作用中心离船首较远。

（2）船舶的装载状态

除了船型因素外,船舶的实际装载状态也直接影响水下船体的几何形状和尺寸。船舶装载状态可以用吃水、纵倾、横倾等特征参数描述。船舶空载或压载时往往尾倾较大,船体水下侧面积中心分布在船中之后,水动力作用中心要比满载平吃水时明显后移。

（3）船舶的运动特征

船舶操纵运动可以被认为是一种低频的缓慢运动,即它在水中运动时的流体动力仅与当时的运动状态有关,而与运动的历史无关。此时表征运动状态的参数有船舶的速度、加速度、角速度和角加速度等,这些参数都与水动力直接有关。船舶的位置和方位(横倾角、纵倾角及首向角)也是与水动力有关的运动特征参数。

（4）航行水域的几何特征

船舶航行在受限水域(如内河、港口附近或航道等),水域的宽度、深度以及岸壁的形状对船舶运动和水动力都有直接影响。与表示船舶的几何特征一样,也可以用几何特征参数来表示流场的几何特征。

5. 水动力系数的计算值

应用式(2-2-29)计算部分船型水动力系数的大小,进而得到给定船型参数时水动力系数与漂角的函数关系,计算结果如图 2-2-13～图 2-2-16 所示。

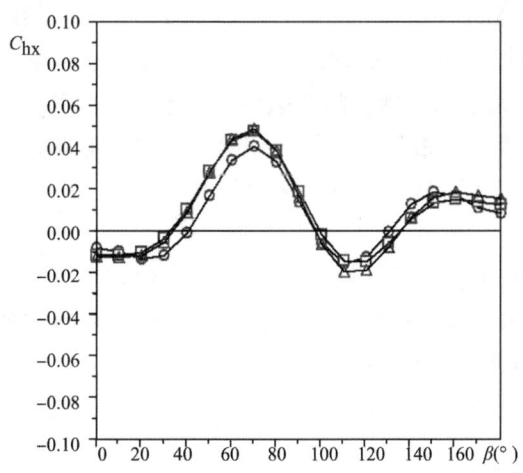

图 2-2-13　纵向水动力系数与漂角的关系曲线

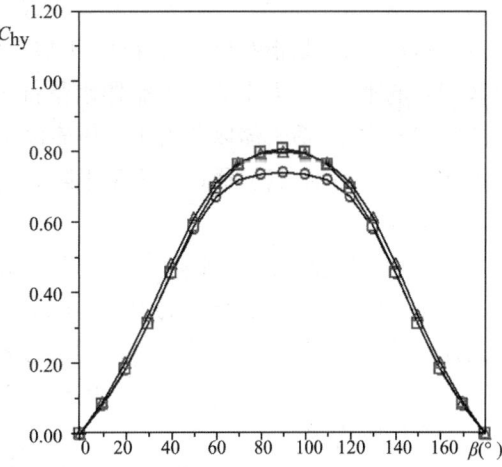

图 2-2-14　横向水动力系数与漂角的关系曲线

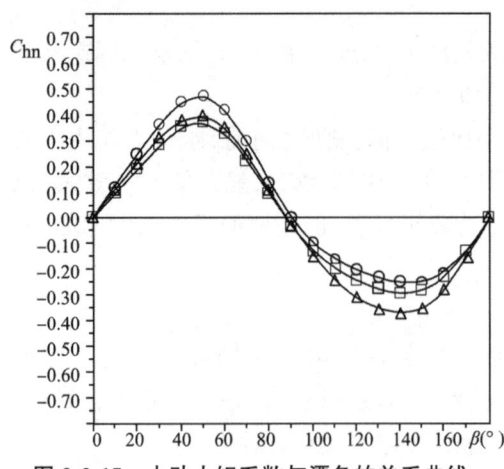

图 2-2-15　水动力矩系数与漂角的关系曲线

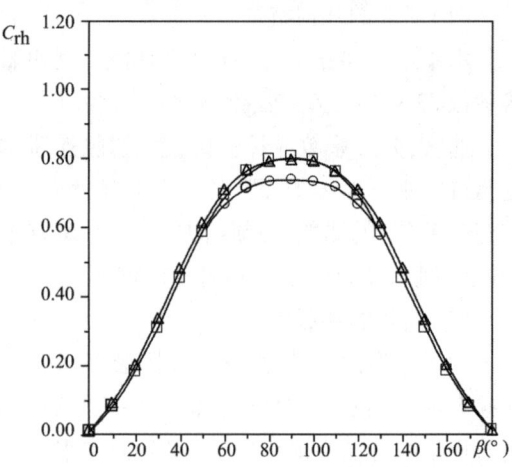

图 2-2-16　合成水动力系数与漂角的关系曲线

七、船舶阻力与推进

在研究船舶快速性问题时,仅考虑船舶纵向的运动和受力,在直线匀速运动状态下,船舶纵向受力可以分解为船舶阻力和船舶推力,并且两者达到平衡,本节仅做简要介绍。在船舶设计和使用中(尤其是前者),阻力和推力(也称为推进)是需要单独考虑的重要因素。

1. 船舶阻力

船舶沿船首向直线航行时,水对船体有相对运动,产生纵向水动力(X_H)。船体纵向水动力也称为船舶阻力,它是影响船舶运输效率和运动性能的主要因素之一。要想使船舶向前运动,首先要克服船舶阻力,即作用于船体上的与推力相反的力。船舶阻力计算是选择合适的螺旋桨和主机的依据。

(1)船舶阻力的构成

航行中的船舶所受的阻力 R 包括基本阻力 R_0 与附加阻力 ΔR 两个部分,即

$$R = R_0 + \Delta R \tag{2-2-32}$$

基本阻力 R_0 是指新出坞的裸船(不包括附属体,如舵、螺旋桨等)在平静水面行驶时水对船体产生的阻力,其大小取决于船体水下部分的大小和形状。附加阻力 ΔR 指除基本阻力以外的船舶阻力,包括附体以及由于船体表面粗糙度、风、浪等引起的船舶阻力增量。船舶在浅水中航行时阻力增大,但通过修正基本阻力(参数)来计算并不计入附加阻力。

(2)基本阻力

对于给定的船舶,其基本阻力的大小与船舶吃水、航速密切相关。基本阻力由摩擦阻力 R_f(Frictional Resistance)、涡流阻力 R_e(Eddy-making Resistance)和兴波阻力 R_w(Wave Resistance)构成,后两者统称压差阻力,通常也称为剩余阻力 R_r(Residual Resistance),即

$$R_0 = R_f + R_r = R_f + R_e + R_w \tag{2-2-33}$$

①摩擦阻力 R_f

摩擦阻力的大小取决于船体的湿水面积、船体的粗糙度和船速。摩擦阻力约与船速的1.852 次方成正比,在总阻力中所占比例取决于船速的大小。在一般商船速度范围内摩擦阻力占总阻力的 70%~80%;对于低速船(如油船或散货船),摩擦阻力一般为总阻力的 70%~

90%；而对于高速船(如集装箱船或客船)，摩擦阻力有时可能小于总阻力的45%。

②剩余阻力 R_r

剩余阻力 R_r 包括兴波阻力 R_w 和涡流阻力 R_e。兴波阻力指船舶对水运动过程中船体周围产生的兴波造成的能量损失；而涡流阻力指流体与船体分离产生的涡流造成的能量损失。

剩余阻力的大小取决于船体的形状和船速，与船速的2~3次方成正比，且船速越高，幂次越高。在低速时，剩余阻力通常占总阻力的8%~25%；而在高速时，剩余阻力甚至达到总阻力的45%~60%。剩余阻力中兴波阻力占有比例较大。在低速时，兴波阻力与船速的平方成正比；但在高速时，兴波阻力急剧增大，与船速的4~6次方成正比。

浅水对剩余阻力的影响较大。这是由于浅水造成船底的流体向后流动较为困难，进而产生比深水更大的兴波从而造成的阻力增量。

（3）附加阻力 ΔR

附加阻力是船体表面粗糙度、附体、海况、风等引起的船舶阻力。附加阻力由污底阻力 R_{fou}(Foul Resistance)、附体阻力 R_{app}(Appendage Resistance)、空气阻力 R_{air}(Air Resistance)和汹涛阻力 R_{rou}(Rough Water Resistance)组成：

$$\Delta R = R_{fou} + R_{app} + R_{air} + R_{rou} \tag{2-2-34}$$

显然，船舶的附加阻力与附体的多少及结构、船体的污底程度、风浪的大小等因素有关。

①污底阻力

船舶营运过程中，船壳板上漆层的脱落、海生物的生长都会使船体表面变得粗糙，意味着船舶摩擦阻力增加。这种船体表面粗糙度的增大，在整个船舶使用寿命期间可能使总阻力增加25%~50%。有关数据显示，每米长度的粗糙度厚度为25 μm时，船速降低1%。

②附体阻力

附体阻力指船的附体所引起的相对于裸船体阻力的增值。船舶不可避免地需要安装附体装置，包括舭龙骨、减摇鳍、螺旋桨支架、舵等，附体在改善船舶性能的同时，也对船舶周围的流场乃至全船的水动力性能产生重要影响，从而引起阻力增大。附体阻力的大小因附体种类、形状和大小而异，高速船的附体阻力在总阻力中所占比重较大，最大可达25%~40%。

③空气阻力

空气阻力指在静水状态下，船舶水上部分对空气的相对运动产生的阻力。一般来说，空气阻力与船速的平方以及船体水线以上部分正投影面积成正比。对于一般商船而言，因其速度不高，空气阻力仅占总阻力的2%~4%；但对集装箱船来说，由于其船体水线以上部分正投影面积较大，且船速较高，其空气阻力占总阻力的比例可达10%。

④汹涛阻力

船舶阻力也会由于风、浪的影响而增加。顶浪航行时，一般船舶总阻力比静水状态增加50%~100%。表2-2-1给出了主要大洋航线平均船舶阻力增加比例。

表 2-2-1　主要大洋航线平均船舶阻力增加比例

航线	阻力增量
北大西洋，向西航行	25%~35%
北大西洋，向东航行	20%~25%

续表

航线	阻力增量
欧洲至大洋洲	20%~25%
欧洲至东亚	20%~25%
太平洋航线	20%~30%

有些特殊航线,船舶阻力增加比例可能更大。例如,14万吨的满载散货船航行于日本至加拿大的北太平洋航线上遭遇大风浪时,其阻力增加比例最大达220%,平均增加比例约为100%。

目前,还没有关于船舶阻力增加比例与船舶尺度之间关系的统计资料。但一般来说,船舶越大,海浪对船舶阻力变化的影响越小。实际上,天气对船舶阻力的影响不仅包括浪高,还包括风的影响,但很难区分各自影响所占的比例。

由于船舶在大风浪中航行时各自由度的运动是耦合的,很难单纯计算阻力增加对船速的影响,实践中多根据实际观测和试验的统计结果,求得船舶在波浪中失速的经验公式。

2. 船舶推进

船舶推进是指船舶主机通过传动轴系把能量传递给推进器,再转化成有效推力以克服船舶前进时所受的阻力,使船舶以一定的航速航行。在匀速直线航行时,船舶的阻力和有效推力是相等的。

(1)推进器

船舶推进器是将船舶主机动力转化为推力的装置,常见的船用推进器主要有螺旋桨和喷水推进器两种。

螺旋桨安装在船艇尾部水线以下的推进轴上,由主机带动推进轴一起转动,将水从桨叶的吸入面吸入,从排出面排出,利用水的反作用力推动船艇前进。常见的螺旋桨有固定螺距和可变螺距两种,特殊的螺旋桨推进器还可能带有导流罩等特殊装置,以提高推力或改善操纵性能。

喷水推进器由水泵、吸水管道和喷水管道组成。前进时,水泵自船底吸水管道吸进水流,从喷水管道高速喷出,获得水流的反作用力,推动船艇前进。倒航时,将装置在喷水管道口上方的倒车斗放入水中,高速水流进入倒车斗后,将向后方喷射的水流反射成向前的水流,在不改变主机旋转方向的情况下使船艇倒航。喷水推进器具有良好的浅水推进效率和操纵性能,噪声和振动较低,是浅水船艇采用较多的推进装置。

(2)推力减额

推进器(尤其是船尾螺旋桨)工作时,会引起船体尾部流速加快,压强降低,从而使船体阻力产生增值,这部分增加的阻力称为阻力增额。因此,船舶等速前进时,推进器发出的推力 T 除了克服单独船体阻力 R 的有效推力 T_E 外,还有一部分用来克服阻力增额 ΔR_P,也称作推力减额 ΔT,推力、阻力以及有效推力之间的关系为:

$$T=R+\Delta R_P=T_E+\Delta T, R=T_E, T_E=T(1-t), t=\frac{\Delta T}{T} \tag{2-2-35}$$

式中:t——推力减额系数。

推力减额的理论计算比较困难,除了船舶的运动状态和外界环境条件以外,即使直航中螺旋桨推力减额同样也受多种因素的影响,而且据有关研究,推力减额与伴流也有一定的关系。造船行业对推力减额的研究较多,一般采用经验公式估算。

船舶稳定直线航行时螺旋桨的推力减额一般为正值,在倒车操纵时则比较复杂。喷水推进器的推力减额在低速时一般为正值,但在中高速时为负值。根据喷水推进与船体相互作用的相关研究,中高速时,喷水推进吸水破坏船底边界层,船体黏性阻力降低是推力减额为负值的主要原因。

3. 功率与效率

主机发出的功率并非全被用来推动船舶前进,除了上面提到的推力减额造成的功率损失以外,还必须提供驱动螺旋桨产生相应转矩所需要的功率以及克服主机和传动轴系摩擦所需要的功率。

(1)功率种类

动力从主机到推进器再到船体克服阻力的各环节均有损失,因此,各环节的功率大小是不一样的,包括主机功率 P_B、收到功率 P_D、推进功率 P_T 以及有效功率 P_E。

①主机功率 P_B:指主机可发出的最大功率。对于蒸汽机主机常用指示功率(IHP,Indicated Horsepower)表示;内燃机主机常用制动功率(BHP,Brake Horsepower)表示;汽轮机主机常用轴功率(SHP,Shaft Power)表示。

②收到功率 P_D:指主机功率经过传递装置传至推进器的功率。

③推进功率 P_T(也称推力功率):指推进器所发出的功率。船后螺旋桨的推进功率可以表示为 $P_T = TV_P = TV(1-\omega_P)$,$T$ 为推力,ω_P 为螺旋桨处的伴流,V 为船速,V_P 为螺旋桨进速。

④有效功率 P_E:指克服船舶阻力 R 所需要的功率,即 $P_E = RV$。

(2)功率效率

效率是指有用功率与驱动功率的比值。效率也分为很多种,从主机功率到推力功率再到有效功率,可以定义多个效率。

①传递效率 η_S:指收到功率与主机功率的比值,即 $\eta_S = P_D/P_B$。传递效率一般在 0.96 ~ 0.99 之间。

②推进效率(也称为推进器效率)η_B:指推进功率与收到功率的比值,即 $\eta_B = P_T/P_D$。推进效率因船舶的推进器种类而异,一般在 0.35 ~ 0.75 之间,螺旋桨的推进效率较高,一般在 0.6~0.75 之间。

③船体效率 η_H:指有效功率与推进功率的比值,即 $\eta_H = P_E/P_T$。就螺旋桨推进器而言,有 $\eta_H = P_E/P_T = RV/(TV_P) = (R/T)/(V_P/V) = (1-t)/(1-\omega_P)$,由此可见,螺旋桨处的伴流越大,船体效率越高。船体效率因船型而异,单桨船船体效率在 1.1~1.4 之间,双螺旋桨船在 0.95 ~ 1.05 之间。一般来说,船舶方形系数越大,船尾伴流越强,因此,船体效率越高。

④推进系数(也称为总效率)η_T:指有效功率与主机功率的比值,即 $\eta_T = P_E/P_B = \eta_S \eta_B \eta_H$,推进系数一般为 0.5~0.7,这就是说,主机发出功率变为船舶推进有效功率后已损失了将近一半。

4. 船速分类

船舶在实际营运中,根据船舶操纵方式和主机工况的不同,可以采用不同船速航行,以满足船舶在不同水域的操纵需要。

（1）船速分类与定义

商船的船速分为海上船速和港内船速两种。港内船速又分为不同的速度挡,各对应于不同的主机转速(或螺旋桨螺距)。

①额定船速(Maximum Speed)

额定船速也称最大船速,指船舶主机按额定输出功率(最大功率)航行时所能达到的最高船速。与之对应的主机转速称为额定转速。

②海上船速(Sea Speed)

海上船速指船舶主机按海上输出功率(常用功率)航行时所能达到的最高船速。船舶在海上航行,受风浪的影响,船舶阻力增大,主机负荷相应增大,为确保长期安全航行,需留有适当的主机功率储备,因而不能长期使用额定功率,而是使用常用功率。通常,常用功率为额定功率的90%;相应的海上常用主机转速为额定转速的96%~97%。

③港内船速(Habour Speed)

港内船速指船舶主机按港内输出功率(港内功率)航行时所能达到的船速。船舶在港内航行,受水域宽度和水深的影响,船舶阻力增大,且常常需要经常变换船速,操舵频繁,主机负荷往往变化幅度较大。为避免主机超负荷,往往对港内航行的最高船速进行限制。港内的最高主机转速一般为海上常用转速的70%~80%。

港内船速一般分为4个挡,即前进三、前进二、前进一和微进。同样,后退前也分为4个挡。

（2）船速表

上述各种船速的大小因船型而异,为了给操纵人员提供参考,船舶一般配备技术说明书标明各种船速的大小。表2-2-2~表2-2-5中分别给出了某5万吨级散货船、某VLCC、某8000 TEU大型集装箱船和某7800 TEU大型集装箱船的不同主机转速对应的船速。

表 2-2-2 某 5 万吨级散货船主机转速对应船速

Engine Order		RPM	Speed（kn）	
			Loaded	Ballast
Ahead	Sea Speed	109	14.5	15.8
	Full	82	10.2	11.4
	Half	66	8.0	9.2
	Slow	50	5.8	7.0
	Dead Slow	36	3.8	5.0
Stop		0	0	0
Astern	Dead Slow	−36	散货船	
	Slow	−50	L_{oa} 190 m	
	Half	−66	B 30.5 m	
	Full	−82	D 16.5 m	
			d 11.8 m	

表 2-2-3 某 VLCC 主机转速对应船速

Engine Order		RPM	Speed（kn）	
			Loaded	Ballast
Ahead	Sea Speed			
	Full	68	11.2	12.3
	Half	50	8.3	9.1
	Slow	37	5.8	6.4
	Dead Slow	25	3.7	4.0
Stop		0	0	0
Astern	Dead Slow	−25	VLCC	
	Slow	−37	L_{oa} 333 m	
	Half	−50	B 60 m	
	Full	−68	D 29.3 m	
			d 20.9 m	

表 2-2-4　某 8000 TEU 大型集装箱船主机转速对应船速

Engine Order		RPM	Speed (kn)	
			Loaded	Ballast
Ahead	Sea Speed	94	22.8	24.1
	Full	65	15.8	17.0
	Half	50	12.0	13.2
	Slow	35	8.1	8.2
	Dead Slow	25	5.5	6.5
Stop		0	0	0
Astern	Dead Slow	−25	集装箱船	
	Slow	−35	L_{oa}　347 m	
	Half	−50	B　42.8 m	
	Full	−65	D　24.0 m	
			d　14.5 m	

表 2-2-5　某 7800 TEU 大型集装箱船主机转速对应船速

Engine Order		RPM	Speed (kn)	
			Loaded	Ballast
Ahead	Sea Speed	94	25.9	27.0
	Full	76	20.9	22.9
	Half	63	17.3	19.0
	Slow	47	12.9	14.1
	Dead Slow	38	10.5	11.4
Stop		0	0	0
Astern	Dead Slow	−38	集装箱船	
	Slow	−47	L_{oa}　334 m	
	Half	−63	B　42.8 m	
	Full	−76	D　24.6 m	
			d　14.5 m	

　　船舶技术说明书中给出的船速是指船舶在静水、深水中不同主机转速(或螺旋桨螺距)对应的速度。由于外界环境因素对船舶阻力影响较大,在实际操纵过程中,操纵人员应根据船舶的装载状态、水深以及风浪等条件下达车钟令选择船速。

第三节　航向稳定性与保向性

　　航向稳定性和保向性是船舶首摇运动的重要操纵性指标,反映的是船舶在自由状态或受控情况下沿给定航向保持直线行驶的能力。船舶在海上运输过程中,尤其是两转向点之间的长距离航行时,绝大多数船舶是沿恒向线做近似直线运动,因此保向操纵是船舶最基本的操纵。船舶能否沿给定航向保持直线航行对船舶的航速及航程影响较大,因此直接影响运输的快速性和经济性。

一、航向稳定性与保向性的概念

　　船舶航向稳定性与保向性既有区别又有联系,航向稳定性反映的是船舶固有的运动特性,保向性指的则是船舶在受控情况下的操纵运动特性。

1.船舶运动稳定性

　　稳定性也称安定性,反映的是物体保持原来运动状态的特性。稳定性可以这样定义:当一个实际的系统处于一个平衡的状态时,如果受到外来作用的影响时,系统经过一个过渡过程仍然能够回到原来的平衡状态,这个系统就是稳定的,否则系统不稳定。

　　对于船舶来说,在航行过程中受到某种扰动(如阵风)而改变了原来的运动状态,当扰动消失后,船舶的某一种运动变量或状态变量经过一个过渡过程能自动恢复到平衡状态,该变量就具有稳定性,反之则不具有稳定性。应当注意的是,船舶是否稳定取决于船舶操纵人员所关注的状态变量,一种变量稳定并不代表其他的运动状态都是稳定的。就所关注的船舶运动状态变量而言,直航船舶受扰动后的运动稳定性分为三种:

第一种稳定性关注的运动状态是角速度或直线运动,见图 2-3-1(a),船舶以一定航向直线运动时,外界扰动产生的转动角速度 r 使船舶偏离了原航向。当扰动消失后,视其角速度随时间的变化分为两种结果:一种结果是随着时间 $t\rightarrow\infty$,角速度 $r\rightarrow0$,船舶将沿新航向做直线运动,这种情况称船舶具有直线运动稳定性或动航向稳定性;另一种结果是随着时间 $t\rightarrow\infty$,角速度 r 存在一个残存量,船舶将以该残存角速度进行旋转,这种情况,则称船舶不具有直线运动稳定性或动航向稳定性,或者称船舶直线运动不稳定或动航向不稳定。

第二种稳定性关注的运动状态是船首向,见图 2-3-1(b),船舶以一定航向航行时,外界扰动使船舶偏离了原航向。当扰动消失后,随着时间 $t\rightarrow\infty$,如果航向改变量 $\Delta\varphi\rightarrow0$、角速度 $r\rightarrow0$,但航迹产生一个横向偏移量 Δy,船舶将沿原航向在新的航迹上做直线运动,这种情况称船舶具有方向稳定性或静航向稳定性,否则不具有方向稳定性或静航向稳定性。

第三种稳定性关注的运动状态是直线航迹或横向航迹偏差,见图 2-3-1(c),船舶沿一定航迹向航行时,外界扰动使船舶偏离了原航迹。当扰动消失后,随着时间 $t\rightarrow\infty$,如果航迹横向偏移量 $\Delta y\rightarrow0$、航向改变量 $\Delta\varphi\rightarrow0$、角速度 $r\rightarrow0$,船舶将沿原航迹在原航向上做直线运动,这时,则称船舶具有位置稳定性,否则不具有位置稳定性。

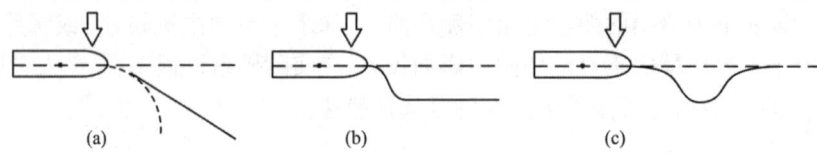

(a) (b) (c)

图 2-3-1 船舶运动稳定性

通过上述船舶稳定性分析,可以看出:船舶具有位置稳定性,必然具有方向稳定性和直线运动稳定性;船舶具有方向稳定性必然具有直线运动稳定性。

2.航向稳定性的概念

航向稳定性指的是船舶的固有稳定性。若不加以操纵,船舶一般不具有方向稳定性和位置稳定性。因此可以得出航向稳定性的概念:船舶在直线航行过程中受到某种扰动而改变了原航向,当扰动消失后,不经过操纵就能在新航向上自动恢复直线运动,这样的船舶具有航向稳定性;如果不经过操纵,不能自动恢复直线运动,则船舶不具有航向稳定性。

3.保向性的概念

保向性是船舶保持原航向的性能。在实践中,即使船舶具有航向稳定性,若不对其进行操纵,一般也不具有保持原航向和原航迹向航行的性能。因此,保向性是操舵保持船舶沿给定航向航行的性能。

船舶在直线航行过程中受到某种扰动而改变了原航向,通过操纵能使船舶恢复在原航向上做直线运动,这种运动性能称为船舶保向性。船舶受干扰偏离原航向后,如通过操纵(小舵角)能使船舶在短时间内恢复原航向做直线运动,则船舶保向性好,反之则保向性差。船舶方向稳定性和位置稳定性都属于保向性范畴。

4.航向稳定性与保向性的关系

航向稳定性与保向性之间既有区别又有联系。根据定义,航向稳定性是船舶固有的运动性能,它与船舶水面以下部分的几何尺度和运动状态等因素有关,而与操船者的操纵无关。严格来讲,航向稳定性不属于船舶操纵性范畴,而是一种船舶固有的运动性能。保向性是船舶受控状态下的运动性能,即它是船舶航向对操纵的反应能力,且与船舶运动状态和控制量的大小有关。因此,保向性与外界干扰和操船者的操纵均有关。

一般来说,航向稳定性好的船舶其保向性也相应较好。对于不具有航向稳定性的船舶,通过频繁操舵或大舵角也可以使其保持近似的直线运动,但其保向性较差,需要很长时间才能使船舶保持新的直线运动。

二、航向稳定性的判别

航向稳定性的判别有两种方法,即直接判别和间接判别。直接判别是根据实船试验获得的直观试验结果来判别航向稳定性;间接判别是通过船舶操纵运动方程的参数分析船舶运动特性,间接判别船舶航向稳定性。

1. 直接判别参数

航向稳定性直接判别参数可通过实船试验结果直接获得。有两种实船试验结果可以判断船舶是否具有航向稳定性。一种是螺旋试验,视其结果是否存在滞后环:若不存在滞后环,则船舶具有航向稳定性;若存在滞后环,在滞后环之内船舶不具有航向稳定性,在滞后环之外船舶具有航向稳定性。另一种是回舵试验,视其结果是否存在残存角速度:若存在,则船舶不具有航向稳定性;反之,船舶具有航向稳定性。

2. 间接判别参数

静水中直航船舶操一舵角 δ 并保持,待船舶转动角速度达到某一定值 r_0,进入定常旋回时,操正舵。这时,操舵相当于一种扰动,舵角消失相当于扰动消失,则舵角消失后,式(2-2-10)表示的一阶船舶操纵运动方程可变为 $Tr+r=0$,舵角消失后任意时刻角速度的表达式为 $r=r_0 e^{-t/T}$。

当 $T>0$ 时,$\lim\limits_{t\to\infty} r_0 e^{-t/T}=0$,即随着时间 t 增加,角速度 r 最终趋近于 0,船舶将稳定在新航向上做直线运动。T 值越小,角速度 r 衰减得越快,船舶达到直线运动状态的时间越短。当 T 值一定,r 由 r_0 变为 0 时,航向角变化量可由下式表示:

$$\psi = \int_0^\infty r_0 e^{-t/T} \mathrm{d}t = r_0 T \tag{2-3-1}$$

当 $T<0$ 时,$\lim\limits_{t\to\infty} r_0 e^{-t/T}=\infty$,即随着时间 t 增加,角速度 r 最终趋近于 ∞,船舶将以螺旋线形式加速旋转,造成船舶不能恢复直线运动。

从直线运动稳定性角度考察,T 指数的符号决定了船舶是否具有航向稳定性,它的大小决定了船舶航向稳定性的优劣。即 T 为正值,船舶具有航向稳定性,T 越小,航向稳定性越好;T 为负值,船舶不具有航向稳定性。

操纵性指数 T 可作为判断船舶是否具有直线运动稳定性的参数,即船舶具有直线运动稳定性的充分必要条件是:T 指数为正值。

在实际船舶操纵中,船舶转向后操正舵,如果发现船舶长时间不能稳定在新的航向上直线航行,则说明该船航向稳定性较差,即 T 较大;反之,则航向稳定性较好,即 T 较小。

第四节　船舶变向性能

船舶航行中,少用舵、用小幅度舵角进行保向能节省燃油,提高船舶经济效益。在进港或避让时需要改变航向,操船者则关心船舶是否能快速、稳定地应舵,达到所需要的航向,即船舶变向性能的好坏。前节讲述了船舶直线运动性能,本节将讨论船舶操纵性另一方面的问题——改变航向的性能。

一、变向性能概述

广义上讲,保向性和变向性都属于航向控制性能,但保向性是指船舶保持航向的能力,而变向性是指船舶改变航向的能力。船舶变向性能包括旋回性、初始回转性和首摇抑制性。

1. 旋回性(Turning Ability)

船舶旋回性最能代表船舶的变向性能,历史上对旋回性的研究也是最多的。通过研究船舶旋回运动,可以获得多种船舶操纵运动的特征参数。船舶避碰、靠离泊以及掉头操纵等都涉及船舶旋回运动性能,故操船者有必要对船舶旋回性进行深入了解。

旋回性是指操满舵使船舶进行回转运动的性能,是衡量船舶回转运动所占最小水域范围大小和旋回迅速程度的性能指标,通过对旋回过程的分析,可以获得多种船舶变向操纵性能指标。

2. 初始回转性(Initial Turning Ability)

初始回转性也称为改向性。初始回转性是指船舶对中等舵角的反应能力,它是衡量直航船舶改变航向能力的性能指标。初始回转性与操舵后船舶航行距离和航向角变化量有关,因此,初始回转性是指操中等舵角时船舶航行单位距离内航向角变化大小的性能,或在给定航向角变化量时船舶航行的距离长短的性能。单位距离内航向角变化大或给定航向角变化量时船舶航行的距离短,则船舶初始回转性好,反之初始回转性差。

旋回性与初始回转性既有区别又有联系。首先,两者都是船舶的操纵性能之一,但评价船舶运动性能的目的不同,旋回性评价船舶旋回运动所占用水域的大小,而初始回转性是评价船舶改变航向的效率,即船舶对操舵的反应能力。其次,两者实质上都是船舶改变航向的性能,只是研究时所用舵角不同,旋回性比初始回转性用舵角的幅度更大,变向效果更好,但在船舶正常航行过程中,除非紧急情况,很少用满舵(或大舵角)进行变向操纵。最后,两者初始运动过程是一样的,但由于所操舵角不同,运动参数的变化量也不相同。

3. 首摇抑制性(Yaw Checking Ability)

首摇抑制性是指船舶进入旋回状态,角速度达到一定值时,向旋回相反方向操舵,船舶对舵的反应能力的性能,即指操反舵后船首向对舵的响应迅速程度。首摇抑制性是一个时间概念,如果船舶很快就能响应舵的转动,则其首摇抑制性好;反之,首摇抑制性差。例如,在标准Z形试验中,"超越角"越小,首摇抑制性越好。

初始回转性和首摇抑制性都是船舶转动惯性的一种度量,但初始回转性是度量直航中的船舶开始转动的惯性,而首摇抑制性是度量转动中的船舶停止转动的惯性。

二、旋回运动过程

从船舶运动学角度考察船舶的旋回运动,其过程可分为三个阶段,即转舵阶段、过渡阶段和定常旋回阶段,各阶段的受力和运动状态的变化过程见图 2-4-1 与图 2-4-2。

1. 转舵阶段

从转舵至舵角增加到规定值(δ_c)时称为转舵阶段。在这一阶段,随着舵角的增加,产生舵横向力 Y_R 和舵转船力矩 N_R,由此产生横向加速度 $\dot{v}$ 和旋转角加速度 $\dot{r}$。在操右舵时,Y_R 的方向为负(向左),N_R 的方向为正值(顺时针),因此产生向左舷运动的加速度和顺时针方向的角加速度,见图 2-4-1(a)。由于船舶的质量和转动惯量很大,而转舵的时间很短,横移速度 v 和转动角速度 r 还很不明显,因此,船舶重心 G 基本上沿原航向滑进并有向操舵相反一舷的小量横移,而船尾出现明显的向操舵相反一舷的横移。

2. 过渡阶段

从舵角达到规定值时至船舶进入定常旋回运动之前之间的运动过程称为过渡阶段。随着时间的推移,在 Y_R 和 N_R 的作用下,很快产生横向速度 v 和角速度 r,见图 2-4-1(b)。随着船舶横移速度与漂角的增大,船舶的运动速度矢量将逐渐偏离首尾面而向外转动,越来越明显的斜航运动将使船舶的旋回运动进入加速旋回阶段。在这一阶段中,由于船舶斜航运动产生的漂角水动力力矩 $N(\beta)$ 与舵力转船力矩 N_δ 相辅相成,使船舶产生较大的角加速度。随着角速度的不断提高,船舶旋回的阻尼力矩 $N(r)$ 不断增大,角加速度逐渐降低,从而使角速度的提高受到限制,并逐渐趋于稳定。

3. 定常旋回阶段

经过过渡阶段后,随着旋回阻尼力矩的增大,当船舶所受的舵力转船力矩 N_δ、漂角水动力转船力矩 $N(\beta)$ 和阻尼力矩 $N(r)$ 相平衡时,船舶的旋回角加速度变为 0,船舶的旋回角速度达到最大值并稳定于该值,船舶将进入稳定旋回阶段,因此该阶段也称为定常旋回(Steady Turning)阶段,见图 2-4-1(c)。定常旋回阶段的船舶的横向加速度、旋转角加速度均为 0。舵角、横向速度、旋转角速度均为常量。

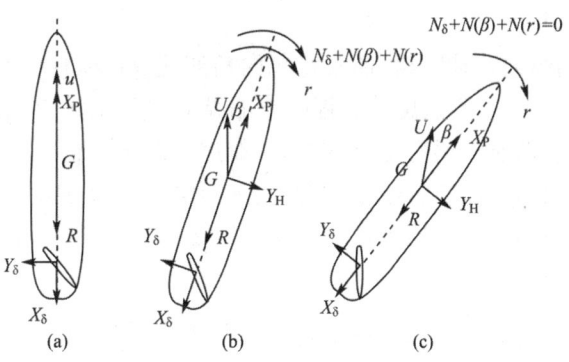

图 2-4-1　旋回运动过程的受力情况

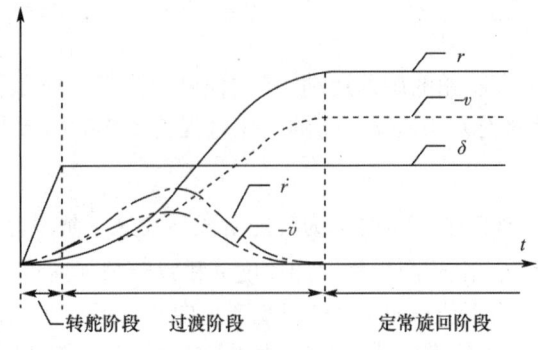

图 2-4-2　旋回运动过程中运动参数的变化

三、旋回性的直接判别

船舶以一定的速度稳定直航中操满舵并保持,船舶重心所描绘的轨迹即为旋回圈,如图 2-4-3 所示。旋回圈几何参数是表示船舶旋回性能的重要指标,是判别船舶旋回性优劣的直接判据。一般选择具有实际意义的特征参数来描述船舶的旋回性能。

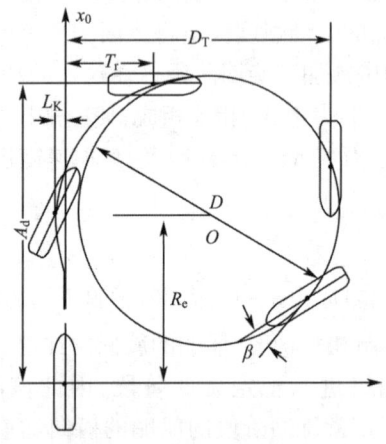

图 2-4-3　旋回圈及其几何要素

1. 进距(Advance)A_d

进距是船舶重心的纵向移动距离,通常将航向角变化 90° 时船舶重心的纵向移动距离称为进距,一般用 A_d 表示。它是判别旋回过程中船舶纵向占用水域范围的依据。显然,进距是船舶初始回转性的特例,即航向角变化 90° 时船舶航进的距离。进距越小,表示船舶对操舵的反应越迅速,即船舶初始回转性能越好;进距越大,表示船舶对操舵的反应越迟钝,即初始回转性能越差。据统计,一般运输船舶的相对进距(A_d/L)在 2.8~4.0 之间,最大不应超过 4.5。

2. 横距(Transfer)T_r

横距是船舶航向角变化 90° 时重心的横向移动距离,一般用 T_r 表示。横距是判别船舶航向角变化 90° 时横向占用水域范围的依据。横距越小,表示船舶对操舵的反应越迅速,即船舶初始回转性能越好。

3. 旋回初径(Tactical Diameter)D_T

旋回初径也称为战术直径,是航向角变化 180° 时船舶重心的横向移动距离,一般用 D_T 表示。它是判别旋回过程中船舶横向占用水域范围的依据。旋回初径越小,船舶旋回性能越好,反之,船舶旋回性能越差。据统计,一般运输船舶的相对旋回初径(D_T/L)在2.8~4.2之间,最大不应超过5.0。

4. 旋回直径(Final Diameter)D

旋回直径是船舶进入定常旋回时的旋回圈直径,一般用 D 表示。它是判别船舶定常旋回过程中占用水域范围的依据。对于运输船舶来说通常 $D \approx 0.9D_T$。一般运输船舶的相对旋回直径(D/L)为3.0左右。

5. 反移量 L_K

在旋回转舵阶段,船舶转动惯量很大,还来不及产生较大的旋转角速度,在舵产生的横向力的作用下产生横向移动加速度,一定时间后产生横向移动速度,使船舶重心产生向转舵相反方向的横移量,称为反移量,用 L_K 表示。一般情况下,满舵旋回反移量约为船长的1%,此时船尾偏出初始航向的反向横移量一般为船长的1/10~1/5。

6. 滞距(Reach)R_e

滞距也称为心距,一般用 R_e 表示。正常旋回时,船舶旋回轨迹曲率中心 O 总较操舵时船舶重心位置更偏于前方。滞距是旋回轨迹曲率中心滞后于操舵点的纵向距离,一般为1~2倍船长,它表示操舵后到船舶进入旋回的"滞后距离",也是衡量船舶应舵快慢的标准之一。

四、变向性的间接判别

船舶变向性也可以根据船舶操纵运动方程的参数来判别,通过分析船舶 K、T 指数特性,可以间接判别船舶的旋回性能及船舶改向性能。

1. 旋回性的间接判别

直航船舶操满舵后,不考虑操舵所用时间(阶跃操舵),并设初始条件 $t=0$,$r=0$,求解一阶船舶操纵运动方程式(2-2-10),即 $T\dot{r}+r=K\delta$,则旋回运动过程中瞬时角速度表示为:

$$r=K\delta(1-e^{-t/T}) \tag{2-4-1}$$

可见,在舵角 δ 一定的情况下,旋回角速度 r 取决于操纵性指数 K 和 T,通过对 K、T 指数的分析可以判别船舶旋回性的优劣。对于 T 值,分三种状态进行讨论:

当 $T=0$ 时,即不考虑船舶的转动惯性,则角速度 $r=K\delta$,说明船舶的旋转角速度与时间无关,一旦操舵,船舶就进入定常旋回运动。这种情况是理想状态,实际上是不存在的。

当 $T>0$ 时,$r_0=\lim\limits_{t\to\infty}K\delta(1-e^{-t/T})=K\delta$,即随着时间增加船舶最终稳定为定常旋回运动,且 T 值越小,达到定常角速度的时间越短。

当 $T<0$ 时,随着时间增加角速度最终趋近于无穷大,即船舶最终不能达到定常回转,而将以螺旋线形式加速旋转,造成旋回运动不稳定。

可见,从运动学角度来看,T 指数的符号决定了运动的稳定性,它的大小决定了船舶达到定常旋回角速度的时间。该时间越短,说明船舶航向对操舵的反应能力越好,即船首向"追随"舵角的能力越好。K 指数的大小决定了船舶所能达到的定常旋回角速度的大小,表示船舶受单位持续舵角作用下产生的最终旋回角速度。该角速度值越大,说明船舶进行旋回运动的效率越高。

通过以上分析,在 $K>0$ 时,K、T 大小的四种组合随时间的变化情况见图2-4-4(a)。这四种情况表示了船舶旋回性能的优劣。

（1）K 大 T 小：说明最大旋回角速度大，且达到最大旋回角速度的时间短，这时，船舶旋回性较好，见图 2-4-4(b)中的实线轨迹。

（2）K 大 T 大：说明最大旋回角速度大，但达到最大旋回角速度的时间长，这时，船舶旋回性比第一种情况差。

（3）K 小 T 小：说明最大旋回角速度小，但达到最大旋回角速度的时间短，这时，船舶旋回性与第二种情况类似。

（4）K 小 T 大：说明不但最大旋回角速度小，而且达到最大旋回角速度的时间长，这时，船舶旋回性较差，见图 2-4-4(b)。

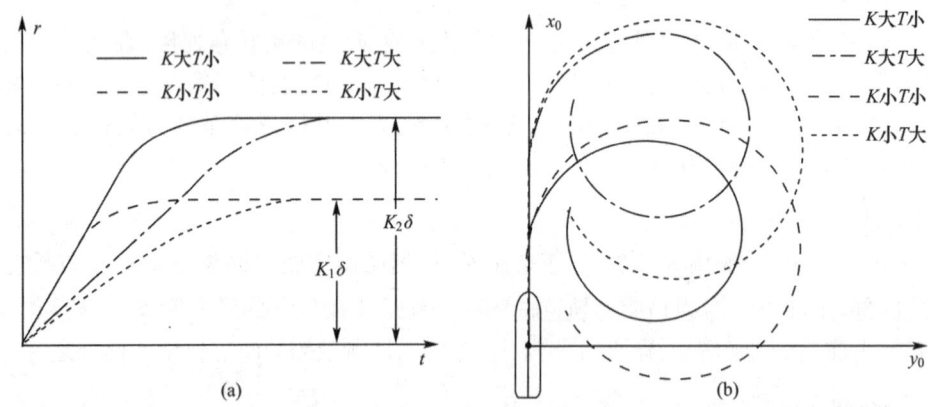

图 2-4-4　通过 K、T 指数判别旋回性

2. 初始回转性的间接判别

初始回转性可用旋回滞后距离和新航向距离进行判别，如图 2-4-5 所示。由于船舶的转动惯性，航向角对舵的反应有一个滞后时间，该时间称为旋回滞后时间。如果旋回初始船速为 V，则相对应的旋回滞后距离可近似表示为：

$$D_0 = V\left(T + \frac{t_1}{2}\right)$$

船舶航向角变化为 ψ 时，新航向延长线与原航向线的交点至转舵时的距离称为新航向距离，见图 2-4-5，其大小可由下式近似表示：

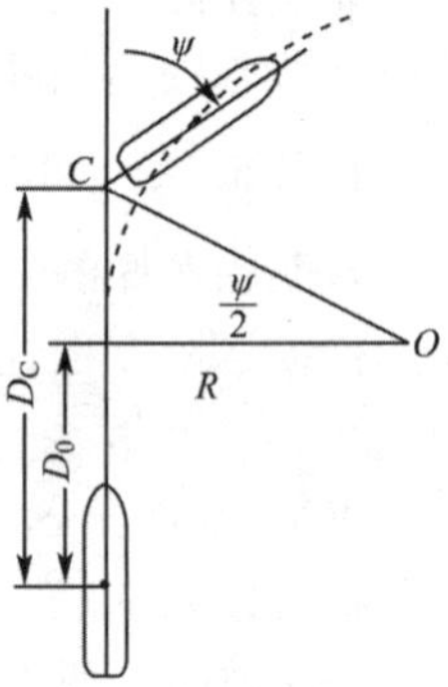

$$D_C = V\left(T + \frac{t_1}{2} + \frac{1}{K\delta_C}\tan\frac{\psi}{2}\right) \tag{2-4-2}$$

图 2-4-5　新航向距离

式中：D_C——新航向距离（m）；

　　V——船速（m/s）；

　　T——追随性指数（s）；

　　t_1——操舵时间（s）；

　　K——旋回性指数（1/s）；

　　δ_C——舵角（°）；

　　ψ——航向变化角（°）。

由初始回转性的概念可知，新航向距离越小，初始回转性越好，反之则越差。在航向角变

化量、舵角、船速和转舵时间一定的情况下,新航向距离与操纵性指数有关。T 值越小,新航向距离越小;K 值越大,新航向距离越小。T 值小 K 值大时,初始回转性好;T 值大 K 值小时,初始回转性差。

船舶在有转角的宽度受限航道中航行过转向点时,为了能安全转入新航向,应在距转向点新航向距离时进行操舵。过晚、过早都可能转出航道而造成搁浅事故。

五、旋回过程中的其他运动参数

除上述几何参数外,船舶旋回运动参数还包括转心、漂角、旋回速降、旋回时间及旋回横倾角等。

1. 旋回过程中的转心

在旋回运动过程中,不同运动阶段转心位置不相同。在转舵阶段,由于转动角速度不大,转心位于距离船首之后约 1/4 船长处。在过渡阶段,转心逐渐向后移动。在定常旋回阶段,船舶水动力、舵力和螺旋桨推力构成一个平衡力系,转心位置也为常量,一般位于船首之后约 1/3 船长处。

2. 旋回过程中的漂角

旋回漂角一般指船舶重心处的漂角,即船舶重心处的运动轨迹切线与首尾线的夹角。漂角在转舵阶段和过渡阶段是随时间不断变化的,当船舶进入定常旋回时,漂角为常量。漂角在船首尾线上各点的大小和方向不相同。转心 P 点处的漂角为 0,P 点之前的漂角为负值,P 点之后的漂角为正值,从转心向船尾方向,漂角越来越大,船尾处的漂角最大。从漂角的定义来考察船舶的旋回性能,漂角越大,旋回圈越小,船舶旋回性越好。根据统计,一般船舶的旋回漂角在 3°~15° 之间,旋回性好的超大型船舶可达 25°。

3. 旋回降速

在船舶旋回运动过程中,会产生船舶速度降低的现象。一方面,旋回运动过程中横向速度 v 和角速度 r 的存在使船舶处于斜航和旋转状态,船舶阻力比直航时大为增加;另一方面,由于螺旋桨通常设计为直航状态时推进效率最高,而船舶旋回过程中横向速度 v、角速度 r 及舵角 δ 的存在使螺旋桨推进效率大为降低;另外,船舶旋回过程中由于阻力的增大,螺旋桨转速也会相应降低。因此,这些因素都导致船舶旋回运动过程中的船速下降,称为"旋回降速"。

船舶旋回降速与初始船速、船型、载况等诸多因素有关。万吨级船舶一般旋回降速可达 30%~50%,大型船舶旋回降速更为剧烈,为 65% 左右,有时甚至可达 80% 左右。

表 2-4-1 给出了某大型集装箱船压载状态下满舵旋回试验中的降速记录。从试验数据能够看出,初始船速越高,旋回降速越大。全速旋回时,定常旋回时的船速约为初始船速的 1/3;半速旋回时,定常旋回时的船速约为初始船速的 1/2。旋回方向对旋回降速影响不大。

表 2-4-1　大型集装箱船压载状态旋回降速

航向角变化量	左旋回	右旋回	左旋回	右旋回
	全速(kn)	全速(kn)	半速(kn)	半速(kn)
000°	26.6	25.80	13.7	14.5
090°	16.6	17.10	9.8	8.1

续表

航向角变化量	左旋回	右旋回	左旋回	右旋回
	全速（kn）	全速（kn）	半速（kn）	半速（kn）
180°	12.3	14.05	8.4	7.2
270°	10.2	12.20	7.9	6.5
360°	8.9	10.20	7.3	7.7

注：6800 TEU 集装箱船，$L_{oa} = 300$ m，$B = 42.8$ m。

表 2-4-2 给出了某 30 万吨油船压载状态下满舵旋回试验中的降速试验结果。定常旋回时的船速约为初始船速的 1/5，旋回方向对旋回降速影响不大。

表 2-4-2　30 万吨油船压载状态旋回降速

航向角变化量	全速左旋回		全速右旋回	
	时间	船速（kn）	时间	船速（kn）
000°	0′00″	14.80	0′00″	14.90
090°	2′38″	9.39	2′42″	9.39
180°	5′39″	5.24	5′48″	4.63
270°	9′25″	3.79	9′36″	3.36
360°	13′32″	2.85	13′31″	2.80

注：30 万吨级油船，$L_{oa} = 333$ m，$B = 60.0$ m，$DWT = 298330$ t。

从两个船型试验结果比较可见，初始船速基本相同的情况下，旋回性好的超大型油船比大型集装箱船的旋回降速大得多。

4. 旋回时间

旋回时间是指船舶旋回过程中转至某一角度所用的时间。它与舵效的概念类似，转过同一角度所用时间越少，船舶旋回性能越好。旋回时间与船速、船舶排水量、船型、载况等因素有关。万吨级船舶满载时，其快速旋回 360°时间一般为 6 min，VLCC 要增加约一倍。

从表 2-4-2 可以看出，某 30 万吨油船压载状态下满舵旋回 180°的时间接近 6 min，旋回 360°的时间约 13.5 min。

5. 旋回横倾角

船舶旋回过程中，船体上所受横倾力作用点的高度不相同，形成对 Ox 轴的横倾力矩，在其作用下，船舶会产生横倾运动。

（1）横倾力矩

旋回过程中的横倾运动与作用于船体上的横向力和横倾力矩有关。横向力包括作用于舵上的横向力 Y_δ、作用于船体上的横向水动力 Y_H 和旋回运动惯性力 Y_G。Y_δ 作用于舵面积中心或 1/2 舵高度处，方向指向操舵相反一舷。Y_H 作用于船舶中纵剖面的面积中心或 1/2 船舶吃水处，方向与船体横移方向相反。而 Y_G 作用于船舶重心，方向与船体横向加速度方向相反。一般情况下，重心高于水动力中心，而水动力中心又高于舵面积中心。三个横向力导致相应的横倾力矩分别为 M_δ、M_H 和 M_G，如图 2-4-6 所示。

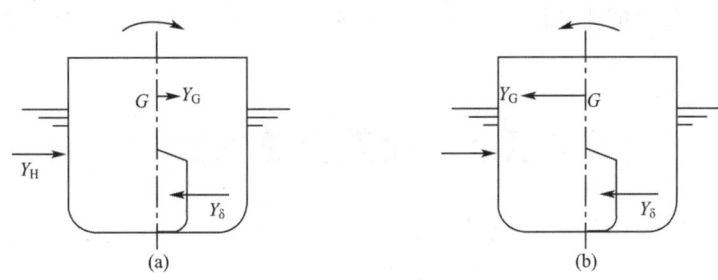

图 2-4-6 旋回过程中的横倾力矩

（2）横倾大小和方向

旋回过程中的各个阶段船体所受力矩不同，横倾运动情况也各不相同。转舵阶段和定常旋回阶段，船舶横倾运动方向相反，且外倾角大于内倾角，过渡阶段的外倾角最大，如图 2-4-7 所示。

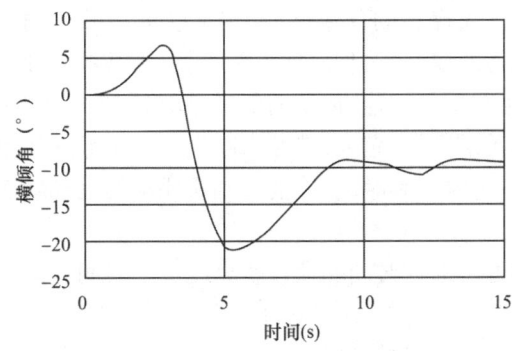

图 2-4-7 旋回过程中的横倾角的变化情况

以操右舵为例，在转舵阶段，横向加速度 $\dot{v}$ 的存在产生惯性力 Y_G（指向船舶右舷），而 Y 和 Y_δ 大小基本一致，但由于 Y_G 的高度一般大于 Y_δ 的高度，力臂相对小，因此，旋回初始阶段船舶向转舵方向横倾，见图 2-4-6（a）。

在过渡阶段，随着船舶横移速度 v 和旋回角速度 r 的增大，旋回离心惯性力 Y_G 指向操舵相反一舷，船体水动力 Y_H 指向操舵一舷，由于作用在船体的横向水动力 Y_H 超过舵力，内倾消失，船舶的横倾由内倾转变为外倾，见图 2-4-6（b）。并且因横向摇摆惯性的存在将产生最大的外倾角，也称为"回转突倾"。最大外倾角一般为定常外倾角的 1.2～1.5 倍，最大外倾角的大小与操舵时间有关，操舵时间越短，外倾越大。旋回中船舶出现的横倾是一个应予注意的不安全因素，尤其是航速较高的船舶。船舶在大风浪中大角度转向或掉头时，如船舶在波浪中横摇的相位与旋回中外倾角的相位一致，则船舶将有倾覆的危险，这是操船中应予避免的一个重要问题。另外，值得注意的是，舵力所产生的内倾力矩有利于抑制船舶的外倾角，因此当船舶在旋回中一旦产生较大的外倾角时，切忌急速回舵或操相反舷舵，否则会进一步增大外倾角，威胁船舶的安全。

在定常旋回阶段，随着船舶横移速度 v 和旋回角速度 r 的稳定，惯性力 Y_G、水动力 Y_H 与舵力 Y_δ 达到稳定，由于 Y_G、Y_H 相对 Y_δ 大，因此，船舶保持向转舵相反方向的横倾，见图 2-4-6（b）。船舶旋回中定常外倾角的大小与船速、所操的舵角、船舶的旋回性能和船舶的初稳性高度 GM 等有关，船速越高、船舶的旋回直径越小、船舶的初稳性高度越低，定常外倾角越大。一般货船满舵旋回时的外倾在静水中可达 3°～5°。然而，恢复力矩较小的船舶高速航进中操大舵角时,将会产生较大横倾,船速大于 30 kn 的高速船,定常外倾角可达 12°~14°。

第五节　船舶变速性能

船舶操纵性的另一个重要的运动性能是变速性能,即船舶纵向运动性能。变速性能包括加速、减速、停船和倒航性能。船舶在海上航行时,一般不改变船速,即"定速"航行,但在港内航行时则需要频繁变换船速:进港停泊时需要减速、倒车直至停船;离泊出港时需要加速直至达到海上速度。加速过程中船舶航向的控制能力逐渐增强;而减速过程中航向的控制能力逐渐减弱。因此,从船舶操纵安全的角度来说,我们更关心的是船舶的减速和停船性能。

一、船舶变速性能及其判别

变速性能是指船舶对变速操纵的反应能力,它是度量船舶运动(平动)惯性的技术指标。船舶具有保持原有运动状态的属性,这种属性称为惯性,不仅静止的船舶具有惯性,运动的船舶也具有惯性,即静止的船舶不易加速,运动的船舶不易减速。由惯性产生的力称为惯性力,惯性力的大小取决于船舶质量,质量越大,惯性力越大。由于船舶质量较大,减速过程中,船舶在惯性力的作用下,需要一定时间和距离,才能达到所要求的运动状态。该时间和距离分别称为惯性时间和惯性距离。

船舶变速性能的指标可用惯性时间和惯性距离度量。时间、速度和距离之间的关系如下:

$$s = \int u \mathrm{d}t \tag{2-5-1}$$

设在 $t=t_0$ 时刻船舶在静水中以速度 u_0 直航,变速操作后某一时刻 t 的船速为 V,船舶所受的纵向的阻力为 R(为船速的函数),推进器有效推力为 T_e(为螺旋桨转速的函数),根据牛顿第二定律得到:

$$(m+m_x)\frac{\mathrm{d}u}{\mathrm{d}t}=T_e-R \tag{2-5-2}$$

式中: m_x——纵向附加质量,假定为常量。

船舶由船速 u_0 变为 u 所需要的时间和距离分别为:

$$t - t_0 = (m + m_x)\int_{V_0}^{V}\frac{\mathrm{d}u}{T_e - R}, \quad s - s_0 = (m + m_x)\int_{V_0}^{V}\frac{u\mathrm{d}u}{T_e - R} \tag{2-5-3}$$

$t-t_0$ 和 $s-s_0$ 分别表示船速由 u_0 变到 u 时所经历的时间和航行的距离。表征船舶变速性能的时间和距离自始至终是变化的,且阻力和推力都随船速的改变而变化,故计算比较复杂。一般采用估算公式或实船试验结果来判别变速性能。

船舶变速过程中的航迹并不是直线,为使问题简化,我们常常假定在变速运动过程中,船舶的航行轨迹是一条直线。实际上,只有在有些双桨船或具有直航制动控制系统的船舶在加速过程中才具有这样的性能。对于单桨船,倒车时在螺旋桨横向力的作用下,船首将发生偏转。

当倒车过程中船舶偏离原来的直线航迹时,船舶航行的距离将沿其曲线航迹进行测量。该距离称为航迹距离,航迹距离可分解为进距和横距,两者都是衡量船舶变速性能的重要指标。

二、各种变速操纵性能

变速性能包括加速性能、减速性能、停船性能和倒航性能。特别是后三个性能,在船舶接近陆地、他船和固定物标进行减速操纵时尤为重要。

1.加速性能

当 $T_e > R$,即推力大于阻力时,船舶处于加速过程中。加速性能指船舶从静止增加到某一速度或某一速度增加到更高速度的性能。在初始速度 $u_0 = 0$ 时,开始转动螺旋桨,这时的船舶运动性能称为启动性能。由于船舶惯性巨大,启动性能一般都比较差,提高螺旋桨转数,并不能使船速增加得很快,反而会使主机负荷急剧增大,因此,一般都以低转速进行启动。

初始速度 $u_0 > 0$ 时,由于开始阶段推力大于阻力,船舶开始加速,同时,阻力也随船速的提高而增大,推力也随船速的增加而减小。当 $T_e = R$ 时,船舶达到所需要的船速。当然,推力和阻力达到平衡需要很长的时间和航行距离,这是因为在速度增加到预定值的过程中,阻力的增加是缓慢的,并且由于推力和阻力的差值在逐渐减小,加速度也逐渐减小,直至阻力与推力相等。因此,船舶加速过程应是逐级的,切不可在低速时使用高转速,否则将造成主机超负荷运转。

根据统计结果,船舶从静止状态逐级动车,直至达到定常速度 u 所航行的距离与船舶排水量 Δ 成正比、与航速 u 的平方成正比、与达到航速 u 时的阻力 R 成反比。一般来说,从静止状态逐级动车,直至达到定常速度,船舶满载时需航经 20 倍船长左右的距离,轻载时为满载时的 $1/2 \sim 2/3$。

2.减速性能

当 $T_e < R$ 时,即推力小于阻力时,船舶处于减速过程中。要使船速降低,需进行减速操纵,即降低推进器推力。减速性能就是减速操纵后船速递减过程中的运动性能。减速操纵使船舶的纵向受力失去平衡,此时船速必然降低,同时,推力随船速的降低而增大,阻力随船速的降低而减小,直至船速降低到阻力与推力相等时,船舶将以低于初始速度的船速航行。

航行中的船舶当主机停止功率输出时,螺旋桨不产生任何推力,甚至产生阻力,这种情况下船舶受船体阻力的作用而逐渐降速,由于在降速的过程中阻力也将缓慢递减,因此船速开始下降较快,随船速降低,船速下降趋缓(加速度降低),直至船速 $u = 0$。由于停止主机的操作也需要一定时间,而且开始时船速较高,因此,主机停车操作的时间对船舶停车减速性能影响较大。

船舶停车减速性能一般用停车冲程和停车冲时来衡量,从发出主机停车令开始至船舶停止对水移动的过程中船舶所航行的距离俗称"停车冲程",相应所需要的时间俗称"停车冲时"。实际操纵中,很少用停车的方法进行停船,因为这种方法将需要很长的时间和航行距离。一般停车后将船速降为至少能维持舵效或拖船可以有效控制船舶的船速,即进行进一步的操纵。因此,实船试验时,船舶对水停止移动一般以船舶能维持舵效的最小船速为标准计算,万吨级船取 2 kn,超大型船取 3 kn 左右。实测的"停车冲程"和"停车冲时"是指从发令开始至船速降能维持舵效的最小船速时所航行的距离和时间。

停车冲程和停车冲时在船舶进港操纵中非常重要,它是决定船舶进港降速距离和时间的依据。

根据统计,船舶在常速航行中停车,降速到能维持其舵效的速度时,一般货船的停车冲程为船长的 8~20 倍,超大型船舶则超过 20 倍的船长。船舶排水量越大,停车惯性越大。表

2-5-1 给出了某大型集装箱船压载和满载时各船速下的停车冲程和停车冲时。压载时,海上全速、港内全速、港内半速和港内慢速时的停车冲程分别约为 16、12、10 和 8 倍船长;满载时,分别约为 24、16、14 和 9 倍船长。表 2-5-2 为 30 万吨 VLCC 压载和满载时各船速下的停车冲程和停车冲时。压载时,海上全速、港内全速、港内半速和港内慢速时的停车冲程分别约为 17、15、14 和 12 倍船长;满载时,分别约为 37、32、29 和 25 倍船长。通过两种船型停车冲程比较可以看出,压载状态下停车冲程差别不是很大,但满载状态下 VLCC 的停车冲程比集装箱船大得多。

表 2-5-1　大型集装箱船停车冲程和停车冲时

车钟挡位	压载				满载			
	初速(kn)	冲程(m)	冲时(min)	余速(kn)	初速(kn)	冲程(m)	冲时(min)	余速(kn)
海上全速	27.8	5400	15.88	4.3	26.0	7910	—	—
港内全速	18.9	3980	13.97	4.4	17.6	5560	18.60	4.1
港内半速	16.4	3380	12.62	4.4	15.2	4750	16.90	4.2
港内慢速	12.3	2620	11.38	4.3	11.4	3130	12.70	4.4

注:8100 TEU 集装箱船,$L_{oa}=334$ m,$B=42.8$ m。

表 2-5-2　VLCC 停车冲程和停车冲时

车钟挡位	压载				满载			
	初速(kn)	冲程(m)	冲时(min)	余速(kn)	初速(kn)	冲程(m)	冲时(min)	余速(kn)
海上全速	18.1	5537	—	—	16.8	12353	—	—
港内全速	12.8	4871	—	—	11.3	10612	—	—
港内半速	10.7	4519	—	—	9.3	9760	—	—
港内慢速	8.1	4000	—	—	6.7	8334	—	—

注:30 万吨 VLCC,$L_{oa}=333$ m,$B=60$ m。

3. 停船性能

停船性能是指船舶在任意前进速度时使用倒车使船舶停止的性能。当直航船舶进行倒车操纵时,推力 $T<0$,船舶处于倒车拉力和阻力共同作用的减速过程中。一般来说,倒车拉力随船速的降低而增大,而阻力随船速的降低而减小,直至阻力 $R=0$ 时,船速 $u=0$。主机换向的操作需要一定时间,而且开始时船速较高,因此,主机倒车操作的时间对船舶倒车停船性能影响较大。从前进三到后退三所需时间的长短因主机类型而异,内燃机船一般需 90~120 s,汽轮机船一般需 120~180 s,蒸汽机船一般需 60~90 s。

船舶停船性能一般用倒车冲程和倒车冲时来衡量。船舶在稳定前航时,从发出主机倒车令开始至船舶停止对水移动的过程中船舶所航行的距离俗称"倒车冲程",相应所需要的时间俗称"倒车冲时"。讨论停船性能时,一般分为两种情况:一种是从全速前进操全速后退直至船速 $u=0$,这种停船性能称为紧急停船性能(Crash Stopping Ability),相应的航行距离称为"最短停船距离";另一种是从港内速度操半速或慢速倒车直至船速 $u_0=0$,这种属于正常停船操纵。在实际操船过程中很少进行全速倒车操纵,但在标准操纵性试验中常常被采用,其结果对估计停船性能十分有用。

根据统计,"最短停船距离"倒车冲程与船型尺度和排水量相关:中型至万吨级货船一般为6~8倍船长;5万吨左右的船舶为8~10倍船长;10万吨级船舶为10~13倍船长;15万~20万吨级则为13~16倍船长。

就给定船舶而言,倒车冲程受初始船速和排水量影响较大。表2-5-3给出了某大型集装箱船压载和满载时各船速下的倒车冲程和倒车冲时。压载时,海上全速、港内全速、港内半速和港内慢速时的全速倒车冲程分别约为13、8、6和4倍船长;满载时,分别约为17、11、9和5倍船长。表2-5-4给出了某30万吨VLCC压载和满载时各船速下的倒车冲程和倒车冲时。压载时,海上全速、港内全速、港内半速和港内慢速时的全速倒车冲程分别约为8、5、4和3倍船长;满载时,分别约为15、9、7和4倍船长。

表2-5-3 大型集装箱船倒车冲程和倒车冲时

车钟挡位	压载				满载			
	初速(kn)	冲程(m)	冲时(s)	余速(kn)	初速(kn)	冲程(m)	冲时(s)	余速(kn)
海上全速	27.8	4230	10.08	1.1	26.0	5770	13.18	1.3
港内全速	18.9	2660	7.58	1.2	17.6	3520	9.97	1.4
港内半速	16.4	2090	6.47	1.2	15.2	2880	9.12	1.0
港内慢速	12.3	1320	4.82	1.1	11.4	1510	6.03	1.1

注:8100 TEU集装箱船,$L_{oa} = 334$ m,$B = 42.8$ m。

表2-5-4 VLCC的倒车冲程和倒车冲时

车钟挡位	压载				满载			
	初速(kn)	冲程(m)	冲时(min)	余速(kn)	初速(kn)	冲程(m)	冲时(nin)	余速(kn)
海上全速	18.1	2482	8.93	0	16.8	5019	19.75	0
港内全速	12.8	1648	7.41	0	11.3	3000	15.70	0
港内半速	10.7	1296	6.60	0	9.3	2259	13.70	0
港内慢速	8.1	889	5.38	0	6.7	1370	10.58	0

注:30万吨VLCC,$L_{oa} = 333$ m,$B = 60$ m。

三、最短停船距离的估算

倒车停船中的船舶运动十分复杂,精确地进行数学描述较为困难。为了进行估算,可对影响船舶停船性能的因素进行简化,考虑比较重要的因素,略去可忽略的因素,用一个简单、合适的数学模型来描述停船运动。

1. 估算数学模型

实际上,倒车过程中船舶既可能向左偏转也可能向右偏转,即船舶是沿曲线轨迹运动的。假设倒车命令给出后船舶沿原航向做直线运动,这样就使问题大大简化,利用动能定理可得到任意船速的最短停船距离的表达式:

$$s = \frac{1}{2} \frac{m + m_x}{T + R} u^2 \tag{2-5-4}$$

式中:u——倒车时的船速(m/s);

$\quad\quad T$——倒车拉力(N);

s——倒车冲程(m);

m——船舶质量(kg);

m_x——船舶附加质量(kg);

R ——船舶阻力(N)。

2. 估算经验公式

式(2-5-4)中的倒车拉力、船舶阻力以及附加质量等都随时间变化,故进行精确计算较为复杂。在估算直线方向上的倒车冲程时,我们进行如下假设:

(1)船体所受阻力的大小与船速的平方成正比;

(2)倒车拉力在整个停船操纵过程中是一个常量,等于船舶最终在水中停止时螺旋桨所产生的倒车拉力;

(3)螺旋桨开始倒转的时间和倒车命令给出的时间相同,即不考虑主机由正转变为倒转所用的时间。

IMO操纵性临时标准中推荐用下式估算直线方向的最短停船距离。

$$\frac{s}{L_{pp}} = A\ln(1+B) + C \qquad (2\text{-}5\text{-}5)$$

式中:s——倒车冲程(m);

L_{pp}——船长(m);

A——系数,船舶质量与船舶阻力之比;

B——系数,船舶倒车操纵之前的船舶阻力与船舶停止时倒车拉力之比;

C——系数,船舶获得倒车拉力的时间与船舶开始倒车时的初始速度的乘积。

系数A的值完全取决于船型和船体水下形状。表2-5-5给出了各种船型系数A的典型值。船舶吨位越大,系数A的值越大。

表 2-5-5 系数 A 的典型值

船型	系数 A
货船	5~8
滚装船	8~9
液化气船	10~11
成品油船	12~13
VLCC	14~16

系数B的值取决于主机提供的倒车功率大小:对于内燃机,倒车功率约为进车功率的85%;对于汽轮机,该值较低,约为40%。表2-5-6给出了内燃机和汽轮机两种主机的系数B的典型值。倒车功率越小,系数B的值越大。

几乎到倒车冲程的一半距离时船舶才获得全速倒车拉力,且船舶越小,系数C越大;初始船速越高,系数C越大。表2-5-7给出了三种长度的船舶的系数C的典型值。

表 2-5-6　系数 *B* 的典型值

主机类型	倒车功率	系数 *B*	$\ln(1+B)$
内燃机	85%	0.6~1.0	0.5~0.7
汽轮机	40%	1.0~1.5	0.7~0.9

表 2-5-7　系数 *C* 的典型值

船长(m)	达到全速倒车转速的时间(s)	船速(kn)	系数 *C*	
100	60	15	2.3	
200	60	15	1.1	
300	60	15	0.8	

若螺旋桨转速达到全速倒车转速的时间大于表 2-5-7 中给出的 60 s,或者船速大于 15 kn,则系数 *C* 的值将按比例增大或减小。

系数 *A* 是任何船舶所固有的,只有当船舶阻力显著增大时才会改变。系数 *B* 的值只有在倒车功率增大时才会减小,但这种情况对汽轮机来说是不切实际的。如果获得全速倒车拉力的时间超过 1 min,系数 *C* 的值会增大。

尽管所有给出的系数 *A*、*B* 和 *C* 的值只能用来描述所采用的船型的典型值,但它们已经能够说明大型船舶很难满足被采用的 15 倍船长的倒车冲程。

估算实例:某 VLCC 船长 300 m,主机为汽轮机,航速 15 kn,获得全速倒车拉力的时间为 60 s。根据表 2-5-5、表 2-5-6 和表 2-5-7 我们可以得出 $A=16$,$B=1.5$,$C=0.8$。利用式(2-5-5)计算,得 $s/L_{pp}=15.5$。显然,这已经超出了 15 倍船长的标准。

第六节　船型参数对操纵性的影响

根据船舶操纵性能定义和操纵性指标可知,船舶操纵性主要与船舶建造规模、船型参数等因素有关,不同船型的船舶的运动性能也不尽相同。随着船舶向大型化方向发展,这种性能上的差别更加明显。了解各种船型的操纵特点和船型参数对操纵性的影响,有利于掌握船舶操纵技能,保证船舶操纵安全。

一、船舶种类及船型特点

现代船舶种类繁多,有多种分类方法,可按用途、船体数目、推进方式、推进器数目以及航行状态等进行分类。最常用的方法是按用途分类,可分为军用船和民用船两大类。民用船一般又分为运输船、工程船、渔船、港作船等。各类船舶因建造目的不同,船型参数有不同的设计取向,从而表现出不同的操纵特性。

1. 运输船

运输船是指从事港口之间的货物或旅客运输的船舶,如客船、货船、客货船等。货船又按货物种类、运输方式和装卸方法等分为杂货船、集装箱船、滚装船(包括车辆渡船)、散货船、运木船、油船、液化天然气(LNG)船和液化石油气(LPG)船、散装化学品船、驳船等。用途最广、数量最多且操纵性有明显特点的代表船型有杂货船、油船、散货船和集装箱船等。船型参数相似的船舶操纵性差别不大,例如,大型油船、散货船、散装化学品船以及液化气船等船舶的操纵性相近,而滚装船、客船和集装箱船的操纵性差别也较小。

(1)杂货船(General Cargo Ship)

杂货船也称为干货船(Dry Cargo Ship),曾经是用途最广、数量最多的运输船。随着集装箱船运输业的发展,传统的杂货船已经被部分取代,逐渐向多用途船方向发展,如能运载散货、集装箱和杂货的多用途船,以及运载重大件货物的特种船等。

一般杂货船载重吨在 1000~20000 t 之间,随之发展起来的多用途船载重吨位可达25000 t。这类船舶的船速一般为 13~18 kn,方形系数为 0.65~0.75。

(2)油船(Oil Tanker)

油船是载运油类等液体货物的船舶,一般分为成品油船和原油船两大类。成品油船指为运输散装精炼油类产品而设计的船舶。原油船指为运输散装原油矿产而设计的船舶。

油船船速一般为 12~16 kn,方形系数为 0.80~0.85。油船因其航行水域和建造规模而异,船型尺度差别很大,详细分类见表 2-6-1。一般来说,成品油船比原油船的建造规模要小得多。而原油运输船是船舶向大型化方向发展的典范,自 1965 年开始,油船迅速向大型化发展,并出现了载重量 20 万吨级的"超大型油船(VLCC)",在当时它被认为是原油船的标准型。此后,又出现了载重量 32 万吨以上的"特大型油船(ULCC)"。

表 2-6-1　油船船型

种类	名称	载重吨 DWT(t)	种类	名称	载重吨 DWT(t)
成品油船	沿海油船(Coastal)	3001~10000	原油船	巴拿马型(Panamax)	55001~75000
	小型油船(Small)	10001~19000		阿芙拉型(Aframax)	75000~120000
	灵便型油船(Handy)	19001~25000		苏伊士型(Suezmax)	120000~200000
	中型油船(Medium)	25001~45000		超大型油船(VLCC)	200000~320000
	远洋类(Long Range)	45001~100000		特大型油船(ULCC)	320000 以上

注:1. 巴拿马型——巴拿马运河扩建前的船闸室长度为 305 m,宽为 33.5 m,最大水深 12.5~13.7 m,可通过该船闸的最大船型尺度为船长 275 m,船宽 32.3 m,吃水 12.5 m。

2. Afra——Average Freight Rate Assessment。

(3)散货船(Bulk Carrier)

散货船指为运输散装颗粒货物设计的单层连续甲板船舶。散货船船速一般为 12~17 kn,方形系数为 0.80~0.85。散货船习惯分上为灵便型、大型灵便型、巴拿马型和好望角型等,具体按照吨位分类,见表 2-6-2。随着散货船的大型化,类似油船,也出现了 VLBC(Very Large Bulk Carrier)和 ULBC(Ultra Large Bulk Carrier)的船型。

表 2-6-2　散货船船型

散货船分类名称	载重吨 DWT(t)
灵便型散货船(Handysize)	10000~30000
大型灵便型散货船(Handymax)	30001~50000
巴拿马型(Panamax)	50001~80000
好望角型(Capesize)	80000 以上
超大型散货船(VLBC)	200000~280000
特大型散货船(ULBC)	280000 以上

（4）集装箱船（Container Ship）

集装箱船首次出现于 20 世纪 50 年代，在 60 年代后期得到迅速发展，此后国际海上集装箱运输曾经历几代的发展。集装箱船的船速为 14~25 kn，方形系数为 0.50~0.70。

资料显示，单位集装箱的运输成本随着单船载箱量的增多而降低，由于规模效益的驱动，自 1988 年出现 4300 TEU 第五代超巴拿马型（Post-Panamax）集装箱船以来，集装箱船迅速向大型化的方向发展。

表 2-6-3 给出了按照集装箱船的发展年代和能否通过巴拿马运河进行分类的情况。1988年集装箱船的宽度首次突破巴拿马型船舶。目前，已经投入国际营运的集装箱船 30% 为超巴拿马型，最大集装箱船的载箱量为 24116 TEU。国际上在研究 12500 TEU 集装箱船技术问题的基础上，提出了"特大型集装箱船（ULCS）"的概念。目前航运界已经有多艘载箱量超过 20000 TEU、载重量二十几万吨的集装箱船。

表 2-6-3　集装箱船船型

年份	载箱量 TEU	代表船型					
		TEU	DWT(t)	L_{oa}(m)	B(m)	d(m)	V(kn)
1968	500~1200	900	15000	180	24.0	9.1	21.0
1969	1350~1750	1500	29000	220	25.0	10.7	22.5
1971	1800~3000	2300	37000	275	32.2	11.8	27.5
1984	2500~4600	4458	57800	290	32.2	10.7	18.0
1988	4300~5400	4340	54655	275	39.4	12.5	24.2
1996	5651~6630	7000	95000	318	42.8	14.5	25.0
1998	6631~9500	8000	104760	347	42.8	14.5	25.0
2003	6631~9500	8300	109000	352	42.8	14.5	25.0
2005	9501~11000	10150	115000	367	42.8	14.5	25.0
2008	12400~15550	13365	150000	398	56.4	16.0	25.0
2015	18000~19300	19224	197362	395.4	59.0	16.0	25.0
2022	19462~24116	23992	235579	399.99	61.5	17.0	25.0

2. 其他船舶

除了运输船外，民用船还包括工程船、渔业船、港作船以及其他特殊用途的船舶。工程船是指从事水上或水下工程作业的船舶，如测量船、起重船、打捞船、布缆船和疏浚船等。渔业船是指从事水上捕捞和加工的船舶，如各类捕捞船（拖网渔船、围网渔船、流网渔船、捕鲸船等）、水产品加工船、水鲜冷藏运输船、渔政船等。港作船指从事港口作业的船舶，如港作拖船、引航船、航标船、监督船、供油船、供水船、消防船和交通船等。此外，还有特殊用途的船舶，如海难救助船、海洋调查船、钻井船和多用途拖船等。

以上这些船舶不以运输为主要目的，通常船型尺度和排水量比较小，操纵性相对一般大型运输船舶好（作业时除外）。有些特殊船舶因其功能要求，可能装有特殊的推进器或其他设备，操纵特别灵活。

二、影响操纵性的船型参数

船型对船舶操纵性的影响较为明显,也比较复杂。各种船型参数对操纵性的影响程度不尽相同,本节仅讨论对船舶操纵性影响较大的主要船型特征参数,包括排水量、长宽比(L/B)、舵面积与船舶水下侧面积之比、主机功率等。

1. 排水量的影响

船舶排水量不但表征了船舶的建造规模,也表达了船舶的载况。船舶排水量的大小对船舶操纵性能有明显的影响。

试验数据表明,船舶排水量的大小对 K 指数的影响不是很明显,但 T 指数随着排水量的增加而增大。也就是说,随着排水量的增大,给定船舶旋回性变化不大(相对旋回直径变化不大),但航向稳定性会变得越来越差。

2. 长宽比的影响

船舶长宽比是影响船舶操纵性的重要参数之一。长宽比较大的船舶如港作拖船,其船体外形比较瘦长,钝度较小,纵向移动阻力较小,因此其快速性较好;但其首摇阻尼较大,故这类船舶的旋回性较差。反之长宽比较小的船舶,其船体外形比较肥短,钝度较大,纵向移动阻力较大,因此其快速性较差;由于其首摇阻尼较小,故这类船舶的旋回性较好。

统计表明,一般运输船舶的长宽比与载重吨的关系如图 2-6-1 所示。从船舶尺度上来看,一般商船长宽比在 5.5~8.1 之间,极特殊的船型达到 8.5。各类船型的长宽比由于对操纵性的要求不同而差异较大。对于集装箱船舶,由于要求快速性,因此其长宽比较大,一般长宽比在 7.3~8.1 之间,且船舶越大,其长宽比有增大的趋势。对于大型油船和散货船,由于对快速性要求不是很高,主要强调货物运输的经济性,因此其长宽比较小,而且随着油船向大型化方向发展,其长宽比有减小的趋势。一般长宽比在 5.5~6.8 之间,特殊船型达到 7.2 以上。

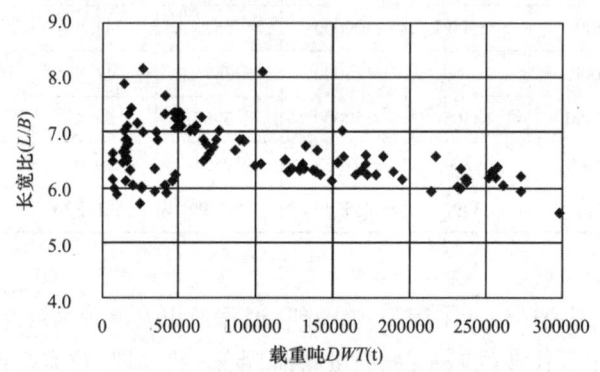

图 2-6-1 长宽比与排水量的关系

资料显示,船舶长宽比不同,定常旋回的转心位置也稍有不同,表 2-6-4 给出了不同长宽比情况下的定常旋回转心位置和漂角的变化情况。

表 2-6-4 长宽比对定常旋回转心位置和漂角的影响

L/B	9.0	8.0	7.0	6.0	5.0
转心距船首距离	0.33 L	0.34 L	0.35 L	0.37 L	0.40 L
漂角(°)	14	15	16	17	19

由此可见,仅从长宽比方面考察,大型集装箱船舶的旋回性能要比大型油船的旋回性能差一些,但其快速性要好一些。

3. 舵面积与船长吃水比的影响

舵面积与船长吃水比也是影响船舶操纵性的参数之一。舵面积与船长吃水比越大,表示舵面积所占船体水下侧面积的比例越大,舵力和舵力转船力矩越大,其旋回性较好;反之,舵面积与船长吃水比越小,表示舵面积所占船体水下侧面积的比例越小,舵力和舵力转船力矩越小,其旋回性较差。

随着船舶向大型化方向发展,舵面积占船体水下侧面积的比例也逐步在减小。大型油船的一般在 1/65 以下。而对于大型集装箱船,一般靠增大舵面积来弥补由于长宽比较大而造成的旋回性差的缺点,因此大型集装箱船的 $\dfrac{A_R}{Ld}$ 要比同等规模的油船大得多,一般为 1/55 以上。因此,大型集装箱船较大型油船的舵力和舵力转船力矩要大,舵效要好。

另外,压载船舶比满载船舶的舵面积与船长吃水比的值要大,因此,一般情况下,压载船舶比满载船舶的操纵性能好。

4. 方形系数的影响

方形系数 C_b 是影响船舶操纵性的重要船型参数。在长宽比相同的情况下,方形系数 C_b 越大,船舶首摇的阻尼越小,船舶旋回性越好,但航向稳定性越差。大型油船的 C_b 一般在 0.8 以上,且有逐渐增大的趋势;大型集装箱船的 C_b 一般在 0.7 以下,且有逐渐减小的趋势。因此,大型油船比大型集装箱船的旋回性能要好,而航向稳定性要差。另外,同一船舶,压载船舶比满载船舶的方形系数小,故压载情况下的航向稳定性好,而旋回性差;满载情况下的旋回性好,而航向稳定性差。

综上所述,对于大型船舶,尽管其旋回圈参数的绝对值比一般货船大一些,但其相对旋回圈参数要比一般货船小一些。

5. 水下船体侧面形状

水下船体侧面积的分布对水动力作用中心的影响较大,进而影响船舶的操纵性。船首侧面积较大、侧面形心靠近船首,例如船首钝材或带有球鼻首,因水动力作用中心靠近船首,船舶旋回性较好,但航向稳定性较差。相反,船尾侧面积较大、侧面形心靠近船尾,例如船首削尖、船尾钝材,水动力作用中心则离船首较远,船舶旋回性较差,航向稳定性较好。

6. 单位排水量分配的主机功率

船舶单位排水量所分配的主机功率(BHP/Δ)是衡量船舶快速性和停船性能的重要指标。该值越大,不但船速越高,倒车功率也相应越大,其停船性能也越好。

统计表明,一般运输船舶单位排水量所分配的主机功率与排水量的关系如图 2-6-2 所示。目前,尽管船舶不断向大型化发展,但由于考虑到货物运输效益,其配备主机的功率大小都有一定限度,即单位排水量所分配的主机功率是有限的。

由于受到运输成本的限制,大型油船和散货船的正常航行速度仍然停留在 14~16 kn,其所装配的主机功率虽然随着船舶吨位的增大而相应增加,但单位排水量所分配的主机功率不断降低。例如图 2-6-2 中的 30 万吨级船舶单位排水量所分配的主机功率比 20 万吨级船舶要小。

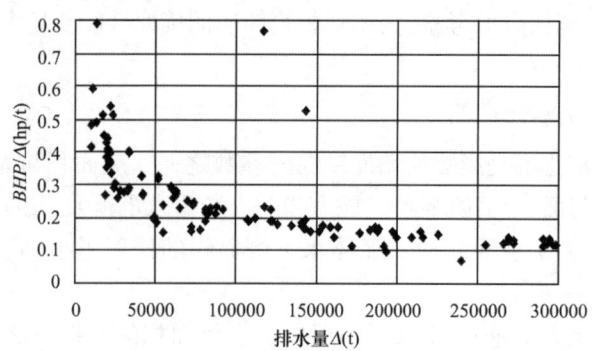

图 2-6-2　单位排水量所分配的主机功率与排水量的关系

对于现代集装箱船舶,由于其班轮运输的特点,需要确保一定的船速(约 25 kn),其单位排水量所分配的主机功率比其他种类船舶要大得多,一般为 0.5 hp/t 以上。例如,某 8000 TEU 集装箱船的主机功率为 54840 kW。

三、大型船舶的操纵性特点

受规模效应和竞争力影响,近年来船舶大型化发展的趋势越来越明显。尽管大型船舶的某些相对操纵性指标的数据看起来不差,但相对中小型船舶来说,其操纵难度和风险显然较大。

1. 船型尺度划分

从船舶操纵角度出发,按运动惯性或建造规模来分类,运输船舶可分为小型船舶、中型船舶和大型船舶。小型船舶一般指载重量 1 万吨以下的船舶,中型船舶一般指载重量 3 万~5 万吨的船舶,而大型船舶一般指载重量 8 万吨以上、船长 250 m 以上的船舶。

超大型船舶指的是载重量超过 20 万吨的油船、散货船。20 世纪 60 年代出现的载重量 20 万吨的超大型油船(VLCC),曾被认为是原油船的标准型。此后,又出现了载重量 32 万吨以上的特大型油船(ULCC),散货船也有相应的超大型散货船(VLBC)、特大型散货船(ULBC)的船型。同样,集装箱船的尺度也突破了巴拿马运河的限制,出现了超巴拿马型集装箱船和特大型集装箱船(ULCS)的概念。

目前,超大型船舶的概念还不是十分明确,从船舶操纵性的角度,超过 8 万吨级的船舶已经表现出超大型船舶的操纵性特点。

2. 超大型船舶的操纵性特点

与一般船舶相比,超大型船舶因排水量和船型尺度较大,在航行、系泊操纵上都有很多特殊之处,驾引人员应该充分重视。

(1)惯性较大

排水量越大,转动惯性越大,对舵的反应能力越差。这就是超大型船舶既不易改变航向,也不易保持航向的原因之一。同时,排水量大,纵向和横向移动的惯性也大,停车冲程和倒车冲程都大,靠离泊时船舶不易横移。

例如,与 2 万吨级船舶相比,同一船速下超大型船舶的停车冲程要大得多;而同一航向角变化量超大型船舶所用舵角也相应较大。

（2）浅水效应、岸壁效应明显

超大型船舶船型尺度较大，浅水效应和岸壁效应较明显，特别是船体下沉量，与小型船舶比较，同一船速下的下沉量明显较大。

（3）失去舵效时的船速较高

由于船型的影响，超大型船舶停车淌航后失去舵效时的船速较高。例如，1万吨级船舶停车后在余速2 kn左右时尚有舵效，而大型船舶在余速3 kn左右时已经失去舵效，某些超大型船舶失去舵效时的余速甚至达到3.5 kn。

（4）主机功率不足

一般超大型油船和散货船的 *BHP*/Δ 在0.20 hp/t 以下，而且船舶越大，该值越小。与一般货船比较，该值要小很多。这就造成大型油船和散货船的停船性能较一般货船相差很多。尤其是紧急停船距离，不论是绝对值还是相对值，都比一般货船大很多。

（5）风、流等外界条件的影响明显

与一般小型船舶比较，超大型船舶更易受风、流的影响。在港内，满载时，航行、靠离泊过程中，急流造成的漂移可能酿成搁浅、碰撞事故；压载时，由于水上受风面积较大，强风时可能造成船舶失控。

此外，较大的船型尺度会给观察和瞭望带来诸多不便，不利于驾引人员对船舶动态的准确判断。

第七节　船舶操纵性试验与标准

利用船舶操纵运动方程分析船舶运动的优点在于能建立水动力与各种特征参数的直接关系及运动状态随时间的变化规律。这种方法还很不完善，在研究具体问题时，为了研究上的方便，不可避免地进行了某些假设，因此，研究结果只能是近似的，而且近似程度难以证实。为了弥补这一缺陷，人们一直在进行试验研究。由于船舶操纵性指标与船舶操纵有关，故一般对船舶操纵性试验的项目和过程做出具体规定，以得出具有普遍意义的试验结果，在此基础上也能够提出切合实际的要求，即操纵性标准。

一、实船试验条件

船舶操纵性能受水深、水域宽度、气象条件、水文条件等诸多因素的影响，所以为了使实船试验结果具有普遍意义，需要对试验条件做出规定。IMO海上安全委员会在 MSC/Circ.644 中做出了详细规定。

1. 水深、水域宽度

应在深水、宽度不受限制但遮蔽条件较好的水域进行标准操纵性试验，水深应大于4倍的船舶平均吃水。

2. 船舶载况和吃水差

船舶应在满载（达到夏季吃水）、平吃水（吃水差为0，即确保螺旋桨有足够的沉深）的条件下进行试验。

3. 气象与海况

应尽可能在比较平静的水域进行试验,具体规定如下:

(1)风力不超过蒲福5级,即风速不超过19 kn;

(2)海浪不超过4级,即有义波高不超过1.9 m,最大波浪周期不超过8.8 s;

(3)流场比较均匀,即在试验时间和水域范围内,流速、流向相对稳定。

4. 试验船速

标准对实船试验中的最小船速的规定为应达到船舶海上速度的85%,主机功率达到最大输出功率的90%。

二、观测与记录

实船试验过程中,需要利用测量仪器、设备对船舶的各个运动参数进行观测、记录,以便对试验结果进行整理、分析。

1. 试验观测手段

随着测量技术的发展,传统方法基本上被淘汰了。目前观测位置主要使用差分GPS(DGPS),观测方向使用罗经或姿态测量仪等。随着计算机技术的发展,目前实船试验获得的数据已可以借助计算机自动处理。

2. 记录内容

每次船舶操纵性试验都要对有关的试验条件、试验观测数据进行记录,包括:

(1)船舶数据:试验之前,要记录船舶首、尾吃水,以便计算船舶平均吃水、排水量和船舶纵向重心位置等。试验过程中,要记录船舶的螺旋桨、舵以及侧推器的特性及运行情况。

(2)环境条件:水深、波浪(浪级、涌浪的周期及方向)、海流、能见度,以及其他气象、水文情况。

(3)试验数据:应对有关试验的数据进行观测,并以每次不超过20 s的间隔进行记录,这些数据包括时间、位置、航向、船速、舵角,及转舵速率、螺旋桨转速、螺旋桨螺距和风速等。

三、主要实船试验

由于实际船舶操纵的情况千变万化,不可能一一进行试验,只能规定一些比较典型的船舶操纵性试验。目前为止,操纵性试验的类型达18种之多,各行业组织和规则所要求的试验项目也不尽相同。常用的操纵性试验包括:旋回试验、回舵试验、Z形试验、螺旋试验或逆螺旋试验、制动试验等。这些试验一般易于进行和观测,便于理论分析,也能够得出具有普遍意义的试验结果。

1. 旋回试验(Turning Tests)

旋回试验是指在试验船速直航条件下,操左35°舵角和右35°舵角或设计最大舵角并保持,使船舶进行左、右旋回运动的试验。

(1)试验方法

旋回试验的程序为:保持船舶直线定常航速;旋回之前一个船长时,记录初始船速、航向角及推进器转速等;发令,迅速转舵到指定的舵角并保持;随着船舶转向,每隔不超过20 s的时间间隔,记录轨迹、航速、横倾角及螺旋桨转速等数据;在整个船舶旋回过程中,保持舵角、转速不变,直至船舶航向角旋回360°以上,可结束一次试验。

（2）旋回圈及特征参数

在旋回试验中,船舶重心所描绘的轨迹称为旋回圈（见图2-4-3）。旋回圈是表示船舶旋回性能的重要指标。旋回圈越小,旋回性能越好。

2. Z形操纵试验（Zig-zag Tests）

Z形操纵试验是一种评价船舶首摇抑制性的试验,同时,可通过Z形试验结果求取操纵性指数 K、T。

（1）试验方法

以10°/10°（分子表示舵角,分母表示进行反向操舵时的航向角变化量）Z形试验为例,试验方法简述如下:保持船舶直线定常航速;发令之前记录初始船速、航向角及推进器转速等;发令,迅速操右舵到指定的舵角（10°）,并维持该舵角;船舶开始右转,当船舶航向变化量与所操舵角相等时,迅速将舵转为左舵到指定的舵角（10°）,并维持该舵角;当船舶航向变化量与所操舵角相等时,迅速将舵转为右舵到指定的舵角（10°）,并维持该舵角;如此反复进行,操舵达5次时,可结束一次试验。

除上述10°/10° Z形试验之外,根据需要,还可进行20°/20°、5°/5° Z形试验,分别表示强机动情况和弱机动情况。一般以10°/10° Z形试验结果求取的 K、T 指数为准。

（2）特征参数

Z形试验结果可以图2-7-1的形式表示,纵坐标轴为航向角 ψ 或舵角 δ,横坐标轴为时间 t。从图中可直接得出航向超越角（Overshoot Angle）和航向超越时间（Overshoot Time）。

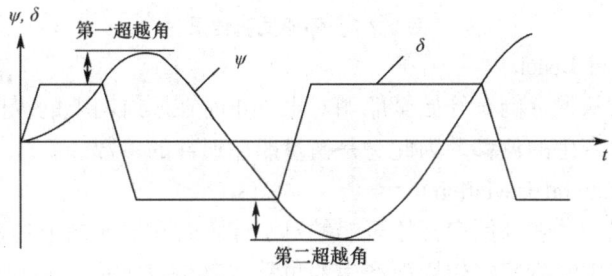

图 2-7-1 Z形操纵试验结果

航向超越角指每次进行反向操舵后,船首向向操舵相反一侧继续转动的增加值。航向超越角是从航向变化量方面对船舶转动惯性的一种度量。航向超越角越大,船舶转动惯性越大。一般用第一超越角和第二超越角作为衡量船舶惯性的参数。

航向超越时间指自每次进行反向操舵的时刻至船首向开始向操舵一侧转动的时刻的时间间隔。可见,航向超越时间是从时间角度对船舶转动惯性的一种度量。航向超越时间越长,船舶转动惯性越大。一般用第一超越时间和第二超越时间作为衡量船舶惯性的参数。

3. 停船试验（Stopping Tests）

停船试验是指船舶在试验速度直航条件下,进行全速倒车,直至船舶对水完全停止的试验,其目的是评价船舶的停止惯性。

（1）试验方法

停船试验过程为：保持船舶直线定常航速；发令之前记录初始船速、航向角及推进器转速等；发令，将主机由全速进车转为全速倒车；船舶开始减速，当船舶对水速度为 0 时，可结束一次试验。

（2）特征参数

停船试验结果可以使用图 2-7-2 的形式表示。其纵坐标为距离，横坐标也为距离。从图中可直接得出下列特征参数。

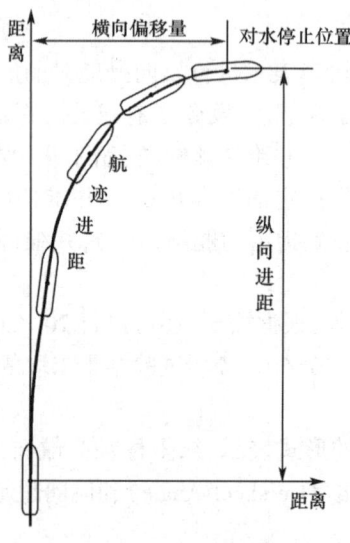

图 2-7-2　停船试验结果

①纵向进距（Head Reach）

纵向进距指船舶从发令倒车开始至船舶对水停止时在原航向上的纵向位移量。纵向进距是由船舶惯性作用而产生的位移。因此它是衡量船舶惯性的参数。

②横向偏移量（Lateral Deviation）

横向偏移量指船舶从发令倒车开始至船舶对水停止时在原航向上的横向位移量。横向偏移是由船舶倒车过程中螺旋桨的作用而产生的位移。其偏移方向与螺旋桨的转动方向有关：对于右旋固定螺距螺旋桨，倒车时横向致偏作用导致船舶向右横向偏移；对于左旋固定螺距螺旋桨，倒车时横向致偏作用导致船舶向左横向偏移。偏移量的大小与船舶的航向变化量有关。

③航迹进距（Track Reach）

航迹进距指船舶从发令倒车开始至船舶对水停止时航迹所行进的距离。航迹进距俗称"冲程"，它也是一种衡量船舶惯性的参数。

④航向变化量（Heading Deviation）

航向变化量指船舶从发令倒车开始至船舶对水停止时航向的改变量。航向变化是由船舶倒车过程中螺旋桨的作用而产生的转向。其转动方向与螺旋桨的转动方向有关：对于右旋螺旋桨，倒车时船舶向右转向；对于左旋螺旋桨，倒车时船舶向左转向。

4. 螺旋试验

船舶在海上不断遇到干扰作用，因此不能用直接的试验方法测定船舶的航向稳定性和旋回运动稳定性，必须用间接的试验方法。螺旋试验的目的是判定船舶航向稳定性的好坏。螺旋试验包括正螺旋试验(Direct Spiral Test)和逆螺旋试验(Reverse Spiral Test)两种。

(1)试验方法

正螺旋试验是指求取船舶操某一舵角时船舶所能够达到的定常旋回角速度的试验方法。其试验方法是:保持船舶直线定常航速,操舵开始前,记录初始船速、航向角及推进器转速等;发令,迅速转舵到一舷指定的舵角,并保持该舵角,使船舶进入旋回状态;待旋回角速度达到定常值时,记录相应的定常旋回角速度 r 和舵角 δ ;将舵角改变一个规定的角度,再重复测量定常旋回角速度 r 和舵角 δ 。通常从右满舵开始求取其对应的定常角速度 r ,而后少量减小其右舵角再求取其定常旋回角速度;然后顺次求出正舵、左舵直至左满舵旋回时的定常旋回角速度;最后从左满舵向右满舵一步步过渡,依次求出各舵角所对应的定常旋回角速度。

逆螺旋试验是指求取为使船舶达到某一旋回角速度而需操的平均舵角的试验方法。其试验方法与正螺旋试验正好相反。该试验方法比较省时、省力,结果比较准确,但必须有测定船舶转头角速度的角速度仪(Gyro Rate)。

(2)试验结果

正螺旋试验可以求出每一舵角所对应的定常旋回角速度,并绘出 r-δ 曲线,如图 2-7-3 所示。正螺旋试验得到的 r-δ 曲线存在两种基本类型:航向稳定的船舶,试验结果为 r 与 δ 具有单值关系;航向不稳定的船舶, r-δ 曲线系构成一个滞后环,其高度和宽度越大,表明船舶航向稳定性越差。

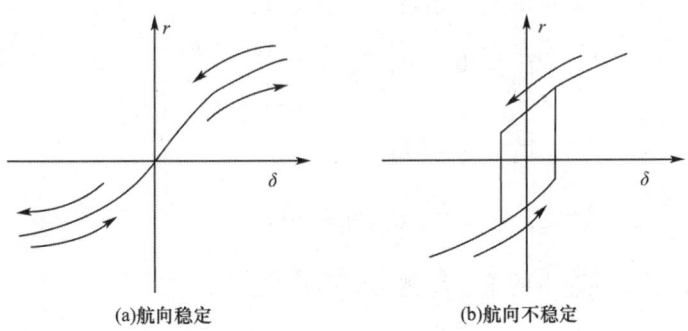

(a)航向稳定　　　(b)航向不稳定

图 2-7-3　正螺旋试验结果

逆螺旋试验求取的是使船舶达到某一旋回角速度而需操的平均舵角,也绘出 r-δ 曲线,如图 2-7-4 所示。对于航向稳定的船舶,逆螺旋试验得到的 r-δ 曲线与正螺旋试验结果类似。如果船舶不具备航向稳定性,则得到的 r-δ 曲线呈 S 形,在临界舵角范围内 r-δ 曲线成多值对应关系,与螺旋试验所求出的不稳定环的宽度所表示的含义是完全一致的。

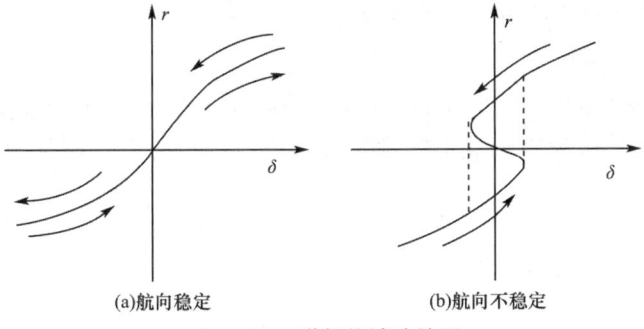

(a)航向稳定　　　(b)航向不稳定

图 2-7-4　逆螺旋试验结果

四、船舶操纵性标准

船舶操纵性试验是对船舶操纵性的一种物理模拟,由试验求得的特征参数可作为评价操纵性优劣的指标。1993 年,国际海事组织(IMO)提出了 100 m 及以上的海船操纵性暂行标准。2002 年,MSC.137(76)决议通过了船舶操纵性标准,用于评估船舶操纵性能和指导船舶设计、建造、修理和营运。操纵性标准适用于装配传统推进器和操舵系统的船舶,采用的指标以常规操纵性试验为基础,船舶可以通过实船试验证明符合性,或在船舶设计阶段通过船模试验或数模计算预测符合性。操纵性标准和确定符合的方法由 IMO 定期审议和更新,具体规定如下。

1. 旋回性(Turning Ability)

旋回圈的进距应不超过 4.5 倍船长(垂线间长,下同),相应的旋回初径应不超过 5.0 倍船长。

2. 初始回转性(Initial Turning Ability)

船舶操左 10°舵角或右 10°舵角后,船首向角从原航向改变 10°时,船舶在原航向上的纵向行进距应不超过 2.5 倍船长。

3. 首摇抑制性和保向性(Yaw-checking and Course-keeping Ability)

(1)10°/10° Z 形试验测得的第一超越角应不超过:

10°	当 $\dfrac{L}{V}<10$ s 时;
20°	当 $\dfrac{L}{V}>30$ s 时;
$(5+\dfrac{1}{2}\dfrac{L}{V})°$	当 10 s$<\dfrac{L}{V}<30$ s 时。

(2)10°/10° Z 形试验测得的第二超越角应不超过:

25°	当 $\dfrac{L}{V}<10$ s 时;
40°	当 $\dfrac{L}{V}>30$ s 时;
$(17.5+0.75\dfrac{L}{V})°$	当 10 s$<\dfrac{L}{V}<30$ s 时。

(3)20°/20° Z 形试验测得的第一超越角应不超过 25°。

4. 停船性能(Stopping Ability)

船舶全速倒车停船试验中的航迹进距(Crash Stopping Distance)不超过 15 倍船长。对于超大型船舶,主管机关认为该标准不能满足时,可进行修订,但任何情况下不应超过 20 倍船长。

思考题

1. 简述船舶操纵定义及含义。

2. 简述船舶操纵运动控制设备及手段。

3. 图示说明船舶航向控制的实现原理。

4. 简述水面船舶有哪些运动学参数。

5. 简述水面船舶平面运动中漂角、转心和转动角速度的规律。

6. 简述水面船舶受到哪些力的作用。

7. 简述船舶水动力及其表达方式。

8. 简述影响船舶水动力的因素。

9. 简述影响船舶水动力角和水动力中心的因素。

10. 简述船舶阻力的构成及各成分占总阻力的比例。

11. 分析螺旋桨对船体的影响(推力减额)。

12. 简述额定船速、海上船速和港内船速的区别以及船速分挡。

13. 简述船舶操纵性指标及其判别方法。

14. 简述船舶必备操纵性资料及其基本内容。

15. 简述船舶操纵性指数 K、T 的含义及作用。

16. 简述航向稳定性与保向性的概念、区别及判别方法。

17. 简述旋回性、初始回转性和首摇抑制性三者之间的共性和差别。

18. 简述旋回圈的定义及旋回性的直接判别参数。

19. 简述船舶旋回运动各阶段运动学参数的变化规律。

20. 简述旋回滞后距离和新航向距离的概念,它们是判断哪种操纵性的参数。

21. 简述旋回过程中船舶横倾角的变化规律。

22. 简述影响停船性能的主要因素。

23. 按照船舶操纵性进行分类,运输船舶可分为几大类? 包括哪些类型的船舶?

24. 从船舶操纵角度简述大型船舶、中型船舶和小型船舶的概念。

25. 分析主要船型参数对船舶操纵性的影响。

26. 简述超大型船舶的操纵性特点。

27. 简述标准操纵性试验包括哪些种类。

28. 简述进行操纵性试验的船舶、水深、风、浪和流的限制条件。

29. Z 形试验是判断哪种操纵性的参数? 用什么参数判断?

30. 简述 IMO 制定的操纵性标准的基本要求。

第三章

操纵设备及其效应

船舶操纵设备也称为船舶运动控制设备,是指船舶本身所装备的有关设备和装置。船舶在不同运动状态下所使用的操纵设备不尽相同,航行状态下最常用的是推进器和舵,锚泊或靠离泊操纵过程中还要借助锚和系缆来控制船舶的运动状态。为了提高船舶在受限水域的操纵性能,有些船舶还配备了侧推器以及特种推进装置等。在船舶本身的操纵设备不能有效控制船舶运动状态的情况下,还需要拖船的协助。本章将对常用的操纵设备和拖船及其作用进行讲述。

第一节　螺旋桨及其效应

螺旋桨构造简单、重量轻、效率高,是商船上最常用的推进装置。螺旋桨工作时将主机转矩转化为推力,同时也会产生横向力,从而产生对船首向的致偏作用。

一、螺旋桨及其工作原理

螺旋桨又称螺旋推进器,它是一种由桨毂和若干径向地固定于桨毂上的桨叶组成的推进器,俗称车叶。螺旋桨的工作原理是通过旋转运动向后推水产生推力。

1. 螺旋桨的几何参数

直接影响螺旋桨性能的主要参数有:

(1)直径(D):外接于螺旋桨桨叶尖的圆的直径。通常,直径越大,效率越高,但直径往往受到吃水和输出转速等的限制。

(2)螺距(P):螺旋桨旋转一周所前进的距离,这里指理论螺距。螺距在桨叶径向不同位置是不相等的,一般以螺旋桨半径的0.7倍处的螺距作为整个螺旋桨的螺距。

(3)螺距比(P/D):螺距与直径的比,一般在0.6~1.5之间,高速浅吃水船选取的值比较大,低速深吃水船选取的值比较小。

(4)盘面比($EAR=A_E/A_o$,Expanded Aera Ratio):各桨叶在前进方向上的投影面积之和与直径为D的圆面积之比。通常,高转速的螺旋桨的盘面比小,低速、大推力的螺旋桨的盘面比大。例如,拖船的螺旋桨盘面比大于1,甚至更大的情况也不少见。

(5)桨叶数(Z):商船上的螺旋桨一般有3~6片桨叶。一般,桨叶数目越多,盘面比越大。

2. 螺旋桨的种类

运输船舶使用的螺旋桨主要可分为固定螺距螺旋桨(FPP，Fixed Pitch Propeller)和可调螺距螺旋桨(CPP，Controllable Pitch Propeller)两大类。此外，根据不同的用途，还有一些特殊螺旋桨，如导管螺旋桨以及 Z 形推进螺旋桨等。

固定螺距螺旋桨简称定距桨。它的螺距是固定不变的，由于其结构简单、维修简便、成本较低，故被广泛使用。

可调螺距螺旋桨简称调距桨。调距桨可按需要调节螺距，充分发挥主机功率，提高推进效率，船舶倒退时可不改变主机旋转方向。螺距是通过机械或液压操纵桨毂中的机构转动各桨叶来调节的。调距桨对于桨叶负荷变化的适应性较好，在拖船和渔船上应用较多。对于一般运输船舶，可使船-机-桨处于良好的匹配状态。但调距桨的毂径比普通螺旋桨的大得多，叶根的截面厚而窄，在正常操作条件下，其效率要比普通螺旋桨低，而且结构复杂，价格高，维修保养困难，使其应用范围受到一定限制。

3. 螺旋桨工作原理

螺旋桨安装于船尾水线以下，由主机获得动力而旋转，将水推向船后，利用水的反作用力推船前进。

螺旋桨推力产生的机理与机翼升力类似。如图 3-1-1 所示，螺旋桨在水中以转速 n 旋转，桨叶在半径 r 处厚度为 dr 的剖面的切线运动(周向)速度为 $2\pi nr$，同时桨以进速 V_p 前进，对水形成攻角 α，从而产生垂直于叶剖面的升力 dL，dL 在轴向的投影即为向前的微推力 dT，dT 在整个螺旋桨上的积分即为螺旋桨推力 T。dL 在周向的投影与半径 r 的乘积即为阻止螺旋桨转动的微转矩 dQ，dQ 在整个螺旋桨上的积分即为螺旋桨转矩 Q，要维持螺旋桨的转速，必须由主机提供大小相同、方向相反的转矩。可以看出，对于给定的螺旋桨，其推力的大小为螺旋桨转速 n 与进速 V_p 的函数。当螺旋桨转速 n 固定不变时，进速 V_p 越低(高)，桨叶对水的攻角越大(小)，推力越大(小)。

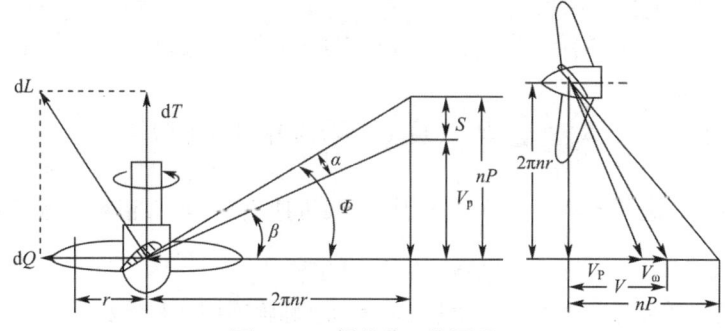

图 3-1-1　螺旋桨工作原理

4. 螺旋桨前后流场特点

螺旋桨转动时，螺旋桨盘面前后的水流可以视为柱体，如图 3-1-2 所示。螺旋桨盘面前面的水流称为吸入流(Suction Current)，盘面后面的水流称为排出流(Discharge Current)。根据动量理论，排出流与吸入流的压力差即为螺旋桨产生的推力(Thrust)。主机提供的使螺旋桨旋转的力矩称为转矩(Torque)。

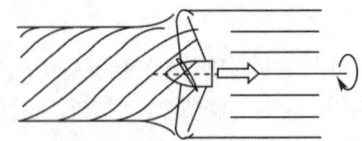

图 3-1-2　螺旋桨前后流场

吸入流与排出流比较,有各自的特点,吸入流的特点是柱体流、直径较大、流线基本平行、流速较低,排出流的特点是柱体流、直径较小、流线旋转、流速较高。因此,螺旋桨推力也可以理解为排出流对桨的反作用力。

二、螺旋桨推力和转矩计算

螺旋桨推力的计算方法一般是先用单独螺旋桨(敞水螺旋桨)试验结果,再考虑船体对螺旋桨的影响(伴流)和螺旋桨对船体的影响(推力减额)。

1. 单独螺旋桨推力及转矩

螺旋桨产生的推力 T 和所需的转矩 Q 的理论计算比较困难,工程实践中,一般采用式(3-1-1)进行计算:

$$\begin{cases} T = \rho D^4 n^2 K_T \\ Q = \rho D^5 n^2 K_Q \end{cases} \quad (3\text{-}1\text{-}1)$$

式中:ρ——水密度(kg/m^3);

n——螺旋桨转速(rad/s);

D——螺旋桨直径(m);

K_T——螺旋桨的推力系数;

K_Q——螺旋桨的转矩系数;

螺旋桨推力系数 K_T 和转矩系数 K_Q 根据螺旋桨敞水试验结果计算获得,B 系列桨推力系数和转矩系数多项式如下:

$$K_T = \sum_{i=1}^{39} C_{sxyz} (J)^s (P/D)^x (A_E/A_o)^y (Z)^z$$
$$K_Q = \sum_{i=1}^{47} D_{sxyz} (J)^s (P/D)^x (A_E/A_o)^y (Z)^z \quad (3\text{-}1\text{-}2)$$

式中:J——螺旋桨的进速系数,$J = \dfrac{V_P}{nD}$,V_P 为螺旋桨进速,即螺旋桨相对水流速度;

C_{sxyz}、D_{sxyz}、s、x、y、z——多项式系数,如表 3-1-1 所示。

推力系数、转矩系数与进速系数之间的关系是通过螺旋桨特性曲线表现出来的。图 3-1-3 所示为 B 系列桨桨叶数为 5、盘面比为 0.75 时的螺旋桨特性曲线。图中 η_0 为敞水螺旋桨效率,定义为:

$$\eta_0 = \frac{TV_P}{2\pi Qn} = \frac{K_T J}{2\pi K_Q} \quad (3\text{-}1\text{-}3)$$

由螺旋桨特性曲线可知,螺旋桨的推力系数和转矩系数随进速系数的增大而减小,在进速系数较小时,螺旋桨效率随进速系数增大而增大,但进速系数达到一定数值时螺旋桨效率急剧下降。当螺旋桨进速为 0 时,其推力和转矩最大,称为系柱推力(或最大推力)和最大转矩,这时螺旋桨效率最低。

表 3-1-1 雷诺数为 2000000 时 B 系列桨推力系数和转矩系数多项式的系数

i	C_{sxyz}	s	x	y	z	i	C_{sxyz}	s	x	y	z
1	8.80496E−03	0	0	0	0	21	1.04650E−02	1	6	2	0
2	−2.04554E−01	1	0	0	0	22	−6.48272E−03	2	6	2	0
3	1.66351E−01	0	1	0	0	23	−8.41728E−03	0	3	0	1
4	1.58114E−01	0	2	0	0	24	1.68424E−02	1	3	0	1
5	−1.47581E−01	2	0	1	0	25	−1.02296E−03	3	3	0	1
6	−4.81497E−01	1	1	1	0	26	−3.17791E−02	0	3	1	1
7	4.15437E−01	0	2	1	0	27	1.86040E−02	1	0	2	1
8	1.44043E−02	0	0	0	1	28	−4.10798E−03	0	2	2	1
9	−5.30054E−02	2	0	0	1	29	−6.06848E−04	0	0	0	2
10	1.43481E−02	0	1	0	1	30	−4.98190E−03	1	0	0	2
11	6.06826E−02	1	1	0	1	31	2.59830E−03	2	0	0	2
12	−1.25894E−02	0	0	1	1	32	−5.60528E−04	3	0	0	2
13	1.09689E−02	1	0	1	1	33	−1.63652E−03	1	2	0	2
14	−1.33698E−01	0	3	0	0	34	−3.28787E−04	1	6	0	2
15	6.38407E−03	0	6	0	0	35	1.16502E−04	2	6	0	2
16	−1.32718E−03	2	6	0	0	36	6.90904E−04	0	0	1	2
17	1.68496E−01	3	0	1	0	37	4.21749E−03	0	3	1	2
18	−5.07214E−02	0	0	2	0	38	5.65229E−05	3	6	1	2
19	8.54559E−02	2	0	2	0	39	−1.46564E−03	0	3	2	2
20	−5.04475E−02	3	0	2	0						

i	D_{sxyz}	s	x	y	z	i	D_{sxyz}	s	x	y	z
1	3.79368E−03	0	0	0	0	25	−3.97722E−02	0	3	2	0
2	8.86523E−03	2	0	0	0	26	−3.50024E−03	0	6	2	0
3	−3.22410E−02	1	1	0	0	27	−1.06854E−02	3	0	0	1
4	3.44778E−03	0	2	0	0	28	1.10903E−03	3	3	0	1
5	−4.08811E−02	0	1	1	0	29	−3.13912E−04	0	6	0	1
6	−1.08009E−01	1	1	1	0	30	3.59850E−03	3	0	1	1
7	−8.85381E−02	2	1	1	0	31	−1.42121E−03	0	6	1	1
8	1.88561E−01	0	2	1	0	32	−3.83637E−03	1	0	2	1
9	−3.70871E−03	1	0	0	1	33	1.26803E−02	0	2	2	1
10	5.13696E−03	0	1	0	1	34	−3.18278E−03	2	3	2	1
11	2.09449E−02	1	1	0	1	35	3.34268E−03	0	6	2	1
12	4.74319E−03	2	1	0	1	36	−1.83491E−03	1	1	0	2
13	−7.23408E−03	2	0	1	1	37	1.12451E−04	3	2	0	2
14	4.38388E−03	1	1	1	1	38	−2.97228E−05	3	6	0	2
15	−2.69403E−02	0	2	1	1	39	2.69551E−04	1	0	1	2
16	5.58082E−02	3	0	1	0	40	8.32650E−04	2	0	1	2
17	1.61886E−02	0	3	1	0	41	1.55334E−03	0	2	1	2
18	3.18086E−03	1	3	1	0	42	3.02683E−04	0	6	1	2
19	1.58960E−02	0	0	2	0	43	−1.84300E−04	0	0	2	2
20	4.71729E−02	1	0	2	0	44	−4.25399E−04	0	3	2	2
21	1.96283E−02	3	0	2	0	45	8.69243E−05	3	3	2	2
23	−3.00550E−02	3	1	2	0	46	−4.65900E−04	0	6	2	2
24	4.17122E−02	2	2	2	0	47	5.54194E−05	1	6	2	2

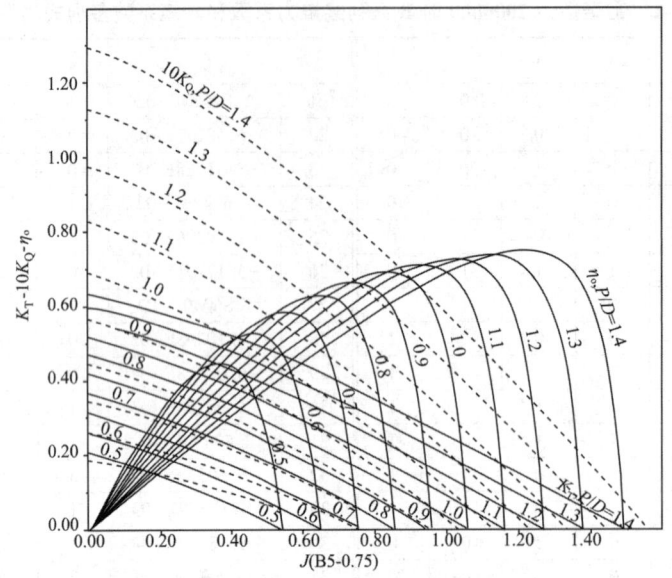

图 3-1-3　螺旋桨特性曲线

2. 船体对螺旋桨推力的影响(伴流的影响)

以上讨论了单独螺旋桨的水动力特性。实际上,螺旋桨装设在船体水面以下的船尾部位,该处的流场受船舶运动的影响会产生"伴流",它会使螺旋桨的水动力特性发生变化。

(1)伴流及其分布

船舶在水中以船速 V 行驶时,其附近的水受到船体运动的影响而产生一种追随船体运动的水流,该水流称为伴流。伴流主要由摩擦伴流、势伴流和兴波伴流三部分组成,其中摩擦伴流是伴流的主要成分。

伴流的方向与船体表面形状有关,基本上是顺着船体外板表面流动的。严格来说,船尾处伴流方向包括纵向分量、横向分量和垂向分量,其中纵向分量是主要成分。在此,我们讨论的是伴流的纵向分量。

伴流分布的特点为:沿船体前后方向,船首最小、船尾最大,离船体越远,伴流越小;船尾处沿螺旋桨的径向,上大下小,左右对称。如图 3-1-4 所示,其中左图为 U 形船尾的伴流分布,右图为 V 形船尾的伴流分布。

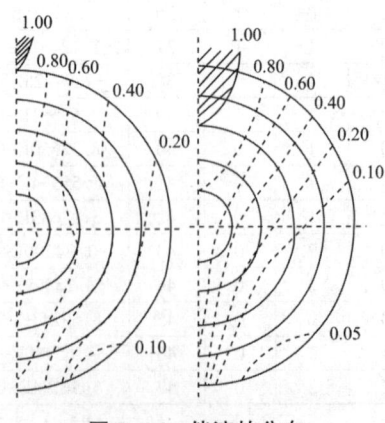

图 3-1-4　伴流的分布

（2）螺旋桨进速

船舶前进时，如图 3-1-1 所示，由于螺旋桨处的伴流速度纵向分量的存在，螺旋桨与其附近的水的相对速度（螺旋桨进速）为：

$$V_P = V - V_\omega = V\left(1 - \frac{V_\omega}{V}\right) = V(1 - \omega_P) \tag{3-1-4}$$

式中：V_P——螺旋桨进速（m/s）；

$\quad\quad V$——船速（m/s）；

$\quad\quad V_\omega$——螺旋桨处的伴流（m/s）；

$\quad\quad \omega_P$——螺旋桨伴流系数或伴流分数。

可见，伴流的存在使螺旋桨进速比船速低，船后螺旋桨的推力将比单独螺旋桨的推力大。伴流对提高螺旋桨推力是个有利因素。

三、滑失及其对推力的影响

给定船舶的螺旋桨推力大小主要取决于船舶运动状态和螺旋桨的工况，滑失（Slip）和滑失比（Slip Ratio）体现了船速、螺旋桨进速和转速之间的关系，是影响螺旋桨推力的重要参数。

1. 滑失的概念

从直观上讲，螺旋桨转速较高但没有进速（或进速相对较低）时存在的速度损失即为滑失。如果没有滑失，螺旋桨在水中的旋转就像螺杆在固体中的转动一样，其前进的速度为 nP，称为理论进速，如图 3-1-5 所示。但由于水是流体，螺旋桨不可能像螺杆在固体中的转动那样以理论速度运动，而是以实际速度 V_P 运动。我们将理论速度与实际速度的差值称为滑失 S，即

$$S = nP - V_P \tag{3-1-5}$$

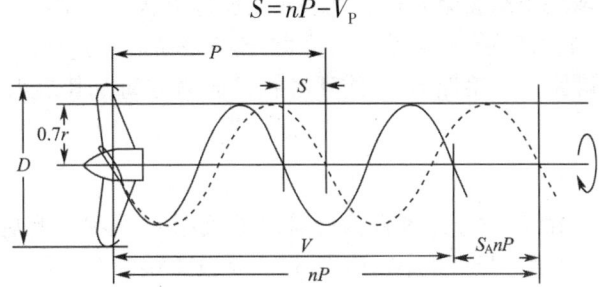

图 3-1-5　螺旋桨的滑失

滑失比 S_R 为滑失与理论进速之比，也称为实际滑失比，是无因次化的参数，定义为：

$$S_R = \frac{nP - V_P}{nP} = 1 - \frac{V_P}{nP} = 1 - \frac{V(1 - \omega_P)}{nP} \tag{3-1-6}$$

如果以船速代替螺旋桨进速，得到的滑失比称为虚滑失比或表象滑失比 S_A，即

$$S_A = \frac{nP - V}{nP} = 1 - \frac{V}{nP} \tag{3-1-7}$$

虚滑失比是表征不同航行状态下作用于螺旋桨负荷的参数，船舶在海上航行时，船员经常用虚滑失比来计算船速，一般以百分数表示滑失比。船舶受到风、浪、浅水以及污底的影响而使阻力增大时，虚滑失比也相应增大。另外，船舶在加速过程中，虚滑失比也增大。

2. 滑失对推力的影响

可见,在船型和螺旋桨形状一定的情况下,螺旋桨的推力和转矩主要取决于船速、转速和滑失比。在船速、转速一定的情况下,滑失比越大,螺旋桨的推力和转矩也越大;当船速一定时,螺旋桨的推力和转矩均与螺旋桨转速的平方成正比;当螺旋桨的转速一定时,船速越低,螺旋桨的滑失比越大,螺旋桨的推力和转矩也越大;当船速 $V=0$ 时,两个滑失比都等于1,这时滑失比最大,推力和转矩也最大。

3. 滑失对转矩的影响

值得注意的是,当螺旋桨滑失比增大时,在增加螺旋桨推力的同时,也增加了螺旋桨的转矩,也就是需要主机克服更大的转矩,容易使主机超负荷工作而损坏主机。因此,船舶在高速前进中突然开高转速倒车、高速后退中开高转速进车,或者船舶静止中突然开高速进车或倒车往往会造成主机超负荷工作,应该尽量避免。另外,船舶在大风浪中或浅窄水域航行时,螺旋桨的滑失比增大,也容易使船舶主机超负荷。

4. 滑失对舵效的影响

尽管滑失比的增大会降低螺旋桨的推进效率并增加螺旋桨负荷,但从船舶操纵的角度来看,在滑失比增大的情况下,船舶的转向效率提高,即船速较低而转首角速度较高。在实际操船中,船舶操纵人员常常通过降低船速、增加螺旋桨转速来提高舵效。

四、螺旋桨横向力及其成因

由于螺旋桨本身的特性和船体的影响,螺旋桨转动时,不但产生控制船舶前后运动的推力或拉力,还会产生使船舶发生横移和偏转的横向力,称为螺旋桨横向力 Y_P。螺旋桨横向力对船舶产生的效应称为螺旋桨效应(有资料简称为车效应)。螺旋桨横向力的方向取决于螺旋桨的转动方向,其大小取决于螺旋桨转速、船舶载况、船体形状等因素,其中与螺旋桨的转动方向的关系最为密切。从成因来看,螺旋桨横向力可分为沉深横向力、伴流横向力和排出流横向力。在此,以右旋固定螺距螺旋桨船为例,讲述各种横向力方向及其成因,并定性说明力的大小及其效应。

1. 沉深横向力

螺旋桨盘面中心距水面的垂直距离称为螺旋桨的沉深 h,沉深与螺旋桨直径 D 之比 h/D 称为沉深比,如图3-1-6所示。显然,当 $h/D<0.5$ 时,螺旋桨桨叶有一部分将露出水面。

螺旋桨在水中转动时,水对螺旋桨桨叶产生反作用力,该力称为转力。由于螺旋桨上叶和下叶在水中的深度不同,转力也不同,下叶转力 Q_1 和上叶转力 Q_2 的代数和称为螺旋桨沉深横向力,用 Y_h 表示。如图3-1-7所示。显然,螺旋桨沉深横向力的大小与沉深和水深有关。

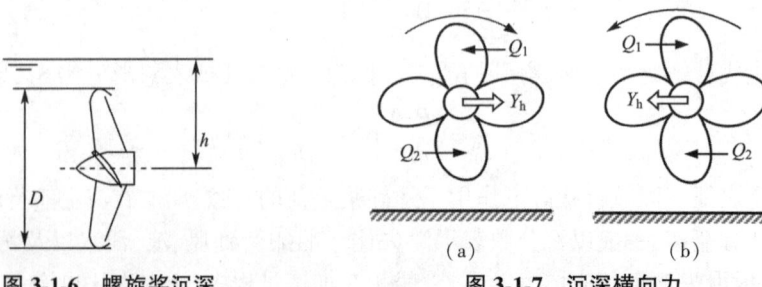

图 3-1-6　螺旋桨沉深　　　　　　　图 3-1-7　沉深横向力
　　　　　　　　　　　　　　　　　　　（a）　　　　　　（b）

(1)螺旋桨上叶和下叶在水中的深度不同,根据伯努利(Bernoulli)定理,螺旋桨下叶受到的转力大于上叶受到的转力。

(2)当 $h/D<0.5$ 时,螺旋桨上叶部分暴露在空气中,使上叶和下叶周围的流体密度不同,造成下叶转力大于上叶转力。试验表明,当 $h/D<0.65\sim0.75$ 时,就存在沉深横向力,且随着沉深比的减小而增大。

(3)在浅水中,螺旋桨的转动可能搅动海底泥沙混入底层的水中,致使螺旋桨下叶所受的转力增大,故浅水中的螺旋桨沉深横向力更加明显。

螺旋桨沉深横向力的方向取决于螺旋桨的转动方向。右旋固定螺距螺旋桨船,进车时,指向右舷,如图3-1-7(a)所示;倒车时,指向左舷,如图3-1-7(b)所示。左旋固定螺距螺旋桨船,则相反,进车时,指向左舷,倒车时,指向右舷。

2.伴流横向力

前面已经讲到,伴流有利于增大桨叶的冲角,但伴流在螺旋桨处的垂向分布是不均匀的,其分布是上大下小,因此,螺旋桨的进速上小下大。当螺旋桨转动时,螺旋桨上叶的转力要大于下叶的转力,上下桨叶的转力之差称为伴流横向力,用 Y_ω 表示,见图3-1-4伴流的分布。

伴流横向力的大小取决于船体伴流的大小,船速越高,伴流越大,则伴流横向力越大;反之,船速越低,伴流横向力越小;当船速 $V\leqslant0$,即船舶静止或后退时,基本不存在伴流,故也不存在伴流横向力。在低速航行状态下伴流横向力较小,故一般可忽略不计。

伴流横向力的方向取决于螺旋桨的转动方向。右旋固定螺距螺旋桨船,前进中进车时,伴流横向力指向左舷;前进中倒车时,伴流横向力指向右舷。左旋固定螺距螺旋桨船,前进中进车时,伴流横向力指向右舷;前进中倒车时,伴流横向力指向左舷。

3.排出流横向力

船舶操正舵,螺旋桨正车时,桨后舵叶的左上部和右下部将受到相反方向的螺旋桨旋转排出流横向力的作用,如果舵叶左上部和右下部的作用力相等,则不产生横向致偏作用。

船舶在正车前航状态,受纵向伴流分布影响,舵叶的左上部和右下部受到的排出流是不对称的。如图3-1-8(a)所示,作用在舵叶右侧下部的排出流纵向速度较低,冲角较大,作用力也较大,而作用在舵叶左侧上部的排出流纵向速度较高,冲角较小,作用力也较小,两者之差称为正车排出流横向力。

螺旋桨倒车旋转时,其排出流打在船体尾部。如图3-1-8(b)所示,由于船体尾部线型的上肥下瘦,船尾右上部排出流冲角和作用面积大于左下部冲角和作用面积,进而造成船体尾部右上部和左下部螺旋桨排出流的横向力不等,两者之差称为倒车排出流横向力。

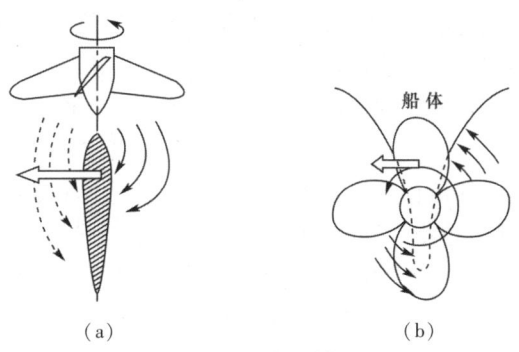

(a)   (b)

图3-1-8 排出流横向力

正车排出流横向力和倒车排出流横向力统称为排出流横向力,用 Y_d 表示。一般正车排出流横向力较小,且倒车排出流横向力在螺旋桨横向力中所占比例最大,故一般排出流横向力指的就是倒车排出流横向力。倒车排出流横向力的大小取决于螺旋桨附近船尾部的形状。船尾部越肥大,排出流横向力越大,反之则越小。

排出流横向力的方向取决于螺旋桨的转动方向。右旋固定螺距螺旋桨船,正车和倒车时排出流横向力均指向左舷;左旋固定螺距螺旋桨船,正车和倒车时排出流横向力均指向右舷。

4.螺旋桨横向力及力矩

伴流横向力、沉深横向力和排出流横向力的表现形式是螺旋桨横向力,即

$$Y_P = Y_\omega + Y_h + Y_d \tag{3-1-8}$$

螺旋桨横向力 Y_P 作用于船舶,改变了船舶的横移运动状态,产生横移效果。

螺旋桨横向力的大小取决于船舶载况、船舶运动状态以及船体形状等因素,其方向取决于螺旋桨的旋转方向。

船速较低、静止中或后退时,伴流较小,伴流横向力可以忽略不计,$Y_P = Y_d + Y_h$。其方向取决于排出流横向力和沉深横向力的大小和方向。

船舶满载、船速较高时,沉深比较大,沉深横向力较小,可忽略不计,$Y_P = Y_\omega + Y_d$。其方向取决于伴流横向力和排出流横向力的大小和方向。

螺旋桨安装在船尾,螺旋桨横向力 Y_P 不作用在船舶重心处,因此它会对船舶产生力矩,该力矩称为螺旋桨转船力矩。螺旋桨横向力产生的力矩可表示为:

$$N_P = Y_P \cdot x_P \tag{3-1-9}$$

螺旋桨转船力矩改变了船舶的转动状态,使船舶产生转动效应。

五、螺旋桨致偏效应

螺旋桨效应(也称为车效应)是螺旋桨横向力对船舶产生的横移和转动效果的简称。螺旋桨效应取决于横向力的大小、方向、作用点和船舶运动状态。螺旋桨横向力的作用点基本是不变的,在船尾螺旋桨附近,故不必讨论作用点的影响。一般进车螺旋桨横向力较小,且进车时有舵效,这时,螺旋桨效应是可控制的。一般来说,倒车螺旋桨横向力是不可控制的,只能采取措施减小其影响。故以下就右旋固定螺距螺旋桨船的倒车效应进行讲解。

1.前进中倒车的效应

船舶在一定前进速度下开始倒车时,有伴流,则存在伴流横向力,螺旋桨横向力 $Y_P = Y_\omega + Y_h + Y_d$。在螺旋桨倒车拉力和横向力的作用下,船舶直航速度发生变化,产生横移速度,即产生漂角,使船舶处于斜航状态,则产生横向水动力 Y_H。由于船舶前进中水动力中心在船中之前,则产生水动力矩,在合力矩 $N_P + N_H$ 的作用下,船舶将产生转动角速度,使航向角发生变化。

(1)高速时倒车

船速越高,伴流越强,则伴流横向力越大。而船速越高,倒车排出流作用于船尾的流速和范围越小,因而排出流横向力越小。这时,螺旋桨横向力主要取决于沉深横向力和伴流横向力的大小和方向。船舶重载并在深水中前进时倒车,沉深横向力可忽略不计,则螺旋桨横向力取决于伴流横向力的大小和方向。其效应如图 3-1-9(a)所示,这种情况下船首向基本不发生偏转或稍向左偏转。

　　船舶压载或在浅水中前进中倒车,沉深横向力的影响较为明显,则螺旋桨横向力主要取决于沉深横向力和伴流横向力的大小和方向。由于伴流横向力和沉深横向力的方向相反,则螺旋桨横向力较小,其效应使船首向偏转不定或基本不发生偏转。

　　(2)低速时倒车

　　在倒车拉力的作用下,随着船速的降低,伴流越来越弱,则伴流横向力逐渐减小。而倒车排出流作用于船尾的面积和流速越来越大,因而排出流横向力逐渐增大,在船速较低时,螺旋桨的横向力主要取决于排出流横向力和沉深横向力的大小和方向,由于排出流横向力和沉深横向力的方向一致,螺旋桨横向力较大,螺旋桨致偏效应增强,如图 3-1-9(b)所示。可见,随着船速的降低,船首向左偏转的程度逐渐减弱,当船速降到一定程度时,船首开始向右偏转,且船速越低,右偏的程度越大。

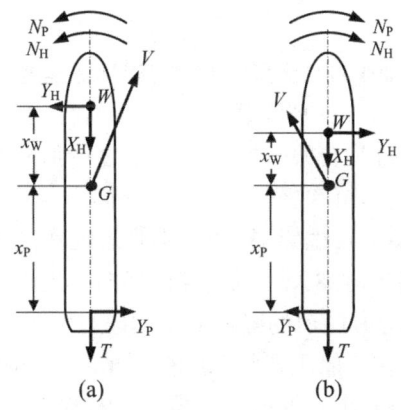

图 3-1-9　前进中倒车螺旋桨效应

　　实船试验结果表明,倒车停船性能不但与主机功率有关,还与船型、载态以及外界影响有关。图 3-1-10 和图 3-1-11 分别给出了某 30 万吨级 VLCC 满载状态和某大型集装箱船压载状态在深水中全速倒车的试验结果。

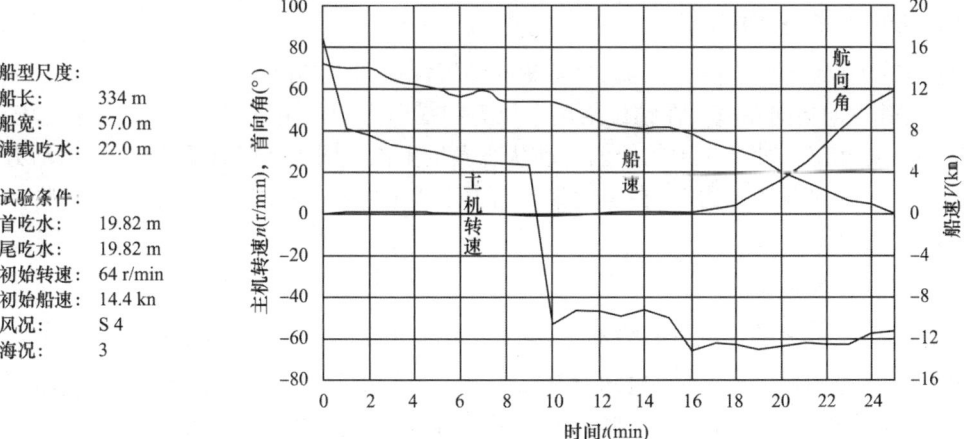

图 3-1-10　30 万吨级 VLCC 满载状态全速倒车试验结果

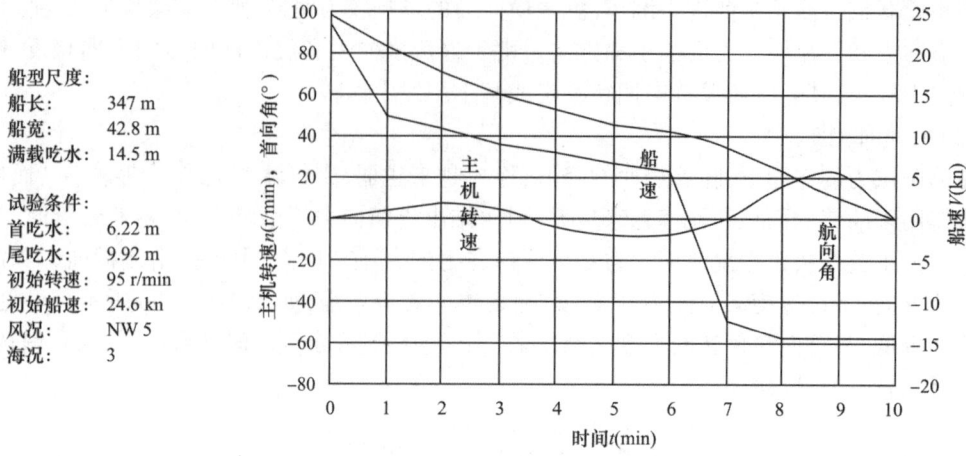

图 3-1-11 8000 TEU 大型集装箱船压载状态全速倒车试验结果

由图 3-1-10 可见,30 万吨级 VLCC 满载状态、深水航行倒车时,船速较高时船首偏转不明显,在船速降低后发生明显的船首右偏。发出倒车令之后约 9 min 时,主机仍正转,这时的船速约 11 kn,在此期间主要受正车沉深横向力、伴流横向力与排出流横向力的综合影响,船首偏转不明显;当船速为 8~11 kn 时,螺旋桨倒转,但船速较高,排出流横向力较弱,伴流横向力较强,船首偏转不明显;当船速小于 8 kn 之后,伴流横向力逐渐减小,排出流横向力逐渐增大,加上沉深横向力作用,船首向随着船速的降低而急剧向右偏转。

由图 3-1-11 可见,大型集装箱船压载状态航行倒车时,螺旋桨横向力取决于沉深横向力、伴流横向力和排出流横向力的大小和方向。在发出主机倒车令之后约 6 min 时,主机仍在正转,这时的船速约为 10 kn,船首稍向右偏;当船速为 8~13 kn 时,船首稍向左偏;当船速小于 8 kn 之后,船首向随着船速的降低而急剧向右偏转。该试验结果可能包含风的影响,尤其是大型集装箱船压载时,受风面积巨大,倒车偏转可能无明显规律,但可得出这样的结论:大型集装箱船压载前进中倒车,船首向并非一定向右偏转。

2. 静止中倒车的效应

静止中的船舶开始倒车,无伴流,只有螺旋桨沉深横向力和倒车排出流横向力的影响,即 $Y_P = Y_h + Y_d$,其方向指向左舷。在螺旋桨倒车拉力和横向力的作用下,船舶将产生速度 V,进而产生水动力 X_H 和 Y_H,使静止中的船舶运动状态发生变化。倒车开始时船速较低,水动力中心基本在船中处,不产生水动力矩,在螺旋桨转船力矩 $N_P(N_P = Y_P \cdot x_P)$ 的作用下,船首将向右偏转,如图 3-1-12 所示。

3. 后退中倒车的效应

船舶后退中,舵处的伴流可忽略不计,螺旋桨横向力 $Y_P = Y_h + Y_d$。在螺旋桨横向力的作用下,船舶产生横移速度,即产生漂角,船舶处于向后斜航状态,产生横向水动力 Y_H。船舶后退中水动力中心在船中之后,产生水动力矩,在合力矩 $N_P - N_H$ 的作用下,船舶将产生转动角速度,使航向角发生变化。由于螺旋桨转船力矩 N_P 和船体水动力矩 N_H 方向相反,其转动效应取决于船舶后退速度。

退速较低时,水动力中心接近船中,即水动力臂较小,则水动力矩较小,船首右偏效应明显,如图 3-1-13(a)所示。退速较高时,水动力中心接近船尾,即水动力臂较大,则水动力矩较大,船首右偏效应不明显,如图 3-1-13(b)所示。

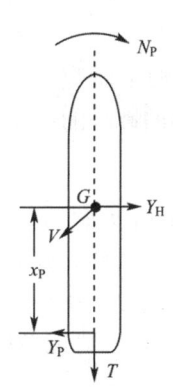

图 3-1-12　静止中倒车效应

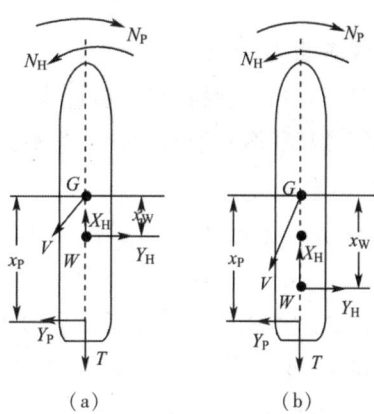

(a) (b)

图 3-1-13　后退中倒车效应

第二节　舵及其效应

船舶必须具备变向性能和保向性能,即航向控制性能。舵就是这种控制航向的重要操纵设备,是船舶自航时控制方向的设备。船舶操纵过程中,舵的作用主要包括用小舵角保持航向、中舵角改变航向和大舵角的紧急避让。船舶驾引人员有必要了解舵的性能及控制方法。

一、舵的几何要素

从制造工艺的角度考虑,商船一般采用矩形舵。舵效及其对船舶的控制性能明显受舵的形状及所装设的位置的影响。影响舵力及舵力矩的舵几何要素主要包括舵面积和展弦比等。

1. 舵面积(A_R)

舵面积(A_R)指舵的外形轮廓所包围的面积。舵面积的大小,直接影响舵对船舶的控制性能。为了保证船舶有较好的船舶操纵性能,规范对舵面积有最低要求。一般用舵面积与船体水下侧面积的比值($\dfrac{A_R}{L_{pp}d}$)来考察舵对船舶操纵性的影响。对于集装箱船,该比值一般在 1/55 左右,而大型油船一般在 1/65 以下。

2. 展弦比(λ)

舵高(h)在舵翼中称为舵展,舵宽(b)称为舵弦,如图 3-2-1 所示。对于矩形舵,其展弦比为舵高与舵宽之比,即

$$\lambda = \frac{h}{b} \tag{3-2-1}$$

3. 舵平衡系数(k)

表征舵面积在舵轴前后的比例关系的系数称为舵平衡系数,用舵轴前面的舵面积与整个舵面积的比值表示。舵力和舵力转船力矩受平衡系数的影响。商船大多采用平衡舵。方形系数较小的商船舵平衡系数

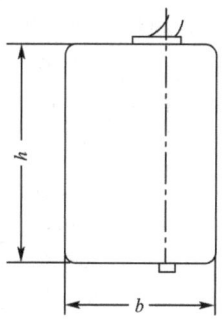

图 3-2-1　舵展与舵弦

一般为 0. 25 左右,而方形系数较大的船舶为 0. 27 左右。

二、舵的水动力特性

舵相当于装设在船尾螺旋桨之后在水中工作的"机翼"。通常研究舵的水动力特性的方法是首先研究单独舵(敞水舵)的性能,然后进行船体和螺旋桨的影响的修正。

1. 单独舵的水动力

当舵置于流速为 V 的均匀流场中,且与流向保持某一角度 δ(见图 3-2-2)时,根据机翼理论,舵将受到水流合力 F 的作用。合力 F 在垂直于水流方向的分量称为升力 L,平行于水流方向的分量称为阻力 D;合力 F 也可以分解为垂直于舵平面的分量 F_N 和平行于舵平面的分量 F_T,F_N 称为舵的法向力,F_T 称为舵的切向力。F_N 也称为舵的垂直压力或舵的正压力,舵力及舵力转船力矩分别是指舵的正压力及其产生的转船力矩。

舵的合力可表示为:

$$\begin{cases} F = \sqrt{L^2 + D^2} \\ F = \dfrac{1}{2}\rho \cdot A_R \cdot V_R^2 \cdot C \end{cases} \qquad (3\text{-}2\text{-}2)$$

式中:F——舵的合力(N);

A_R——舵面积(m^2);

V_R——相对流速(舵相对于水的速度)(m/s);

C——舵的合力系数;

ρ——流体密度(kg/m^3)。

同理,舵的正压力系数、切向力系数、升力系数和阻力系数分别表示为 C_N、C_T、C_L 和 C_D,则舵正压力可表示为:

$$F_N = \dfrac{1}{2}\rho \cdot A_R \cdot V_R^2 \cdot C_N \qquad (3\text{-}2\text{-}3)$$

舵切向力 F_T、舵升力 F_L 和阻力 F_D 也有类似表达式。舵的正压力系数 C_N 与舵角、舵的形状、展弦比、平衡系数等诸多因素有关。在舵的形状、展弦比、平衡比一定的情况下,一般说来,随着舵角的增大,舵的升力系数 C_L 和阻力系数 C_D 均具有增大的趋势,但当舵角达到某一舵角时,由于舵周围的流线从舵的边缘分离,在舵叶的上下两缘和后边处将产生涡流,如图 3-2-3 所示。该涡流具有减小舵的升力、增大舵的阻力的作用,舵的升力系数 C_L 则将骤然下降,这种现象叫作失速。出现升力系数骤然下降的舵角称为临界舵角,另外,由于舵角增大以后力臂减小,船舶最大舵角一般比临界舵角设置的要小。多数商船的最大舵角为 35°,有些旋回性较好的船舶可能大于 35°,但一般不超过 40°。

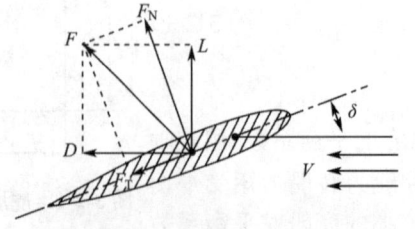

图 3-2-2 单独舵的水动力

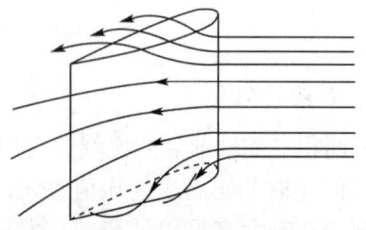

图 3-2-3 舵的涡流

2. 船体对舵力的影响

以上讨论了单独舵的水动力特性。实际上,舵是装设在船体水面以下的船尾部位,该处的流场受船体形状的影响而变得较为复杂。受船尾处伴流的影响,舵速将发生变化。船尾舵的相对水流速度(俗称"舵速")可表示为:

$$u_R = (1 - \omega_R) \cdot u \tag{3-2-4}$$

式中:u_R——舵速(m/s);

u——船速(m/s);

ω_R——舵处的伴流分数。

如前所述,伴流与船舶运动状态、水面以下船体形状等因素有关。故不同船型、不同船速时的伴流的大小也不尽相同。船舶前进时船尾处的伴流方向与船舶前进的方向相同,因此伴流的存在降低了舵速,即减小了舵力。

在船舶旋回运动中,船尾舵处存在漂角,造成舵的有效舵角比几何舵角小,因此船舶旋回运动过程中,船尾舵比单独舵的舵力小。

3. 螺旋桨尾流对舵力的影响

舵不但装设在船的尾部,而且位于螺旋桨的后部,必然受到螺旋桨排出流的影响。螺旋桨排出流有纵向、横向和垂向三个分量。垂向分量较小,可忽略不计;横向分量使有效舵角发生变化;纵向分量最大,它使流向舵的流速增大。根据螺旋桨动量理论,桨后舵的轴向相对速度可表示为:

$$u_R = u_P \cdot \varepsilon \cdot \sqrt{1 + K \cdot \frac{8}{\pi} \cdot \frac{K_T}{J^2}} \tag{3-2-5}$$

式中:u_P——螺旋桨的进速(m/s);

J——螺旋桨的进速系数,可用式(3-1-2)计算;

K_T——螺旋桨的推力系数;

K、ε——由试验确定的系数。

可见,桨后舵的相对流速与螺旋桨的特性有关,螺旋桨推力越大,舵力越大;螺旋桨转速越高,舵力越大。

4. 船体和螺旋桨对舵的综合效应

如上所述,船体伴流和螺旋桨排出流对舵力的影响相反。伴流的作用是减小舵力,而螺旋桨排出流是增加舵力。船体伴流和螺旋桨排出流对舵力的综合效应与船舶运动状态、舵角、舵的几何形状、螺旋桨特性等诸多因素有关。理论计算这些影响较为复杂。就平均流速而言,单桨单舵船,流经舵叶的流速为船速的 1.05~1.10 倍;双桨双舵船,流经舵叶的流速约为船速的 1.25 倍;双桨单舵(舵处在船中线面内)船,由于舵不在螺旋桨尾流中,船体伴流起主导作用,流经舵叶的流速约为船速的 0.8 倍。

三、舵力作用于船舶的效果

直航中的船舶操一定的舵角 δ,在舵叶上产生的舵力 F_N 将引起船舶水动力的变化。船舶所受到的力见图 3-2-4。其中,F_H 为水动力,X_P 为推进器推力。

1. 舵力的分解

舵力 F_N 可分解为船舶操纵运动方程中的纵向分量 X_R 和横向分量 Y_R，即

$$X_R = F_N \sin\delta$$

$$Y_R = F_N \cos\delta \qquad (3\text{-}2\text{-}6)$$

$$F_N = \sqrt{X_R^2 + Y_R^2}$$

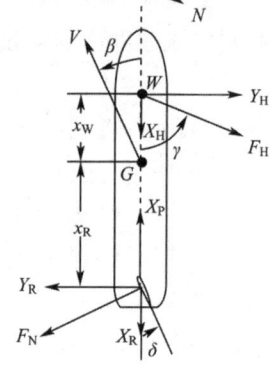

式中：F_N——舵的正压力或舵力（N）；

δ——舵角（°）。

2. 船舶纵向运动状态的变化

舵力的纵向分量 X_R 实质上是由一定舵角引起的船舶阻力增量，则纵向受力为：

$$X = T - (R + X_R) \qquad (3\text{-}2\text{-}7)$$

图 3-2-4　舵的作用

X_R 改变了船舶的纵向运动状态，降低了操舵前的船速。这是航行中的船舶操舵后船速降低的原因之一。实际操纵中，对于小型船舶，为了降低螺旋桨停止转动后的船舶运动惯性，有时也用频繁操舵的方法增大船舶阻力，以达到降低船速的目的。

3. 船舶横向运动状态的变化

舵力的横向分量 Y_R 使船舶产生横向水动力，它改变了船舶的横向运动状态，产生横向加速度，进而产生横移速度。横向受力为 $Y_H - Y_R$。因此，操舵后船舶处于对水的斜航状态，即产生了漂角 β，如图 3-2-4 所示。这就是转舵后船舶会向操舵方向的相反一侧横移的原因之一。

4. 舵力转船力矩

舵安装在船尾，舵力的横向分量 Y_R 不作用在船舶重心处，因此它不但改变了船舶的横向运动状态，还会对船舶产生力矩，该力矩称为舵力转船力矩。船舶操纵运动方程中由舵引起的力矩可表示为：

$$N_R = Y_R \cdot x_R = \frac{1}{2} \cdot \rho \cdot A_R \cdot x_R \cdot V_R^2 \cdot C_N \cos\delta \qquad (3\text{-}2\text{-}8)$$

式中：N_R——舵力转船力矩（N·m）；

x_R——舵力中心距船中的距离（m）。

这时，船舶所受合外力矩为 $N_H + N_R$。由图 3-2-4 可知，水动力矩和舵力转船力矩方向相同，因此，操舵后船舶在合外力矩的作用下，改变了船舶对垂直轴的转动状态，产生角加速度，进而使船舶转动角速度发生变化。

舵力转船力矩的大小取决于舵速、舵角和船舶运动状态。实际操船中，通过船速和舵角来调节舵力转船力矩的大小，进而控制船舶的航向。舵力转船力矩有两个作用，一个是使船舶改变航向，另一个是使船舶保持航向。

舵力转船力矩还与舵至水动力中心的距离有关。前面已经讲到，船舶前进时，水动力中心位于船中之前，增大了舵力臂 $(x_R + x_W)$，进而增加了舵力转船力矩，这也是舵装设在船尾的原因。

四、舵效

舵效（Steerage）是舵力转首效果的简称，从船舶操纵意义上讲，舵效是船舶的重要操纵性

能之一。

1. 舵效的概念

航行中的船舶操舵后，舵力会导致船舶首摇，也会引起船速、横倾等其他自由度的响应。广义的舵效可以理解为用舵操纵的综合效果。传统上所说的"舵效"是狭义上的含义，仅限于船首向对操舵的响应，即舵效是保持航向和改变航向的效率，反映的是指操舵控制航向的能力。

舵效和舵力转船力矩是两个不同的概念，但两者之间有一定的联系。舵效不仅取决于舵力转船力矩，还受船体的惯性和船体水动力影响。一般来说，舵力转船力矩越大，舵效越好，即增加舵力转船力矩可提高舵效。

2. 舵效的衡量

舵效是一个综合性概念，在一定程度上体现了操纵人员的主观感受，可以用直观的船舶操纵试验指标来衡量，也可以用船舶运动响应方程的参数来衡量。

（1）直观衡量

前进中的船舶操一定舵角并保持该舵角，在舵力转船力矩的作用下，航向角会发生变化。航向角变化很快，说明转向效率高；航向角变化很慢，则说明转向效率低。

因此，舵效可以利用船首向变化量与进距的关系来衡量，船首向变化量大而进距小，舵效好；反之，则舵效差。衡量舵效的指标可以是前进中的船舶操舵后单位进距内航向角的变化量，也可以是单位航向角变化内的进距。因此，船舶初始回转性能指标也可以用来衡量舵效。IMO 操纵性标准及其衡准中要求船舶具有一定的"初始回转性或改向性"，并要求在营运船速下操舵 10°舵角，航向角变化 10°，船舶进距不得超过 2.5 倍船长。显然，初始回转性能在一定程度上体现了舵效，也就是说，初始回转性能越好，舵效越好；反之，则舵效越差。

上述舵效指标（进距与船首向变化量关系）是从运动空间内衡量船首向响应的迅速程度，是在狭水道、港内等受限水域操纵船舶的重要指标，更多地体现了对空间水域的关注。在开阔水域，主要在时域内衡量船首向响应的迅速程度，可以用单位时间内船首向的变化量或单位船首向变化所需的时间来衡量舵效。

（2）舵效指数

一阶操纵运动方程（野本模型）描述了船首向对舵角的响应，其参数在一定程度上也可以用来衡量船舶舵效。Norrbin 在无因次化操纵性指数 K' 和 T' 的基础上建议采用机动性指数 P 来衡量船舶的机动性能。P 指数定义为：

$$P = K'T'\left(1 - T' + T'\mathrm{e}^{-\frac{1}{T'}}\right) \tag{3-2-9}$$

显然，P 指数是一个无因次参数。按一阶操纵运动方程，操单位舵角后，船舶航行一个船长的距离后，得到的航向角的变化值即为 P。

上述 P 指数的定义与"舵效"的概念极其类似，因此，P 指数也称为"舵效指数"，它是评价船舶操纵性的另一个指标。

将式（3-2-9）中的 $\mathrm{e}^{-\frac{1}{T'}}$ 展开成幂级数，可得：

$$P = K'T'\left[\frac{1}{2}\left(-\frac{1}{T'}\right)^2 + \frac{1}{6}\left(-\frac{1}{T'}\right)^3 + \cdots\right] \approx \frac{1}{2}\frac{K'}{T'} \tag{3-2-10}$$

可见，舵效指数 P 与 K'、T' 的比值成正比，尽管各种不同舵角的 Z 形操纵试验得出的 K、T

指数可能不同,但其比值变化很小,故用舵效指数来描述船舶的操纵性能,更具有普遍意义。Norrbin 提出了舵效标准:对于一般船舶,P 指数应大于 0.3;对于大型油船,P 指数应大于 0.2。

五、影响舵效的因素

影响舵效的因素较多,可以分为操舵方面的因素和航行环境方面的因素。舵面积、舵角以及船速等因素会影响舵力和舵力转船力矩,而风、流、浅水等航行环境因素会影响船体的运动和动力特性,对舵效也有决定性的影响。

1. 舵角对舵效的影响

如前所述,船舶操纵性包括小舵角的保向性、中等舵角的初始回转性和大舵角的旋回性。显然,在船速一定时,舵效与舵角的大小密切相关。一般来说,舵角越大,舵效越好。

在实际操船中,船舶的航行环境和变向的目的不同,船舶操纵人员所关心的舵效的含义也不同。船舶在宽度受限的航道中航行时,大多用小舵角来抑制船舶的偏转,使船舶保持在预定的航迹线上,希望船舶能在较短的距离内纠正船舶的偏转,这时,舵效是指小舵角抑制船舶偏转的效率;船舶在转向点附近进行转向或正常避让时,多数采用中等舵角,希望船舶能在较短的距离内将船舶航向调整到预定的新航向上,这时,舵效是指中等舵角的变向效率;船舶在受限水域进行掉头或紧急避让时,多数采用大舵角,希望船舶能在较短的距离内迅速掉转船舶的航向,这时,舵效是指大舵角的旋回效率。

2. 舵速对舵效的影响

在舵角一定的情况下,一般来说,船速越高,舵控制航向的能力越强,但船速较高时,同一航向角变化量的船舶进距也会相应增大,故舵效并不一定好。

船速较低时,只要螺旋桨保持一定的转速,就有螺旋桨尾流作用于舵叶上,这时由于船速较低,同一航向角变化量的船舶进距也不会很大,因此舵效较好。但一旦螺旋桨停止转动,流经舵叶的流速主要成分是船速,由于船速较低,可能失去舵效,使船舶航向无法控制。

在港内实际操船中,驾引人员所关心的是船舶在低速状态下能否在有限的水域内有效地进行保向或转向,因此人们提出一个低速情况下的衡量舵效的指标——失去舵效的最低船速。船舶在进港过程中,通常在距停泊水域一定距离内需要停车淌航,这时流向舵叶的流速不受螺旋桨排出流的影响,主要成分是船速,再加上船尾舵处伴流的影响,舵力及舵力转船力矩将迅速下降。随着船舶淌航过程中船速的不断降低,舵效也相应不断降低。当船速降至某一值时,即使操大舵角也不能控制航向,该船速称为失去舵效的最低船速,也称为"有舵效的最低船速(Minimum Streering Speed)"。

失去舵效的最低船速与船型、船舶载况等因素有关。一般来说,方形系数较大的船舶比方形系数小的船舶有舵效的最小船速高;船舶压载比满载有舵效的最小船速高;船舶在浅水中比深水中有舵效的最小船速高。

试验资料表明,万吨级船舶有舵效的最低船速约为 2.0 kn;大型油船和大型散货船有舵效的最低船速满载时为 3.0 kn 左右,压载时为 3.5 kn 左右;而现代大型集装箱船有舵效的最低船速一般为 3.5 kn 左右。

3. 航行环境对舵效的影响

试验结果和经验数据表明,舵效不但与船速、舵角、排水量和船舶载况等因素有关,风、流和浅水等航行环境对舵效的影响也不可忽略。

顶风、顶流时,风和流的作用使船舶进距比顺风、顺流时小,因此,顶风、顶流比顺风、顺流时的舵效好。

船舶在浅水中,船舶旋回阻尼力矩比深水中大,因此浅水中比深水中的舵效差。

六、提高舵效的措施

按照舵效的定义,显然,提高舵效的有效途径是降低船速、提高舵速,即降低船速的同时增加螺旋桨的转速。

尽管船速降低时舵速有所下降,但同时降低了伴流的影响,且使船舶进距有所减小;增加螺旋桨转速不但增大了螺旋桨的滑失比,同时也使螺旋桨尾流速度增大,进而提高了舵速。因此降低船速、增加螺旋桨转速是提高舵效的有效途径。虽然增加螺旋桨转速可能提高船速,但由于船舶惯性较大,这种船速的增量在有限距离内是有限的。

在实际船舶操纵中,船舶通过狭水道或航道的转角较大的弯曲地段时,大多采用降低船速、增加螺旋桨转速的方法来提高舵效。船舶在港内宽度和深度受限的直航道中航行时,既要保持一定的船速以克服横风、横流的影响,即要增加螺旋桨转速,又要考虑船舶下沉量的影响,即船速不宜过高,这时,可以在船尾系带一拖船协助减速,同时增加螺旋桨转速,以提高舵效。

第三节　侧推器及其效应

如前所述,操舵可以产生横向力和转船力矩,进而控制船舶的航向,且船速越高舵控制航向的能力越强。但在船舶进港船速逐渐降低的过程中,操舵产生的舵力转船力矩逐渐减小,控制航向的能力逐渐变差。为了解决这个问题发明了另一种产生转船力矩的方法,即在船上安装侧推装置(简称侧推器)。

一、侧推器概述

侧推器可以作为船舶的辅助操纵装置,广泛应用于港内船舶操纵。靠离码头中船舶的横向移动、航道内低速航行时调整航向、抑制倒车过程中的船首偏转等都是侧推器在船舶操纵中的具体应用。侧推器适用于靠离泊操纵频率较高的船舶,如滚装船、大型客船、大型集装箱船以及部分化学品船舶和油船等。

1. 侧推器的构造

广泛采用的侧推器为一种槽式侧推器,在船体水下的首部或尾部各开一个或多个贯穿船体的槽道,槽道与船舶纵中剖面垂直,其中装设螺旋桨,利用螺旋桨旋转形成向船侧的喷流以产生作用于船体的横向力。改变螺旋桨的旋转方向,可以改变作用力的方向,以对船舶进行控制。图 3-3-1 给出了槽式侧推器的结构。

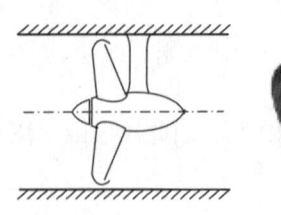

图 3-3-1　槽式侧推器的结构

侧推器主要由电动机、竖向传动装置和螺旋桨组成。侧推器的螺旋桨一般采用可变螺距螺旋桨。可直接在驾驶台用手柄控制侧推器作用力的大小和方向,其侧推力一般分为 2~3 个挡。

2.侧推器的布置及功率

普通船舶一般仅在船首布置一个首侧推装置。为了进一步提高其低速情况下的操纵性能,有些船舶在船的首、尾各装上了一至数个侧推装置,如图 3-3-2 所示。尾侧推器的构造与首侧推器完全相同,这样的布置可大大提高船舶低速情况下的操纵性能,减少对港口拖船的依赖。

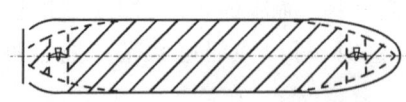

图 3-3-2　首、尾侧推器的布置

随着船舶向大型化方向发展,船舶配备的侧推器的功率也在不断增大,例如某 8100 TEU 大型集装箱船配备的侧推器的功率为 3000 kW,相当于一艘大功率拖船的功率。表 3-3-1 给出了 4 种集装箱船的侧推器配置情况。其中 8000 TEU 集装箱船配有一个首侧推器和两个尾侧推器,首侧推器最大可以给出 294 kN(30 t)的推力,两个尾侧推器也总共给出 294 kN 的推力。

表 3-3-1　集装箱船侧推器配置

船型	8100 TEU	8000 TEU	6800 TEU	4100 TEU
总长(m)	334	347	300	263
船宽(m)	42.8	42.8	42.8	32.2
侧推功率(kW)	3000	2210	2600	1600
侧推力(kN)	400	294	347	213
转船角速度(°/min)	13.1	—	15.0	17.0
换向时间(s)	33	—	18	—
启动时间(s)	16	—	8	—

3.侧推器工作原理及侧推力

侧推器在流体中工作时,流体从一侧进入槽道,从另一侧流出槽道,产生侧推力,进而产生转船力矩。动量理论分析表明,进口处的流动不影响侧推力,而出口处的流动产生流体的反作用力,称为侧推力(横向力)。侧推力的大小与槽道内单位时间的流量有关。流量越大,侧推力越大,也就是说,侧推器的功率越大,侧推力也越大。

侧推力的大小还与船速和船舶载况有关。其中船速是最主要的影响因素。船舶静止(无纵向运动速度)时,首侧推器工作时的流态见图 3-3-3(a),流的方向基本垂直于船舶首尾线,发出的侧推力也垂直于船舶首尾线。但有船速时,槽道出口的流体不是垂直于船舶的纵中剖面,而是弯向船体的后方,见图3-3-3(b),则发出的侧推力也不是垂直于船舶首尾线,有效侧推力有所降低。随着船速的提高,这种流体的弯曲程度越加严重,它所产生的有效侧推力将显著下降。在高速航行时,基本不产生侧推力。同样,尾侧推器的侧推力也受船速的影响,但由于所处的位置不同,其影响程度要小一些。因此,槽式侧推器在船速为零时能产生最大的侧推力,有船速时有效推力下降,这是它的主要缺点。

侧推力的大小还与船舶载重状态有关,同一船速下,压载时侧推器的效率比满载时的效率低。这是由两种状态下侧推器的沉深不同造成的。

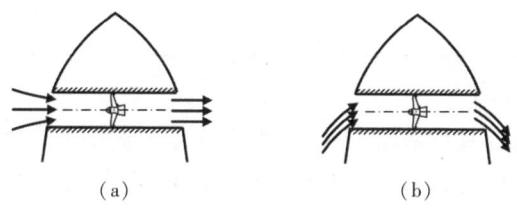

（a） （b）

图3-3-3 船速对侧推水流的影响

二、侧推器效应及其技术指标

侧推器效应是指侧推力对船舶的作用效果,即平移和转船效果。侧推器效应取决于船舶运动状态和侧推力的大小、方向及作用点。其中影响最大的是船舶运动状态。由于侧推力的作用点是固定的,即在首柱之后或尾柱之前,故不必讨论作用点的影响。后面讨论的主要是船舶运动状态的影响。

衡量侧推器效应会用到一些技术指标,船舶操纵人员掌握这些技术指标,有利于了解侧推器的性能和操纵特点,进而正确使用。

1. 侧推器失效船速

侧推器效应随着船速的增加而降低,达到某一船速时,其效率为零,该船速称为侧推器失效的极限船速,简称侧推器失效船速。对于大型集装箱船舶,一般首侧推器失效船速为4～6 kn。首侧推器和尾侧推器的效率受船速的影响不尽相同,一般首侧推器受船速的影响要比尾侧推器大。尾侧推器失效船速要高一些。

表3-3-2给出了某8000 TEU集装箱船的首、尾侧推器的效率受船速的影响情况。可见,若该船船速为0时的效率为100%,在船速为6 kn时,满载时首侧推器的效率降为50%;压载时,首侧推器的效率为0。同一船速下,尾侧推器的效率下降比首侧推器的小。

表3-3-2 集装箱船首、尾侧推器效率

船速（kn）	满载状态		压载状态	
	首侧推器	尾侧推器	首侧推器	尾侧推器
0	100%	100%	100%	100%
3	75%	88%	50%	85%
6	50%	75%	0	70%
9	25%	63%	0	55%
12	0	50%	0	40%

注:8000 TEU集装箱船,$L_{oa}=347$ m,$B=42.8$ m,$DWT=105000$ t。

2. 船舶最大旋回角速度

衡量侧推器效率的另一个指标是在船速为零时侧推器作用下的最大旋回角速度。该最大旋回角速度与船舶大小、侧推器功率、船舶载况等诸多因素有关。侧推器作用效果与船速有关，旋回角速度随船速升高而降低。表 3-3-3 给出了某 6800 TEU 集装箱船满载情况下不同船速时的船舶旋回角速度。

表 3-3-3 侧推器作用下的旋回角速度

船舶速度（kn）	0	2.0	2.5	3.0	3.5	4.0
角速度（°/min）	10	8	7	6	5	0

3. 启动时间和换向时间

由于机器的性能与螺旋桨推进器一样，在使用最大侧推力时，侧推器的侧推力从零增至最大值的过程中有一个时间延迟，该时间延迟称为启动时间；另外一个指标是侧推器的换向时间，即侧推器从一侧侧推力最大转换为另一侧侧推力最大所用的时间。有关性能指标如表 3-3-1 所示。

三、船舶静止中的侧推器效应

侧推器一般布置在船首、尾，远离船舶重心，这样在产生横向推力的同时，也会产生明显的转首作用。综合利用首、尾侧推器，可以产生不同的作用效果。

1. 单独使用一个侧推器的效应

单独使用首侧推器产生侧推力 Y_{SF}，在侧推力的作用下，静止中的船舶将产生横向阻力（水动力）Y_H，在合力 $Y_{SF}+Y_H$ 的作用下，船舶横向运动状态发生变化。这时，由于船舶没有进速或退速，水动力中心在船中处，则不产生水动力矩。实际上，侧推力 Y_{SF} 和水动力 Y_H 是一对力偶，力偶臂等于两者作用点之间的距离，即 x_{SF}。船舶在侧推力矩 $N_{SF}=Y_{SF}\cdot x_{SF}$ 的作用下，船首将绕船中位置转动，如图 3-3-4（a）所示。

同理，单独使用尾侧推器时，其效应与单独使用首侧推器的情况类似，见图 3-3-4（b）。

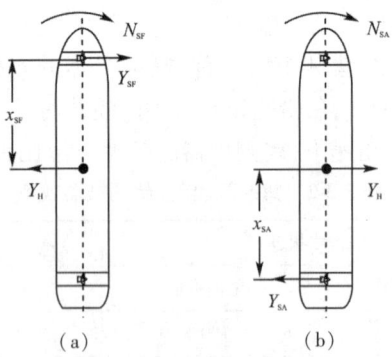

图 3-3-4 静止中单侧推器效应

2. 同时使用双侧推器效应

同时使用首、尾侧推器，其效应取决于首、尾侧推力的大小和方向。横移效应取决于首、尾侧推力合力的大小，转船效应取决于首、尾侧推力的方向。

若首、尾侧推力的方向相反,当 $Y_{SF} \neq Y_{SA}$ 时,则横移运动取决于合力 $Y(Y = Y_{SF} + Y_{SA} + Y_H)$ 的大小,转船效应取决于合外力矩 $N(N = Y_{SF} \cdot x_{SF} + Y_{SA} \cdot x_{SA})$ 的大小;当 $Y_{SF} = Y_{SA}$ 时,横移运动状态不变,两者构成一对力偶,力偶臂为 $x_{SF} + x_{SA}$,由于力偶臂的增大,其转船效率比单独使用首或尾侧推器的效率高得多,从而使船舶加速转动。

若首、尾侧推力的方向相同,当 $Y_{SF} \neq Y_{SA}$ 时,横移运动取决于合力 $Y(Y = Y_{SF} + Y_{SA} + Y_H)$ 的大小,转船效应取决于合外力矩 $N(N = Y_{SF} \cdot x_{SF} - Y_{SA} \cdot x_{SA})$ 的大小;当 $Y_{SF} = Y_{SA}$ 时,横移运动取决于合力 $Y(Y = Y_{SF} + Y_{SA} + Y_H)$ 的大小,这时,如果首、尾侧推器位置距离船中相等,则将不产生转船效应,仅产生横移效应。若 $Y = 0$,则船舶匀速横移。

四、船舶前进中的侧推器效应

侧推器的作用效果不仅取决于侧推器的功率、转速和作用方向,还与船舶的运动状态有关,尤其是船舶的纵向运动速度大小和方向对侧推器的影响作用效果影响较大。船舶在前进中,受斜航水动力影响,尾侧推器的作用效果要优于首侧推器。

1. 首侧推器的效应

如图 3-3-5(a)所示,单独使用首侧推器产生侧推力 Y_{SF},在侧推力的作用下,前进中的船舶将产生横向阻力(水动力) Y_H,在合力 $Y_{SF} + Y_H$ 的作用下,船舶横向运动状态发生变化,产生横移速度,即产生漂角,使船舶处于斜航状态。由于船舶前进中水动力中心在船中之前,则产生水动力矩 N_H,在合力矩 $N_{SF} - N_H$ 的作用下,船舶将产生转动角速度,使航向角发生变化。这时,力偶矩等于 $Y_{SF} \cdot (x_{SF} - x_W)$,转船效果取决于力偶臂和侧推力的大小。船速较低时,水动力中心在船中之前但较接近船中,力偶臂较大,且有效侧推力也接近船舶静止中的情况,这时的转船效应比较接近静止中使用首侧推器的情况;随着船速的提高,水动力中心逐渐向前移动,力偶臂逐渐缩短,且有效侧推力也逐渐降低,转船效应也不断降低。理论上,当船速提高至水动力中心达到首侧推器的位置时,力偶臂 $x_{SF} - x_W = 0$,这时,首侧推器失去效应。实际上,随着船速的提高,水动力中心还未达到首侧推器位置之前,就已经不能发出有效侧推力,即首侧推器失去效应。

2. 尾侧推器的效应

如图 3-3-5(b)所示,单独使用尾侧推器时,与单独使用首侧推器的情况不同,力偶臂为 $x_{SA} + x_W$,这时,力偶矩等于 $Y_{SF} \cdot (x_{SA} + x_W)$,同样,转船效果取决于力偶臂和尾侧推力的大小。低速时的效应较接近静止中的情况。随着船速的提高,水动力中心逐渐向前移动,力偶臂逐渐变长,虽然有效推力逐渐降低,但与首侧推器比较,有效侧推力相同时,尾侧推器的转船力矩要大得多,其转船效果要比首侧推器好很多。故船舶前进中应使用尾侧推器来调整航向。随着船速的提高,尾侧推器也有失效的问题,这种失效不是由力偶臂的减小引起的,而是由尾侧推器附近的流态造成的。

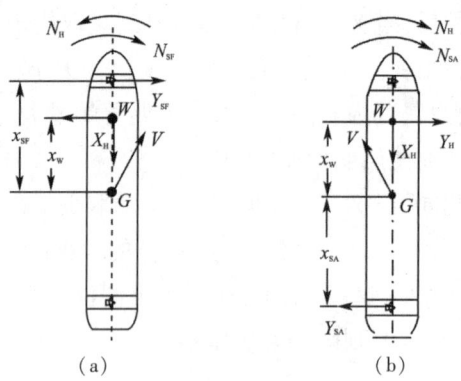

图 3-3-5　前进中单侧推器效应

五、船舶后退中的侧推器效应

船舶在后退中的水动力作用规律与前进中的规律类似,因为后退时水动力作用中心接近船尾,因此,首侧推器的作用效果要优于尾侧推器。

1. 首侧推器的效应

如图 3-3-6(a) 所示,单独使用首侧推器时,与船舶前进中使用尾侧推器的情形类似,力偶臂为 $x_{SF}+x_W$,这时,力偶矩等于 $Y_{SF} \cdot (x_{SF}+x_W)$,同样,转船效果取决于力偶臂和首侧推力的大小。退速较低时的效应较接近静止中的情况。随着退速的提高,水动力中心逐渐向后移动,力偶臂逐渐变长,虽然有效推力有所降低,但与前进中的情形比较,后退中的首侧推器的转船效果要好很多。故船舶后退中应使用首侧推器来调整航向。

2. 尾侧推器的效应

如图 3-3-6(b) 所示,单独使用尾侧器产生侧推力 Y_{SA},在侧推力的作用下,后退中的船舶将产生横向阻力(水动力)Y_H,在合力 $Y=Y_{SA}-Y_H$ 的作用下,船舶横向运动状态发生变化,产生横移速度;即产生漂角,使船舶处于向后斜航状态。由于船舶后退中水动力中心在船中之后,则产生水动力矩 N_H,显然,其效应与前进中使用首侧推器的情形一样,水动力矩方向与侧推器作用力矩方向相反,抵消了尾侧推器的转船作用效果。随着退速的提高,尾侧推器的有效推力和转船效果下降,达到一定退速,在合力矩为零时,尾侧推器将失效。

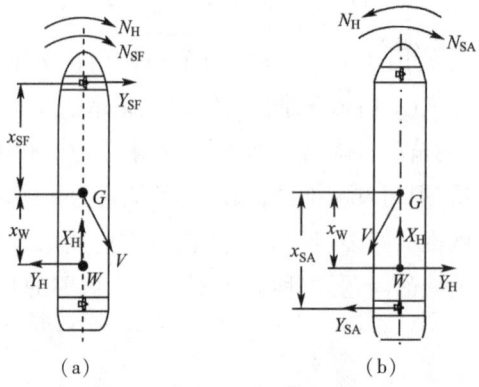

图 3-3-6　后退中单侧推器效应

第四节　特种推进器及其效应

前面已经讲到,螺旋桨和舵是保证船舶操纵性的最基本设备。但单螺旋桨单舵船的操纵性能受到一定的限制。部分船舶将推进设备科学合理地组合使其具有了舵的功能。常用的有双车推进器、转动导流管装置、Z 型推进器、喷水推进装置等。为了改善性能,更好地适应各种航行条件和充分利用主机功率,发展了以下几种特种螺旋桨。

一、双螺旋桨推进器及其效应

双螺旋桨推进器(俗称双车)可以减小螺旋桨直径并获得更大推力,在双桨转速和方向不同的情况下,还可以产生转首力矩,在低速时操纵性明显优于单桨船。

1. 双螺旋桨的布置及其特点

当船上装有大功率主机时,可采用双螺旋桨布置,即在船舶中纵剖面的两侧对称布置两个螺旋桨,分别称为左螺旋桨和右螺旋桨。固定螺距螺旋桨多采用外旋推进方式,见图 3-4-1 (a),而可变螺距螺旋桨多采用内旋推进方式,见图 3-4-1(b)。

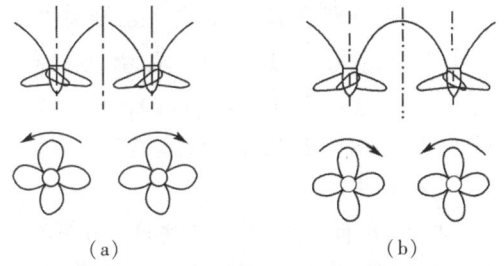

$$(a) \qquad\qquad\qquad (b)$$

图 3-4-1　双螺旋桨布置及推进方式

这样的布置不但可以提高螺旋桨效率,还可以提高船舶的操纵性能。与传统的单桨船比较,双桨双舵船的优点在于:

(1)大大提高了船舶操纵性能及航行的安全可靠性,特别是港内低速航行时的操纵性能。

(2)载重量相同时,双桨双舵船吃水较浅,通过能力强。

(3)载重量相同时,双桨双舵船航速较高。

此外,还有人做过油耗方面的比较,结论是在载重量、航速相同时,油耗相同。由于这些优点,双桨新型油船有着广泛的发展前景。

但是,双桨双舵造价较高,造成营运成本较高,目前还未得到普及。大多数客船、滚装客船以及部分油船和集装箱船采用双螺旋桨布置。

随着油船和集装箱船的日益大型化、快速化,单桨单舵船的一些操纵性缺陷也日益显现出来。在港口、航道中,操纵大型单桨船舶较海上困难更多,例如,操船水域受限,往往难以获得自力操船所需水域范围;相对水深较浅,旋回性能较深水中变差;船速过低时丧失舵效,要更多地借助拖船来控制船舶。为解决这些问题,一些船东在建造大型油船、集装箱船时,提出了双桨双舵的要求,实际上已经出现了双桨双舵的大型船舶,较成熟的油船船型为 V-Max VLCC 型。

现有的最大的集装箱船设计载箱量已经达到 2 万多 TEU。随着超大型集装箱船概念的提出,其技术问题也被提了出来。例如,有关的推进方案有多种,有单车推进器、双车推进器、特种推进器等,从现阶段来看,未来超大型集装箱船可能采用双桨双舵方案。

2. 双螺旋桨推进器效应

双螺旋桨船的两个推进器推力的大小可分别进行控制。两螺旋桨同时进车时,右侧螺旋桨(简称"右车")为右旋螺旋桨,左侧螺旋桨(简称"左车")为左旋螺旋桨。在正常航行时,由于两个螺旋桨的转动方向相反,螺旋桨横向力相互抵消,不产生螺旋桨效应,这是双螺旋桨推进器的优点之一。

在两个螺旋桨产生的推力方向或大小不相同时,将会产生转首的力矩,加上螺旋桨的横向力作用,两个螺旋桨产生的进车推力或倒车拉力的不同组合将对船舶产生不同的效应。这种操纵方式在港内低速航行或靠离泊时更具有实际意义。由本章第一节的分析可知,低速时,可不考虑伴流横向力的影响,螺旋桨的致偏效应主要取决于沉深横向力与排出流横向力的综合作用。右旋 FPP 桨进车时沉深横向力与排出流横向力方向相反,相互抵消;而倒车时两者的方向相同,如果与双桨进车退车的转船力矩方向一致,将会增强转首效果,甚至能使船舶原地掉头。

以 FPP 双桨船为例,船舶低速时,欲向右转向或掉头,可使左侧螺旋桨进车、右侧螺旋桨倒车,见图 3-4-2(a)。由于右车为右旋螺旋桨倒车,右车螺旋桨横向力为沉深横向力和排出流横向力的合力,指向左舷;左车为左旋螺旋桨进车,进车排出流横向力较小,主要是沉深横向力的作用,指向左舷。故转船合外力矩 $N = (T_P + T_S) \cdot b + (Y_{PP} + Y_{PS}) \cdot x_P$。其中,$T_P$ 为左车推力,T_S 为右车拉力,x_P 为螺旋桨距船中的距离,Y_{PS} 为右车螺旋桨横向力,Y_{PP} 为左车螺旋桨横向力。由此可见,螺旋桨横向力均有利于船舶向右转向。

同理,船舶欲向左转向或掉头,可使左侧螺旋桨倒车、右侧螺旋桨进车,见图 3-4-2(b)。由于右车为右旋螺旋桨进车,右侧螺旋桨横向力主要为沉深横向力,指向右舷;左车为左旋螺旋桨倒车,螺旋桨横向力为沉深横向力和排出流横向力的合力,指向右舷。故转船合外力矩 $N = (T_P + T_S) \cdot b + (Y_{PP} + Y_{PS}) \cdot x_P$。由此可见,螺旋桨横向力均有利于船舶向左转向。

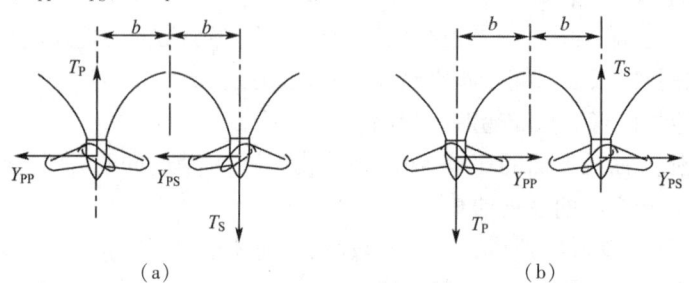

图 3-4-2　双螺旋桨(FPP)效应

综上所述,对于外旋式双螺旋桨船,利用一进一倒进行转船时,螺旋桨效应都有助于船舶的转动。同理,利用上述分析方法对内旋推进方式双螺旋桨推进器进行分析可知,利用一进一倒进行转船时,螺旋桨效应都不利于船舶的转动。

对于可变螺距螺旋桨,由于其采用内旋推进方式,可用上述分析方法得出类似的结论,采用一进一倒进行转船时,螺旋桨横向力同样有利于船舶的转向。

二、Z 型推进器

改变固定螺距螺旋桨的转速或可变螺距螺旋桨的螺距角可以改变推力的大小。但这种推进器不能改变螺旋桨的推进方向。有些船舶由于工作性质的特殊需要,要求操纵灵活、便捷、迅速,如港作拖船或救助拖船等。为此,产生了另一种推进器,即 Z 型推进器,Z 型推进器是一种舵、桨合一的特种推进器。

1. Z 型推进器的构造

Z 型推进器主要由竖轴、上下两对锥形齿轮、导管螺旋桨及传动系统等组成,如图 3-4-3 所示。导管螺旋桨可做 360°旋转,故也称为全回转推进器。

Z 型推进器导管内的螺旋桨只能单向旋转,推力的大小由螺旋桨的转速决定。改变竖轴的转动角度可改变推力方向。

Z 型推进器的特点是:倒航推力与进航推力基本相同,进退转换也非常迅速,同时,只要将螺旋桨向左或向右转动,即可产生侧向推力,从而起到舵的作用。因此,其操纵性能特别好,被广泛用在拖船和对操纵性要求高的船上。

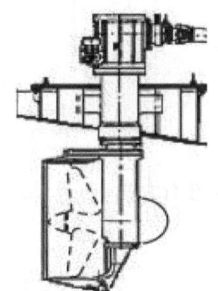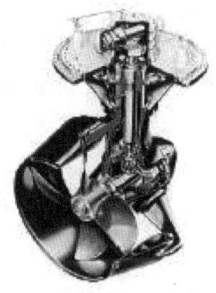

图 3-4-3 Z 型推进器的构造

2. 双车 Z 型推进器推进模式及其效应

拖船和对操纵性要求高的船大多装有两个 Z 型推进器,分别装置在船舶首尾中心线的两侧。

双车 Z 型推进器效应取决于两个推进器合力的大小、方向、作用点以及船舶的运动状态。两个螺旋桨的推力方向为推力矢量与船舶首尾线之间的交角,分别用 θ_P 和 θ_S 表示,见图 3-4-4。θ_P 和 θ_S 有多种组合方式,不同的组合不但可以改变合力的方向,而且可以改变合力的大小。以下以两个推进器推力相等的情况为例,分析静止中的船舶开始使用双车 Z 型推进器时的效应。

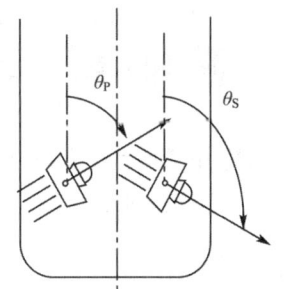

图 3-4-4 Z 型推进器
推力方向

(1)当 $\theta_P = \theta_S = 0°$ 或 $\theta_P = \theta_S = 180°$ 时,合力的大小为两个推进器推力的代数和,这时,推进器不产生横向力,船舶处于前进或后退中的直航运动状态,船速等于 0 时推力最大,推力的大小随着进速或退速的提高而降低,见图 3-4-5(a)和(b)。

(2)当 $0°<\theta_P<90°$、$90°<\theta_S<180°$ 或 $90°<\theta_P<180°$、$0°<\theta_S<90°$ 时,合力的大小为两个推进器推力的几何和,这时,推进器产生横向力,其效应取决于合力的大小和作用点在船舶首尾线上的位置。

当合力的作用点不通过水动力中心,即 $x_a \neq 0$ 时,船舶不但产生横移运动,还会发生转动。x_a 值越大,转动效果越好,横移效果越差;x_a 值越小,横移效果越好,转动效果越差;x_a 值最大时,船舶产生原地回转运动,见图 3-4-5(c)。

当合力的作用点通过水动力中心,即 $x_a = 0$ 时,船舶不发生转动,只产生横移运动,例如,静止中的船舶水动力中心在船中附近,若合力的作用点与水动力中心重合,则船舶产生纯横移运动,见图 3-4-5(d)。

(3)当 $0° < \theta_P = \theta_S < 90°$ 或 $90° < \theta_P = \theta_S < 180°$ 时,合力的大小为两个推进器推力的代数和,这时,其效应取决于合力的大小和方向。由于合力的延长线不通过船中,则不但产生横向力和纵向力,而且产生转船力矩,即使船舶发生纵移、横移和转动,见图 3-4-5(e)。

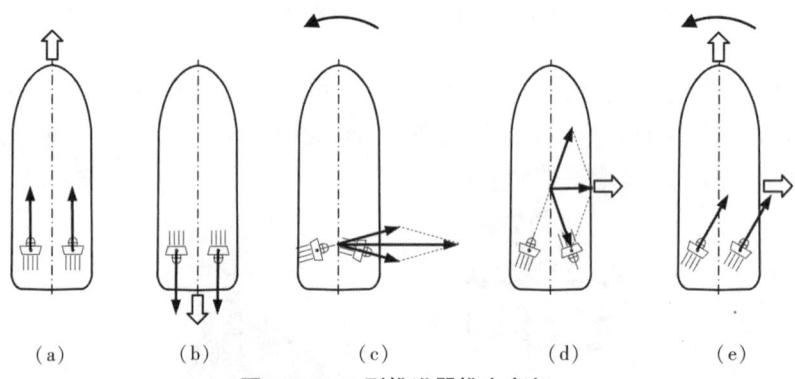

| (a) | (b) | (c) | (d) | (e) |

图 3-4-5　Z 型推进器推力方向

第五节　系泊设备及其作用

系泊设备主要包括锚及锚链和系船缆。顾名思义,系泊设备的主要作用是将船舶安全系留在停泊水域。此外,在锚泊或靠离泊操纵过程中还可以借助锚和系缆的作用力来控制船舶的运动状态。

一、锚和锚链的抓力性能

不论是停泊还是操纵,要想安全用锚,首先要了解锚的抓力性能。锚的抓力性能与锚型、底质、用锚形式以及水深等诸多因素有关。

1. 锚的抓力

从物理意义来讲,锚的抓力(Holding Power)是由锚与海底的摩擦力和锚的黏性阻力组成的。一般用下式来表示:

$$P_a = \lambda_a \cdot W_a \tag{3-5-1}$$

式中:P_a——锚的抓力(t),航海实践中以吨作为计量单位,在力学方程中应乘以重力加速度;

　　　λ_a——锚的抓力系数;

　　　W_a——空气中锚的重量(t)。

可见,锚的抓力与锚的抓力系数有关,而抓力系数与锚型、底质有关。抓力系数值可通过对各种不同底质所做的锚模型或实锚试验来确定。一般来说,抓力系数的大小与锚的大小无关。

2. 锚的运动及阻力

锚在海底被拖动的过程也是锚的抓底过程,如图 3-5-1 所示。在外力和阻力(抓力)的作用下,其在海底的运动可用下列运动方程描述:

$$(m_a + m_s)\frac{dU_a}{dt} = T_H - P_a \tag{3-5-2}$$

式中:m_a——锚的质量(kg);

$\qquad m_s$——被锚拖动的泥沙质量(kg);

$\qquad U_a$——锚的拖动速度(m/s);

$\qquad T_H$——作用于锚上的水平拖力(N);

$\qquad P_a$——锚的抓力,也称为锚阻力(N)。

T_H 和 P_a 都与拖动速度 U_a 有关。方程中有些参数很难做出精确的估计,因此,大多用试验的方法进行研究。

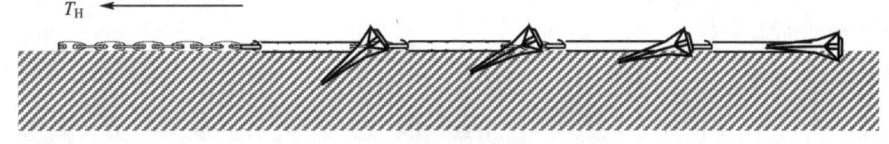

图 3-5-1　锚的抓底过程示意图

通过拖锚试验,可以详细了解从锚抛下至锚抓力达到最大值过程中阻力的变化情况,进而可通过试验结果获得锚的抓力特性曲线,如图 3-5-2 所示。特性曲线给出了各种锚在沙底拖锚时抓力与拖锚距离之间的关系的试验结果。从抓力特性曲线可见:

(1)在锚爪未插入海底之前,锚的抓力是较小的。

(2)随着拖动距离的增加,锚爪一旦插入海底,抓力将急剧增大,至某一距离时,抓力达到最大值。

(3)阻力达到最大值时,若拖力继续增大,无杆锚就开始以锚干为轴偏转,最终翻转过来,阻力急剧下降,但减至一定程度后又保持一定值,如果锚爪能二次抓底,则又重复拖锚过程。而有杆锚在阻力达到最大值后,由于不发生偏转现象,一直保持该最大值。

另外,当外力 T_H 增大到等于最大抓力 P_a 时,如果出链长度较短,可能出现卧底链长为零的现象,有时甚至锚链将锚杆向上提起,使锚不能发挥最大抓力。由试验可知,锚的抓力系数与锚的转环处锚链与水平面的垂直角有关。图 3-5-3 给出了 STATO 型锚在沙底和泥底的不同垂直角的试验结果。可见,垂直角越大,抓力系数越小,这种情况相当于拖锚制动。垂直角为 0°时,锚的抓力系数最大。因此,船舶锚泊时,为了保证锚发挥最大抓力,出链长度应足够。通常情况下,应不少于 5~6 倍水深。相反,在拖锚制动时,出链长度又不宜过长,否则,可能会发生断链或丢锚。

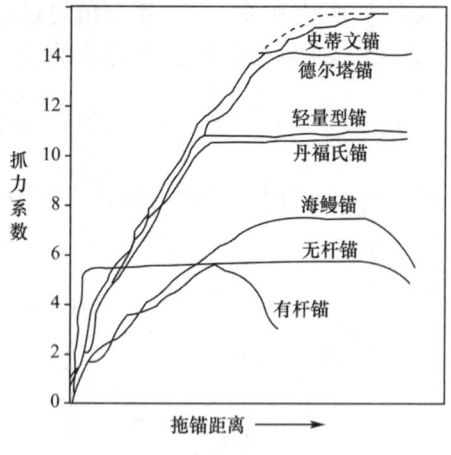

图 3-5-2　锚的抓力特性曲线

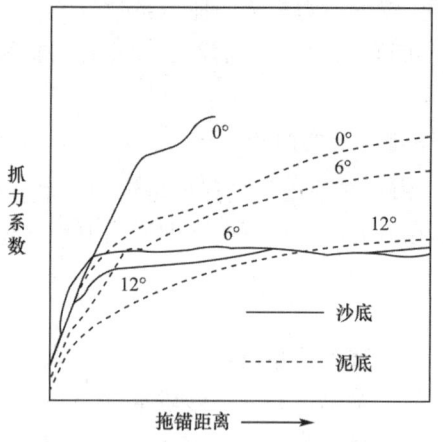

图 3-5-3　STATO 型锚在沙底和泥底不同垂直角的锚抓力特性曲线

上述的拖锚阻力(或抓力)与抛锚时船的运动情况有关。试验中,都是指将锚以某一速度拖动时的阻力。而实际上最需要的是将锚链刹住后锚爪插入海底使船停住时的抓力。因此,把抛锚后船停住时的最大抓力称为"静抓力";而把船运动时的抓力称为"动抓力"。相对应有静抓力系数和动抓力系数。

3. 锚的抓力系数

从上述分析可见,锚的抓力系数与船舶的运动状态、锚型、海底底质有关。其值可通过对各种不同底质所做的锚模型或实锚试验来确定。

(1)锚的静抓力系数

锚的静抓力指船舶在锚泊状态时的最大抓力,静抓力系数为静抓力与锚重的比值。锚的静抓力系数主要与锚型有关,表 3-5-1 给出了运输船舶常用的几种锚型的静抓力系数。

表 3-5-1　常用锚型的静抓力系数

锚型	霍尔锚、斯贝克锚	AC-14 型锚、DA-1 型锚	丹福氏锚、轻量型锚、斯达托锚
静抓力系数	4~6	8~11	8~15

(2)锚的动抓力系数

操纵用锚一般出链长度比较短,没有锚链平卧在海底,因此操纵用锚的抓力仅为锚本身的抓力。操纵中用锚,例如拖锚掉头、拖锚制动等操作时,在船停止之前,锚在水底是处于拖动状态的。因此,锚的动抓力与走锚时的抓力基本相同,锚的动抓力系数是指锚在拖动时的动抓力与水中锚重的比值。根据试验,当底质为一般泥沙时,锚的动抓力系数如表 3-5-2 所示。

表 3-5-2　锚的动抓力系数

出链长度/水深	1.5	2.0	2.5	3.0	3.5
动抓力/水中锚重	0.76	1.16	1.60	2.00	2.40

注:水中锚重=锚重×0.87。

4. 锚链的抓力

当出链长度足够时,将有部分链长平卧海底,这部分链长与海底的摩擦力称为锚链的抓力。其大小用下式表示:

$$P_c = \lambda_c \cdot w_c \cdot l \tag{3-5-3}$$

式中：P_c——锚链的抓力(t)，航海实践中常以吨作为计量单位；

λ_c——锚链的抓力系数；

w_c——单位链长在空气中的重量(t/m)；

l——平卧于海底的链长，简称卧底链长(m)。

由上式可见，锚链的抓力与锚链的抓力系数、单位链长的重量和卧底链长的长度有关。试验表明，从安全锚泊的目的出发，锚链的抓力系数，沙底取 0.75，泥底取 0.6。

二、锚在操纵中的用途

锚的用途大致可以分为停泊用锚和港内操纵用锚两种。有关停泊用锚的内容将在"锚泊操纵"一节中讲述，在此仅介绍港内操纵用锚的有关内容。

1. 港内操纵用锚的种类

港内操纵用锚主要有拖锚制动、拖锚靠泊、拖锚掉头、拖锚倒行等。如使用不当，可能发生断链或丢锚等事故。值得注意的是，锚作为船舶操纵的辅助手段仅适用于小型船舶，中、大型船舶惯性较大，不宜用锚协助船舶操纵。

（1）拖锚制动

港内低速航行过程中，为了降低船速，除使用主机倒车外，还可以抛下短链单锚，必要时抛下双锚，利用锚与海底的摩擦力来控制船速，减小冲程。使用倒车容易造成船首偏转，及时抛锚进行配合操纵，可收到良好的控制效果。特别在靠泊操纵中，为减小横风、横流的影响，往往不得不采用较大余速抵达泊位前沿，及时抛锚，并配合倒车进行制动，是一种常用而有效的措施。拖锚靠泊中，锚既有减小冲程的作用，还起到控制船舶偏转的作用。例如，空船靠泊，若吹拢风较大，船舶轧拢码头的速度很快，可及时抛外舷锚予以抑制。

（2）拖锚掉头

船舶靠泊时多采用顶流靠泊方式，船舶如顺流进港，则要采取掉头操纵，然后顶流靠泊，如泊位前沿有足够的水域，则可在泊位前沿进行抛锚掉头。在专用掉头水域可借助流的作用进行顺流掉头。其具体的操纵方法参见本章的有关内容。

（3）拖锚倒行

船舶倒航时不具有航向稳定性和保向性，则要稳定船首向是十分困难的。这时，可将首锚抛下利用拖锚来稳定船首向，拖引船舶从港内狭窄水道中退出，直至抵达可以掉头的水域进行掉头操纵。

（4）抛开锚

在有些停泊水域，流向比较稳定，或拖船资源不足，小型船舶离泊时常可采用绞开锚进行离泊的方法。所谓"开锚"是指靠泊时距离泊位前沿一定垂直距离时抛下外挡锚，为离泊创造方便条件。

2. 操纵用锚的作用力及其效应

低速直航中的船舶抛短链单锚，锚链作用于船体上的力 F_c 将引起船舶水动力的变化。船舶所受到的力见图 3-5-4。

锚链力 F_c 可分解为船舶操纵运动方程中的纵向分量 X_c 和横向分量 Y_c，即

$$\begin{cases} X_c = -F_c \cdot \cos\alpha \\ Y_c = F_c \cdot \sin\alpha \\ F_c = \sqrt{X_c{}^2 + Y_c{}^2} \end{cases} \qquad (3\text{-}5\text{-}4)$$

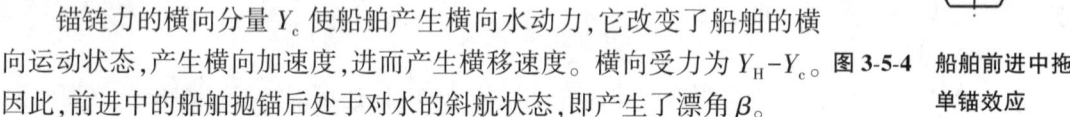

式中:F_c——锚链力(N),$F_c = P_a$;

　　　X_c——锚链力在 x 方向的分量(N);

　　　Y_c——锚链力在 y 方向的分量(N);

　　　α——锚链方向角(°)。

　　锚链力 F_c 的作用效果取决于锚链方向角 α、出链长度、海底底质等因素。其中锚链方向角 α 的影响最大。$\alpha \approx 0°$ 或 $180°$ 时,纵向分力最大,横向分力最小;$\alpha \approx 90°$ 时,纵向分力最小,横向分力最大。

　　锚链力的纵向分量 X_c 实质上是由锚链引起的船舶阻力增量,它改变了船舶的纵向运动状态。实际操纵中,对于小型船舶,为了降低螺旋桨停止转动后的船舶运动惯性,可用这种方法增大船舶阻力,以达到降低船速的目的。

　　锚链力的横向分量 Y_c 使船舶产生横向水动力,它改变了船舶的横向运动状态,产生横向加速度,进而产生横移速度。横向受力为 $Y_H - Y_c$。因此,前进中的船舶抛锚后处于对水的斜航状态,即产生了漂角 β。

图 3-5-4　船舶前进中拖单锚效应

　　锚安装在船首,锚链力不作用在船中处,因此它不但改变了船舶的横向运动状态,还会对船舶产生力矩,由锚链力引起的力矩可表示为:

$$N_c = Y_c \cdot x_c \qquad (3\text{-}5\text{-}5)$$

式中:N_c——锚链力引起的力矩(N·m);

　　　x_c——锚链孔距船中的距离(m)。

3. 拖锚制动距离的估算

　　拖锚制动距离是指拖锚制动操纵中的停船距离。正确估算停船制动距离,是确定落锚点的前提条件。拖锚制动距离与船舶的排水量、抛锚时船舶的余速、船体阻力、拖锚抓力以及流速等诸多因素有关。拖锚制动中的船舶运动十分复杂,精确地进行数学描述较为困难。为了方便估算,可对影响拖锚淌航距离的因素进行简化,考虑比较重要的因素,略去次要因素,用一个简单、合适的数学模型来描述停船运动。实际上,拖锚淌航过程中船舶有可能左右偏转,即船舶是沿曲线轨迹运动的。假设抛锚后船舶沿原航向直线运动,采用动能定理可得到船舶的拖锚制动距离的表达式:

$$s \cdot (P_a + R) = \frac{1}{2}(m + m_x) \cdot V^2 \qquad (3\text{-}5\text{-}6)$$

式中:s——拖锚淌航距离(m);

　　　V——拖锚时的船速(m/s);

　　　P_a——锚的动抓力(N);

　　　R——船舶阻力(N);

　　　m——船舶质量(kg);

　　　m_x——船舶附加质量(kg);

式中的船舶阻力、附加质量等都随时间而变化,故精确进行计算较为复杂。在估算直线方向上的拖锚淌航距离时,进行如下假设:

(1)船速在 3 kn 以下时,船体阻力相对较小,可以忽略不计,同时忽略附加质量的影响;

(2)锚的抓力在整个拖锚制动过程中是一个常量,等于最大动抓力。

故式(3-5-6)可简化为:

$$s = \frac{1}{2} \cdot \frac{m}{P_a} \cdot V^2 \qquad (3\text{-}5\text{-}7)$$

例:某船排水量 13500 t,船长 135 m,锚重 5 t,静水中余速 3 kn 时停车,并抛单锚淌航 45 m 后,又抛出另一锚制动,若双锚均出链一节入水,两锚的抓力均以水中锚重的 0.87 倍计算,试求全部拖锚淌航距离。

解:根据式(3-5-7),有:

$$\frac{1}{2} \cdot m \cdot V^2 = P_a \cdot 45 + 2 \cdot P_a \cdot (s-45)$$

将质量 $m = 13500$ t,船速 $V = 3 \times 0.514$ m/s,拖锚时锚的抓力 $P_a = 5 \times 9.81 \times 0.87$ kN 分别代入,可解得全部拖锚淌航距离为 $s \approx 116.6$ m。

三、系缆及其作用

系缆也称为系船索,它也是船舶重要的舾装设备之一,其主要功能是使船舶安全地系靠在泊位、系船墩或浮筒等固定或活动建筑结构上。系缆是确保船舶安全的一种不可缺少的设备。在船舶靠离泊操纵中,系缆还可用来辅助船舶运动的控制。系缆在船舶操纵中的作用包括:控制船舶的前后运动,控制船舶靠拢泊位的横移速度,使船首或船尾贴拢或离开码头等。

船舶系缆的数量和规格按照舾装数进行配备。系缆可以是钢丝缆,也可以是植物纤维、合成纤维或钢丝与植物纤维组成的缆索。

船舶配有多种系缆,按照其作用,可分为首缆、首倒缆、尾缆、尾倒缆以及横缆等,如图 3-5-5 所示。

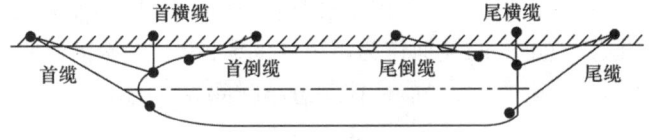

图 3-5-5　各部位系缆名称

(1)首缆或头缆(Head Line):其作用是防止船舶向后移动和船首向外舷偏转。

(2)首倒缆或前倒缆(Fore Spring):其作用是防止船舶向前移动和船首向外偏转。

(3)首横缆或前横缆(Fore Breast):其作用是防止船首向外舷移动。

(4)尾缆(Stern Line):其作用是防止船舶向前移动和船尾向外舷偏转。

(5)尾倒缆(Aft Spring):其作用是防止船舶向后移动和船尾向外舷偏转。

(6)尾横缆或后横缆(Aft Breast):其作用是防止船尾向外舷移动。

船舶系浮筒时,缆绳根据其作用和系带方法又可分为头缆和回头缆等。

四、靠离泊中系缆作用力的运用

基于上述各部位系缆的作用,在系缆强度极限范围之内,对于小型船舶,靠离泊操纵中可借助系船缆的作用力来控制船舶小范围的运动,但对于中、大型船舶,特别是 VLCC,由于其惯性较大,系缆作用力不足以控制船舶运动,故这种方法不适用。

1.靠泊带缆时机及顺序

靠泊带缆时机和顺序取决于船舶排水量、载重状态、风流的影响以及靠泊操纵中系缆的作用等因素。对于小型船舶,船舶靠岸之前,在撇缆能及的距离上即可进行带缆,以便借助系缆的作用力来控制船舶的靠岸过程;中、大型船舶一般在船舶靠岸之后进行带缆。一般采用先带首部缆绳后带尾部缆绳的靠泊带缆顺序,而首部带缆顺序取决于风、流的影响。

(1)顶流靠泊带缆顺序

在有流港口,船舶多采用顶流靠泊方式。为了防止船舶靠岸过程中流的影响而后退,一般先带头缆,并迅速收紧挽牢。待船体靠岸并就位之后,再带前倒缆、前横缆。尾部先带尾倒缆,然后带尾缆和横缆。

(2)横风较强带缆顺序

有较强吹开风或吹拢风影响时,一般先带首横缆,无横缆缆桩时可将头缆和前倒缆同时带上,并迅速收紧。这样既可防止吹开风造成船首被吹开而陷入困境,又可防止吹拢风造成船尾轧拢过快而触碰码头。吹开风时,尾部先带尾横缆,并尽快绞拢。

2.离泊及移泊用缆

离泊过程中也需要综合考虑船舶排水量、载态和风流影响确定解缆的时机和顺序,中小型船舶在离泊操纵中还需要利用缆绳控制船舶的姿态,也可能借助缆绳在泊位前进行掉头操纵。

(1)单绑(Single Up)

单绑是指船舶离泊前解除操纵中不起作用的多余缆绳。小型船舶自力离泊单绑时,保留缆绳数量取决于流向,一般船首保留一根头缆和一根前倒缆,顺流时保留一根尾缆,顶流时保留一根尾倒缆。中、大型船舶一般在拖船就位并发挥作用后再进行单绑。

(2)离泊倒缆的运用

小型船舶自力离泊时,一般采用尾离法,即借助前倒缆的约束力,短时微速进车,操内舷满舵,使船尾慢慢离开码头。这时,前倒缆可能受力过大而断缆,进而使船舶失去控制而酿成事故。因此,应选择强度大、质量好的缆绳作为尾离前倒缆,船上出缆接近船首,带至船中码头边的缆桩。用车时应使倒缆缓缓受力,并严格控制进车时间。

(3)溜缆

离泊时,船首或船尾留下最后一根缆,有时为了阻滞船首或船尾的偏转,或控制船体的前冲后缩,做一时溜出一时挽牢的操作,称为溜缆。操作时缆绳与缆桩的摩擦会产生大量热量,化纤缆绳不耐高温,故而溜缆一般使用钢丝缆。

3.绞缆移泊

船舶在码头停靠期间,可能需要沿码头方向短距离调整泊位。停泊期间主机可能处于检修状态,船舶凭借绞缆操作沿码头方向移动以调整泊位,俗称绞缆移泊。

因缆绳的强度有限,绞缆移泊容易发生断缆事故,操作过程中应控制船舶前移或后退速度,绞缆的同时,注意松出后向作用的缆。绞缆时要在驾驶台指挥下,前后配合、协调,不要硬绞。为防止船尾离码头太近,损坏车舵,应控制船舶沿码头方向平行移动。外力影响太大时,可用车舵或请拖船协助移泊。

第六节　港作拖船及其效应

　　螺旋桨、舵和侧推器都是船舶所配备的控制设备,船舶操纵就是依靠这些设备对船舶运动进行控制。然而,任何控制设备都有其能力极限,当外界影响超过这些设备的控制能力时,就需要外部力量的协助。目前,广泛用于船舶操纵运动控制的外部手段是拖船。本节在讲述拖船的特点的基础上,以全回转拖船为例讨论船舶不同运动状态下的拖船效应,并概述船舶操纵中拖船配备的要求等内容。

一、拖船的种类及特点

　　作为一种辅助操纵手段,拖船广泛应用于海上拖带、海上救助、海洋打捞、海上钻井平台供给、协助船舶进出港以及靠离泊操纵等领域。港口进出港船舶类型、大小不同,通航条件和自然条件不同,所采用的拖船式样和大小也不尽相同。

　　1.拖船的种类

　　拖船有多种分类方法。按航区进行分类,拖船可分为外海拖船和港作拖船,外海拖船又可分为远洋拖船和沿海拖船。按用途进行分类,拖船可分为运输拖船、港作拖船和救助拖船。运输拖船主要用来拖带驳船、无动力船舶等,大型远洋拖船可用于海上救助、拖带大型船舶及其他大型水上构筑物(如海上钻井平台和浮船坞等),大型远洋拖船尾部装有大功率拖缆机,在风浪中能随着拖缆张力的变化而自动收放拖缆。港作拖船主要用于港内协助大船靠离泊操纵,功率较大、操纵较灵活,也可兼顾港内其他作业。救助拖船指专门用作水上救助的拖船。另外,拖船也可以按照主机功率大小、推进器类型等进行分类。

　　2.拖船的特点

　　拖船一般有较大的拖力和良好的操纵性,可以灵活地进行操纵。与运输船舶比较,由于其工作性质是提供推力或拖力,故拖船在船型、推力、操纵性等方面有其本身的特点,具体如表3-6-1所示。

　　在船型方面,拖船船体较短,港作拖船长宽比(L/B)一般在 2.5~3.5 之间,外海拖船在 3.5~5.0 之间。港作拖船船体水下呈半椭圆体,且水下侧面积集中于船中附近。而外海拖船船体水下呈细长体,且水下侧面积分布于整个船长。港作拖船的推进器功率较大,每一排水吨所分配的主机功率一般在 4.0 kW 以上,而外海拖船一般在 1.8~2.9 kW 之间。大型远洋拖船的发动机功率可达 20000 hp 以上,排水量超过 5000 t。在操纵性方面,拖船的旋回直径均小于运输船舶,港作拖船的旋回直径一般小于 2 倍船长,而外海拖船更接近运输船舶,为 2~3 倍船长。

表 3-6-1　拖船船型参数特点

比较项目	港作拖船	外海拖船	运输船舶
长宽比(L/B)	2.5~3.5	3.5~5	5.5 以上
水下船体形状	半椭圆体	细长体	细长体
水下侧面积分布	集中于船中	整个船长	整个船长

续表

比较项目	港作拖船	外海拖船	运输船舶
功率/排水量(kW/t)	>4.0	1.8~2.9	0.08~0.5
旋回直径	<2L	2L~3L	3L~4L
推进器形式	FPP、CPP、ZP、VSP	CPP+首侧推	FPP、CPP

二、港作拖船的种类

港口使用的拖船对推力和操纵性要求较高,因港作拖船的船型差别不大,其性能主要取决于主机功率和推进器类型。按照拖船的推进器的数量、类型和位置等特征可以进行进一步的分类,各类拖船的性能存在一定差异。

1. 单桨拖船和双桨拖船

按推进器的数量进行分类,拖船可分为单螺旋桨拖船和双螺旋桨拖船两种。单螺旋桨拖船由于其操纵性较差,故已经很少用于港作拖船,但在拖带无动力船方面,单螺旋桨拖船在经济性上有一定的优势,故还有部分这种拖船在使用。多数单桨拖船为导管螺旋桨,为了改进单螺旋桨拖船的操纵性能,有的还配有首侧推器。目前,绝大部分港作拖船为双推进器拖船。

2. 拖船的推进器类型

按推进器的种类进行分类,港作拖船可分为固定螺距螺旋桨(FPP)拖船、可变螺距螺旋桨(CPP)拖船、Z型推进器(ZP)拖船以及平旋推进器(VSP)拖船四种。

FPP 和 CPP 两种拖船也称为传统拖船,螺旋桨一般装在船体上或导管内,且配有舵来控制其运动方向。相当数量的港作拖船属于传统拖船,在世界各国随处可见,而且每年都在大量生产。传统拖船可进行顶推、傍拖和直拖。

传统拖船又可以分为很多种,如单螺旋桨(FPP 或 CPP)拖船、双螺旋桨(FPP 或 CPP)拖船,最简单的是 FPP 单桨单舵拖船。

ZP 和 VSP 两种拖船也称现代拖船,它们不配备舵设备,而是利用推进器推力方向来控制拖船的运动方向。目前,协助港内船舶操纵应用最广泛的是这两种拖船。

3. 拖船推进器的位置

按推进器在拖船船中前后的位置进行分类,港作拖船可分为首推进拖船和尾推进拖船两种。首推进拖船主要用于拖曳,尾推进拖船主要用于顶推。此外,还有一种既适用于顶推,又适用于拖曳的拖船,称为多用途拖船。

(1)首推进拖船

首推进拖船的推进器位置在船中之前,也称为拖曳拖船(Tractor Tug),如 VSP 拖船及少数 ZP 推进器位于船中之前的拖船。拖带拖船一般拖缆从拖船船尾连接于被拖船,其推进器一般靠近拖船船首而远离被拖船,且有利于拖带的稳定性。

(2)尾推进拖船

尾推进拖船的推进器位置在船中之后,也称为顶推拖船(Pushing Tug),如传统拖船及多数 ZP 推进器位于船中之后的拖船。顶推拖船与拖曳拖船的区别在于拖缆作用点与推进器位置之间的关系。两者的位置关系恰好相反,因此,工作时其作用力的方向也是相反的。顶推拖船的螺旋桨装在船尾,拖缆绞缆机位于船首,主要通过拖船船首的位置传递推力协助大船,短时间拖曳时拖船则通过倒车操纵来进行。ZP 拖船在亚洲地区广泛使用。

（3）多用途拖船

多用途拖船有很多种，广泛应用的多用途拖船为一种全回转尾推进拖船（Azimuth Stern Drive Tug），简称 ASD 拖船。严格来讲，它与 ZP 拖船区别不大，主要区别在于大部分 ASD 拖船的船首和后甲板各装有一个绞缆机，有的 ASD 拖船用一个拖钩代替尾部绞缆机。

三、港作拖船的特点

由于工作性质，港作拖船需具有良好的操纵性和较高的安全性。对于港作拖船，我们主要关注的特性包括拖力或推力，主机操作、旋回性能等。

1. 港作拖船的船型尺度及特性参数

与外海拖船比较，港作拖船的船型尺度较小。其尺度取决于拖船的机器功率，船长一般不超过 32 m，船宽相对较大，但一般不超过 12 m，其最大吃水（拖船水下附属设备最大深度）一般在 4.5 m 以下，排水量一般在 500 t 以下。表 3-6-2 给出了部分港作拖船的基本数据。

表 3-6-2　港作拖船船型参数

推进器类型	ZP 拖船					VSP 拖船
全长 L_{oa}(m)	30.50	24.40	37.00	33.30	30.82	30.37
垂线间长 L_{pp}(m)	26.80		31.00		25.30	28.00
型宽 B(m)	10.60	9.15	9.60	9.20	10.20	9.10
型深 D(m)	5.80	4.42	4.20	4.17		3.65
最大吃水 d(m)	4.40	4.04	3.10	3.70	4.45	4.42
推进器功率(kW)	2×2030	2×1040	2×1470	2×1320	2×1545	2×820
推进器功率(hp)	5520	2830	4000	3600	4200	2230
最大推力(t)	64.0	40.4	56.0	48.0	52.0	23.0
自航船速(kn)		13.0	15.0		13.7	12.2

从主机性能来看，港作拖船的功率较大，所给出的最大推力主要取决于最大主机功率。港作拖船的自航船速不是很高，一般不超过 15 kn。

2. 港作拖船的推力特性

拖船推力大小取决于推进器类型、机器功率以及拖船运动状态等因素。一般以系柱推力（Bollard Pull），即船速为 0 时的推力来表示拖船所能提供的最大推力，记为 BP。表 3-6-3 给出了 4 种推进器进车时每 100 hp 或 100 kW 机器功率所给出的最大推力。由于最大推力与船体形状、导管形式、螺旋桨负荷等多种因素有关，故最大推力在表中范围内发生变化。由表 3-6-3 可见，导管定距桨或变距桨进车推力最大，其次是 ZP 拖船，最小的是 VSP 拖船。

表 3-6-3　拖船系柱推力

推进器类型	BP(t/100 hp)	BP(t/100 kW)
VSP	1.0~1.15	1.35~1.55
普通 FPP	1.3	1.8
ZP	1.15~1.35	1.55~1.8

续表

推进器类型	$BP(t/100\ hp)$	$BP(t/100\ kW)$
导管 FPP/CPP	1.25~1.5	1.7~2.0

拖船系柱推力也可用推力矢量图来表示,推力矢量图给出了不同方向的系柱推力数值,利用该图还可确定拖船协助大船的方式。图3-6-1给出了机器功率相等的4种推进器拖船的推力矢量图。图中不但给出了进车系柱推力的大小,还清楚地显示出倒车拉力及侧向推力的大小。

图3-6-1表明,导管CPP拖船的进车推力最大,但倒车推力只有进车推力的45%(最大可达65%),并且不能产生横向推力,只有加上首侧推器的CPP拖船才有较小的横向推力。

虽然ZP拖船进车推力略小于导管CPP拖船,但其倒车推力可达进车推力的90%~95%,且可产生较大的横向推力;VSP拖船的进车推力最小,但其倒车推力可达进车推力的90%以上,且各方向的推力分布较为均匀。

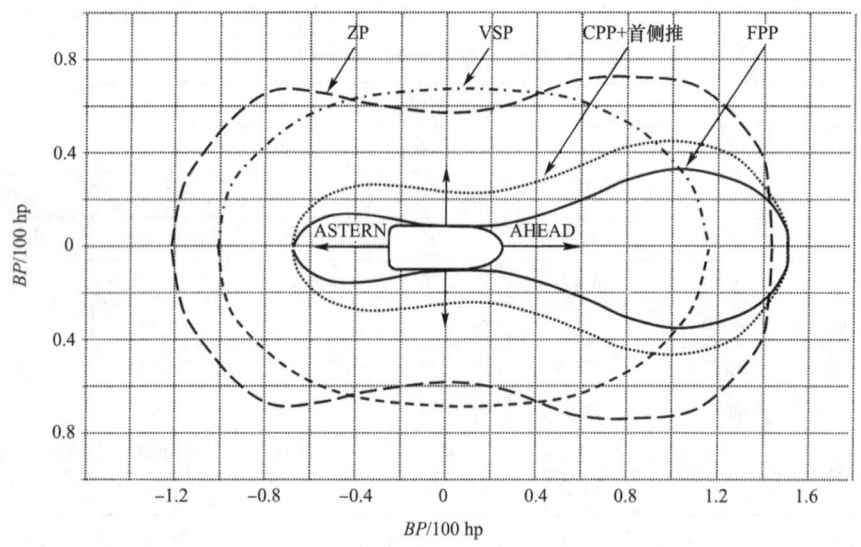

图 3-6-1　四种拖船系柱推力矢量图

四、拖船在操纵中的作用及协助方式

要想利用拖船有效控制船舶,首先要了解拖船在船舶操纵中的作用及协助方式。船舶运动状态的控制离不开控制设备——推进器和舵,而控制设备的能力又与船速有关。船速越高,控制能力越强,反之,则越弱。拖船就是在船舶低速航行的情况下补偿控制设备的能力不足的部分。

1.拖船在操纵中的作用

尽管各港口、泊位以及操船环境有所不同,并存在较大差别,但拖船在船舶操纵中的作用是相同的。具体来说,拖船协助船舶操纵有四个功能,即控制航向、减速、横移和提供动力。

归纳起来,拖船作用包括两大类:

(1)协助船舶通过航道或受限水域,包括从航道或港外进入港内回旋掉头水域、泊位前沿水域,通过水上桥下通航孔或船闸等操纵。

（2）协助船舶靠泊或离泊操纵，包括接近泊位或泊位前沿回旋掉头水域，回旋掉头以及靠泊或离泊等操纵。

2. 拖船在操纵中的协助方式

综上所述，拖船在船舶操纵中起到"协助"的作用，故涉及协助方式（Assisting Method）的问题。在确定拖船在操纵中的协助方式时，需考虑被协助船的情况、泊位及其附近水域情况以及航道情况等。

尽管涉及的因素较多，但拖船协助方式基本相同。拖船协助方式可分为拖带、傍拖和顶推三种。拖带与顶推是最常用的两种方式，两者的区别在于拖船作用于被拖船的力的方向与拖船推进器提供的力的方向之间的关系。顶推时，两者方向相同；拖带时，两者方向相反。拖带又分为直拖和斜拖两种方式，顶推又可分为直推和侧推两种。严格来讲，傍拖方式属于拖带或顶推方式的特例，区别在于拖带时拖船船体不与被拖船船体接触，而傍拖时拖船船体与被拖船船体紧密傍靠，故拖船协助方式也可以分为拖带（Towing on A Line）和舷侧协助（Assisting Alongside）两种，即傍拖和顶推都属于舷侧协助方式。

3. 拖带及其作用

拖带（Pulling）是指通过拖缆将拖船的作用力传递给被拖船的一种协助方式，其产生的作用力称为拖力（Pulling Force）。

按照拖缆方向与拖船首尾线的交角进行分类，拖带方式可分为直拖（Direct Pulling）和斜拖（Indirect Pulling）两种。

拖缆方向与拖船首尾线平行的，称为直拖，俗称吊拖或拎拖。直拖适用于被拖船船速较低的情况，一般船速在 0~5 kn 时适合采用这种方式，见图 3-6-2(a)。

拖缆方向与拖船首尾线有交角的，称为斜拖，也称为非直拖。斜拖适用于被拖船船速较高的情况，一般船速在 3~10 kn 时适合采用这种方式。被拖船船速为 10 kn 以上时，已经超过了拖船的协助能力，见图 3-6-2(b)。

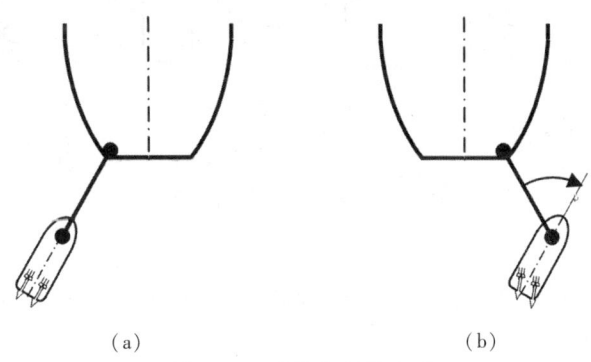

（a） （b）

图 3-6-2 直拖与斜拖方式

显然，普通 FPP 和 CPP 拖船推进器推力方向仅为前、后两个方向，仅适用直拖方式，不适用斜拖方式。而 VSP 和 ZP 拖船推进器推力方向是全方位的，不仅适用直拖方式，也适用斜拖方式。

港作拖船协助被拖船的拖带一般采用单拖缆，带缆方式有两种：一种是利用拖船缆绳直接系在大船缆桩上，目前大多数情况使用这种方式；另一种是由大船出缆系于拖船拖钩上的。直拖方式一般用一根拖缆。拖缆长度可根据港内水域宽度确定。为了充分发挥拖船的效率，保证操纵的灵活性,避免拖缆负荷过大,应使拖缆有最小的俯角,一般情况下应小于15°,即拖缆长度应大于被拖船拖缆出口至水面高度的4倍;即使被拖船拖缆出口至水面的高度很低,拖缆长度也不应小于1.5倍拖船长度。

拖带是拖船协助船舶最常用的方式之一,它适用于力的作用点不变、方向经常变化的情况,改变拖缆与被拖船首尾线之间的交角可改变拖力的方向。利用拖带方式协助大船包括下列几种形式:

(1)当船舶无动力时,拖船系在被拖船船首,为被拖船提供动力,见图3-6-3(a)。

(2)在受限水域,当船舶主机倒车功率不足以停船时,或无动力船需要后退时,拖船系在被拖船船尾,协助船舶减速或后退,见图3-6-3(b),也可以采用这种方式提高螺旋桨转速以增强舵效。

(3)在受限水域,当船舶转向困难,同时需要减速时,拖船系在被拖船船尾或尾舷侧,协助船舶减速、转向。这时,直拖角度可进行调整,当船速较低时调整为横向直拖,拖船仅提供转向作用,见图3-6-3(c)。

(4)当大型船舶进行离泊操纵时,或吹拢风较大离泊时,两艘或多艘拖船系在被拖船舷侧,协助船舶横向移动,见图3-6-3(d)。

(5)在受限水域,当船舶需要掉头回转时,单拖船或两艘拖船系在被拖船舷侧,协助船舶掉头,见图3-6-3(e)。

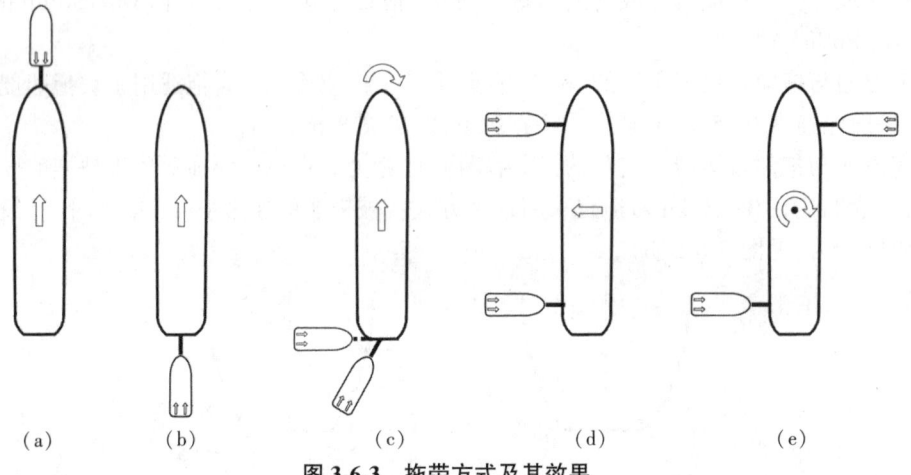

    (a)   (b)   (c)   (d)   (e)

图 3-6-3　拖带方式及其效果

4.顶推及其作用

顶推(Pushing)指通过拖船船体首部将拖船的作用力传递给被拖船的一种协助方式,其产生的作用力称为推力(Pushing Force)。

顶推一般采用单拖缆,带缆方式取决于拖船的种类。对于ZP和VSP拖船,多数采用单首缆系缆方式,并采用拖船拖缆,也有不系缆的情况。ZP和VSP拖船都装有拖缆自动收放装置(绞缆机),推力和拖力之间可快速转换,顶推方式可迅速转换为直拖方式;对于传统的单螺旋桨的FPP和CPP拖船,一般也采用单拖缆,个别采用双首缆。

顶推也是拖船协助船舶最常用的方式之一，它适用于力的作用点经常变化的情况，改变拖船首尾线与被拖船首尾线之间的交角可改变推力的方向。利用顶推方式协助大船包括下列几种形式：

（1）当船舶有进速，且船速较低时，单拖船系在被拖船尾部舷侧，协助被拖船转向或回转掉头，为了保持拖船始终与被拖船首尾线垂直，应在拖船船尾与大船之间另加一稳定缆，见图3-6-4（a）。

（2）当船舶有退速，且退速较低时，单拖船系在被拖船首部舷侧，协助被拖船转向或回转掉头，见图3-6-4（b）。

（3）当大型船舶进行靠泊操纵，或吹开风较大靠泊时，两艘或多艘拖船系在被拖船舷侧，协助船舶横向移动，见图3-6-4（c）。

（4）在受限水域，当船舶需要掉头回转时，两艘拖船或多艘拖船分别系在接近船首和船尾的相反舷侧，协助船舶回旋掉头，见图3-6-4（d）。

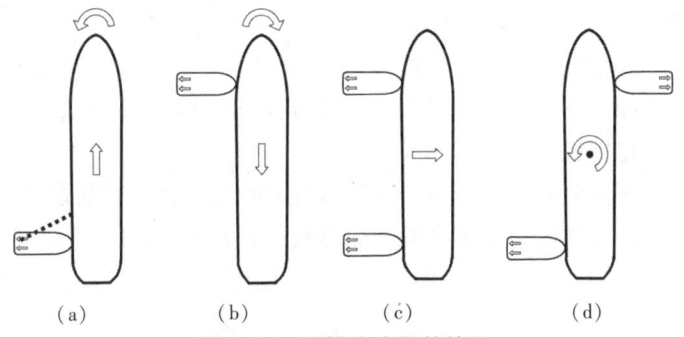

图3-6-4　顶推方式及其效果

5.傍拖及其作用

傍拖是指通过拖缆或拖船船体侧部将拖船的作用力传递给被拖船的一种协助方式，其产生的作用力称为侧推力（Side Pushing Force）或拖力（Side Pulling Force）。傍拖属于舷侧协助方式之一。

傍拖的带缆方式取决于拖船的种类，对于普通 FPP 和 CPP 拖船，一般采用双拖缆或三拖缆，带缆方式采用单首缆和单尾缆或双首缆和单尾缆系缆方式，船尾拖缆也称为稳定缆。对于操纵灵活的 ZP 和 VSP 拖船，也可仅系单首缆而傍靠于被拖船舷侧，必要时进行侧向推进或直拖。

傍拖也是拖船协助船舶较为常用的协助方式之一，它适用于力的作用点和方向基本不变的情况。利用傍拖方式协助大船包括下列几种形式：

（1）当船舶无动力时，拖船系在被拖船的两舷，为被拖船提供动力，如图3-6-5（a）所示；

（2）在受限水域航行或通过航道时，拖船系在被拖船船尾两舷侧向推进，协助船舶保向，如图3-6-5（b）所示；

（3）接近泊位过程中，拖船在船舶一舷傍拖，协助保持船位，防止船速较低时受吹开风的影响造成船位漂移过大，必要时进行顶推，如图3-6-5（c）所示。

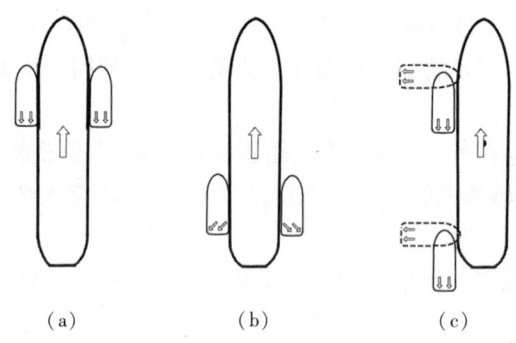

图 3-6-5　傍拖方式及其效果

6. 其他协助方式

上述两种或三种方式的组合可用于不同情况下协助被拖船,也称为组合拖曳。这种方法通常适用于在受限水域拖带无动力船或大型船舶通过航道的情况。组合拖曳时拖船的作用包括保向、变向以及提供前进或减速的动力等。

当拖动无动力的大型船舶或排水量较大的浮体(如钻井平台、浮船坞等)时,多艘拖船可布置成既可进退又可原地回转的四角牵引的直拖方式,如图3-6-6(a)所示,这样可大大改善被拖船舶或浮体的运动稳定性。

当大型船舶通过宽度受限的航道、转向或接近泊位时,舵产生的转船力矩不能有效地控制船舶,同时又需要减速,这就需要采用多艘拖船进行组合拖曳,如图3-6-6(b)所示。

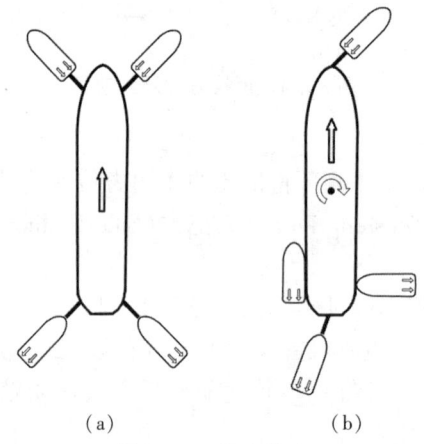

图 3-6-6　组合拖曳

五、拖船作用力及其效应

拖船作用力是指顶推时的推力和拖带时的拖力。拖船作用力效应是指拖船拖力或推力作用于被拖船的效果,简称拖船效应。拖船效应包括平移效应和转船效应。从力学角度理解,显然,拖船效应取决于推力或拖力的大小、方向和作用点以及船舶的运动状态。与船舶本身装设的控制设备(如舵、侧推器等)不同,拖船作用力的方向受船舶运动状态的影响。严格来讲,拖船效应不但与船舶运动状态有关,还与拖船种类有关,一般来说,ZP 和 VSP 拖船作用效果好于 FPP 和 CPP 拖船。下面以全回转拖船为例,讨论船舶不同运动状态下的拖船效应。

1. 船舶静止中拖船效应

静止中的船舶在拖船推力或拖力的作用下产生对水的相对运动,则产生水动力 F_H。由于船舶没有进速或退速,水动力中心在船中处,则不产生水动力矩。

(1)单拖船顶推效应

拖船顶推静止中的船舶时,由于船舶没有船速,一般能保证垂直顶推状态。使用一艘拖船产生的推力 Y_T 作用于船舶,使船舶产生水动力 Y_H,在合力 Y_T+Y_H 的作用下,船舶横向运动状态发生变化。这时,Y_T 和 Y_H 构成一对力偶,力偶臂等于二者作用点之间的距离,即 x_T。在力偶矩 $N_T=Y_T \cdot x_T$ 的作用下,船首将绕船中位置转动。

当 $x_T=0$,即推力作用点位于船中附近时,力偶矩 $N_T=0$,船舶只产生横移效果,而不产生转船效果,且推力越大,横移效果越好,见图3-6-7(a),这相当于单拖船协助船舶靠泊操纵的情况。

当 $x_T>0$ 或 $x_T<0$,即推力作用于船中之前或船中之后时,力偶矩 $N_T>0$,船舶不仅产生横移效果,而且产生转船效果,且推力越大,转船效果越好,见图3-6-7(b),这相当于单拖船协助船舶回旋掉头的情况。显然,在推力一定的情况下,x_T 的绝对值越大,转船力矩越大,这说明要想获最大的转船力矩,应使推力的作用点尽可能远离船中位置。

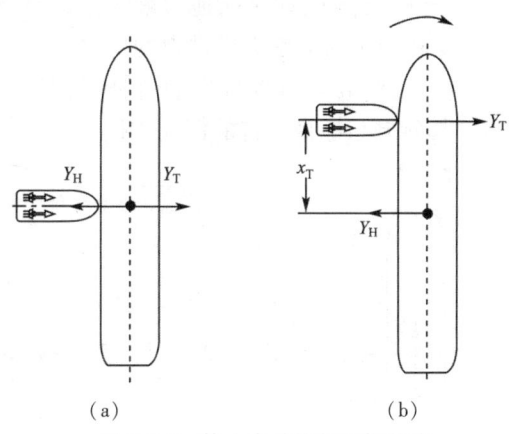

(a)   (b)

图3-6-7 静止中单拖船顶推效应

(2)单拖船拖带效应

使用一艘拖船在船舶某一点以某一角度进行拖带时,将引起船舶水动力的变化。船舶受力情况见图3-6-8(a),其中 F_H 为水动力。拖力 F_T 可分解为船舶操纵运动方程中的纵向分量 X_T 和横向分量 Y_T,即

$$\begin{cases} X_T=-F_T\cos\alpha \\ Y_T=F_T\sin\alpha \\ F_T=\sqrt{X_T{}^2+Y_T{}^2} \end{cases} \qquad (3\text{-}6\text{-}1)$$

式中:F_T——拖船作用力(N);

α——拖力角,定义为拖船力的方向与被拖船首尾线之间的交角(°)。

同理,F_H 也可分解为船舶操纵运动方程中的纵向分量 X_H 和横向分量 Y_H。

拖力的纵向分量 X_T 实质上是由拖力引起的船舶阻力变化量。

船舶纵向受力为 X_H-X_T,可见,X_T 改变了船舶的纵向运动状态,使静止中的船舶发生纵向

移动。

船舶横向受力为 Y_T-Y_H，可见，Y_T 改变了船舶的横向运动状态，使静止中的船舶发生横向移动。

拖力的横向分量 Y_T 和纵向分量 X_T 还会对船舶产生力矩，该力矩称为拖力转船力矩。这时，船舶所受的合外力矩为 $N_T=Y_T \cdot x_T-X_T \cdot B/2$，其中 B 为船宽。

这里的平移和转船效应取决于拖力作用点、拖力角以及拖力的大小。在拖力 F_T 大小不变的情况下，拖力作用点和拖力角对平移和转船效果的影响如下。

拖力作用点位于舷侧船中位置：当 $\alpha=90°$，即垂直拖带时，$Y_T=F_T$，$X_T=0$，横向拖力最大。这种情况类似于垂直顶推船中时的效果，即不产生转船效果，只产生横移效果；当 $\alpha<90°$ 或 $\alpha>90°$，即向前或向后拖带时，$X_T \neq 0$，$Y_T \neq 0$，这时，转船力矩 $N_T=X_T \cdot B/2$，船舶产生转船效果，其效果取决于 X_T 的大小。拖力角 α 越接近 $0°$ 或 $180°$，X_T 越大。但由于力臂只有 $1/2$ 船宽，这种转船效果较差。

拖力作用点位于船首的中线上：当 $\alpha=90°$，即垂直拖带时，$Y_T=F_T$，$X_T=0$，横向拖力最大。这时，转船力矩 $N_T=Y_T \cdot L/2$，即转船力矩最大，转船效果最好，见图 3-6-8（b）。故要想获得最大的转船力矩，应使拖力的作用点尽可能远离船舶的重心，并使拖力角尽可能垂直于船舶首尾线。当 $\alpha=0°$，即向前直拖时，$X_T=F_T$，$Y_T=0$，即纵向拖力最大。这时，转船力矩 $N_T=0$，则不产生转船效应，仅产生纵移效应，这相当于为船舶提供动力的情况。

拖力作用点位于船尾的中线上：当 $\alpha=180°$，即向后直拖时，其效果与向前直拖的情况类似。当 $\alpha=90°$，即垂直拖带时，其效果与拖带船首的情况类似。

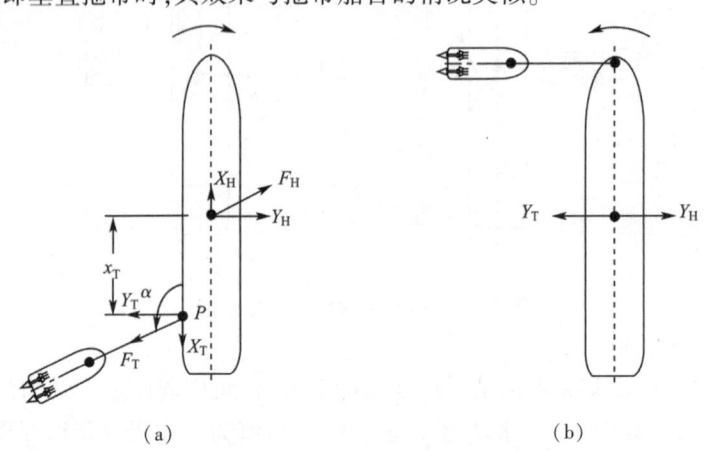

图 3-6-8　静止中单拖船拖带效应

2. 双拖船顶推效应

使用两艘拖船产生的推力分别为 Y_{T1} 和 Y_{T2}，在合力 $Y_T(Y_T=Y_{T1}+Y_{T2})$ 的作用下，船舶横向运动状态发生变化，进而产生水动力 Y_H。两拖船合力矩 $N_T=N_{T1}+N_{T2}$，它使船舶发生转动。双拖船效应取决于两拖船的作用舷侧。

当两拖船作用力方向相同时，见图 3-6-9(a)，船舶将在合力的作用下产生横向移动效应，相当于船舶靠泊操纵。这时，若 $N_T=0$，则不产生转船效应；否则，则产生转船效应。这种情况下即使发生转船效应，由于 N_{T1} 和 N_{T2} 方向相反，则其效应也是较小的。

当两拖船作用力方向相反时,见图 3-6-9(b),若 $Y_T = 0$,则不产生横移效应;否则,则产生横移效应。这时,船舶在合外力矩 N_T 的作用下产生转船效应。这种情况下,由于 N_{T1} 和 N_{T2} 方向相同,故转船效应较大,相当于船舶原地掉头操纵。

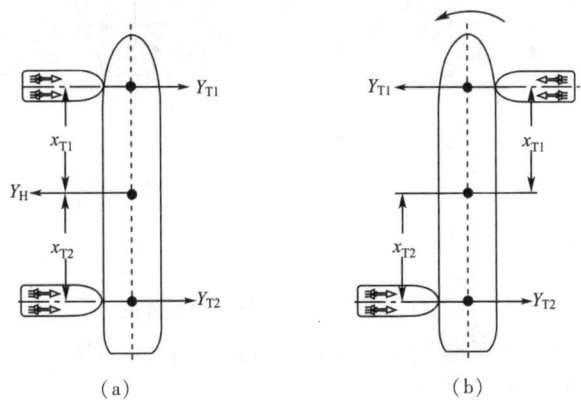

（a）　　　　　　　　　　　　　（b）

图 3-6-9　静止中双拖船顶推效应

双拖船拖带效应与双拖船顶推效应类似,其区别在于拖带转船时可以使拖缆位于船首或船尾,以便获得最大的转船力矩。

六、船舶前进中的拖船效应

有前进速度直航中的船舶本身对水有相对运动,水动力中心在船中之前,在横向拖力或推力的作用下,水动力发生变化,产生横向水动力,进而使船舶运动状态发生变化。前进中的船舶受力情况比较复杂。在此仅以单拖船的转船效果进行讨论。

1.单拖船顶推效应

设船舶以船速 V 直航,并假设拖船能够以垂直于船舶首尾线的方向进行顶推（ZP 拖船）,则船舶受力情况如图 3-6-10 所示。推力 Y_T 和水动力 Y_H 产生的合外力矩为:

$$N_T = Y_T \cdot x_T + Y_H \cdot x_W \qquad (3-6-2)$$

式中:x_T——推力作用点距船中的距离(m);

x_W——水动力中心距船中的距离(m)。

同样,Y_T 和 Y_H 构成一对力偶,力偶臂等于两者作用点之间的距离,即 $x_T - x_W$。在力偶矩 $N_T[N_T = Y_T \cdot (x_T - x_W)]$ 的作用下,船舶将发生转动,转船效果取决于拖船推力的作用点和船舶的运动速度。

(1)拖船推力作用点在船中之前

这时,水动力中心在船中之前,力偶臂较小,转船力矩不大,且船速越高,水动力中心越远离船中,力偶臂越小,转船力矩越小,如图 3-6-10(a)所示。

(2)拖船推力作用点在船中之后

这时,水动力中心在船中之前,力偶臂较大,转船力矩较大,且船速越高,水动力中心越远离船中,力偶臂越大,转船力矩越大,如图 3-6-10(b)所示。

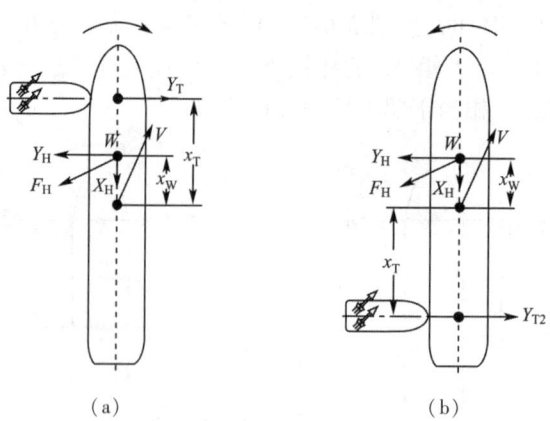

（a）　　　　　　　　　　　　　（b）

图 3-6-10　前进中单拖船顶推效应

由此可见,单拖船在舷侧顶推前进中的船舶时,拖船位于船尾比位于船首的转船效应大,且船速越高,两者的差别越大。

实际上,在船舶存在运动速度的情况下,拖船不太可能始终保持垂直顶推姿态,一般都有一个向后的偏角,船速越高,该偏角越大。

有关实船试验结果验证了拖船在前进中船舶的不同位置顶推的不同转船效果,具体见图 3-6-11。试验船舶为一艘 DWT 57720 t 散货船,试验吃水为 10 m,一艘 7200 hp(5370 kW)的大功率传统拖船协助转向,其系柱拖力为 980 kN(100 t)。三个顶推部位分别位于船首稍后、尾部稍前和船尾,见图 3-6-11 中的 A、B、C 三个位置。在船速为 5 kn 时进行停车,并操正舵,A、B、C 三个部位所获得的转船角速度分别为 3°/min、12°/min、24°/min。

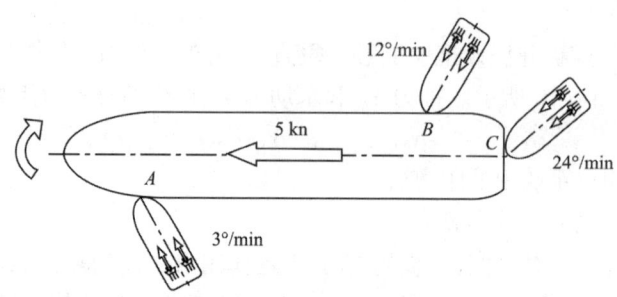

图 3-6-11　前进中不同部位顶推的转船角速度

2. 单拖船拖带效应

在前进速度较高的情况下,受船体周围的流场的影响,顶推时一般很难保持垂直顶推姿态,特别是拖船位于船舶尾部时,受倒车水流的影响,难以发挥最大效率。为了减小流场的影响,可采用拖带方式。与顶推的情况类似,船尾拖带效果比船首拖带转船效果好。下面以拖船在船舶尾部直拖为例分析其转船效应。

设船舶以船速 V 直航,拖船在船舶尾部以角度 α 进行直拖,则船舶受力情况如图 3-6-12 所示。这时,转船效果取决于拖力作用点 P 的位置和船舶运动速度。

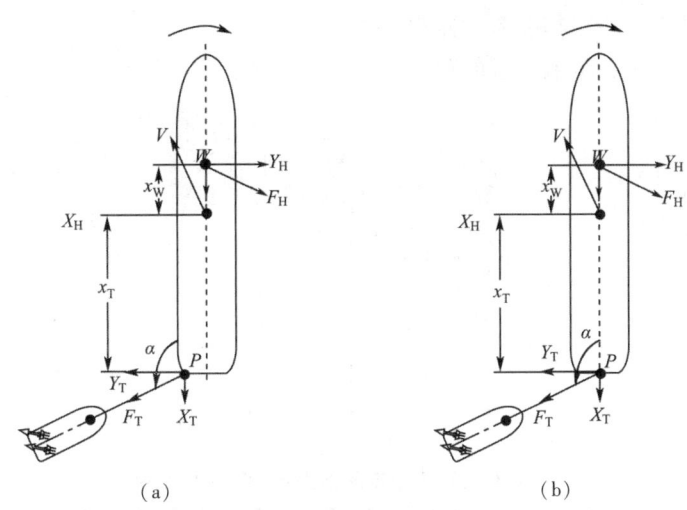

图 3-6-12　前进中单拖船拖带效应

（1）拖力作用点 P 位于船尾舷侧点

这时，拖力 F_T 和水动力 F_H 产生的合外力矩为 $N_T = Y_T \cdot x_T + Y_H \cdot x_W - X_T \cdot B/2$，船舶将发生转动。可见，$X_T$ 不但起到减速作用，而且起到阻碍转向的效果，则转船效果有所降低，且船速越高，这种降低越明显。

（2）拖力作用点 P 位于船尾的首尾线上

这时，拖力 F_T 和水动力 F_H 产生的合外力矩为 $N_T = Y_T \cdot x_T + Y_H \cdot x_W$。可见，$X_T$ 仅起减速作用，而不产生转向力矩，则转船效果比上一种情况有所提高。

综上所述，前进中的船舶要想利用拖船来协助转向，拖力或推力的作用点在船尾比在船首效果好。同理，船舶后退中拖船效应与前进中的效应相反，即后退中拖船位于船中之前比位于船中之后转船效果好。

七、拖船作用能力及其限制

任何控制设备或协助手段都有其能力极限，拖船也不例外。由以上分析可知，当船舶对水没有相对速度（静止中）时，拖船作用效果是最好的。然而，当船舶有运动速度时，其效应随着船速的提高而降低，当船速达到一定值时，拖船将失去其作用。操船中应用拖船时，除了考虑拖船的最大拖力，还要考虑正确的拖力或推力作用点和拖船的种类。本节就拖带稳定性、拖船作用的失效船速以及横拖等问题进行讨论。

1. 拖船效应的极限船速

当拖船推力作用点位于船中之前某一点时，其受力情况如图 3-6-13 所示。当船舶以较低的速度航行时，ZP 拖船要想以垂直于船舶首尾剖面的方向顶推时，其发出的推力及产生的力矩必须满足：

$$X_T + X_L = R_T$$
$$X_T \times b = R_T \times c$$
(3-6-3)

式中：X_T——拖船推力在船舶纵向的分量（N）；

R_T——拖船的横向阻力（N）；

X_L——拖缆力或碰垫与大船之间的摩擦力（N）；

b——拖船推力中心距拖船首的距离(m);

c——拖船阻力中心距拖船首的距离(m)。

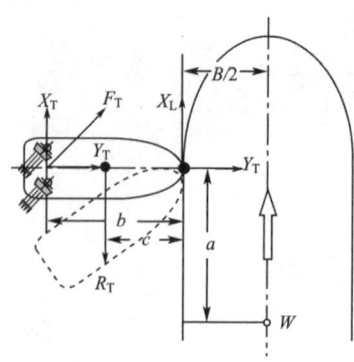

图 3-6-13　前进中拖船顶推船舶前部的限制

随着船速的提高,拖船推力随之减小,而其阻力不断增大,当船舶达到一定船速时,将发生 $R_T×c>X_T×b$ 的情况,拖船将沿船舶前进方向发生偏转(见图 3-6-13 中的虚线部分)。因此,船速较高时,拖船一般很难保持垂直顶推姿态。

船速较低时,拖船推力对船舶产生的转船力矩为:

$$N=Y_T×a-X_L×B/2 \tag{3-6-4}$$

式中: Y_T——拖船推力在船舶横向的分量(N);

a——拖船推力作用点距船舶水动力中心的纵向距离(m),即 $a=x_T-x_W$;

B——船舶宽度(m)。

可见,在拖船推力一定的情况下,转船效果取决于作用的位置和船速的大小。随着船速的提高,水动力中心前移,a 随之变小,而拖缆力或碰垫与大船之间的摩擦力 X_L 随之增大,当船速提高至 $X_L×B/2>Y_T×a$ 时,拖船将起到相反的作用。因此,其转船效应随着船速的提高而下降,船速达到一定值时,拖船不但将失去转船效果,而且可能起到相反的作用。

有实船试验资料显示,在船首稍后部位顶推时,船速为 5 kn 时,可获得 3°/min 的转船角速度,转船角速度随着船速的提高而降低,在船速增加至 5.6 kn 时,不但转船角速度降为 0,而且开始产生相反的角速度。

2. 波浪对拖船拖力或推力的影响

与海洋中的涌浪比较,港口附近水域的波浪有周期较短、波长较小的特点。其波长与大型船舶的船长比较相对较小,故一般不会造成较大的纵摇、横摇和垂荡运动。然而,这种波长与拖船长度比较是比较大的,将造成拖船的纵摇、横摇和垂荡运动,这种运动不但影响拖船的姿态,还会影响拖船最大拖力或推力的发挥。

在风、浪较大的情况下,如果拖船在船舶上风舷侧顶推时,拖船在风浪的作用下,将发生较大的摇摆,这不但影响推力的发挥,还会在拖缆上造成较大的负荷,严重时可能发生断缆的情况。故一般宜采用在风浪较小的下风向舷侧拖带方式,这样做,拖缆还可以缓解波浪作用力。

由于 ZP 和 VSP 推进器拖船比传统的 FPP 或 CPP 拖船操纵灵活,其受波浪影响的程度小一些,且更为安全,故在有波浪影响的水域,宜采用 ZP 和 VSP 推进器拖船。但无论如何,波浪对拖船的发挥毕竟有明显的影响。日本海难防止研究会对 ZP 拖船的调查和船模试验研究资料显示,不同波高对拖船拖力或推力的影响不尽相同,具体如表 3-6-4 所示。

表 3-6-4　波高对拖船拖力或推力的影响

协助方式	有义波高（m）	0.5	1.0	1.5	2.0
拖带——拖力		基本无影响	80%	50%	40%（无法正常作业）
顶推——推力		基本无影响	80%	60%	50%（无法正常作业）

从表 3-6-4 可以看出，波浪对顶推的影响比对拖带的影响小一些，但拖船拖力与推力均随波高的增大而减小：当有义波高为 0.5 m 以下时，拖船基本能发挥 100% 的作用，即推力和拖力等于无波浪时的数值；当有义波高达 1.0 m 时，推力和拖力都将降至无波浪时的 80%；有义波高达 1.5 m 时，拖力将降至无波浪时的 50%，推力将降至无波浪时的 60%；有义波高达到 2.0 m 时，拖船基本无法正常作业。因此，有些港口对拖船的作业标准做出了具体规定，一般规定有义波高不宜超过 1.5 m，并应增加拖船总功率的配置。

八、港内操船所需拖船功率和数量

大型船舶，由于其惯性巨大，低速操纵中不易控制，港内通常需要多艘拖船作为辅助动力协助操纵。从经济和安全角度考虑，有必要对所需拖船的功率、数量和种类做出合理选择。如果对所需拖船的数量（或总功率）估计不足，靠泊船舶的安全可能得不到保障。所用拖船总功率过大，又会造成一定的浪费。港内操纵所需拖船数量和功率一般根据船舶种类和操纵经验确定，并需要综合考虑船舶条件、港口水域条件和自然条件。

1. 确定拖船功率选择应考虑的因素

港内操纵所需拖船数量和功率的估算需要综合考虑船舶条件、港口水域条件和自然环境条件，诸如船型、排水量、水域条件，以及风、流、浪等。

（1）船舶条件

船舶条件包括船型、排水量、吃水、富余水深、吃水差、受风面积、主机功率、螺旋桨种类、操纵性能以及是否装有侧推器等。

（2）港口水域条件

港口条件包括受限水域（航道）、港口入口、回旋掉头水域、泊位前沿操纵水域、可供停船操纵的距离、水深限制、码头形式与结构以及其他系泊船等。近年来，我国有些港口航道、码头的设计标准已经不能满足大型船舶的靠离泊要求。通常，深吃水的船舶在水深较大的港口过泊或减载再到这些港口靠泊，在拖船的使用上也提出了更高的要求。

（3）自然环境条件

自然环境条件包括风、流、浪、能见度、冰况等。在实际计算中，不可能考虑所有因素的影响，一般考虑风、流和浪三个主要因素的影响。

2. 拖船总功率和数量的计算

所需拖船总功率指确保船舶操纵安全所需要的拖船功率。它的大小取决于上述港口条件、船舶条件和自然环境等因素。拖船拖力与拖船种类和机器功率有关。对于同一种拖船，机器功率越大，拖力也越大。因此，首先要计算所需拖船总拖力，再根据不同种类拖船每 100 kW（或 100 hp）所给出的最大拖力，换算为所需拖船总功率。

所需拖船数量是指协助船舶安全操纵所需要的拖船艘数。在确定了上述拖船总功率后，再根据港口拖船资源情况,决定所需拖船的数量。所需拖船的数量一般取决于船长、排水量和船型等因素。对于小型船舶,一般情况下 1~2 艘即可满足安全要求,且每艘拖船的功率也不需要很大;但对于大型船舶,由于其排水量巨大,小功率的拖船对其作用不大,则不但需要大功率拖船,而且需要多艘拖船协助。

3. 实用估算方法

尽管理论计算方法有其较为精确的优点,但在实际应用中,有关数据很难收集全面,因此很少进行理论计算,实践中多采用简单估算方法。关于船舶港内操纵所需拖船的数量的实用估算方法有很多种,但其基本原理是相同的,有曲线法、经验估算法等。我国有关行业标准也提出了一些计算公式。这些方法为操船者,特别是对引航人员使用拖船提供了有力的帮助。

（1）拖船总推力估算

对于大型船舶,如大型油船和散货船,由于其排水量巨大,所需拖船总推力也相应较大,可用下列基于船舶排水量的简单估算公式求取：

$$Y_\mathrm{T} = \left(\frac{\Delta}{100000} \times 60 \right) + 40 \tag{3-6-5}$$

式中：Y_T——所需拖船总推力（t）,航海实践中习惯以吨作为计量单位；

Δ——船舶排水量（t）。

确定了所需拖船总推力后,可以根据拖船的种类和功率进一步确定所需要拖船的数量。

（2）拖船总功率的估算

由于估算总推力之后仍需进一步估算所需拖船的总功率和数量,实践中一般使用更为简单直接的总功率估算方法：

DWT 1 万吨级船舶：DWT×10%（hp）或 GT×15%（hp）

　　　　　　　　　　DWT×7.4%（kW）或 GT×11%（kW）

VLCC 满载时：　　　DWT×7%（hp）

VLCC 空载时：　　　DWT×5%（hp）

4. 统计结果

目前还没有根据船舶尺度确定所需拖船总拖力和数量的统一模式,多数港口在使用拖船方面由引航人员根据当地环境条件和经验选择安全操船所需拖船的功率和数量;某些港口或大型油船泊位的管理部门根据船型、船舶尺度、吃水以及自然环境等情况制定了使用拖船总拖力或数量的最低要求。根据拖船实际应用情况的统计结果可知,使用拖船的总拖力和数量主要与船长和载重量有关,但即使同一船长或排水量,所用拖船总拖力也不尽相同,而且差别较大,主要原因是风、流、浪的影响程度不同。

（1）拖船总拖力和数量与船长之间的关系

根据统计,拖船总拖力和数量随船长的增加而增大或增多。图 3-6-14 给出了杂货船和集装箱船所需拖船总拖力和数量与船长的关系的统计结果。图中阴影部分表示所用拖船的总拖力的统计结果,其上边界线为自然条件比较恶劣的情况下选择总拖力的数值,下边界线为自然条件良好的情况下选择总拖力的数值。拖船数量仅给出了使用拖船数量的平均值。由于杂货船一般属于小型船舶,其船长最大一般为 150 m 左右,故所需拖船总拖力为 35~80 t,平均拖船数量不超过 2 艘。现代化集装箱船的尺度不断增大,对拖船的依赖程度越来越高。如船长

290 m 的集装箱船所需拖船总拖力 50~150 t,平均拖船数量 2~3 艘。

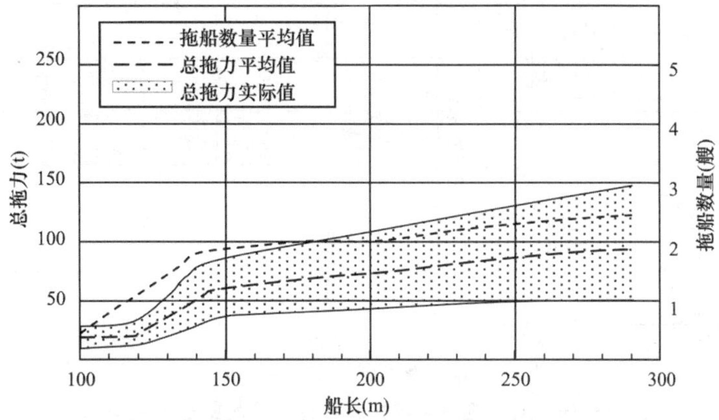

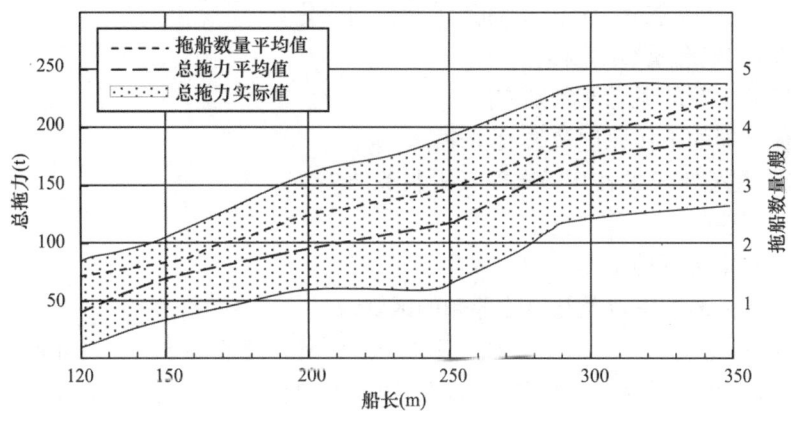

图 3-6-14 杂货船和集装箱船所需拖船总拖力和数量与船长的关系

图中给出的数值包括使用首侧推器的情况。据统计,每 100 hp 侧推器给出的侧推力约为 1.0 t(100 kW 给出的侧推力约为 1.35 t),可使所需拖船总推力相应减小。例如,某船装配有 2210 kW 的首侧推器,最大可给出 30 t 的侧推力,其可减小所需拖船总推力约 30 t。

图 3-6-15 给出了油船和散货船所需拖船总拖力和数量与船长的关系的统计结果。从曲线可见,船长为 120~300 m 时,所用拖船总拖力和数量随船长的增加而增大或增多;船长超过 300 m 之后,所用拖船总拖力变化不大,但所用拖船数量随船长的增加而增多。船长为 200 m 的油船和散货船所用拖船总拖力和平均数量分别为 60~170 t 和 2~3 艘,船长为 300 m 或以上的分别为 130~235 t 和 3~5 艘。

图 3-6-15 油船和散货船所需拖船总拖力和数量与船长的关系

(2)所用拖船总拖力和数量与载重量之间关系

由于同一船长的船舶有不同的载重吨位,则根据船长进行统计不能确切反映所需拖船总推力和数量与船舶载重状态的关系。图 3-6-16 给出了所需拖船总拖力和数量与船舶载重吨(DWT)的关系的统计结果。从曲线可见,载重量为 2 万~20 万吨时,所用拖船总拖力和数量随载重量的增加而增大或增多;载重量为 20 万吨以上时,所用拖船总拖力基本变化不大,但所用拖船数量随载重量的增加而增多。载重量为 2 万吨级的船舶所用拖船总拖力和平均数量分别为 50~100 t 和 1~2 艘;载重量为 10 万吨级的船舶分别为 90~180 t 和 2~3 艘;载重量为 15 万吨级的船舶分别为 120~220 t 和 3~4 艘;载重量为 20 万吨级的船舶分别为 140~250 t

和 4~5 艘;载重量为 30 万吨级以上的船舶分别为 150~250 t 和 5~6 艘。

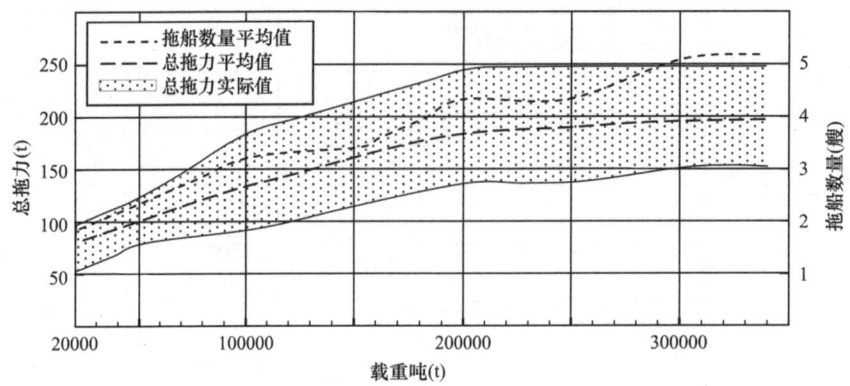

图 3-6-16　所需拖船总拖力和数量与船舶载重吨的关系

思考题

1. 简述螺旋桨的工作原理。

2. 简述船体对螺旋桨(伴流的影响)的影响。

3. 简述滑失对推力、舵效和转矩的影响。

4. 简述螺旋桨沉深横向力、伴流横向力、排出流横向力成因及其产生条件。

5. 分析右旋单车船前进中倒车至停船过程中螺旋桨横向力效应及影响因素。

6. 简述舵力的概念及影响因素。

7. 简述船体对舵(伴流的影响)的影响和螺旋桨对舵的影响(排出流)。

8. 简述直航船舶操舵后会产生哪些运动参数的变化。

9. 简述舵效的概念及影响因素。

10. 简述舵效指数的概念及判别方法。

11. 简述侧推器的工作原理及失效船速。

12. 简述首、尾侧推器的作用效果及其限制条件。

13. 简述双车船的螺旋桨效应。

14. 简述 Z 型推进器的工作原理及效应。

15. 简述港作拖船的特点及与运输船舶的区别。

16. 按照推进器类型分类,拖船可分为几种类型? 各种拖船的推力特性如何?

17. 简述运输船舶锚的种类及其抓力特性,锚的抓力特性与哪些因素有关。

18. 简述锚在操纵中的用途及其适用范围。

19. 简述用锚进行停船及转船的原理及方法。

20. 简述操纵中用缆方法及其注意事项。

21. 简述港作拖船在船舶操纵中的作用及协助方式。

22. 分析拖船顶推协助前进中的船舶转向作用点位于哪一点效果最佳。

23. 分析拖船位于船首顶推协助前进中船舶的转向效果为什么受船速的影响。

24. 简述波浪对拖船作用效果的影响程度。

25. 简述估算所需拖船数量及功率的方法。

第四章

航行环境对操纵的影响

航行环境指自然环境,包括气象、水文和水域等条件。在海上,空气的运动产生风,海水的运动产生海流、潮汐、波浪等。水面船舶在海上航行时,其运动状态无时不受到这些气象、水文要素的影响。此外,在港湾水域,船舶运动状态还受到水域环境的影响,如宽度受限的航道,水深受限制的浅水等。因此,船舶操纵的安全性不但涉及船舶操纵性能,还要考虑各种航行环境的影响。

本章在前面讲述的船舶在静水、深水中运动性能的基础上,进一步讲解这些环境因素对船舶操纵的影响。

第一节　风对船舶运动的影响

与船舶在水中运动过程中船体水下部分的受力(水动力)情况相似,对于在水面航行的船舶,由于船体水面以上部分暴露在空气中,同样也受到空气动力的作用,改变了船舶在静水中的运动状态,进而影响船舶操纵的安全性。

一、风场概述

地球表面温差引起大气压力的变化,由此产生空气的流动便形成风。风是空气运动的表现形式之一,风速的突然增加称为阵风,风向、风速不随时间和空间坐标发生变化的风叫定常风,否则就是非定常风。严格来讲,实际风都是非定常风,但为了研究船舶操纵问题方便,一般假定在有限水域内船舶所遭遇的风是定常的,这样可以使问题大大简化。气象预报中的风向和风速一般为平均风向和平均风速。风速的变化在统计上有一定规律性,分为长周期和短周期,通常考察船舶运动时都是在短周期内,且气象部门一般取 10 min 内平均风速、风向来描述风。另外,风速沿船舶水面以上面积的垂向分布是不均匀的。水面处由于受摩擦力的影响而风速最小,随着高度的增加而增大,直至达到最大值。从驾驶台测得的风速(计算风速)基本接近垂向最大风速。

二、风作用下的船舶转动

与船舶在静水中的运动比较,风作用下的船舶运动实质上就是风动力改变了船舶的平面运动状态。也就是说,船舶运动状态既有平动的变化,也有转动的变化。这种运动状态的改变与风向、风速、受风面积、运动状态等诸多因素有关。

在风动力矩的作用下,船舶绕垂直轴的转动状态发生变化,产生转动角速度,进而产生角位移——航向角的变化。转动角速度的大小与风舷角有关。船首、船尾或横向来风,对角速度影响不大,其他风向一般会造成船舶的转动。航向角变化量与风作用的时间有关,风作用的时间越长,航向角变化越大。船舶在风中转动状态取决于风动力中心 A、船舶重心 G 和水动力中心 W 三者之间沿船舶首尾向的分布。船舶运动状态不同,风对船舶运动造成的影响也不相同。以下就船舶的各种运动状态来定性分析船舶在风中的转动规律。

1. 船舶静止中受风偏转规律

静止中的船舶,在风动力 F_a 的作用下,船舶对水产生相对运动,将以速度 V 向下风漂移,则产生水动力 F_H。由于风动力中心和水动力中心都不作用在船舶重心处,则产生风动力矩 N_a 和水动力矩 N_H,在合外力矩的作用下,船舶的转动状态改变,进而产生转动角速度。船舶转动的方向为合外力矩的方向,即取决于相对风向。

正横前来风,即 $0°<\theta<90°$,则船首向下风偏转,如图 4-1-1(a)所示。正横后来风,即 $90°<\theta<180°$,则船首向上风偏转,如图 4-1-1(b)所示。

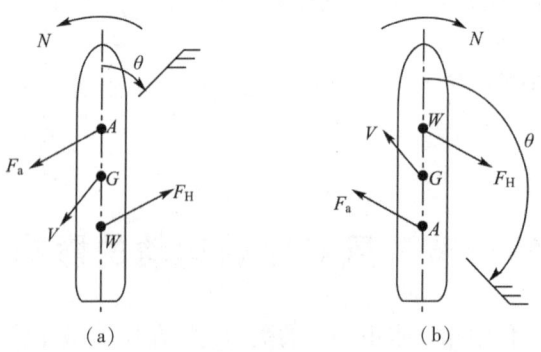

（a）　　　　　　　　　　（b）

图 4-1-1　船舶静止中受风受力及运动情况

随着船舶向下风漂移和转动,风舷角 θ 和漂角 β 逐渐向正横方向（90°）靠拢,风动力角 α 和水动力角 γ 也随之逐渐接近 90°,同时,风动力中心和水动力中心也逐渐向船中接近。在 $\theta\approx90°$,即正横附近受风时,$\alpha\approx\gamma\approx90°$,风动力中心和水动力中心在船中处。这时,合外力矩等于 0,风的作用不产生转动,只造成向下风的漂移运动。当合外力为 0 时,船舶向下风匀速漂移。漂移的方向取决于侧面受风面积沿纵向的分布。船舶侧面受风面积中心一般都不位于重心处,故船舶漂移方向一般并非正横方向。平吃水时,船舶侧面受风面积中心一般位于重心之后,则船舶以风舷角 θ（$\theta<90°$）漂移;尾倾或侧面受风面积中心位于重心之前时,船舶将以风舷角 θ（$\theta>90°$）漂移。其漂移速度的大小取决于船舶侧面受风面积、船型以及风速等因素。

2. 船舶前进中受风偏转规律

船舶在风中航行时,为了保持航迹需克服风动力 F_a 的作用,必然要保持一定的风压差角——漂角。漂角的存在说明船舶在风中处于对水的斜航状态,则产生水动力 F_H。由于风动力中心和水动力中心都不作用在船中处,则产生风动力矩 N_a 和水动力矩 N_H,在合外力矩的作用下,船舶的转动状态改变,使航向角发生变化。同理,船舶转动方向取决于合外力矩的方向,即取决于相对风向。

正横前来风,即 $0°<\theta<90°$,合外力矩的方向取决于水动力中心和风动力中心的相对位置,

如图 4-1-2(a)所示。船速越高,水动力中心越向前移,船首向上风偏转;反之,船速越低,水动力中心越向后移,船首向下风偏转。船体水上侧面积中心越靠近船首,如压载状态的大、中型散货船,风动力中心前移,则船首向下风偏转;反之,船体水上侧面积中心越靠近船尾,如VLCC 满载时,风动力中心后移,则船首向上风偏转。

正横后来风,即 $90° < \theta < 180°$,合外力矩的方向为下风方向,则船首明显向上风偏转,如图 4-1-2(b)所示。

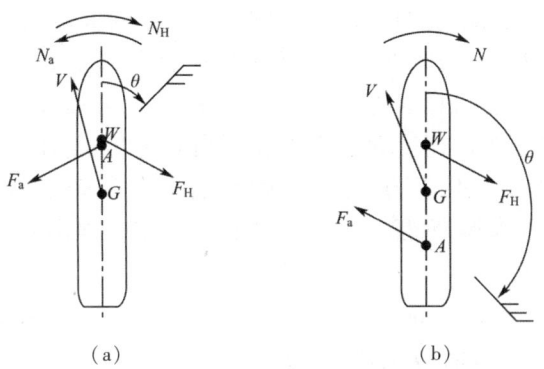

图 4-1-2 船舶前进中受风受力及运动情况

由于船舶前进中操舵可以产生舵力转船力矩,故可以克服风造成的航向偏转,使船舶保持航向。保持航向所用舵角的大小取决于合外力矩的大小。显然,正横前来风比正横后来风的合外力矩小,则正横前来风更容易保向。

3.船舶后退中受风偏转规律

船舶后退中风的影响与前进中受风的情况类似。在风动力 F_a 的作用下,有后退速度的船舶,处于对水的斜航状态,但漂角 $\beta > 90°$,并产生水动力 F_H。风动力中心和水动力中心都不作用在船舶重心处,产生风动力矩 N_a 和水动力矩 N_H,在合外力矩的作用下,船舶的转动状态改变,使航向角发生变化。同理,船舶转动方向取决于合外力矩的方向,即取决于相对风向。

正横前来风,即 $0° < \theta < 90°$ 时,合外力矩的方向为下风方向,则船首向下风偏转,如图 4-1-3(a)所示。

正横后来风,即 $90° < \theta < 180°$ 时,合外力矩的方向取决于水动力中心和风动力中心的相对位置,如图 4-1-3(b)所示。后退速度越高,水动力中心越后移,船尾向上风偏转,即"尾迎风"。一般船舶尾部线型比较肥大,特别是舵和螺旋桨的存在,也造成水动力中心后移,多数产生尾迎风。

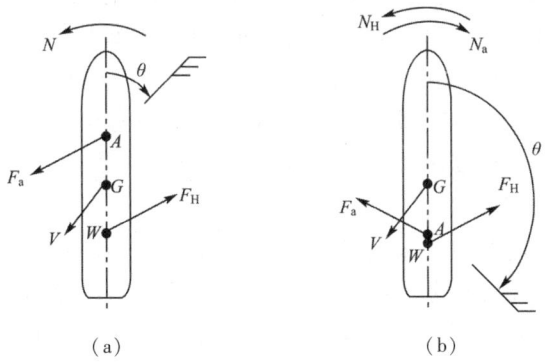

图 4-1-3 船舶后退中受风受力及运动情况

三、风作用下的船舶漂移运动

船舶在风中航行一般会发生转动,假设通过操舵产生的舵力转船力矩可以克服风动力矩造成的船舶转动,则船舶将不发生转动,仅做平移运动。这种平移运动包括船舶纵向运动和横向运动。

1. 风致漂角

风动力对船舶运动的影响与风的作用时间长短有关,时间越长,影响越大。船舶在静水中以一定船速直航时遇到风的影响,风动力作用于船舶一定时间之后,改变了船舶对水的运动状态,使船速 $V(u,v)$ 发生了变化,这种变化不但改变了纵向速度 u,而且产生了横向速度 v。在主机功率不变的情况下,正横前来风,阻力增大,船速降低;正横后来风,阻力减小,船速提高;正横附近来风,对船舶阻力基本没有影响。如图 4-1-4 所示,风作用下的漂角可表示为:

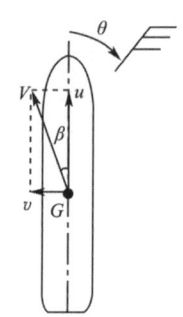

$$\beta = -\mathrm{atan2}(v,u) \qquad (4\text{-}1\text{-}1)$$

式中:u——风中船速在 x 轴方向的分量(m/s);

图 4-1-4　风作用下的漂角

v——风中船速在 y 轴方向的分量,也称漂移速度(m/s)。

实质上,船舶在风中运动产生的漂角在大小上等于平时所指的"风压差角",其大小与风速、风向、船速等因素有关。在风速一定的情况下,风压差角的大小随相对风舷角和船速的变化而改变。

当 $\theta \approx 0°$,即正顶风时,基本不产生漂移速度,漂角 $\beta \approx 0°$。这时,改变船速仅仅可以调整风造成的船舶纵向移动量。

当 $0° < \theta < 90°$,即正横前斜顶风时,产生漂移速度,漂角 $\beta \neq 0°$。其大小随 θ 增大而增大,当 $\theta \approx 90°$,即横风时,漂角 β 最大。同时,漂角 β 还与船速有关。由式(4-1-1)可知,船速越高,漂角越小,即风压差角越小;反之,船速越低,风压差角越大。故提高船速是减小风造成船舶下风漂移的有效措施。

2. 风作用下的横向漂移速度

在风动力的横向分量的作用下,船舶横向运动状态发生变化,产生横移速度,简称漂移速度。在比较宽阔的水域,漂移速度将主要影响船舶的航行效率,但在受限水域,如船舶进出港、航道航行、靠离泊位等,它可能危及船舶的安全,存在搁浅、碰撞等风险。

船舶在风中的漂移速度与船型、相对风速、相对风向、水深和船速等因素有关。船型和相对风速一定时,漂移速度取决于相对风向、船速和水深。一般情况下正横方向(相对风向 $\theta \approx 90°$)受风时漂移速度最大,船首或船尾来风对横向漂移速度影响不大。漂移速度的方向总是指向下风舷侧。以下讨论正横受风时船速对横向漂移速度的影响。

(1)前进中受风漂移速度

船舶前进中受风时,纵向船速 $u > 0$,图 4-1-5 给出了某 15 万吨大型油船在正横受风(相对风向 $\theta \approx 90°$)时不同水深情况下的漂移速度与船速的关系的计算结果。

从图中不同水深的漂移情况比较来看,在船速和相对风速一定的情况下,在浅水中(如图中的水深吃水比 $h/d = 1.3$),由于水动力较大而漂移速度较小,随着水深的增加,水动力逐渐减小,漂移速度逐渐增大。

在水深和相对风速一定的情况下,横向漂移速度与船速大约成负指数关系:船速提高,漂移速度成负指数规律下降;船速降低,漂移速度将逐渐增大。特别在低速情况下,漂移速度将随船速的降低而急剧增大。当船速 $u=0$ 时,漂移速度最大。

在水深和船速一定的情况下,相对风速越大,漂移速度越高;反之,相对风速越小,则漂移速度越低。

在实践中,由于船速过低致使漂移速度过大而造成的碰撞、搁浅等事故屡见不鲜。特别是压载状态船舶在大风中进行靠离泊或掉头操纵时,由于这时的船速一般都比较低,漂移速度较大,就更增大了碰撞、搁浅等事故的可能。

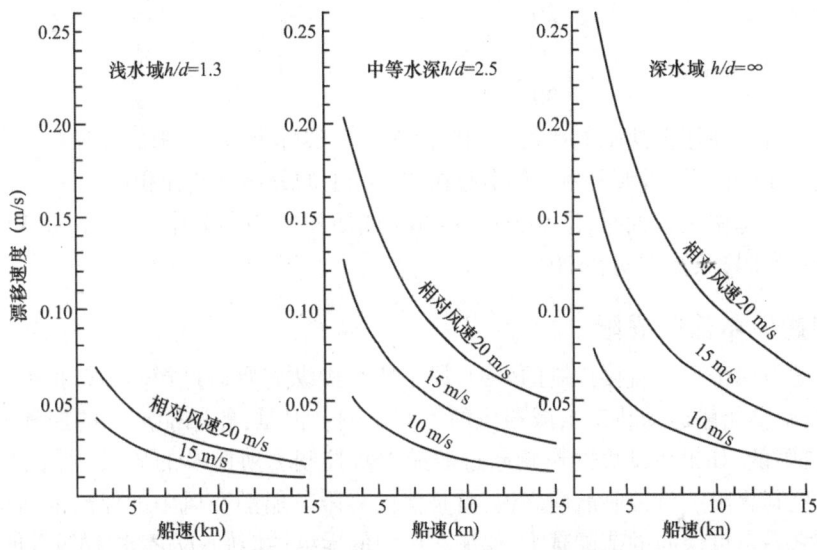

图 4-1-5　DWT 15 万吨级大型油船不同水深情况下的漂移速度与船速的关系

(2)静止中受风漂移速度

根据船舶静止中受风偏转规律分析可知,船舶静止中受风时,最终将以相对风向 $\theta \approx 90°$ 的方向漂移,即匀速向下风漂移。此时横向风动力等于横向水动力,将其代入横向风动力表达式式(2-2-25)和横向水动力表达式式(2-2-31)中,得:

$$Y_a = Y_H$$
$$\frac{1}{2} \cdot \rho_a \cdot C_{aY} \cdot A_L \cdot V_a^2 = \frac{1}{2} \cdot \rho \cdot C_{HY} \cdot L \cdot d \cdot v^2 \tag{4-1-2}$$

整理后得:

$$v = \sqrt{\frac{\rho_a}{\rho} \cdot \frac{A_L}{L \cdot d} \cdot \frac{C_{aY}}{C_{HY}}} \cdot V_a \tag{4-1-3}$$

式中:v——船舶横向漂移速度(m/s);

V_a——相对风速(m/s),因 V_a 远大于 v,则近似等于真风速;

ρ_a——空气密度(kg/m³);

ρ——水密度(kg/m³);

A_L——船舶水上侧面积(m²);

L——船长(m);

d——吃水(m);

C_{aY}——侧向风动力系数;

C_{HY}——侧向水动力系数。

由于船体水动力系数与水深关系密切,水深越浅,C_{HY} 越大,则漂移速度越小;反之,水深越深,C_{HY} 越小,漂移速度越大。

式(4-1-3)中,$\rho_a/\rho \approx 0.0012$,对于 VLCC,$C_{aY}/C_{HY} \approx 1.2$,则在开敞的深水中的漂移速度可按下式估算:

压载时:$\dfrac{A_L}{L \cdot d} \approx 1.8$ \qquad $v \approx \dfrac{1}{20} \cdot V_a$

满载时:$\dfrac{A_L}{L \cdot d} \approx 0.8$ \qquad $v \approx \dfrac{1}{30} \cdot V_a$

这些数据曾经在搜救遇险船舶时得到广泛应用。实际上,静止中的船舶的漂移方向并非 $\theta \approx 90°$,其方向取决于船体水上侧面积中心在首尾线上的分布。侧面积中心在船中之前时,如某些船舶压载状态尾倾较大时,漂移方向 $\theta > 90°$;侧面积中心在船中之后时,如 VLCC 或大型散货船满载状态时,漂移方向 $\theta < 90°$。

四、船舶风中保向界限

由于风动力属于不可直接控制的外力,风中船舶操纵需要通过控制力来抵消其对船舶运动的影响,或调整船舶运动状态来减弱风的不利影响。但是,船舶能产生的控制力(如舵力、推力等)是有限的,如果风动力的影响超过船舶本身控制力所能及的界限,则不能控制船舶,该界限称为控制界限。就控制航向来说,就是保向界限。船舶在风中的保向范围是船舶的重要操纵性能之一。可保向的范围越大,船舶在风中的操纵性能好;反之,则操纵性能差。

1. 保向界限的概念

船舶在风中航行时,要使船舶保持某一航向,则需要操舵,用舵力产生的力矩来克服外力矩的影响。这时,作用于船舶的横向合力和合力矩为:

$$\begin{cases} Y = Y_R + Y_H + Y_a \\ N = N_R + N_H - N_a \end{cases} \qquad (4-1-4)$$

式中:Y_R——舵力横向分量(N);

N_R——操舵产生的力矩(N·m);

Y_H——水动力横向分量(N);

N_H——水动力矩(N·m);

Y_a——风动力横向分量(N);

N_a——风动力矩(N·m)。

当 $Y = N = 0$ 时,螺旋桨推力、舵力、船体水动力和风动力构成一个平衡力系,使船舶横向速度和航向角不发生变化,即船舶将以某一航向和固定的漂角保持斜航状态,这种状态称为保向状态。要想使船舶处于保向状态,则有:

$$N_R = N_a - N_H \qquad (4-1-5)$$

由式(4-1-5)可见,如果操舵产生的力矩大于风动力矩和水动力矩的代数和,这时,我们称船舶在风中具有保向能力;反之,则不具有保向能力。船舶在风中是否具有保向能力的界限称为保向界限。

2. 影响保向界限的因素

根据保向界限的概念可知,因舵力转船力矩与舵角和船速等因素有关,风动力矩又与风舷角、相对风速、船型以及船速等因素有关,故船舶在风中的保向界限取决于舵角、船速、风舷角、相对风速、船型、载况以及船速等诸多因素的影响。

根据舵力转船力矩与风动力矩和水动力矩的平衡时的舵角、风舷角、风速与船速的比值可以绘制保向界限分布规律曲线。以相对风舷角为横坐标,以相对风速与船速之比为纵坐标,船舶用某一固定舵角的保向界限,可用连续的 U 形曲线来表示。U 形曲线的上方为不可保向的区域,下方为可保向的区域。从控制船舶航向能力的意义上讲,U 形曲线的上方为船舶航向不可控区域,下方为船舶航向可控区域,也称为"可操纵区域"。图 4-1-6 和图 4-1-7 分别给出了某船在不同水深情况下 15°舵角和 35°舵角的风中保向界限的试验值。图 4-1-8 和图 4-1-9 分别给出了某 5 万吨散货船满载和压载情况下 15°舵角和 35°舵角的风中保向界限的估算值。

由图 4-1-6 至图 4-1-9 可见,不同船型、不同载况的保向界限各不相同。船型和载况一定的情况下,舵角、船速、风舷角、相对风速等对保向范围的影响各不相同,各因素的影响情况如下。

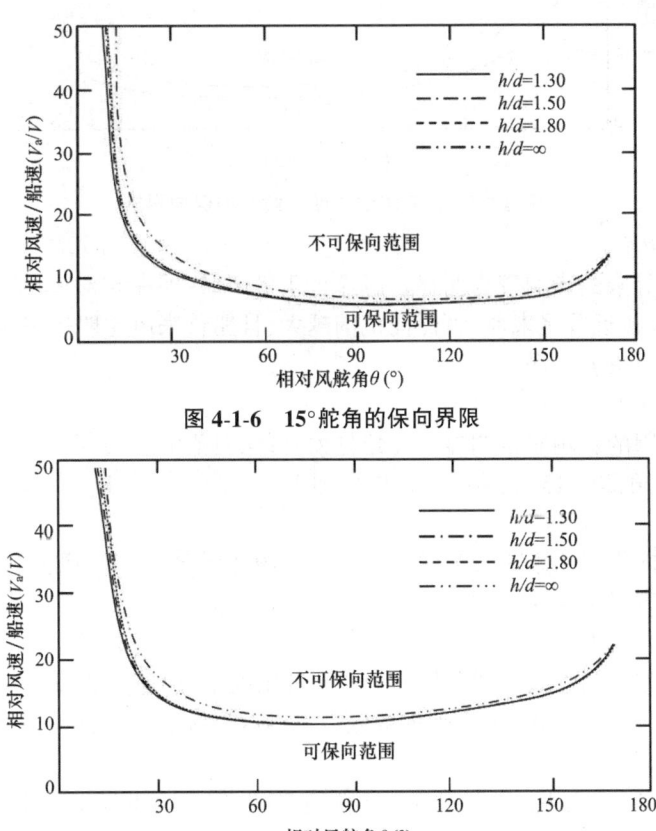

图 4-1-6　15°舵角的保向界限

图 4-1-7　35°舵角的保向界限

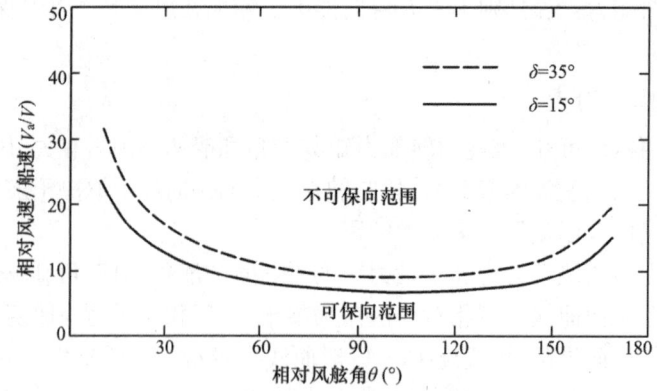

图 4-1-8　5 万吨散货船满载时的保向界限

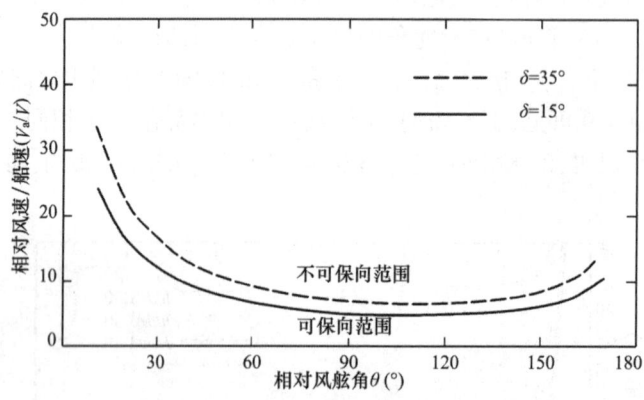

图 4-1-9　5 万吨散货船压载时的保向界限

（1）风舷角的影响

风舷角对保向界限的影响较为明显。越靠近正横来风，即在相对风舷角 $\theta = 60° \sim 120°$ 时，可保向范围越小；越接近首尾来风，可保向范围越大，且船首来风比船尾来风可保向范围大，即船首来风比船尾来风更容易保向。

（2）舵角的影响

舵角对保向界限的影响非常明显。舵角越大，可保向范围越大；反之，则越小。无论船型、载态如何，操 35°舵角都比 15°舵角的可保向范围大。

（3）船舶载况的影响

船舶载况对保向界限的影响较为明显。船舶压载比满载时的受风面积大，故压载时可保向范围小；反之，满载时可保向范围大。

（4）船速、风速的影响

对于给定的船型，在载态、舵角和风舷角一定的情况下，船舶是否可以保向，取决于相对风速与船速之比（V_a/V）。如果 V_a/V 在保向界限以下，则可保向；反之，则不可保向。

（5）水深的影响

由图 4-1-6~图 4-1-9 可见，水深对保向界限有影响，但影响不是很明显。

3. 保向界限的应用

随着人们对船舶在风中操纵性的逐渐重视，按照 IMO 有关操纵性资料的配备方面的建议，对于新造船舶，在"船舶操纵性手册"中提供船舶在风中的操纵性能的资料也逐渐多了起来。如果有这种资料,则可以加以利用。

例如,由图 4-1-8 和图 4-1-9 可见,在正横受风、相对风速为 20 m/s(8 级)的情况下,船速为 10 kn 时,$V_a/V \approx 4$,则无论满载还是压载,操 15°舵角即可保向;船速为 5 kn 时,$V_a/V \approx 8$,则满载时,操 35°舵角基本还可以保向,操 15°舵角不能保向,压载时即使操 35°舵角也不能保向。

这个例子说明,船舶在港内航行船速较低的情况下,如果遭遇较大的横风,则可能失去对航向的控制能力。

第二节 流对船舶运动的影响

船舶在水中运动时,同时还受到水流的影响。流对船舶运动的影响分为两种,一种是对约束状态下船舶的影响,另一种是对自由航行状态(在航)下船舶的影响。在约束力的作用下船舶对地相对静止,水流与船舶之间的相对运动会产生水动力及水动力矩,需要由约束力来克服。对自由航行状态下的船舶,均匀流仅影响船舶对地的运动,不均匀流还会引起船舶的受力(或力矩)。对船舶操纵来说,流是一种外界影响,流速和流向是不可控制的,但通过操纵措施可以减小流对船舶运动的影响。

一、流场概述

流是水体运动的表现形式之一,船舶操纵一般仅关注水平方向的流。流的形成原因和表现形式有多种,河水的动力称为河流,海水的动力称为潮流或海流,河水与海水的交界处(河口)可视为河流与潮流相互作用的水域。

1. 流向和流速

流向和流速是表示流的特征参数。流向是指水流的去向。对于流对船舶操纵运动的影响来说,流向的表示方法有两种。一种是以地理坐标的北向(N)起算的圆周表示方法,常用罗经点方位或以度为单位表示。例如,西(W)流,流向为 270°,西南(SE)流,流向为 225°。另一种是以船首向起算的舷角表示方法,俗称"流舷角",用以度为单位的相对方位表示。例如,流舷角为 0°,称为顶流;流舷角为 90°,称为横流;流舷角为 180°,称为顺流。

流速是指水体的流动速度。流速的单位常用 kn(节)和 m/s(米/秒)。

2. 海流的种类

海流有多种分类方法。按成因分类,海流可分为风生流、潮流、密度流等。实际上极少有单一原因产生的水流,往往是几个原因共同作用的结果,但有主有次,大洋中的流以风生流为主,沿岸多以潮流为主。

船舶进出港、靠离泊操纵大多处于受潮流影响的水域。潮流是指海水在潮汐变化过程中周期性的水平流动。由外海到内海向港湾流动的潮流称为涨潮流;由港湾向外海的潮流称为落潮流。潮流许多性质与潮高相同或相似,分半日周期潮流、日周期潮流和混合潮流三种。潮差越大,潮流也越大,大潮时的潮流最大,小潮时的潮流最小。在近岸浅海潮流显著。特别在狭水道、海峡、湾口等处,常有强大的潮流。

潮流分为往复流和旋转流两种类型。往复流是指在海峡、港湾入口或江河入海口附近,潮流受海岸宽度的限制,周期性地由一个方向变为相反方向的潮流。转流时间发生在高潮与低潮的中间时刻为前进波,发生在高潮与低潮时刻为驻波。当涨潮流和落潮流交替时,海水在短时间内几乎停止流动(流速约等于 0),称为憩流。旋转流是指在地转偏向力作用下流向不断做周期性旋转的潮流。旋转流没有憩流。

3.均匀流与非均匀流

按局部流场的流速、流向的分布情况,流可分为均匀流和非均匀流。均匀流是指流速、流向不随时间和空间坐标发生变化的流,非均匀流是指流速、流向随时间和空间坐标发生变化的流。严格来讲,实际流都不是均匀流,如潮流、河道弯头地段的流等。

为了方便研究船舶操纵问题,如果在有限水域内尤其是在船长范围内的流速、流向分布是均匀的,则可假定流场是均匀的。均匀流中船舶的受力和运动规律与静水中类似,这样可以使问题大大简化。

如果在船长范围内的流速、流向分布是变化的,则船体各部分受到的流的影响是不相同的,不能假定流场是均匀的。船舶在不均匀流场中的运动比较复杂,目前,相关的研究还不够深入。

二、均匀流对船舶运动的影响

由于随均匀流场运动的坐标系为惯性坐标系,根据牛顿运动定律可知,在均匀流场中,自由航行状态下,流不改变船舶对水的运动状态,仅使船舶对固定坐标系的平移运动速度发生变化,故水流不引起水动力的变化。

1.流对航速的影响

船舶以一定船速在均匀流场中运动时,船舶在固定坐标系的运动速度是流矢量与船速矢量的合成矢量,如图4-2-1所示,即

$$V_o = V_c + V_R \qquad (4\text{-}2\text{-}1)$$

式中:V_o——航速(SOG, Speed Over Ground),也称对地速度(m/s);

$\quad V_R$——船速(STW, Speed Through Water),也称对水速度(m/s);

$\quad V_c$——流速(m/s)。

根据流速对航速的影响可知,船舶对水的冲程不受流的影响,但顶流时对地冲程较小,流速越大冲程越小;顺流时对地冲程较大。船舶在进行靠离泊、锚泊等操作时,关注的是对地运动状态,应当考虑流的影响。在静水中减速停船时,可根据船舶停船试验资料,在适当时机采取停车、倒车、抛锚和拖船等停船措施。在有流的水域减速停船时,应根据流向、流速情况选择采取停船措施的时机。顺流时停船时机应适当提前,顶流时停船时机应适当延迟。

2.流压差角及其影响因素

流压差角是指船舶在流场中的对地运动矢量方向与船舶对水运动矢量之间的交角,在无风影响和稳定直航的情况下,即为船舶对地运动矢量方向与首尾线之间的交角。流压差角是表示流对船舶运动影响程度的重要指标。

将航速V_o沿船舶纵向和横向分解为两个分量,见图4-2-1和式(2-2-26),得:

$$\begin{cases} V_R = V_{co} = V_o - V_c = (u_r, v_r) \\ u_r = V_o \cos(\psi_o - \psi) - V_c \cos(\psi_c - \psi) \\ v_r = V_o \sin(\psi_o - \psi) - V_c \sin(\psi_c - \psi) \\ \beta = -\text{atan2}(v_r, u_r) \end{cases} \qquad (4\text{-}2\text{-}2)$$

式中:u_r, v_r——航速V_R在船舶纵向与横向的分量(m/s);

$\quad u, v$——航速V_o在船舶横向的分量(m/s);

$\quad \psi_c$——流向角(°);

ψ——航向角($°$);

ψ_0——真北与对地速度的夹角。

则流压差角可表示为:

$$\varphi = \mathrm{atan2}(v_r, u_r) - \chi \qquad (4\text{-}2\text{-}3)$$

式中:φ——流压差角($°$);

χ——斜航角($°$)。

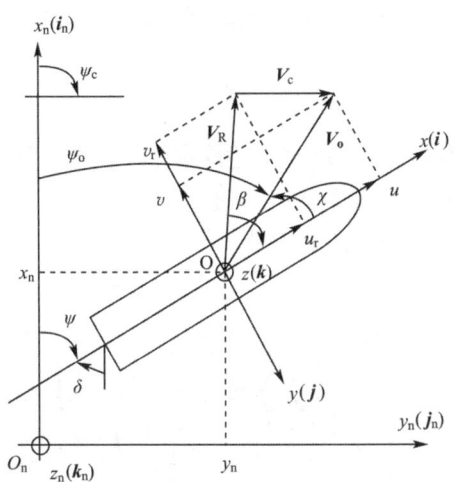

图 4-2-1 均匀流条件下船舶在固定坐标系内的运动合成矢量图

可见,流压差角与船速、流速和流舷角有关。各因素之间相互关联,很难就某一因素进行单独讨论。

流向与船首向的交角称为流舷角 θ_c,$\theta_c = \psi_c - \psi$。在仅有流时,流速一定的情况下,当流舷角 $\theta_c = 180°$ 或 $0°$,即顶流或顺流时,则流压差角 $\varphi = 0°$,这时,流只影响航速,顶流时,$V_o = V - V_c$,顺流时,$V_o = V + V_c$。

当流向角 $\theta_c = 90°$,即横流时,流的影响取决于船速。船速越高,流压差角越小,即横向漂移越小,反之,则流压差角越大。船速 $V = 0$ 时,流压差角 $\varphi = 90°$,这时,船舶以流速 V_c 横向漂移。

当 $0° < \theta_c < 90°$ 或 $90° < \theta_c < 180°$ 时,流的影响取决于船速和流速的大小。一般来说,船速越高,流压差角越小;船速越低,流压差角越大。流速越高,流压差角越大;流速越低,流压差角越小。

均匀流场虽然不改变船舶水动力,但造成船舶顺流漂移,影响船舶运动的航迹和位置。降低这种影响的方法是调整船速和航向。

流的影响是造成船舶搁浅或碰撞等事故的原因之一,尤其是在受限水域,如船舶进出港操纵、靠离泊操纵、狭水道或岛礁水域航行时。究其原因,主要是遇横流较大时船速过低造成横向漂移过大所致,其次是低速通航时船位距航行危险物或其他锚泊船的距离较近而造成的。在比较宽阔的水域,可通过提高船速或改变航向来减小流的影响;但在宽度有限的航道中航行遭遇较大横流时,只能通过提高船速的方法来降低流压差角。船舶靠离泊或港内掉头操纵过程中,一般船速较低,流的影响是不可避免的,且水域受限,不可能通过提高船速的方法减小流的影响,只能借助其他方法,如侧推器、拖船、锚等操纵手段,抵消流的不利影响。

3. 流对舵力、舵效的影响

舵力及舵力转船力矩与舵相对于水的速度(舵速)有关,而舵速又与船舶相对于水的速度

（船速）有关，与船舶对地的速度（航速）无关。在均匀流场中，船速不发生变化时，流的影响仅使航速发生变化，而不改变船舶对水的相对速度。因此，无论顶流还是顺流，舵对水的相对速度保持不变，所以在舵角相等的条件下，均匀流场中的舵力将保持不变，其舵力转船力矩也不发生变化。

根据舵效的概念可知，在狭水道、港内等受限水域操纵时，操纵人员更倾向于从运动空间内衡量船首向响应的迅速程度，因此，舵效与船舶转向速率及船舶对地的速度（航速）有关。在舵角相等、船速不变的情况下，航速越低舵效越好，反之则舵效越差。顶流时航速较顺流时低，故顶流时舵效较顺流时好，顶流时保向性也相应较好。

4.流对旋回运动的影响

在均匀流场中，船舶对水的旋回运动与上述静水中的情况一样，即对水的旋回圈大小不发生变化。但对地的旋回圈将在流的方向上以流速发生漂移而变形，流越急，这种变形就越大，如图4-2-2所示，图中虚线轨迹为无流时的情况。

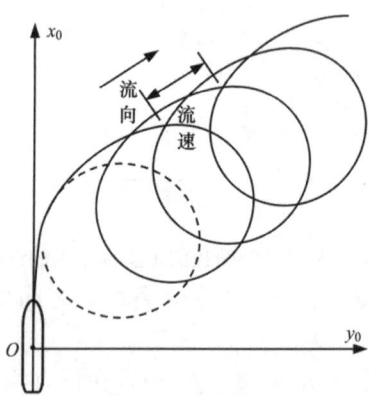

图 4-2-2　流对船舶旋回运动的影响

船舶在受限水域中回旋掉头或转向时，应对流的影响有足够的估计，预留足够的水域，选择适当的时机进行操舵。在静水中转向时，可根据船舶旋回性试验资料，在转向之前选择适当时机操舵进行转向；在有流的水域转向时，应选择好转向时机。顺流时操舵时机应适当提前；顶流时操舵时机应适当延迟。这样在流压的作用下，船位在转向后仍能保持在预定的航迹上。

在有流水域中进行旋回掉头时，流致漂移距离可用下列经验公式估算：

$$D_d = \Delta t \times V_c \times 80\% \tag{4-2-4}$$

式中：V_c——流速（m/s），通常指航道中央的流速；

　　　Δt——有流水域中船舶旋回180°所需时间（s）；

　　　D_d——旋回中的流致漂移距离（m）。顶流时为负值，顺流时为正值，航向与流向有交角时应沿流向修正。

船舶旋回180°所需时间可在船舶操纵性能资料中查得，并应根据船舶排水量、水深、船速等情况进行修正。排水量大、船速低时旋回时间明显增加，加之浅水中船舶旋回性能变差，狭水道、港内旋回时，应对旋回操船所需时间做出充分的估计。根据统计，船舶旋回180°所需时间与船大小相关：5000吨级船舶约为3.0 min，1万吨级船舶约为3.5 min，5万吨级船舶约为4.5 min，10万吨级船舶约为5.5 min，20万吨级船舶约为6.5 min。

三、非均匀流对船舶运动的影响

从船舶操纵角度来说,如果在局部水域流向和流速分布不均匀,船舶运动较为复杂。特别是在一个船长或吃水范围内的流向、流速分布不同时,水动力将发生变化。例如码头附近的回流、弯曲河段的流场都可能引发意外情况。

1. 弯曲航道不均匀流场的影响

弯曲航道属于不均匀流场,流态较为复杂。凹岸一侧受水流的冲刷,流速较大;凸岸一侧流速较小,且存在淤积现象。弯曲河道的主流、回流和横流等对船舶航行都有一定影响,加上岸壁效应,使操纵变得更加困难。由于弯道局部范围内的主流、回流等属于不均匀流场,船舶通过弯道时船首和船尾可能受到不同方向流的影响,故水动力将发生变化。

(1)顶流通过弯道

当船舶顶流进入弯道时,舵力转船力矩和船首水流的作用力矩方向相反。当舵力的转船力矩小于水流的作用力矩,且船速较低时,受横流作用容易发生船首触碰凹岸一侧岸壁的事故,如图4-2-3(a)所示。

(2)顺流通过弯道

与顶流过弯比较,顺流过弯的风险更大。当船舶顺流进入弯道时,舵力的转船力矩和船尾水流的作用力矩方向一致,当操舵过早而船速又较低时,受横流作用更容易发生触碰凹岸一侧岸壁,如图4-2-3(b)所示。

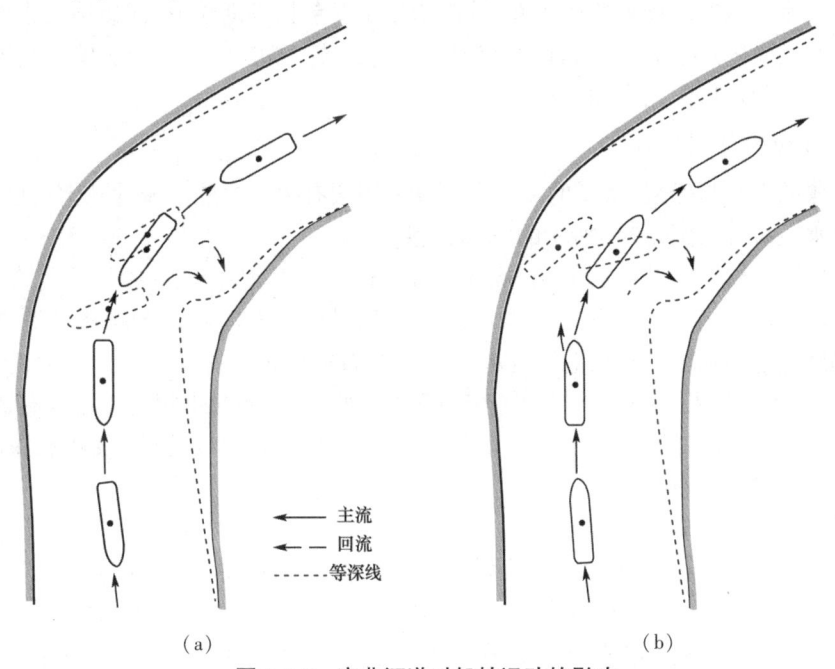

━━▶	主流
┈┈▶	回流
┈┈┈	等深线

（a）　　　　　　　　　　　　（b）

图 4-2-3　弯曲河道对船舶运动的影响

2. 垂向不均匀流场的影响

即使在平面内均匀的流场,流速甚至是流向在水深方向上分布也可能是不均匀的,这种现象在浅水中尤其明显。由于流速流向的垂向分布并不容易被发现,垂向不均匀流对船舶的影响在实践中也容易被忽略,目前关于此方面的研究还比较少见。

因为流速或流向在船舶吃水范围内是变化的,导致不同吃水的船体受到不同速度甚至不同方向的流体作用,从而影响船舶的运动和受力。当船舶首尾线与流向交角较小时,垂向不均匀流对船舶的影响较小,仅影响阻力或船速。当船舶首尾线与流向交角较大时,表层流和深层流对船体的作用力方向可能是相反的,如果作用点都在船中前或船中后,则船舶偏转方向不确定,取决于表层流和深层流对船体的作用力的大小。如果表层流和深层流对船体的作用力方向是相反的,且作用点距离较远,例如一个在船中前,另一个在船中后,船舶将产生较明显的偏转,这种现象在浅水中船速较低时比较明显。

第三节　受限水域对船舶运动的影响

受限水域(Restricted Water or Confined Water)是指水深、宽度受到限制的可航水域,例如,江河、运河、进港航道以及港内水域等。与无限水域比较,船舶在受限水域中航行时,水动力和运动特性将发生显著变化,产生浅水效应(Shallow Water Effect)、岸壁效应(Wall Effect)等现象,从而影响船舶的操纵安全。

一、受限水域的概念

船舶的运动性能受航行水域空间范围的影响。水平方向的限制称为受限水域,垂直方向的限制称为浅水。从船舶操纵角度来看,受限水域主要包括进港航道、回旋掉头水域和泊位前沿水域等。有关受限水域的水深和宽度在国际上尚无统一标准。一般以影响水动力和操纵性的程度来确定受限水域的宽度和水深。

1. 受限水域的类型

受限水域的大小与船型、水域的宽度和深度等因素有关。按照水域的几何尺度进行分类,船舶的可航水域可分为图 4-3-1 所示的三种类型。

(1)非受限浅水水域(Unrestricted Shellow Water)

非受限浅水水域是指宽度不受限制的浅水水域,见图 4-3-1(a)。船舶从外海进港航行过程中一般要经过这种水域。多数港口进港航道之外的水域属于这类水域。一般情况下,其水深为自然水深,不需要人工疏浚。但为了交通管理上的方便,有时也规定一定的有效宽度。在有效宽度之内,经常进行深度扫海,水深(h)较为可靠;在有效宽度之外,虽然水深显示可航,但其可靠性要相对差一些。

(2)受限航道(Restricted Channel)

受限航道是宽度受到限制的可航水域,也称为深水航道,如河道或港湾较深部分,见图 4-3-1(b)。从非受限浅水水域至港内泊位的水深不足以通过大船时,一般要通过人工疏浚,开出一条或多条维持一定宽度和深度的航道,以供不同大小的船舶进港使用。我国大部分海港有这种人工航道。受限航道的几何尺度包括:航道有效宽度(W_e,也称为航道底宽)、航道水深(h)、航道边坡比(l/n)、航道边坡高度(h_T)和航道横截面积(A_{ch})等。航道宽度是指航槽断面通航水深处两底边线之间的宽度,一般用 W 表示。

(3)航槽(Canal)

航槽是宽度受到限制的可航水域,如运河、人工水道或人工修缮的河道,用于航运,见图

4-3-1(c)。航槽一般要通过人工修缮。航槽的几何尺度包括:有效宽度(W_e,也称为航道底宽)、航道水深(h)和航道截面积(A_c)等。

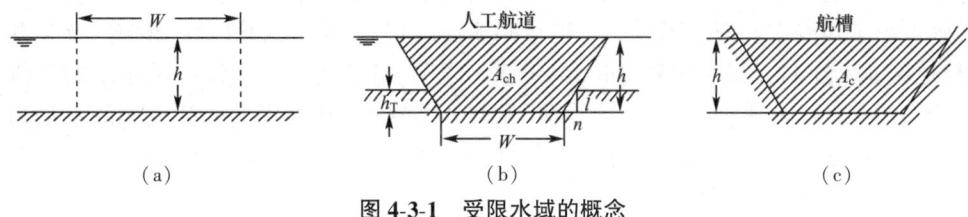

图 4-3-1　受限水域的概念

2. 浅水的概念

在受限水域,影响船舶操纵性能的因素之一是航行水域的水深。浅水是一个相对的概念,同一水深,对于小船可能是深水,而对于大船可能是浅水。显然它与船舶吃水有关,通常采用相对水深的概念来表示水深的大小,即水深吃水比(h/d)。对于一般运输船舶,根据水深对船舶操纵性能的影响程度,一般将水深分为如下4个范围:

(1)深水(Deep Water)

当 $h/d>3.0$ 时,该水深称为深水。船舶航行在深水区域时,操纵性能基本不受水深的影响。

(2)中等水深(Medium Deep Water)

当 $1.5<h/d<3.0$ 时,该水深称为中等水深。船舶航行于中等水深水域时,操纵性能将受到影响,但并不是很明显。理论上,将 $h/d=2.5$ 作为判断船舶前进中的操纵性能受到水深影响的界限。当 $h/d≤2.5$ 时,水深对操纵性能存在影响;当 $h/d>2.5$ 时,水深对操纵性能的影响可以忽略。

(3)浅水(Shallow Water)

当 $1.2<h/d<1.5$ 时,该水深就是通常所指的浅水。船舶航行于浅水水域时,操纵性能将受到明显影响,并达到易发现程度。

(4)超浅水(Very Shallow Water)

当 $h/d<1.2$ 时,该水深称为超浅水。船舶航行于超浅水水域时,操纵性能将受到显著影响。

3. 受限水域宽度

在受限水域,除水深外,航行水域宽度是影响船舶的操纵性能的因素之一。水域宽度一般用航道宽度表示。航道有效宽度也是一个相对的概念,同一宽度,对于小船可能是不受影响,而对于大船可能是影响较大。显然它与船舶尺度有关,通常采用相对宽度的概念来表示航道宽度的大小,即航道宽度与船长之比(W/L)。与浅水的概念不同,对受限水域宽度尚无统一的界定。根据航道宽度对船舶操纵性能的影响程度,一般认为 $W/L≤2$ 时,船舶水动力发生变化;当 $W/L≤1$ 时,这种影响将变得较为明显。

二、浅水效应及其对船舶运动的影响

船舶从深水水域航行至深度受限的浅水水域过程中,由于相对水流从三维流场变为二维流场,船体龙骨之下的流态必然发生变化,相应的水动力特征也随之改变,从而影响船舶的操纵运动特性。

1. 船舶在浅水中运动特点

与深水中的运动比较,船舶在浅水中运动时,其船底流态明显不同。深水中航行时,流经船底的水流由于不受空间限制而具有三维空间流动的特点,相对流速约等于船速,流速相对较为缓慢,见图4-3-2(a)。浅水中航行时,由于空间限制,流经船底的水流由深水中的三维空间流动变为向两侧的二维平面流动,流速加快,见图4-3-2(b),从而影响船体表面的水动力的大小和分布。从船舶运动状态来看,船舶由深水域驶入浅水域将产生如下现象:

(1)船舶阻力增大,船速降低;

(2)船舶水动力和水动力矩增大,横移和转向困难;

(3)船体下沉和纵倾变化加剧;

(4)船体发生剧烈振动;

(5)船舶操纵性发生变化。

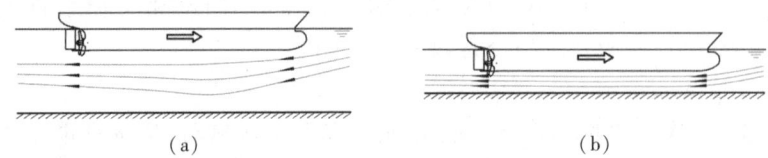

(a)   (b)

图4-3-2　水深对船底流态的影响

2. 浅水对船舶阻力的影响

船舶阻力与相对水流的流速、排水量、船型等多种因素有关。第一,船舶在受限水域中航行时,由于船体周围水流加速,增大了船舶摩擦阻力。同时,船体周围压力降低,引起船体下沉,吃水增大,故增加了湿水面积。第二,由于船舶在浅水域中兴波增强,增大了兴波阻力。第三,船舶在受限水域中航行时,其螺旋桨盘面附近涡流增强,推进器效率降低。这些因素的综合影响使船速降低,而且,航道越狭窄、水深越浅,船舶阻力增大越明显,船速也相应降低。浅水阻力增大也是港内船速比海上船速低的原因之一。

3. 浅水对横向水动力及水动力矩的影响

在浅水区域,船舶横向水动力及水动力矩随着水深的变浅而增大。图4-3-3和图4-3-4分别给出了某船不同水深的横向水动力系数及水动力矩系数的船模试验结果。可见,随着水深变浅,横向水动力系数和水动力矩系数将成倍增大。尤其是在$h/d<2$之后,随着相对水深变浅,水动力系数和水动力矩系数增大更加明显。横向水动力及水动力矩的增加对船舶操纵的影响主要体现在靠泊时不易横移和不易转船,造成船舶靠离泊或回旋掉头困难增加。

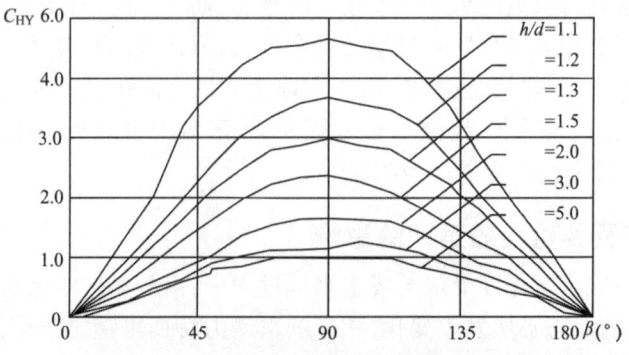

图4-3-3　不同水深的横向水动力系数

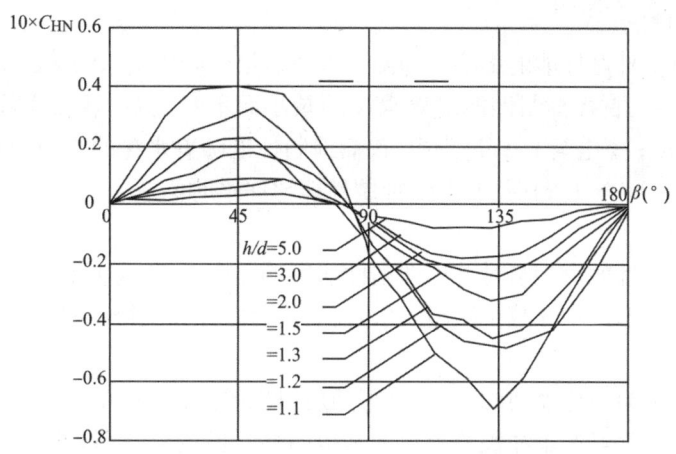

图 4-3-4 不同水深的水动力矩系数

4. 浅水对附加质量和附加惯性矩的影响

有关试验结果表明，船舶在受限水域航行时，受浅水和宽度的影响，船体周围水流加速，则船体附加质量和附加惯性矩较无限水域有明显的增加。其增加幅度与水深吃水比、航道宽度、船速、船型等多种因素有关。水深吃水比（h/d）越小、航道宽度与船长之比（W/L）越小、船舶方形系数越大、船速越高，附加质量及附加惯性矩增加幅度越大。当 $h/d<2$ 时，其增加量值比较明显；当 $h/d<1.5$ 时，附加质量及附加惯性矩将成倍增大。

由于附加质量及附加惯性矩将急剧增大，在船型、吃水相同的情况下，外力作用大小和方向相同时，船舶在浅水域中的运动加速度和角加速度要比在深水中低。也就是说，船舶在浅水中比在深水中更加不易改变运动状态。

5. 浅水对船舶操纵性的影响

船舶驶入浅水水域的过程中，由于阻力、横向水动力、水动力矩以及附加质量和附加惯性矩随着水深的变浅而增大，其操纵性会发生明显的变化。研究浅水对船舶操纵性的影响的方法通常是在不同水深下进行标准操纵性试验，然后将其结果进行对比，得出具有指导意义的结论。实际上，标准操纵性试验大多是在深水中进行的，浅水中的操纵性试验相对较少，大多采用仿真计算的方法进行浅水操纵性比较。

浅水中的实船试验资料较为稀少。目前掌握的最完整的浅水中的实船试验资料是 1977 年 Esso Osaka 轮的实船试验结果。第 16 届 ITTC 操纵性委员会对试验结果进行了总结，以供指导实践。以下就其要点讨论浅水对操纵性的影响。

（1）浅水对旋回性的影响

船舶在浅水中航行时，首先，由于船尾涡流和伴流增强，舵力的降低，且水深吃水比越小，舵力下降越明显；其次，船舶附加惯性矩、旋回阻尼力矩均有所增加，其中旋回阻尼力矩增加得较附加惯性矩更快。

在浅水中，当富余水深为吃水的 20%（$h/d=1.2$）时，旋回圈中的旋回初径比深水中的试验结果大 75%，其漂角和旋回速降也相应减小；当富余水深为吃水的 50%（$h/d=1.5$）时，与深水试验结果比较，浅水中旋回性能的变化不是很明显。

（2）首摇抑制性能

水深对船舶首摇抑制性能的影响分为两个阶段。第一阶段是水深从深水变化至中等水深（$h/d=1.5$）的过程中，首摇抑制性能随着水深的减小而不断变差；第二阶段是从中等水深变化至浅水（h/d 从 1.5 变化至 1.2）过程中，首摇抑制性能随着水深的减小而不断变好，当富余水深为吃水的 20%（$h/d=1.2$）时，其首摇抑制性能比深水时要好。

（3）航向稳定性

水深对航向稳定性的影响与对首摇抑制性的影响是一致的，即从深水变至中等水深过程中，航向稳定性不断变差，水深减小至超浅水时，航向稳定性又变得较好。

（4）停船性能

由于浅水中船舶阻力增大的同时，船体附加质量也增大，主机倒车推力也受水深影响而降低，因此综合来看，水深对倒车冲程的影响不是很明显。但浅水中倒车操纵过程中，螺旋桨横向致偏作用比较明显。试验结果表明，对于试验船型（右旋单桨油船），水深对停船性能的最大影响体现在速度较低的情况下。倒车过程中的船首向右偏转的角度在深水、中等水深和浅水中的数值分别为 18°、50° 和 88°。

三、岸壁对船舶运动的影响

在受限水域，由于边界（如航道岸壁或码头岸壁）的限制，船体周围的流态必然发生变化，相应的水动力特征也随之改变。船舶运动形式不同，岸壁影响也不同。船舶沿航道与岸壁平行运动时，会产生船舶的横移和转头，俗称岸壁效应。船舶以一定横向速度接近岸壁的过程中，水动力随离岸距离的减小而增大，称为弹性（Cushion）效应。

1. 岸壁效应

岸壁效应是船体两侧流体动力不对称引起的，与船型、船舶的运动状态以及岸壁形状等多种因素有关。目前对岸壁效应的理论和试验研究较多，定量计算也能反映有限的几个主要参数的影响。

（1）岸壁效应的现象

船舶偏离航道中线而靠近航道一侧岸壁时，靠近岸壁的一舷水流加速、压力降低，另一舷压力相对较高，产生使船舶靠近岸边的附加作用力，即岸吸力，它可能导致船舶触碰岸壁。同时船首两舷压力差还产生一个使船首偏离岸壁的力矩，即岸推力矩。岸吸力和岸推力矩统称为"岸壁效应"，它可能导致船尾触碰岸壁，见图 4-3-5（a）。

实际上，当船舶航行在宽度受限的航道内时，左、右舷均受到岸壁的影响，因此岸壁对船舶运动的影响可分为两种情况，一种是船舶航行在航道中心线的情况，另一种是船舶偏离航道中心线而靠近一侧岸壁的情况。

船舶在航道中心线附近航行时，与无限水域比较，由于水域宽度受限，船体周围的水流加速，压强降低，阻力增大，船速降低。但由于左、右舷均受到岸壁的作用，两者几乎是对称的，作用力相互抵消，则岸壁影响不至于使船舶发生岸壁效应，见图 4-3-5（b）。

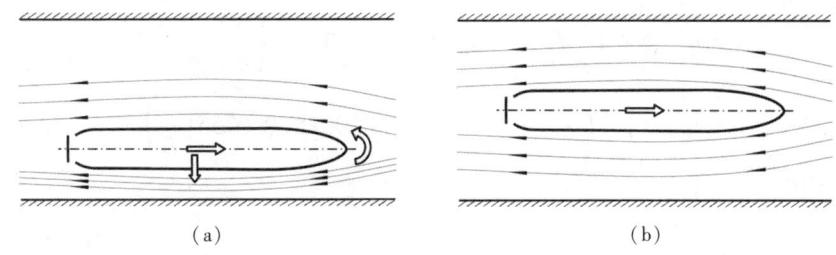

图 4-3-5 岸壁对船体周围流态的影响

（2）影响岸壁效应的因素

理论和试验研究表明,岸壁效应与船型、船速、水深、岸壁距离以及岸壁的几何形状等多种因素有关。同样的条件下,船型肥大的船舶相对瘦削型船舶的岸壁效应明显,系数越大,岸吸力和岸推力矩越大。对于给定的船舶,岸壁影响与下列因素有关:

①船舶和岸壁之间的距离

一般来讲,横向力和转首力矩随距离的减小而增大,但距离很小时,转首力矩可能会减小。

②前进速度

横向力和转首力矩大致与前进速度的平方成正比。特别是在浅水中,船速的影响更加明显。

③水深

当深度和宽度同时受到限制时,将同时发生浅水效应和岸壁效应,这两种效应相互叠加,使岸壁效应和浅水效应更加剧烈,这种效应称为阻塞效应。在水深吃水比 h/d 较小时,由于船舶排开的水流空间受到限制,相对流速进一步增大,则岸壁效应、船体下沉、船速降低等现象更为剧烈。试验表明,h/d 对岸吸力的影响是非线性的,当 h/d 大于 1.1~1.25 的某一临界值时,船舶受到岸吸作用;当 h/d 小于临界值时,岸吸会变成排斥。在 h/d 很小时,岸推力矩急剧增大。

④螺旋桨效应

有关试验结果表明,在岸壁附近,螺旋桨旋转导致船体尾部发生岸吸。除了船舶的离岸距离以外,螺旋桨旋转导致的岸吸受水深和吃水比 h/d 的影响较大。在 h/d 较小,螺旋桨转速为 0 时,可能发生排斥现象;如果进车,则螺旋桨效应可能导致排斥转变为岸吸。

⑤岸壁的几何形状的影响

试验表明,岸壁的坡度、淹没率、穿透率等几何参数(如图 4-3-6 所示)对岸壁效应的影响较大。直立岸壁岸吸力和岸推力矩最大。对于倾斜岸壁来说,坡度越陡峭,岸吸力和岸推力矩越大;岸壁的坡度越平缓,岸吸力和岸推力矩越小。淹没岸壁水下部分(h_1)越大,越接近直立岸壁的情况。

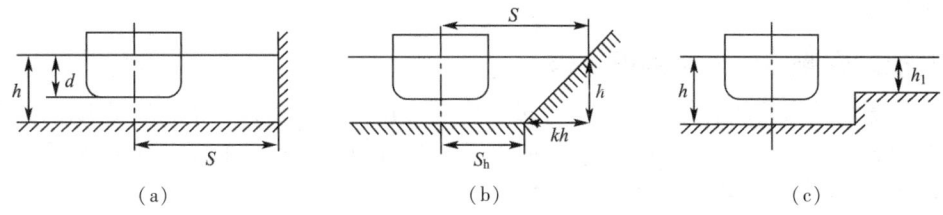

图 4-3-6 岸壁的几何形状

（3）岸吸力和岸推力矩的计算

Norrbin 分别在 1974 年和 1985 年通过船模试验,提出了油船在岸壁几何形状不同的情况下的岸吸力和岸推力矩的计算公式。

对于直立岸壁,如图 4-3-6(a)所示,Norrbin 给出了下列公式:

$$Y=\rho \cdot C_{b} \cdot B \cdot d \cdot u^{2} \cdot \eta_{0}\left[0.0925+0.372\left(\frac{d}{h}\right)^{2}\right]$$

$$N=-\rho \cdot C_{b} \cdot L \cdot B \cdot d \cdot u^{2} \cdot \eta_{0}\left[0.0025+0.0755\left(\frac{d}{h}\right)^{2}\right]$$

(4-3-1)

式中: Y——岸吸力(N);

N——岸推力矩(N·m);

C_{b}——方形系数;

L——垂线间长(m);

B——船宽(m);

d——船舶吃水(m);

u——船速(纵向速度)(m/s);

η_{0}——船宽 B 与船中至航道边界的距离 S 之比 B/S;

h——水深(m)。

对于斜坡岸壁,如图 4-3-6(b)所示,Norrbin 给出了下列公式:

$$\begin{cases}Y=Y_{k=0}\left(1+0.377\eta_{0}k+19.53\dfrac{u^{2}}{gL}k+0.0673k^{3}-0.0988\dfrac{d}{h}k^{3}\right)\\ N=N_{k=0}\left(1-0.750\eta_{0}k+81.8\dfrac{u^{2}}{gL}k-0.0331k^{3}+0.0195\dfrac{d}{h}k^{3}\right)\end{cases}$$

(4-3-2)

对于淹没岸壁,如图 4-3-6(c)所示,Norrbin 在 1974 年提出了下列公式:

$$Y=Y_{(h_{1}=0)}e^{-2\frac{h_{1}}{h-h_{1}}}$$

(4-3-3)

2. 弹性(Cushion)效应

船舶以一定横向速度向固定岸壁移动时,例如靠码头过程中的船舶运动,横向水动力随距岸壁的距离的减小而增大。对于船舶靠泊操纵来说,弹性效应是个有利于安全的现象。

弹性效应主要与船舶离岸壁距离、水深和螺旋桨转速等因素有关。某巴拿马型散货船试验结果表明,弹性效应横向水动力在船舶离岸壁距离小于 2 倍船宽时明显增大,距离小于 1 倍船宽时急剧增大。弹性效应受水深吃水比 h/d 的影响较大,试验结果表明,当 $h/d=1.1$ 时,弹性效应横向水动力最大值(离岸壁距离为零时最大)可达到开阔水域横向水动力的 2.5 倍以上。另外,弹性效应还受到前述螺旋桨效应的影响,进车时螺旋桨效应导致的岸吸会减小船舶的横向水动力。

四、船舶在受限水域中的航迹带

航迹带宽度是指船舶航行中保持航迹过程中所占用的水域宽度。航迹带宽度也称为"保向宽度",它是由于船舶横荡和首摇运动而产生振荡,这种振荡轨迹宽度就是所谓的"航迹带",如图 4-3-7 所示。图中的"A"即为航迹带宽度。

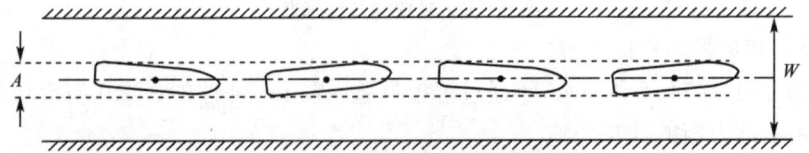

图 4-3-7　航迹带宽度示意图

在较为宽广的水域,航迹带宽度相对于水域宽度极其微小,航迹带宽度仅影响船舶航行效率,对船舶安全不构成威胁,故人们几乎不关心航迹带宽度。但在受限水域,航迹带宽度将直接影响船舶的航行安全。如果航迹带宽度大于航道宽度,则船舶已经偏出航道,可能造成船舶搁浅或碰撞等事故。此外,航迹带宽度是确定航道宽度的基础。因此,不但操船者关注航迹带宽度,航道设计部门同样关心航迹带宽度。

航迹带宽度的大小与船舶操纵性能(保向性)、操船者的操船技能(操船者对航向偏差的反应)、航行环境(水域环境和水文气象)等因素有关。

1. 无风无流时的航迹带宽度

在无风无流的情况下,航迹带宽度仅与船舶操纵性能和操船者的操船技能有关,故称为操纵宽度。根据有关资料,为了确定操纵宽度,通常将船舶按照操纵性能分为优、良和差三个等级。对于一般的操船者,三个等级的操纵宽度见表4-3-1。表中引用了操纵宽度系数的概念,它将船舶操纵宽度根据操纵性的优劣分为三个等级,并分别赋予相应值,该数值和船宽的乘积即为无风无流情况下的航迹带宽度。

表4-3-1　船舶操纵宽度

船型	操纵性分类	操纵宽度系数	航迹带宽度
军舰、集装箱船	优	1.6	$1.6B$
新油船、矿船	良	1.8	$1.8B$
老旧矿船、油船	差	2.0	$2.0B$

2. 风对航迹带宽度的影响

如前所述,风作用于水面船舶产生两种效应,即横向漂移和偏转。横向漂移可用改变航向的方法保持一定的风压差角来抵消;偏转可用操一定舵角产生的舵力矩来克服。操舵克服偏转和横向漂移的过程中,必然造成船舶的首摇运动,进而会增大船舶操纵宽度。

风的作用大小取决于相对风向、相对风速与船速之比、水深与吃水之比、船舶载况、船型等诸多因素。一般情况下,船舶首尾方向来风,风速小于10倍船速时,对船舶航迹宽度影响不大。但随着风向转向正横方向,对航迹宽度的影响会逐渐增大,正横受风时影响最大。船舶压载状态下,风造成的首摇运动最为明显。因此,风作用下产生的额外航迹带宽度增量选择船舶压载状态,不同船舶正横受风产生的航迹带宽度增量情况见表4-3-2。

表4-3-2　风致航迹带宽度增量

风速等级	各种操纵性能级别的航迹带宽度增量		
	优	良	差
弱(<15 kn)	$0.0B$	$0.0B$	$0.0B$
中(15~33 kn)	$0.3B$	$0.4B$	$0.5B$
强(>33 kn)	$0.6B$	$0.8B$	$1.0B$

3. 流对航迹带宽度的影响

流作用于航道中航行的船舶产生的效应主要是顺流漂移。克服顺流漂移的方法是改变航向保持一定的流压差角。同理,改向必然造成船舶的首摇运动,进而会增大船舶操纵的航迹带宽度。

流的作用效果取决于流速、水深与吃水之比、船舶载况、船型等因素。一般情况下,船舶首尾方向来流对船舶航迹宽度影响不大。但随着流向转向正横方向,对航迹宽度的影响会逐渐增大,正横受流时影响最大。船舶满载状态下,流造成的横向漂移最为严重。因此,流作用下产生的额外航迹带宽度增量选择船舶满载状态,不同船舶正横受流产生的航迹带宽度增量见表4-3-3。

表 4-3-3　流致航迹带宽度增量

流速等级	各种操纵性能级别的航迹带宽度增量		
	优	良	差
微(<0.2 kn)	0.0B	0.0B	0.0B
弱(0.2~0.5 kn)	0.1B	0.2B	0.3B
中(0.5~1.5 kn)	0.5B	0.7B	1.0B
强(>1.5 kn)	0.7B	1.0B	1.3B

4. 船速的影响

在考察船舶在航道中航行的航迹带宽度时,船舶通过航道的船速也是一个应考虑的因素。相对于风、流的影响来说,船速的影响相对较小。研究表明,在船速高于12 kn时,航迹带宽度要增大0.1B;在船速低于12 kn时,船速的影响不大。现代集装箱船通过航道时的船速可能高于12 kn,因此,应考虑其影响。

第四节　航行下沉量及富余水深

船舶在海上航行时,受外界条件和船舶运动的影响,船舶吃水将会增加。在受限水域,这种吃水的增加将影响船舶操纵性能,严重时可能造成船舶触底或搁浅,这就要求船舶水下留出一定的安全空间。本节重点讲述与船舶运动有关的航行下沉量,并介绍富余水深的确定和国际通常做法。

一、航行中船体升沉与纵倾

船舶在水中运动过程中,运动速度不同使船体周围压力分布发生变化。船舶运动时,船体将水向船体周围排开,使船体首尾方向的流态发生变化,造成水压力分布的不均匀。这种不均匀表现在船首、船尾附近产生高压区(且船首压力高于船尾),船中附近产生低压区。由此造成船体周围水位下降或上升,从而使船体上升、下降或纵倾。这种船舶浮态的变化称为升沉与纵倾。在浅水中,船舶的升沉与纵倾更为剧烈。

1. 深水中的船体升沉与纵倾

在无限水域深水中,船体升沉与纵倾主要取决于船型和船速。图4-4-1给出了某高速船无限水域深水中的船首、船中和船尾吃水随船速的变化情况。图中纵坐标为上述三个变化量升沉值,横坐标为弗劳德数($Fr=V/\sqrt{g \cdot L}$)。由图可见,按照船速的高低,船体升沉与纵倾分为三个区域,即浮力支撑区、过渡区和滑行区。

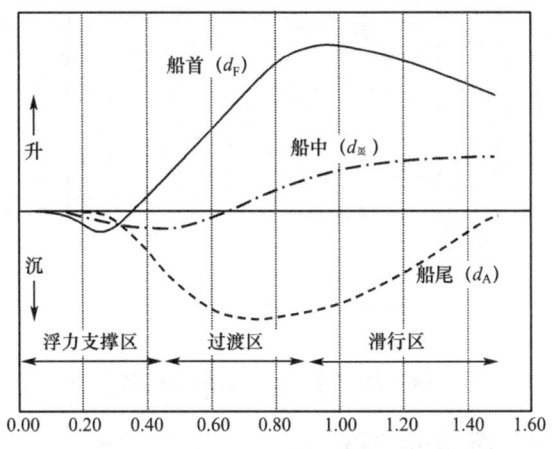

图 4-4-1　深水中的船舶航行下沉与纵倾

（1）在浮力支撑区，船舶完全由浮力支撑在水面航行。0.1<Fr<0.3 时，船首表现为下沉，而船尾在低速时基本不发生升沉，只有在 Fr>0.25 时才开始下沉，且该下沉量小于船首下沉量，则在该船速区间内船舶浮态和纵倾状态表现下沉、首倾。由于一般运输船舶 Fr<0.3，故多数运输船舶在无限水域航行时船首下沉量大于船尾下沉量，即静止中为平吃水状态的船舶将表现为首倾。

（2）在过渡区，0.3<Fr<0.6，船舶浮态处于浮力支撑和动力支撑状态，且以浮力支撑为主。当 Fr≈0.3 时，船首开始上升，而船尾继续下沉，当船尾下沉量超过船首下沉量时，静止中为平吃水状态的船舶将由首倾转变为尾倾。在 0.3<Fr<0.6 船速区间内，随着船速的提高，船首继续上升，船尾继续下沉至最低点，则船舶浮态开始时表现下沉，随着船速的提高而变为上浮，纵倾状态表现为尾倾。部分高速客船可以达到该速度区间，如水翼船。

（3）在滑行区，船舶浮态处于动力支撑状态。当 Fr>0.6 时，船首继续上升，达到一定程度时开始下降。而船尾将从下沉的最低点开始上升，船舶保持其尾倾状态而继续上浮，当达到某一速度时，船舶浮态和纵倾将保持不变并处于在水面的滑行状态，如高速快艇。

2. 受限水域中的船体下沉

在受限水域，水域宽度和深度的限制，改变了船体周围的流态，使船舶首尾线方向的压力分布发生变化。在浅水中，由于船体周围的流动由三维流动变为二维流动，流速增加，使船体周围水压力的变化加剧，船中低压区扩展至船尾，船体下沉和纵倾变化均较深水中更为显著。浅水中出现尾倾和上浮的船速较深水低，但浅水中阻力增大，普通船舶在浅水中远远达不到尾倾和上浮的船速。在宽度受限的航道中，因船侧与岸壁之间宽度的减小，船体周围流速变快，使船体下沉量比无限水域中更大。

试验结果表明，受限水域中船体下沉及纵倾较无限水域中更加明显，使富余水深变得更小，不但使船舶操纵性能降低，严重时可能造成擦底或搁浅，对船舶安全构成威胁，这也是船舶港内航行所面临的危险之一。

图 4-4-2 为某 60000 吨级散货船船模在不同水深中的首、尾下沉量的比较，由图可见，浅水中出现船体下沉的船速较低；随着水深变浅，同一船速下的首、尾下沉量逐渐增大。

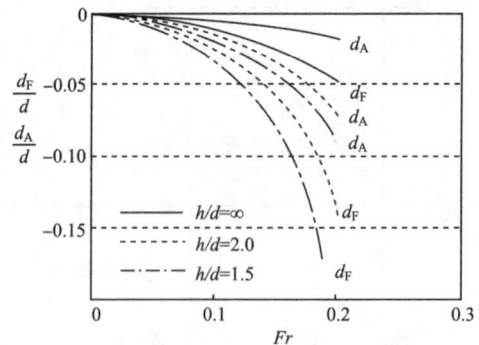

图 4-4-2　水深对下沉量的影响

二、受限水域船体下沉量的估算

船舶航行下沉量的计算精度对估计安全航行所需富余水深有着极其重要的影响。因此，很多专家提出一些根据参数计算船体下沉量的方法。了解这些公式的适用范围及其应用条件，有助于确保船舶在浅水中的航行安全。如前所述，在一般运输船舶的船速范围内，船首下沉量大于船尾下沉量，因此，一般仅计算运输船舶的船首下沉量。

1. 常用计算公式

1966—1967 年，Tuck 应用细长体理论首先对船舶下沉量和纵倾进行了理论计算，1970 年，Tuck 和 Taylor 提出了一种近似计算公式。在此基础上，此后出现了许多解析式或半经验估算公式。

（1）Tuck 和 Taylor 公式

在 1970 年，Tuck 和 Taylor 提出了一种近似计算公式：

$$s_M = C_Z \frac{\triangledown}{L_{pp}^2} \cdot \frac{Fr_h^2}{\sqrt{1-Fr_h^2}}, \Delta t = C_\theta \frac{\triangledown}{L_{pp}^2} \cdot \frac{Fr_h^2}{\sqrt{1-Fr_h^2}} \qquad (4\text{-}4\text{-}1)$$

式中：s_M——船体平均下沉量（m）；

Δt——吃水差变化量（m）；

L_{pp}——船长（垂线间长）（m）；

$\triangledown$——船舶排水体积（m^3）；

Fr_h——水深弗劳德数，$Fr_h = V/\sqrt{g \cdot h}$，$V$ 为船速（m/s），h 为水深（m）；

C_Z——平均下沉量系数；

C_θ——吃水差变化量系数。

（2）Hooft（1974）公式

Hooft 在 1974 年利用 Tuck 和 Taylor 在 1970 年提出的计算方法，将 C_Z 取 1.4~1.53，C_θ 取 1.0，给出了适用于开敞的浅水的船首下沉量计算公式：

$$s_b = 1.46 \frac{\triangledown}{L_{pp}^2} \cdot \frac{Fr_h^2}{\sqrt{1-Fr_h^2}} + 0.5 L_{pp} \sin\left(\frac{\triangledown}{L_{pp}^3} \cdot \frac{Fr_h^2}{\sqrt{1-Fr_h^2}}\right) \qquad (4\text{-}4\text{-}2)$$

式中：s_b——船首下沉量（m）；

$\triangledown$——船舶排水体积（m^3）。

（3）Huuska（1976）公式

Huuska 在 1976 年以类似的方法提出了一种更为简单的计算方法。考虑到水域宽度的影响,引入了阻塞系数的概念,给出了船首下沉量估算公式:

$$s_b = 2.4 \frac{\nabla}{L_{pp}^2} \cdot \frac{Fr_h^2}{\sqrt{1-Fr_h^2}} K_s \tag{4-4-3}$$

式中: K_s——航道系数,为阻塞系数 s_1 的函数,按 $s_1 = \frac{A_s}{A_{ch}} \cdot \frac{1}{K_1}$ 计算。其中, A_s 为船中水下横截面积; A_{ch} 为航道横截面积; K_1 根据 A_s/A_{ch} 和 h_T/h 查图 4-4-3 中曲线获得。

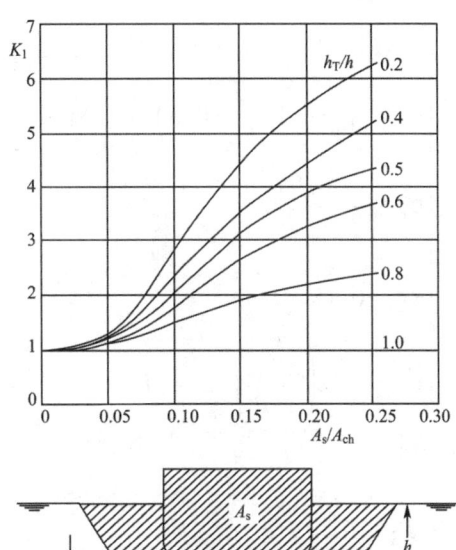

图 4-4-3 阻塞系数

当 $s_1 > 0.3$ 时, $K_s = 7.45 \cdot s_1 + 0.76$;

当 $s_1 \leq 0.3$ 时, $K_s = 1$ (相当于开敞水域)。

（4）Eryuzlu 和 Hausser（1978）公式

Eryuzlu 等 1978 年在三艘有球鼻首的油船模型试验研究基础上,得出 h/d 为 1.08~2.78,适用于 VLCC 在无限水域的浅水中船首下沉量回归公式:

$$s_b = 0.113 \left(\frac{h}{d}\right)^{-0.27} B \cdot Fr_h^{1.8} \tag{4-4-4}$$

式中: d——船舶吃水（m）;

B——船宽（m）。

（5）Barrass（1981）公式

Barrass 于 1979 年在实船试验和模型试验的基础上,给出了适合于 $h/d = 1.08~2.78$ 、 $C_b = 0.50~0.90$ 的船舶在受限水域船首下沉量的回归公式:

$$s_b = \frac{1}{30} C_b \cdot \left(\frac{A_s}{A_{ch}-A_s}\right)^{\frac{2}{3}} \cdot V^{2.08} \tag{4-4-5}$$

式中:V——船速(kn);

A_s——船中水下横截面积(m^2);

A_{ch}——航道横截面积(m^2)。

1981 年,Barrass 又对该公式进行了简化,对于开敞水域,按照下式计算:

$$s_b = \frac{1}{100} \cdot C_b \cdot V^2 \qquad (4\text{-}4\text{-}6)$$

(6)Romisch(1989)公式

Romisch 在 1989 年对 Fuehrer 和 Romisch(1974)的计算公式进行了修正,提出受限水域中的船首下沉量的计算公式:

$$\begin{cases} s_b = C_V \cdot C_F \cdot K_{\Delta d} \cdot d \\[2mm] C_V = 8\left(\dfrac{V}{V_{cr}}\right)^2\left[\left(\dfrac{V}{V_{cr}}-0.5\right)^4+0.0625\right] \\[2mm] C_F = \left(\dfrac{10C_b B}{L_{pp}}\right)^2 \\[2mm] K_{\Delta d} = 0.155\sqrt{\dfrac{h}{d}} \\[2mm] V_{cr} = 0.58\left(\dfrac{h}{d}\dfrac{L_{pp}}{B}\right)^{0.125}\sqrt{gh} \end{cases} \qquad (4\text{-}4\text{-}7)$$

式中:C_V——船舶速度修正系数;

C_F——船型修正系数;

$K_{\Delta d}$——船体下沉临界速度;

V_{cr}——船舶的临界速度。

(7)Millward(1990)公式

Millward 在 1990 年在船模试验的基础上,给出了适合于 $C_b = 0.44 \sim 0.83$、$L/h = 6 \sim 12$ 的船首下沉量的计算公式:

$$s_b = \left(15.0C_b\frac{B}{L_{pp}}-0.55\right)\frac{Fr_h^2}{1-0.9Fr_h}\frac{L_{pp}}{100} \qquad (4\text{-}4\text{-}8)$$

Millward 指出:该公式可能对船体下沉量估计过大,但其结果是偏于安全的。

(8)Millward(1992)公式

Millward 在 1992 年又在 Tuck 公式格式的基础上,对其计算公式进行了修正,给出了船首下沉量的计算公式:

$$s_b = \left(61.7C_b\frac{d}{L_{pp}}-0.6\right)\frac{L_{pp}}{100}\frac{Fr_h^2}{\sqrt{1-Fr_h^2}} \qquad (4\text{-}4\text{-}9)$$

(9)Eryuzlu(1994)公式

Eryuzlu 等在 1994 年在船模试验的基础上给出了适合于 $h/d = 1.1 \sim 2.5$、$C_b \geqslant 0.80$、$L/B = 6.7 \sim 6.8$、$B/d = 2.4 \sim 2.9$ 的散货船的船首下沉量的计算公式:

$$s_b = 0.298\frac{h^2}{d}\left(\frac{V}{\sqrt{g \cdot d}}\right)^{2.289}\left(\frac{h}{d}\right)^{-2.972}K_b \qquad (4\text{-}4\text{-}10)$$

式中：K_b——航道影响系数。当 $W/B<9.61$ 时，$K_b=3.1/\sqrt{W/B}$；当 $W/B\geqslant9.61$ 时，$K_b=1$（开敞水域）。

2. 计算方法比较

比较计算结果表明，无论是高速或低速的范围内，船首下沉量的计算结果有如下特点：对于除集装箱船外的其他船型，Eryuzlu(1994)公式的计算结果偏小，Millward(1992)公式的计算结果偏大；而对于集装箱船，Romisch(1989)计算公式的计算结果偏小，Eryuzlu(1978)公式的计算结果偏大。

如果不考虑 Millward(1990)和 Millward(1992)两个公式（过于保守），从偏于安全的角度出发，对于各种船型，Barrass(1981)和 Huuska(1976)三个公式结算结果比较稳定。其中 Barrass(1981)公式考虑的因素又过于简单，因此，对于开敞的浅水水域，比较合适的计算公式是 Huuska(1976)。

为了验证各种公式的计算精度，国际上进行了大量的实船测试研究。1997 年和 1998 年，Ankudinov 等在巴拿马运河利用 DGPS(差分 GPS)进行了大量实船测试。此后，D. T. Stocks 等对圣劳伦斯航路的船舶最大下沉量进行了实船测试研究。测试结果表明，对于巴拿马型集装箱船，Barrass(1981)和 Huuska(1976)的计算公式与试验结果较吻合。但其试验结果表明对于集装箱船，低速时计算结果与试验结果较吻合，高速时计算结果均小于试验结果。

目前，有关大型集装箱船的计算公式还不是很完善，严格来说，本书引用的公式都不适用于大型集装箱船舶下沉量的计算。

从各计算公式的适用范围来看，Eryuzlu(1994)不适用于开敞水域的情况，如果不考虑航道宽度的影响，其计算结果都偏小。

对于超大型船舶(VLCC)的计算结果，由于还没有试验结果的验证，其计算精度还不明确。

三、富余水深及其影响因素

港口航道设计和船舶实际通航时均需要确定富余水深。确定富余水深需要综合考虑引起船舶吃水变化和实际水深误差的因素。从安全操纵角度考虑，船舶操纵人员希望富余水深大一些，从经济效益角度考虑，港口经营人员希望富余水深小一些，这就要求在安全与效益之间取得一个平衡，既要确保安全，又要保证一定的效益。

1. 富余水深的定义

为了保证船舶航行安全，并使船体水下有足够的空间供船舶操纵，在考虑航行水域条件和气象条件的基础上，船舶龙骨下水深留有一定的安全余量，该余量通常称为"富余水深(Under Keel Clearance，UKC)"。由于航行中的船舶存在船体下沉和纵倾，船舶纵摇、横摇以及垂荡也会引起实际吃水增大，加上水深也受潮高的影响，因此，富余水深是根据海图水深、潮高以及船舶静止吃水来确定的，即

$$UKC=h+\Delta h-d \tag{4-4-11}$$

式中：UKC——富余水深(m)；

　　h——海图水深(m)；

　　Δh——潮高(m)；

d——船舶静止时的最大吃水(m)。

2. 影响富余水深的因素

由于各港口的水域、水文和气象条件不尽相同,不可能规定统一的富余水深标准。尽管没有统一的富余水深标准,但确定富余水深所考虑的因素是统一的。

影响富余水深的因素可归结为引起吃水变化的因素和引起水深变化的因素两方面内容,即富余水深与实际水深和船舶吃水有关。其中实际水深与潮汐有关,而潮汐是动态的,故富余水深也应该是动态的。引起吃水变化的因素包括船舶纵倾、横倾、航行下沉和纵倾以及波浪引起的船舶吃水增量等。因缺乏对各种解析式和经验公式的验证数据。其中波浪富余水深和航行船体下沉量是传统上最难以确定的两个因素。

四、富余水深的计算

确定富余水深时,既要保证船舶具备一定的操纵性能,又能发挥航道潜力。因此富余水深应根据船舶状态(如船速、吃水、纵倾等)和环境条件(如海况、气象、潮汐、航道宽度、水深、船舶通航密度等)加以确定。确定富余水深应考虑各种因素引起的船舶航行中吃水增量和实际水深误差,这些因素的影响都体现为一定的水深富余量,这些富余量的总和即为富余水深。

1. 富余水深的构成

影响富余水深的因素较多,只能考虑主要因素的影响,有些因素的影响也可以合并处理。通常,富余水深可以分解为波浪富余深度、船舶航行下沉量、船舶纵倾富余深度、龙骨下最小富余深度(保证操纵所需)以及其他富余深度等,如图4-4-4所示,即

$$UKC = s + h_1 + h_2 + h_3 + h_0 \qquad (4\text{-}4\text{-}12)$$

式中:s——船舶航行下沉量(m);

h_1——龙骨下最小富余深度(m);

h_2——波浪富余深度(m);

h_3——船舶纵倾富余深度(m);

h_0——其他富余深度(m)。

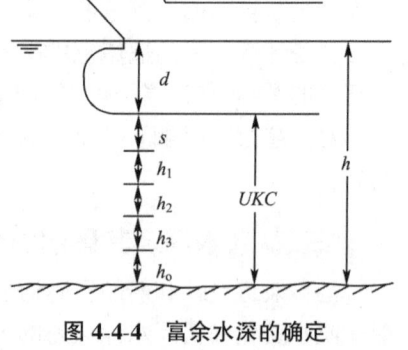

图4-4-4 富余水深的确定

2. 富余深度的计算

将富余水深分解为各因素引起的富余量之后,可以利用现有的理论或经验公式分别进行计算和估算。

(1)船舶航行下沉量 s

船舶航行下沉量是指船舶在水中的运动引起的吃水增加量。影响船体运动下沉的因素有航道断面形状、宽度和水深,船舶航速、纵倾以及相对于航道中心线的位置等,有关其计算方法较多,其细节参见本节上述计算方法。

(2)龙骨下最小富余深度 h_1

龙骨下最小富余深度也称为底质富余深度,是指考虑船舶航行下沉量后船舶基线至海底的最小富余深度,也有资料称其为净富余深度。该富余深度有两个作用,其一是防止船舶擦底或搁浅;其二是保证船舶具有一定的操纵性能。

龙骨下最小富余深度是一项综合因素所要求的富余量,主要与水域底质情况、船舶大小、水深测量和观测潮位误差、海底障碍物、船间效应、岸壁效应、船泵与冷凝器进水口的要求、水密度、人为因素以及不可预见的其他误差等有关。全部定量考虑这些因素的数值是很困难的,所以一般根据海底底质条件确定。有关标准给出了取值大小,见表4-4-1。

表 4-4-1　龙骨下最小富余深度

底质	富余深度
软性底质(泥底)	0.25 m
中等底质(沙质)	0.60 m
硬性底质(岩质)	0.90 m

(3)波浪富余深度 h_2

船舶在波浪中航行时,除了纵荡、横荡和首摇三个自由度的运动外,还将产生纵摇、横摇和垂荡三个自由度的运动,后三个运动将引起船舶吃水的增加。波浪引起的吃水的增量与船型、排水量、船速、波高、波周期、波向和水深等多种因素有关。排水量越小、波高越高、船速越高,波浪引起的吃水增量越大。波浪富余深度的计算方法比较少见,在实际应用中可根据航行水域的遮蔽程度来决定波浪富余深度,有关资料给出了不同遮蔽条件下的波浪富余深度取值,见表4-4-2。

表 4-4-2　波浪富余深度

遮蔽条件	富余深度
全遮蔽(港湾水域)	0.00 m
半遮蔽(垂荡较小)	0.15 m
无遮蔽(港外航道)	0.30 m

龙骨下最小富余深度和波浪富余深度之和称为船舶操纵深度,对于大型船舶,至少应保证1.0 m。

(4)船舶纵倾富余深度

计算富余水深时的船舶纵倾富余深度是指船舶因装载纵向不均匀引起的吃水增加。港外水域船舶航速较高时,由于船体首下沉量大于尾下沉量,可以不计。船舶纵倾富余深度一般根据船型特点、装载货物和航行要求来确定,油船和散货船一般取值0.15 m,杂货船和集装箱船舶一般不计。

(5)其他富余深度

其他富余深度包括水密度减小、潮汐预报误差和海图水深误差等引起的船舶吃水的增加量和水深的不确定量。

水密度的减小导致的吃水增加量可以根据水密度和船型尺度计算,但水密度受降水、汛情、潮汐等因素影响,尤其是河口港。

潮汐预报精度受风、气压、降水等天气条件因素影响较大。正常情况下的潮时误差在30 min以内,潮高误差在30 cm以内。一般情况下,气压每升高1 hPa,水面下降约1 cm;极端的寒潮或台风导致的水位变化可达到1 m。

海图水深测量精度主要取决于水深和测量技术手段,各国的要求也不尽相同。图标水深中含有的测量误差通常取值为:水深20 m以下,误差为0.3 m;水深20~100 m,误差为1.0 m;

水深 100 m 以上,误差为水深的 10%。根据国际测深标准(IHO S-44),测深精度(置信度 95%)按下式计算:

$$\sigma = \pm\sqrt{a^2 + (b \times d)^2} \qquad (4\text{-}4\text{-}13)$$

式中:σ ——允许误差范围(m);

  a——深度常差;

  $b \times d$ ——深度相关误差;

  b ——深度相关误差因子;

  d ——深度(m)。

IHO S-44 基于航行安全的重要性将海图水深的测量区域等级分为特等、一等、二等、三等共 4 个等级:特等区域水深一般小于 40 m,指富余水深和底质对船舶有潜在危险的特殊临界水域,如港口、航道、锚地等,a 取值 0.25,b 取值 0.0075;一等区域水深小于 100 m,指有较小危险的临界水域,如港外航道、推荐航线、内陆水道等,a 取值 0.5,b 取值 0.013;二等区域水深小于 200 m,a 取值 1.0,b 取值 0.023;三等区域水深大于 200 m,a、b 取值同二等区域水深。

五、港内富余水深实例

根据富余水深的上述计算过程可知,即使在船舶状态和环境条件已经确定的情况下,要确定一个精确的富余水深数值也是困难的。实际上还有许多因素(如海况、气象、潮汐等)是不确定或不能提前确定的,因此根据实时的气象、水文条件动态调整富余水深的方法可操作性较差。国际上大多数港口根据船型尺度确定富余水深的下限,在此列出部分资料作为参考。

1. 欧洲引航协会(EMPA)

欧洲引航协会对进出鹿特丹、安特卫普等水深受限的港口采用如表 4-4-3 所示的富余水深标准。

表 4-4-3   EMPA 富余水深标准

航道类别	外海水道	港外水道	港内
富余水深	$d \times 20\%$	$d \times 15\%$	$d \times 10\%$

通过对上述标准实施过程中的经验总结,加之超大型船舶进出港口的数量不断增加,欧洲引航协会又将以上标准减少 5%。

2. 日本濑户内海部分港口

日本濑户内海部分港口的富余水深标准根据船舶吃水进行分段,分别采用不同的标准,见表 4-4-4。

表 4-4-4   日本濑户内海部分港口的富余水深标准

船舶吃水	$d \geqslant 12$ m	9 m $\leqslant d < 12$ m	$d < 9$ m
富余水深	$d \times 10\%$	$d \times 8\%$	$d \times 5\%$

3. 美国纽约港和新泽西港

为确保安全,纽约港和新泽西港港口管理当局对所辖水域的部分航道和航行水域的富余水深提出了建议,建议部分航道的船舶富余水深不得小于 2 ft(约 0.61 m)。但对受涌浪影响较大的水域,建议最小富余水深为 3 ft(约 0.91 m)。

4. 澳大利亚 Townsvile 港

澳大利亚东北部的 Townsvile 港对 40000 t 以上的船舶富余水深的规定见表4-4-5。

表 4-4-5　澳大利亚 Townsvile 港富余水深标准

船舶载重吨	港外和航道	港内
40000 t 以下	0.90 m	0.60 m
40000~50000 t	1.10 m	0.90 m
50000 t 以上	1.30 m	0.90 m

5. 澳大利亚西南部部分港口

澳大利亚西南部部分港口对不同大小的船舶的富余水深的规定见表4-4-6。

表 4-4-6　澳大利亚西南部部分港口富余水深标准

港口	Port Lincoln	Wallaroo	Port Giles	Thevenard
最大船长	270 m	200 m	225 m	180 m
最大型宽	45 m	28.95 m	32.2 m	30.5 m
最大吃水	14 m		12.19 m	
富余水深	10%吃水	$B=21.3\sim27.4$ m, $UKC\geqslant0.75$ m $B\geqslant27.4$ m, $UKC\geqslant0.9$ m	0.6 m	0.9 m

6. 阿根廷的 Quequén 港

阿根廷的 Quequén 港进出港航道宽度为120 m,最大船长限制为230 m,最大吃水限制为40 ft(12.19 m)。船舶离港的富余水深根据波浪的高度来确定,具体限制见表4-4-7。

表 4-4-7　阿根廷 Quequén 港富余水深标准

波高	安全富余水深	波高	安全富余水深
0.45 m	0.60 m	1.20 m	1.08 m
0.50 m	0.63 m	1.30 m	1.14 m
0.60 m	0.70 m	1.40 m	1.20 m
0.70 m	0.77 m	1.50 m	1.27 m
0.80 m	0.83 m	1.60 m	1.33 m
0.90 m	0.90 m	1.70 m	1.40 m
1.00 m	0.96 m	1.80 m	1.47 m
1.10 m	1.02 m	1.85 m	1.50 m

第五节　船间效应

船舶在近距离相互驶近时,由于船体周围流场和兴波的相互影响,船舶操纵运动将产生相互干扰的情况。船间效应是有害的流体现象,在船舶操纵中应引起充分注意,防止造成事故。

一、船间效应现象

两船在近距离上对驶、追越或一船近距离驶过另一系泊船时,将出现加速或减速、吸引或排斥以及转头等现象,这些现象统称为船间效应(Ship-ship Interaction)。

1. 吸引与排斥

船舶在水中运动过程中,船体将水向船体周围排开,使船体首尾方向的流态发生变化,造成水压力分布不均匀,由此造成船体周围水位下降或上升,见图 4-5-1。这种不均匀表现在船首、船尾附近水位升高,产生高压区(且船首压力高于船尾),在船中附近水位下降,产生一个低压区。

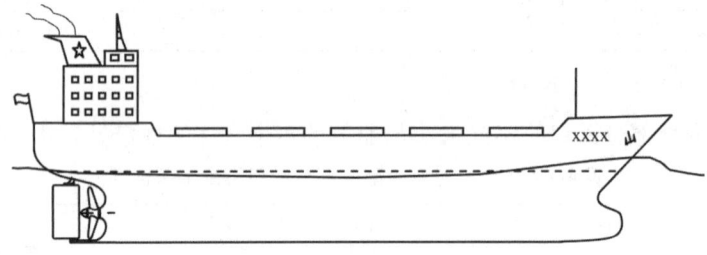

图 4-5-1　航行中船体周围水位变化

当船舶相互临近航行时,船体周围的压力分布将对临近的船舶产生影响,表现为船间的吸引和排斥。如图 4-5-2 所示,船体首尾附近压力升高从而给靠近航行的他船以排斥作用,而船中部附近的压力降低,则给靠近航行的他船以吸引作用,如果横向水动力不作用在重心处,将对船舶产生回转力矩,从而造成船舶转头。

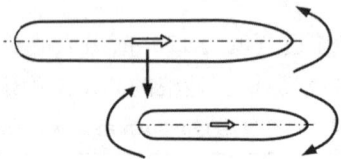

图 4-5-2　吸引与排斥

2. 波荡与转头

船舶前进引起船体周围的压力发生变化,由于常规水面船舶在水与空气两种介质之间,而大气压力相同(船体运动引起的大气压力变化可以忽略),因此在压力升高处水面升高,并由于船体前进带动作用形成一系列船行波。船行波主要由首、尾两个波系组成。首波系产生于首柱稍后,包括首散波和首横波,首横波以波峰开始。尾波系产生于尾柱稍前,包括尾散波和尾横波,尾横波以波谷开始。一般船舶首波系比尾波系明显,散波比横波明显,船速较低时,几乎只见散波。船行波见图 4-5-3。

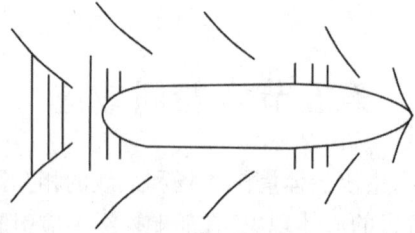

图 4-5-3　船行波

在船舶航行所产生的兴波的传播过程中,水质点本身并不随波形移动。在深水中,水质点以一定的速度做轨圆运动,处于波峰时,其运动方向与波的传播方向相同(向前运动);处于波谷时,其运动方向与波浪的传播方向相反。处于他船发散波(或横波)中的船舶,如果船首向与波传播方向接近平行,则当处于发散波波峰之前时,由于水质点的运动方向与波的传播方向即船舶前进方向一致,船被加速;当处于发散波波谷时,由于水质点的运动方向与波的传播方向相反,船舶被减速,见图4-5-4(a)。实际上,航行中的船舶首尾水位升高、船中水位降低也构成一个波形,邻近同向行驶的船舶处于不同的相对位置时,同样会产生加速或减速的现象。这种由于相对于波的位置不同而受到加速或减速的现象,称为波荡或无索牵引。显然,引起兴波的船舶排水量越大,船速越高,兴波越激烈,而受到波荡的船舶的船长及排水量越小,波荡现象越明显。

处于他船发散波中的船舶,当其船首向与他船发散波方向存在夹角时,即船舶斜向与发散波遭遇时,由于波中水质点做轨圆运动,波峰处的船体部分受波的前进方向的力,而波谷处的船体部分受相反方向的力,其结果构成了力矩使船转头,见图4-5-4(b)。

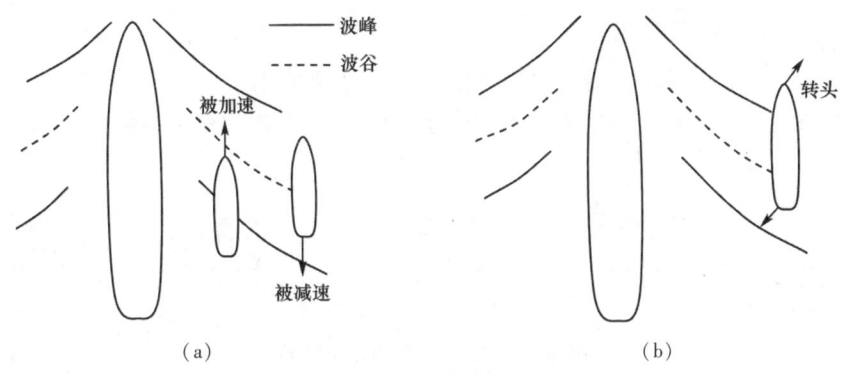

图4-5-4 波荡与转头

二、影响船间效应的因素

船间效应的大小取决于两船相互作用力、力矩的大小以及船舶排水量,而两船之间相互影响的时间越长,船间作用力、力矩越大。因此船间效应与船间距离、船速、作用时间、船舶尺度以及航行环境因素有关。

1. 船间距离

根据模型试验可知,两船船间距离越小,相互作用力越大。船间作用力的大小约与两船间横距的4次方成反比;船间作用力矩约与两船间横距的3次方成反比。一般当两船间的横距小于两船船长之和时,就会直接产生这种作用;当两船间横距小于两船船长之和的一半时,相互作用明显增加。两船过度接近则有碰撞的危险。

2. 船速

船速越大,船体周围压力变化越剧烈,兴波也越激烈,船间相互作用也越大。根据模型试验,船间作用力和力矩约与船速的平方成正比。

3. 作用时间

双方航向相同且船速差别较小时,作用时间长,相互作用也更大;航向相反时,作用时间短,相互作用相对较小。

4. 船舶尺度

接近航行的两船船型尺度及方形系数越大,船间作用力和力矩越大。大小不同的两船互相接近时,小船受到的影响大。

5. 航行环境

在浅窄的受限水域航行时,船体周围的水压力的变化及兴波均较深敞水域中更为激烈,因此船间效应也就比深水中更为激烈。

三、追越中两船间的船间效应及其预防

关于追越中两船的吸引与排斥、内侧转头与外侧转头的力矩变化情况,1960 年 R. E. Newton 进行了深水中的船模试验,1977 年 I. W. Dand 进行了浅水中的船模试验。两个试验结果比较接近,双方的回转力矩倾向几乎是相同的。因为追越中两船间的船速差别较小,持续时间较长,船间效应影响较大,尤其是对较小的船舶,如果不予以充分注意并采取适当措施,近距离追越时极易发生碰撞事故。

1. 追越过程中的船间作用

根据试验结果,追越过程中随两船相对位置的变化,船间作用力的大小和方向也相应发生变化,产生不同的作用效果。如图 4-5-5(A 船为追越船,而 B 船为被追越船)所示,定性的分析如下:

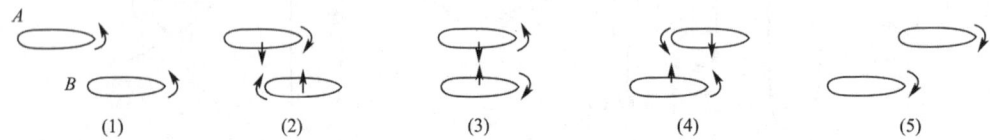

图 4-5-5 追越中船间作用效果

（1）当追越船 A 船首接近被追越船 B 船尾时,B 船尾受到 A 船首高压排斥使船首内转,可能挡住 A 船进路,而与 A 船首发生碰撞。尤其是在被追越船明显小于追越船时。

（2）当追越船 A 船首接近被追越船 B 船中,两船船体部分重叠时,由于两船首尾部分别遇到另一船船中低压吸引,B 船尾内转,A 船首内转,与此同时,两船体相互靠近。此位置两船转船力矩最大,极易发生大幅度回转而使 A 船首与 B 船中、尾发生碰撞。追越中碰撞事故的统计分析充分说明了这一点。

（3）当追越船 A 船首接近被追越船 B 船首,两船并驶时,其间流速加快,压力下降,产生最大的吸引力,导致两船互相接近,因此该位置也是容易发生碰撞的位置之一。与此同时,两船首高压互相排斥而导致船首外转。

（4）当追越船 A 船尾接近被追越船 B 船中,两船船体部分重叠时,由于两船首尾部分别遇到另一船船中低压吸引,B 船尾内转,A 船首内转,与此同时,两船体相互靠近。此位置两船转船力矩仍处于最大,极易发生大幅度回转,但追越船船速相对被追越船高,此时易发生 B 船首与 A 船中、尾擦碰。

（5）当追越船 A 船尾接近被追越船 B 船首时,A 船尾受 B 船首高压排斥而外移并使船首内转,B 船首受 A 船尾高压排斥而外移。此时,追越过程已经结束,如果两船维持船速,通常不会引起碰撞。

2. 追越中碰撞的预防措施

通常在开阔水域中,追越中两船的间距应当远远超过可能产生船间效应的距离。在受限水域近距离追越过程中,应当采取有效措施,减轻船间效应,避免发生碰撞事故。

（1）尽量避免在狭窄弯段或浅滩处追越,应选择平直、通航密度小的允许追越的航段进行追越。

（2）应尽量保持足够的横距。深水中快速追越时,两船间应至少保持大船的一倍船长,最好能大于两船船长之和。在港内低速追越时,两船间的横距可以减少到最少保持一倍船宽。但若考虑到操船安全,最好能大于大船的一倍船长。

（3）必须用 VHF 或声号征得被追越船的同意后方可追越。

（4）被追越船如同意追越,应尽量让出航道,减速至能维持舵效的速度行驶;追越船应适当加车,尽可能加大两船的间距,以便增大两船间的速度差,减小两船并行的时间。

（5）出现明显的相互作用而有碰撞的危险时,追越船应减速、停车或倒车,并用相应的舵角抑制偏转;而被追越船应适当地加车以增加舵效,抑制偏转,被追越船如果减速则可能丧失舵效,反而容易引起碰撞。

四、两船对驶时的船间效应及其预防

两船近距离对驶过程中同样会发生船间的吸引和排斥以及转头力矩,在受限水域近距离会船过程中,同样应当重视船间效应,采取有效措施,避免发生碰撞事故。

1. 对驶过程中的船间效应

两船对驶会船时的相互作用情况与追越过程中类似,随两船相对位置的变化,船间作用力的大小和方向也相应发生变化,其作用结果可用图 4-5-6 简要表示。

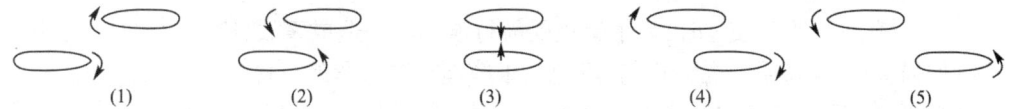

图 4-5-6　两船对驶过程中的船间效应

（1）两船船首接近时,受到内侧高压互相排斥,船首各自外转。

（2）两船前半部分重叠时,首部各被对方中部的低压所吸引,船首各自内转,同时船体相互靠近。

（3）两船首尾重叠时,两船内侧各为低压,互相吸引。

（4）两船后半部分重叠时,船尾部各被对方中部的低压所吸引而内转,船首外转,同时船体相互靠近。

（5）两船尾重叠时,尾部内侧高压相互排斥而外转,船首各自内转。

两船对驶会船时,船间的这种相互作用力和力矩非常大。所幸的是,在对驶会遇的情况下,这种非常大的力和力矩的出现是短暂的,而且力矩的方向是周期性变化的。在其所产生的运动发展之前,两船已经相互驶过了,使这种力和力矩的作用效果大大减弱。

2. 两船对驶时的注意事项

对驶会船时,预防因激烈的船间效应而发生碰撞的措施是:

（1）避免在复杂的航段会船。

（2）对驶前减速缓慢行驶,两船横距尽量拉开,尽量保持两船间的横距大于大船的船长。

（3）两船船首相平时,切忌用大舵角抑制船首外转,否则将导致船首进入对方船中低压区时加速内转而引起碰撞。通常做法是适当加车以增加舵效,稳定船首向,减少通过的时间,使相互作用迅速消失而安全通过。在两船对驶会船时,两船间相互作用造成碰撞的危险虽比追

越过程中低,但当两船横距过小,一船船首或船尾分别处于他船内舷的高压区或低压区,则有可能因剧烈的转头而使该船船首或船尾碰撞他船。

五、驶过系泊船时的相互作用及其预防

当船舶近距离驶过系泊船时,船间的相互作用类似于岸壁效应,使得驶过船和系泊船均受到影响,但由于系泊船处于停泊状态,受到的影响大,对驶过船的影响相对小。

1. 系泊船所受影响

除船间作用力和力矩的影响之外,系泊船也会受到驶过船的船行波及其岸壁反射波的影响。这种影响常表现为船舶的首摇、横摇、纵摇、横荡、纵荡及垂荡六个自由度的运动。其中对船舶影响最大、幅度最大的是纵荡,后果是可能造成系泊船靠岸舷侧的擦损、挣断系缆等事故。

根据经验,航行船舶近距离驶过系泊船时:

(1)航行船舶排水量越大,航速越高,系泊船所受影响越大;

(2)水深越浅,船间距离越小,系泊船所受影响越大;

(3)系泊船排水量越小,这种影响也就越大;

(4)风强流急又将助长这种影响。

2. 驶过时的注意事项

为了避免对系泊船造成过大影响,航行船舶近距离驶过系泊船时,宜减速行驶,同时尽可能加大与系泊船的横距。

系泊船在有航行船舶驶过时,为了避免受航行波影响而造成事故,应:

(1)加强值班,保持系缆受力均匀,避免某根缆绳单独过紧或过松;

(2)必要时对系缆和碰垫做必要的调整,以增加船舶系泊稳定度;

(3)发现有大船快速驶过时,系泊船应对舷梯做出必要调整,停止有关可能受影响的作业,避免发生事故。

六、船间作用力与力矩的计算

船间效应是两船流场和兴波相互干扰,导致船舶阻力、横向水动力和水动力矩发生变化引起的。船间效应作用力和力矩与船型、两船位置关系以及水深等因素有关,一般通过试验模型和数值计算进行研究。Brix 在 1993 年提出了一种比较实用的半经验估算船舶追越时的力和力矩的公式。

Brix 建议用以下公式估算船舶纵向、横向及转船力矩的最大值(参见图 4-5-7):

$$X_{max} = (0.014 \sim 0.017)\frac{1}{2}\rho V_m^2 L_m d_m$$

$$Y_{max} = (0.025 \sim 0.030)\frac{1}{2}\rho V_m^2 L_m d_m \tag{4-5-1}$$

$$N_{max} = (0.004 \sim 0.007)\frac{1}{2}\rho V_m^2 L_m^2 d_m$$

式中:L_m——本船船长 L_O 与目标船船长 L_T 的平均值(m),即 $L_m = (L_O + L_T)/2$;

V_{m}——本船和目标船船速的平均值(m/s),即 $V_{m}=(V_{O}+V_{T})/2$;

d_{m}——本船和目标船吃水的平均值(m),即 $d_{m}=(d_{O}+d_{T})/2$。

式(4-5-1)中是按照标准横距($y_{cc}=0.35L_{m}$)进行计算的,横向间距指追越船与被追越船首尾线的间距,也称为船中横距,具体见图4-5-7。船中横距与船间效应的关系为:当 $y_{cc}<0.6L_{m}$ 时,船间效应与船中横距 y_{cc} 成反比;当 $0.6L_{m}<y_{cc}<1.0L_{m}$ 时,船间效应与船中横距 y_{cc} 的平方成反比;当 $y_{cc}>1.0L_{m}$ 时,船间效应与船中横距 y_{cc} 的三次方或四次方成反比。

在追越过程中,作用在两船上的作用力和力矩大小相等、方向相反。两船间的作用力、力矩与最大值的比值随两船间的距离 ξL_{m} 而变化, ξL_{m} 见图4-5-7。表4-5-1给出了两船追越过程中(见图4-5-7)被追越船所受阻力、水动力及水动力矩的变化情况,以此绘制的曲线图见图4-5-8。

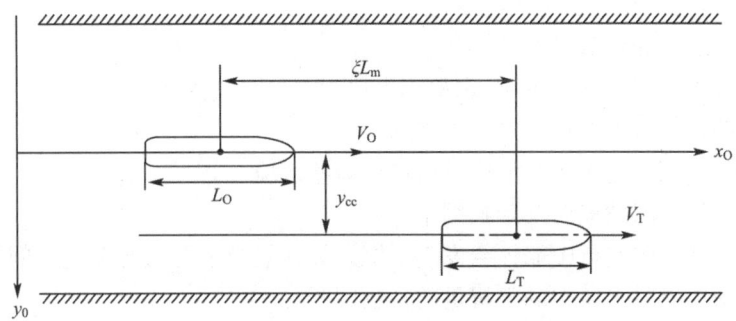

图 4-5-7　船间效应坐标系

表 4-5-1　被追越船所受的相对于最大值的作用力及力矩

ξ	-1.000	-0.750	-0.500	-0.250	0.000	0.250	0.500	0.750	1.000
X/X_{max}	-0.289	-0.690	-1.000	-0.850	-0.250	0.590	0.980	0.810	0.330
Y/Y_{max}	0.289	0.345	-0.060	-0.595	-0.935	-0.982	-0.637	-0.250	-0.089
N/N_{max}	0.264	0.706	1.000	0.873	0.221	-0.682	-0.927	-0.706	-0.424

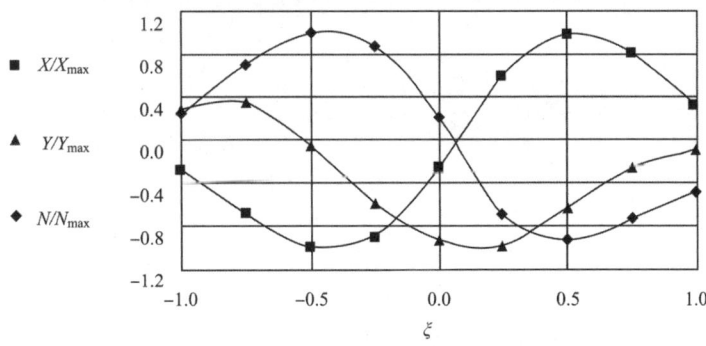

图 4-5-8　被追越船所受阻力、水动力及水动力矩的变化

思考题

1. 简述水面船舶所受风动力的概念及影响因素。

2. 简述风动力角、风动力中心、风动力矩的概念及影响因素。

3. 简述风动力系数的确定方法及其影响因素。

4. 分析为什么航行中的 VLCC 船总是向上风偏转。

5. 简述并绘图说明船舶静止中、前进中受风的偏转规律。

6. 简述前进中的船舶的下风漂移速度与哪些因素有关。

7. 简述船舶在风中保向界限的概念,列出保向界限与哪些因素有关。

8. 分析在均匀流场中,流的作用是否改变船舶水动力。

9. 简述流压差角的概念及影响因素。

10. 分析流对舵力和舵效是否有影响。

11. 简述受限水域的概念及类型,水深吃水比为多少时视为浅水。

12. 分析船舶在浅水中航行会产生哪些效应。

13. 分析船舶在宽度受限的水域中航行产生哪些效应。

14. 简述航迹带宽度的概念及影响因素。

15. 分析为什么船舶航行中船体会发生下沉。简述航行下沉量与船速之间的关系。

16. 简述船舶在受限水域中的下沉量的影响因素。

17. 简述确定船舶富余水深应考虑哪些因素。

18. 简述船间效应及其影响因素。

19. 分析追越过程中船间效应的作用规律。

20. 分析两船对驶过程中船间效应的作用规律。

21. 简述船舶近距离驶过系泊船时,两船应采取哪些安全措施。

第五章

港内操纵

从事海上运输船舶的航行水域包括大洋、沿海、港内等,其中港内系泊操纵是船舶在海上航行的重要阶段之一。据统计,港口水域的交通事故随交通密度的增大而增加,船舶在进出港期间所面临的风险远大于在外海航行时的风险。另外,就船舶操纵的任务来看,主要研究对象是港内船舶操纵。本章在前几章论述的理论基础之上,具体讲述港内船舶操纵的基本内容。

第一节　港口水域

港口系指位于江河、湖泊、海岸等水域的沿岸,具有一定设施和条件,可供船舶停泊、货物装卸、物料供应等作业的地方。它的范围包括水域和陆域两部分。水域部分一般设有制动水域、码头前沿水域、回旋掉头水域以及航道、港池、锚地等。港口的水域、气象、水文条件不同,船舶操纵方法也存在很大差异。船舶操纵人员首先要了解航行水域情况,针对其特点,制定相应的操纵方案。

一、进出港航道

进出港航道是指连接停泊水域和港外水域或沿海水域的可航通道。进港航道有天然航道和人工疏浚航道之分,其特征参数有航道宽度、航道水深、航道方向与弯度以及乘潮水位等。

1. 航道宽度

航道宽度,即航道的有效宽度,是指可供船舶安全航行的水域宽度。航道宽度是衡量航道水平方向通航最大船型尺度(船长与船宽)的重要标志。从设计角度出发,一般根据船速、航迹带宽度、风流造成的横向漂移量以及必要的安全富余宽度等因素确定航道宽度,根据船舶通航的频繁程度,可将进港航道设计成单向航道或双向航道。在航行密度比较小(如在日平均通航艘次≤1)时,从经济上考虑,一般采用单向航道。从船舶操纵角度出发,航道宽度是指船舶航行水域在水平面方向的限制,即受限水域宽度,故船舶在航道内航行要考虑保向宽度、岸壁效应、船间效应以及是否需要拖船协助等问题。

2. 航道水深

航道水深通常是指理论最低潮面至海底的深度,即海图水深。航道水深是衡量航道垂直方向通航最大船型尺度(吃水)的重要标志。人工疏浚航道工程量巨大,一般考虑船舶乘潮进出港。从设计角度出发,在航道起算水位确定以后,按设计船型满载吃水,考虑龙骨下最小富余深度,并考虑波浪的影响、航行下沉量以及回淤等因素确定航道水深。从船舶操纵角度出发,航道水深是指船舶航行水域在垂直方向的限制,即浅水,故船舶在航道内航行要考虑富余水深的问题。

3. 航道方向与弯度

航道方向是指航道中线的方位角。航道方向是衡量风、浪、流影响程度的依据。进港航道的布置一般顺着主流向的方向。在往复流的水域,如河口港,一般航道方向与流向基本平行,然而在沿海或有旋转流的水域,航道方向或多或少与流向都有一定的交角,有的甚至为横流,在急流、横风的情况下可能造成船舶难以安全通过航道。

受地形地貌的影响,在整个进港航道长度范围并非只有一个航道方向,可能存在一个甚至多个转向角。尽管在航道设计时考虑了转向点附近水域宽度的具体要求,但弯曲航道的确增加了实际操船的难度,而且转向角越大,难度越大。特别在通过弯曲河道时,由于弯处流场比较复杂,更要引起足够的重视。转向角较大的水域,中、大型船舶应考虑拖船协助转向。

4. 乘潮水位

吃水较大的船舶,如果某一航段的水深不足以使船舶安全通过航道,则需要在一定的时间内利用一定的潮位,以确保船舶安全通过该航段,这种能使船舶在一定时间内安全通过航道的潮位称为乘潮水位。考虑乘潮水位设计的航道不能全天候通航,对于需要乘潮进出港的船舶,需要考虑进出港的时机和时间。

二、连接水域及码头前沿水域

连接进出港航道至码头的水域有掉头水域、船舶制动水域和码头前沿停泊水域等。这些水域的大小及其与航道之间的关系直接影响船舶操纵的安全性。

1. 掉头水域

掉头水域也称为回旋水域。掉头水域是指船舶在靠离码头、进出港口需要掉头或改变航向时的专用水域,一般设置为圆形或椭圆形。掉头水域的大小与船舶尺度、掉头操纵方式、流向流速及风向风力等因素有关。在港内,船舶凭借拖船协助掉头时,掉头水域直径一般至少为$2.0L$(L为船舶总长,下同),掩护较好的港池内部掉头时,掉头水域直径可为$1.5L$。船舶自力掉头时,掉头水域直径一般至少为$2.5L$。船在有流水域掉头,其旋回轨迹呈椭圆形,沿水流方向的范围一般为$2.5L \sim 3.0L$,垂直于水流方向的范围一般为$1.5L \sim 2.0L$。在水文气象条件比较恶劣的港口,掉头水域范围都比上述尺度还要大。掉头水域一般可以与港内航行水域布置在一起。掉头水域的水深一般与航道水深相同。

掉头水域范围的大小一般决定了船舶掉头操纵方式,掉头水域范围较大时,可以采用自力掉头操纵方式;掉头水域范围有限时,小型船舶可以采用拖锚掉头方式,中、大型船舶需采用拖船协助方式。

2. 船舶制动水域

船舶制动水域是指供船舶靠泊过程中停船操纵的水域。制动距离的大小与船舶尺度、制动操纵方式、流向流速及风向风力等因素有关。小型船舶主机倒车制动时,制动距离一般取$2L \sim 3L$,大型船舶主机倒车和拖船协助制动,制动距离一般取$4L \sim 5L$;超大型船舶惯性巨大,主机倒车功率严重不足,对拖船的依赖程度更高,可能需要 $6L$ 以上的制动距离。

制动距离是船舶靠泊过程中选择船速的依据。船速过高,可能不易停船;船速过低,又可能由于风流的影响而产生较大的漂移。因此,应根据可供制动的距离和水文气象条件选择合适的进港船速。

3. 码头前沿停泊水域

码头前沿停泊水域是指供船舶靠离泊操纵和装卸作业的水域。码头前沿水域一般水流比较稳定,具有足够的水深和宽度,能满足船舶安全靠离泊操纵和装卸作业的要求。按码头布置形式,码头前沿停泊水域可分为顺岸码头前的水域和突堤码头间的水域。其大小按船舶尺度、靠离码头的方式、水流和强风的影响、转头区布置等因素确定,宽度一般为 $2.0B$(B 为船宽,下同)。

码头前沿水域在任意情况下都具有能保证船舶满载时的安全停泊要求的水深。为此,码头前沿水域的水深通常比航道和掉头水域的水深大。

三、码头及泊位

船舶最常见的停泊方式之一是码头系泊。码头是指供船舶停靠、装卸货物和上下旅客的水工建筑物。码头是港口的重要组成部分。

1. 码头及其种类

码头的种类繁多,分类方法也不尽相同。码头大致有下列几种分类形式:

(1)按码头的平面布置,可将码头分为顺岸码头、突堤码头、墩式码头等。墩式码头又可分为与岸用引桥连接的孤立墩或用联桥连接的连续墩,墩式码头也称为栈桥式码头;突堤码头又分窄突堤码头(突堤是一个整体结构)和宽突堤码头(两侧为码头结构,当中用填土石料构成码头地面)。

(2)按码头的结构形式,可将码头分为重力码头、板桩码头、高桩码头、斜坡码头、墩柱码头和浮码头等。

(3)按码头的用途,可将码头分为一般件杂货码头、专用码头(渔码头、油码头、煤码头、矿石码头、集装箱码头等)、客运码头、(供港内工作船使用的)工作船码头,以及(为修船和造船工作而专设的)修船码头、舾装码头等。

(4)按码头周围水域是否有掩护,可将码头分为有掩护码头和开敞码头。有掩护码头又分为天然掩护码头和人工掩护码头两种。例如,在挖入式或回填式港池内所建码头属于人工掩护码头。多数 VLCC 码头属于外海开敞码头。

尽管码头形式有所差异,水域环境和自然环境有所不同,但进出港、靠离泊操纵的方式并没有本质上的差别。有掩护码头与开敞码头比较,风、流、浪的影响不同,船舶操纵难度不同。

2. 码头岸线及泊位

码头岸线是指码头建筑物靠船一侧的竖向平面与水平面的交线,即停靠船舶的沿岸长度。它是决定码头平面位置和高程的重要基线。构成码头岸线的水工建筑物叫码头建筑物。根据船舶吃水和用途等的不同,码头岸线一般分为深水岸线、浅水岸线和辅助作业岸线等。港口各类码头岸线的总长度是港口规模的重要标志,表示同时靠码头作业的船舶数量。

泊位是指船舶停靠码头的位置,是指船舶停靠码头所占用的码头岸线长度。泊位长度一般包括船舶的长度 L 和船与船之间的必要安全间隔,一般为 1.2L。泊位的数量与大小是衡量一个港口或码头规模的重要标志。一座码头可能由一个或几个泊位组成,视其布置形式和位置而定。

除了泊位长度外,另一个涉及船舶操纵安全的泊位参数是泊位方向。泊位方向是指码头岸线的方位角。泊位方向与航道方向之间的交角决定了靠离泊操纵过程中的船舶需转向的角度,交角越大,操纵难度越大。

四、锚地

锚地指专供船舶(船队)在水上停泊及进行各种作业的水域。锚地根据功能的不同可以分为装卸锚地、停泊锚地、避风锚地、引航锚地及检疫锚地等。装卸锚地为船舶在水上过驳的作业锚地;停泊锚地包括到离港锚地、供船舶等待靠码头及候潮和编解队(河港)等的锚地。避风锚地指供船舶躲避风浪时的锚地,小船避风须有良好的掩护。检疫锚地为外籍船舶到港后进行卫生检疫的锚地,有时也和引航、签证等共用。

港口锚地按位置可以划分为港外锚地和港内锚地。相对来说,港外锚地的面积较大、水深较深,但掩护条件较差,港内锚地掩护条件较好,但面积和水深有限。港外锚地一般供船舶候潮、待泊、检疫及避风使用,有时也用于水上装卸作业。港内锚地供船舶待泊(短时)或水上装卸作业。船舶在港外锚地一般采用锚泊方式,在港内锚地一般采用锚泊或船浮筒系泊、簇桩系泊等方式,在狭窄水域或河道锚地,可采用一字锚或双浮筒系泊方式。锚泊和浮筒系泊两者的船舶操纵过程较为类似,最大的区别在于浮筒系泊基本没有选择的余地。浮筒系泊具有操纵复杂、机动性差、稳定性较好等特点,故浮筒系泊适合于停泊时间较长的情况,如海上装卸作业、船舶修理等。

第二节　进出港操纵

进出港操纵是船舶从航行状态转为停泊状态或由停泊状态转为航行状态的必经阶段。这一阶段,由于船速的降低,控制航向的能力逐渐下降,水域、水深受限,通航密度增大,更增加了船舶搁浅、碰撞的可能性。因此,要掌握船舶进出港及掉头操纵的特点,采取相应的对策,以利于安全操纵。

一、船舶进港减速运动控制过程

船舶进港操纵过程中,舵控制航向的能力随着船速的降低而减弱;出港操纵过程中,舵控制航向的能力随着船速的提高而增强。船舶出港操纵相对较容易,故在此仅讨论船舶进港操纵。

1. 船舶进港过程

船舶进港过程中,一般采用主机转速逐级递减的方式进行减速操纵,具体操作取决于船舶情况、航行环境以及船舶操纵人员等因素,即根据船舶种类及载重状态、减速性能、进港水域、水文气象等情况分阶段进行减速。根据操舵对航向的控制能力,将船速递减过程分为四个阶段,即高速阶段、中速阶段、低速阶段和制动阶段,如表5-2-1所示。表中的"剩余航行距离"指船舶距停泊位置的距离。

表 5-2-1　船舶进港减速过程

船速递减阶段	高速阶段	中速阶段		低速阶段		制动阶段
主机车钟指令	备车前进三（full ahead）	前进二（half ahead）	前进一（slow ahead）	微速前进（dead slow ahead）	停车（stop engine）	倒车（astern）
船速范围	10 kn 以上	8~10 kn	6~8 kn	5~6 kn	4~5 kn	3~4 kn
剩余航行距离	10~15 n mile	5~10 n mile	3~5 n mile	2~3 n mile	1~2 n mile	3L~5L
舵的保向能力	好	较好		较差		差
风流影响程度	小	较小		较大		大
拖船依赖程度	低	较低		较高		高
船舶操纵风险	小	较小		较大		大

2. 备车与减速

船舶由沿海水域驶入港口水域并向停泊位置接近的过程中,需要频繁改变船速,因此,首先要备车。通常将主机转速由海上常用转速换成港内转速,对应的船速由海上船速(Sea Speed)换成港内船速(Harbour Speed)或操纵船速(Manoeuvring Speed)。这时,船舶处于备车航行状态,是否降速取决于距停泊位置的距离、船舶吨位、操纵性、通航环境以及船型种类等因素。对于中、小型船舶,距停泊位置 10~15 n mile 时备车,并采用"港内全速"航行;大型船舶,特别是 VLCC,备车距离还要大,一般在 15 n mile 以上。大型集装箱船,由于其操纵性能较好,一般在 10 n mile 左右时备车,并采用"港内半速"航行。

3. 高速阶段

距离停泊位置 10~15 n mile(狭水道或航道航行可能更远)时,船舶一般位于外港航道或港口界限之外,船速为 10 kn 以上(港内全速)。对于一般运输船舶,这一船速范围在港内航行属于高速,故称为高速阶段。在高速阶段,船速相对较高,受风、流的影响较小,船舶对操舵的反应较为灵敏,故其航向可由操舵进行有效控制,不需要拖船协助,则船舶操纵风险较小。

4. 中速阶段

距离停泊位置为 3~10 n mile 时,船舶一般位于港口航道之内,船速为 6~10 kn(半速或慢速),对于一般运输船舶,这一船速范围在港内航行属于中速,故称为中速阶段。在中速阶段,尽管舵效有所下降,风、流造成的影响比"高速"时有所增大,但船舶航向基本还是可由操舵进行控制,基本不需要拖船协助。在受限水域,可能需要拖船系在大船的舷侧或船尾,以协助船舶保向。这时船舶操纵风险较"高速"时有所增大。

5. 低速阶段

距离停泊位置为 1~3 n mile 时,船舶位于内港或航道内,船速一般为 4~6 kn(微速或停车),对于一般运输船舶,这一船速范围在港内航行属于低速,故称为低速阶段。在低速阶段,风、流造成的影响比"中速"时进一步增强,舵效下降非常明显,特别是船速降至失去舵效的临界点时,停车之后,船舶很快失去舵效,操舵不足以控制船舶航向,船舶操纵风险也相应增大,则需要用侧推器(如果有)或用拖船协助船舶保持位置正确。一般以低速阶段作为使用侧推器的最早时机。

6.制动阶段

距离停泊位置 3L~5L 时,船舶位于进港航道端部和泊位前沿之间的过渡水域,船速一般为 3~4 kn。因为在这一位置范围需要进行制动操纵,故称为"制动阶段"。在制动阶段,需要进行倒车制动,舵完全失去对航向的控制能力,故需要使用侧推器(如果有)或拖船全面控制船舶的运动。

船舶进港过程中,不同运动阶段,控制船舶运动的手段各不相同。随着船速的降低,舵的控制能力逐渐减弱,同时,风、流等外界影响逐渐增强,对侧推器或拖船的依赖程度逐渐增加。在各阶段中,制动阶段对拖船的依赖程度最强,所以以此阶段需求选择最大拖船功率和数量。从船舶操纵意义上讲,高速、中速和低速三个阶段需要保持一定的船速使船舶安全进港,故属于"航行控制"阶段;而制动阶段需要进行减速、停船使船舶安全系泊,故属于"系泊控制"阶段。

二、制动操纵方法

船舶进港要经过从港外的高速至港内低速的船速递减阶段,还要经过从港内低速至停泊位置的制动阶段,前者称为"减速操纵阶段",后者称为"制动操纵阶段"。

需要明确的是停车仅仅是船舶减速过程中的一种操纵手段,它不完全等于"制动"。一般情况下,船舶很少仅仅使用停车的方法进行制动,因为它需要很长的时间及距离才能使船停下来,在此期间,风、流等外界的影响逐渐增强,风险也相应升高。为了降低这种风险,船舶接近停泊位置过程中,一般船速不宜过低,距停泊位置 0.5~1.0 n mile 时,船速一般为 2~3 kn,该船速下,仅仅依靠停车很难将船舶在上述距离内停下来,故需要进行制动操纵。

制动操纵方法有倒车制动、拖锚制动以及拖船协助制动等。一般根据船舶排水量及停船性能等采用不同的制动方法。

1.倒车制动

倒车制动是指利用主机倒车拉力来降低船舶惯性速度进行制动的操纵方法。这种方法应用最为普遍。倒车制动中使用的主机倒车转速一般为"慢速倒车",距停泊位置较近且船速较快时,也有使用"半速倒车"的情况,除非紧急情况,一般很少使用"全速倒车"。

对于小型船舶,由于其单位排水量所分配的主机马力较大,一般情况下,采用主机倒车进行制动已经足够了,特殊情况下,还可采用拖锚制动。但对于大型船舶,特别是 VLCC 船舶,其单位排水量所分配的主机马力较小,主机倒车功率远远不足以进行制动,则需要拖船协助减速、制动。

对于单螺旋桨船,倒车将产生航向偏转问题。倒车时间越长、船速越低,偏转越大,而且这种偏转无法用舵进行纠正。因此,需要在倒车前用左舵加以预防,大型船一般需要采取其他保向措施,如使用侧推器、拖船等。

2.拖锚制动

拖锚制动是指利用锚与海底的摩擦力(或动抓力)来降低船舶速度进行制动的操纵方法。这种方法一般结合倒车制动一起使用。在船舶靠泊过程中,吹开风或吹拢风过大时,为了减小风造成的漂移,往往采用较高的船速接近泊位,抵达泊位附近的船速有时甚至高达 3 kn,这时,仅仅依靠倒车方法不足以达到停船的目的,则抛短链单锚或双锚拖锚制动。值得注意的是,这种方法仅适用于小型船舶,中、大型船舶由于其排水量较大,锚的动抓力不但不足以制动,还可能发生断链或丢锚等事故,故不适用这种制动方法。

3.拖船协助制动

拖船协助制动是指利用拖船的拖力来降低船舶惯性速度进行制动的操纵方法。在船舶主机倒车功率不足以制动时,宜使用这种停船方法。特别是 VLCC 船舶,靠泊时,常常需要一艘或两艘大马力拖船布置在船尾协助船舶减速、制动。

拖船协助制动时要注意,被协助船的船速为 10 kn 以上时,拖船倒车拖力微乎其微,故一般以船速为 6 kn 作为拖船协助制动的最早时机。这种方法一般结合倒车制动一起使用。无论如何,主机倒车的制动作用总是大于拖船的作用,故应以主机倒车为主,拖船协助为辅。

三、接送引航员的船舶操纵

引航员熟悉港口水域航行条件及有关规定,因此,一般港口实行强制引航制度,即在一定水域由引航员就船舶进出港口、靠离泊或移泊向船长提供航行建议和忠告,或者在船长监督下代替船长实施船舶操纵。船舶引航涉及港口生产和船舶安全,对维护港口航行秩序,保障港口、船舶安全具有重要作用。船舶进出港过程中,安全接送引航员是船长的主要责任之一。目前,接送引航员的交通工具有两种:一种是引航船或拖船;另一种是直升机。这两种方式的船舶操纵既有共性,又有差异,本节将分别介绍有关接送引航员的船舶操纵要点。

1.引航员登船装置的要求

引航船或拖船接送引航员是比较传统的做法,多数港口采用这种做法。各港口的航行规定和港章对引航员登船点、通信联系方法以及对船舶的航行要求等都有具体规定。

引航员登船设施是影响引航员安全的因素之一。《1974 年国际海上人命安全公约》第 Ⅴ章(航行安全)第 23 条"引航员登离船装置"要求(见图 5-2-1)如下:

(1)引航员登离船装置的安装应由负责驾驶员进行监督,并对安装和操作设备的人员就安全操作程序进行指导。

(2)负责驾驶员应携带与驾驶台进行通信的装置,并护送引航员经由安全通道前往和离开驾驶台。

(3)在从海平面至船舶入口位置的距离超过 9 m 的船舶,应将舷梯与引航员软梯组合供引航员登船或离船。

(4)舷梯的低位平台应保持水平,其上架设的引航员软梯最少应保持 2 m 的垂直长度;舷梯的倾斜角度向后最大不超过 55°。

(5)在转送人员时,应备有立即可供使用的两根扶手绳(直径不应小于 28 mm)、带有自亮灯的救生圈、撇缆。

(6)应配备适当照明,照亮舷外的登离船装置、甲板上人员登船和离船的位置。

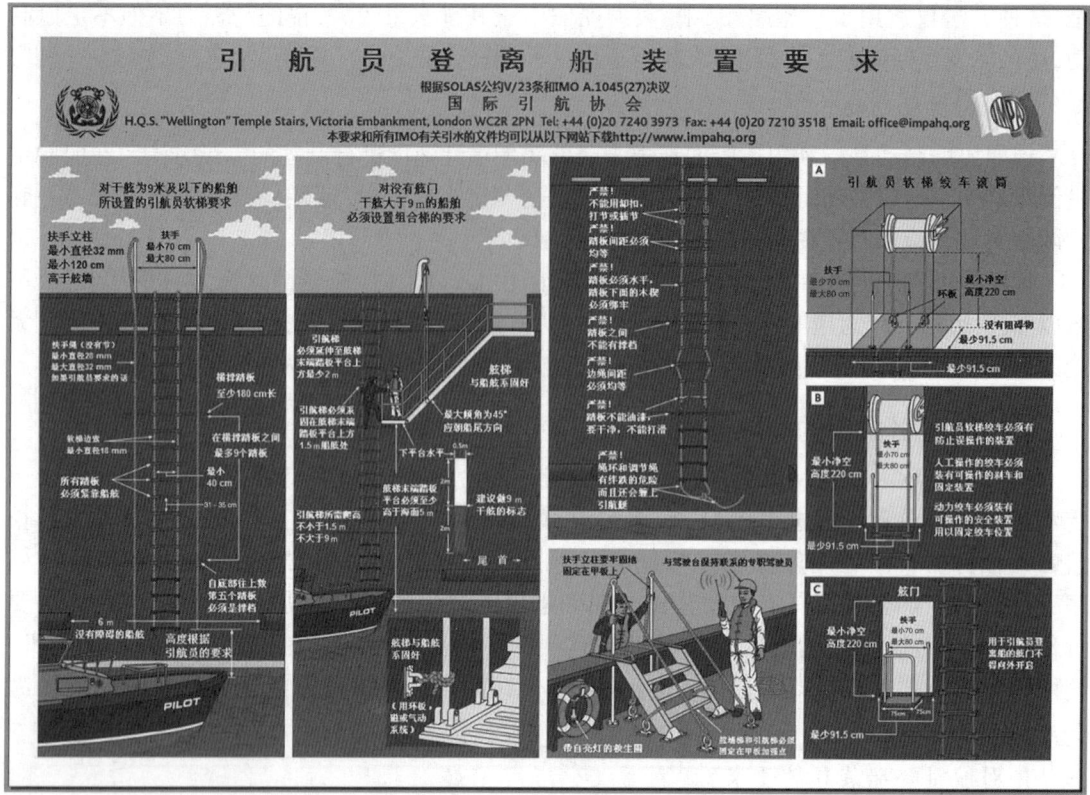

图 5-2-1　引航员登离船装置要求

2. 引航员登船时的船舶操纵要点

引航员登船时船舶的运动状态是影响引航员安全的因素之一。船舶在锚地接送引航员无须讨论船舶动态问题，比较而言，航行中接送引航员的风险较大，而且引航员登离船水域往往通航密度较大，更要引起足够重视。引航员登船前，除了要做好以上装置的安放和检查外，还要较精确控制船舶，其操纵要点如下：

（1）调整进港船速，准确预报抵达引航员登船点的时间。过早或过晚都不利于船舶安全进港，尤其是过早抵达引航地点而引航员还未抵达，由于水域狭窄，往往造成被动局面。

（2）根据引航员的要求，调整航向，将引航员软梯或舷梯放在下风舷侧，以利用船体的遮蔽作用减小下风舷侧的风浪。

（3）降低船速，以利引航船或拖船并靠，但有强横流影响时，船速不宜过低，以免漂移过大而造成搁浅，一般以保持舵效的船速为准。

（4）能见度不良时，本船位置不易被引航船识别，必要时开启雷达为引航船导航并鸣放合适的声号供引航船识别。

（5）引航船附近往来船舶交通密集，应加强瞭望，注意及时用 VHF 与 VTS 和他船取得联系并及时避让。

3. 直升机接送引航员时的船舶操纵要点

随着航运业的发展，直升机在接送引航员和海上救助方面的应用越来越多。特别是大型船舶，往往引航员等船地点距离港口较远，引航船受风浪影响较大，采用直升机接送引航员的做法更为普遍。直升机具有方便、快捷等优点，但直升机在转运人员过程中也存在较大风险，由于操作不当造成机毁人亡的事故时有发生。究其原因，除了直升机驾驶员方面的因素以外，船上人员的操作失误也是事故原因之一。因此，船舶操纵人员有必要掌握直升机海上转运人员期间的船舶操纵知识，以利于安全。

（1）直升机抵达前的安全检查

①对于所有船舶：

根据有关最低要求的规定将降落区域报告交管中心（VTS）；所有甲板吊杆或克令吊以及其他活动设备是否落下并固定；所有降落/吊运区域附近的松动物品是否移开或系固；降落/吊运区域附近是否清洁，且有无残留货物和冰凌；降落/吊运区域是否处在日出至日没期间或在能见度不良时有足够的照明（直升机飞离船舶之前不可关闭甲板照明灯）；甲板照明灯的照射方向向下指向甲板，以免直接指向直升机驾驶员；注意甲板上的相对风向和风速；根据有关要求，在降落/吊运区域预先设置消防设备；VHF 设定在港口指定频道。

②对于油船还要做到：

不早于直升机降落前 30 min 释放货舱压力（若没有配备惰气系统）；降低货舱压力使其为正值（若配备系统）；通风后关闭所有货舱开口。

对于液化气船还应采取所有防范蒸气泄漏到甲板的措施，对于散货/液货混装船还应停止所有舱面通风，并落下舱口压条（干散货）。

③船员注意事项应包括：

指定协助直升机降落/吊运的船员，并在操作前在下列方面给出指令：

降落/吊运区域的位置（如果船上没有固定的场所）；在直升机降落之前和降落期间尽可能处于离开降落/吊运区域的安全位置；任何时候都应远离降落/吊运区域；在吊运期间，不要接触吊索；指定协助直升机接送引航员的船员需携带手提 VHF 对讲器；指令所有不参与操作的船员远离露天甲板；指令所有船员不得使用闪光灯照相机，以免影响直升机驾驶员的视线。

如果在驾驶台两翼吊运，应去除驾驶台两翼的遮阳罩，确保所有雷达天线停止运转。

上述所有项目检查完之后，船长应确认：甲板消防组到位并做好操作准备；船长上驾驶台，并确认安全检查的所有项目是否做到；船长通知有关方面船舶准备就绪，必要时通知 VTS。

（2）船舶横摇角和纵摇角

船舶的过度运动可能造成直升机滑出甲板上的降落区域。因此，在直升机降落甲板期间，一般要求船舶的运动状态最低达到：横摇角左、右各不超过 2.5°，即横摇幅度不超过 5°；纵摇角前、后各不超过 2°，即纵摇幅度不超过 4°。

为了减轻船舶的摇摆幅度，直升机驾驶员往往会要求船长调整航向和船速。

（3）船舶航向和船速

直升机降落甲板期间，一般要求船舶保持航向和船速。有时直升机驾驶员和引航员协商确定具体的航向和船速。一般情况下，要求船舶风舷角不大于 30°，并避免航向的突然变化。

四、港内掉头操纵

船舶在港内常常需要将航向掉转较大的角度（一般为 180°），这种操纵称为掉头操纵。例如，顺流进港的船舶需要掉头进行顶流靠泊、出港航道位于停泊船的船尾方向以及特殊靠泊舷侧要求等。一般在指定的"掉头水域"进行掉头操纵。与全速旋回操纵比较，港内掉头操纵有其特殊性。首先,港内水域受限,掉头操纵时一般船速较低(基本处于静止状态),主机停车后,即使操满舵也不能有效地控制船舶的运动;其次,由于船速较低,港内掉头操纵过程中受风、流的影响较大,掉头过程中横流、横风造成的船舶漂移较大。因此,港内掉头操纵的安全性取决于掉头方式、掉头操纵的水域环境、船舶种类、载重状态以及掉头操纵过程中的水文气象条件等因素。

1.港内掉头操纵方式

一般根据船舶大小及载重状态选择掉头方式,并根据掉头方式及风、流条件和船舶载重状态选择向左或向右的掉头方向。按照所使用的操纵手段进行分类,可将掉头操纵分为自力掉头和拖船协助掉头两种方式。

(1)自力掉头(Turning Without Tugs)

自力掉头是指依靠船舶本身的控制设备产生的力矩使船舶回转的掉头方式。按照所用设备的不同,自力掉头又分为操舵旋回掉头和顺流拖锚掉头两种方式。前者主要是用舵力转船力矩使船舶回转的操纵方式,后者主要是借助锚的抓力和水流产生的回转力矩使船舶回转的操纵方式。

自力掉头过程中一般需要主机进车增加舵力,则所需水域范围较大,一般不小于3L。如果船舶装有侧推器,使用侧推器进行掉头可减小所需水域范围,但无论如何不得小于2L。值得注意的是,在低速情况下,操舵控制航向的能力有限,同时,锚链负荷和锚的抓力也是有限的,故自力掉头方式仅适用于小型船舶、气象条件较好、水域较为宽阔的情况。

(2)拖船协助掉头(Turning with Tugs)

拖船协助掉头是指船舶借助拖船的拖力或推力产生的回转力矩使船舶回转的操纵方式。这种掉头方式应用最为普遍。一般根据船舶排水量和水文气象条件选择单拖船、双拖船或多艘拖船协助掉头操纵。例如,小型船舶进出港需要掉头时,在气象条件比较恶劣的情况下,可采用单拖船协助掉头;中型船舶一般使用2艘拖船协助掉头;大型船舶,特别是VLCC船舶,一般使用3~4艘拖船协助掉头。拖船协助掉头所需水域范围一般不小于2L。

2.掉头方向及位置的选择

一般根据船舶大小、载重状态以及风、流条件选择掉头方向。自力掉头和顺流抛锚掉头过程中一般要进行倒车,而低速时螺旋桨倒车横向力比较明显,在选择掉头方向时,应考虑螺旋桨倒车横向力矩是否有利于掉头操纵。对于右旋FPP螺旋桨船,一般宜采用向右掉头方式。

掉头操纵过程中,如遭遇大风或急流的影响,为了减小船舶向下风或下游的漂移,除了要减少掉头操纵时间之外,还要使船舶尽可能处于上风或上游位置,并向上风或上游掉头。

3.掉头时机的选择

除了顺流抛锚掉头方式外,一般选择在平流或流速较小的时机进行掉头操纵,不得不在有流的情况下进行掉头时,流速也不宜超过1 kn。特别是大型船舶,最好选择在缓流的时机进行掉头操纵。

由于顺流抛锚掉头是利用水流的作用使船舶回转的,缓流时,掉头操纵时间过长会使船舶面临一些不确定的风险;急流或船速过高时,易造成断链、丢锚事故,故流速一般不宜大于1.5 kn。一般选择流速为1~1.5 kn的时机进行掉头操纵。

五、顺流抛锚掉头操纵要领

在气象条件比较好的情况下,小型船舶顺流进港需要掉头时,可采用抛锚掉头方式。以下以顺流抛锚向右掉头为例,简要介绍操纵步骤及要领,如图5-2-2所示。

1.接近掉头水域的操纵

船舶接近掉头水域的过程中,应按照减速、停船程序,根据本船的停车冲程,适时停车淌航,必要时进行倒车减速。抵达掉头水域之前约2L时,船位应摆在掉头区中心线稍偏左的位置,船速控制在2~3 kn,操右满舵,使船首向右转动,见图5-2-2中的位置①。

2.抛锚位置及出链长度

顺流抛锚掉头的抛锚位置应为掉头水域的上游。抵达掉头区抛锚位置时,使船舶对水速度减至0,航向与流向成20°~30°交角,见图5-2-2中的位置②,抛下右锚,并一次送出所需链长,然后将制动刹牢。出链长度一般为2.5~3倍水深。

3.对船舶转动的控制

船舶在锚链力矩和水动力矩的作用下开始向右转动,见图5-2-2中的位置③,随着船舶的转动,水动力矩逐渐增大。

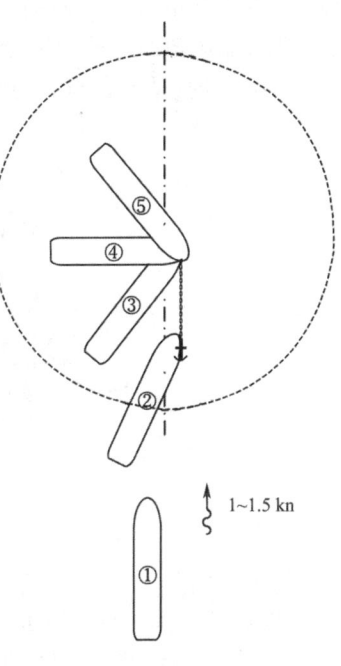

图 5-2-2 抛锚掉头操纵示意图

当转向至横向受流(见图5-2-2中的位置④)时,水动力、锚链受力和转向角速度都达到最大值,这时可采取低速进车操右满舵的措施缓解锚链受力。

4.进车、起锚时的时机

船舶航向掉转90°之后,水动力矩逐渐减小,转向角速度也随之降低,当转向角约为150°时(见图5-2-2中的位置⑤),可进车,操右舵协助右转。当转向角约为180°时,可进行起锚操纵。

六、单拖船协助船舶掉头操纵

在有流的水域,单拖船协助掉头时,拖船的协助方式及其作用点的位置取决于流向。为了减小船舶向下游漂移,顶流掉头时,宜采用拖船在船尾顶推(推尾)或在船尾吊拖(拖尾)的协助方式;顺流掉头时,宜采用拖船在船首顶推(推首)或在船首吊拖(拖首)的协助方式;横流掉头时,需要选择向上游的掉头方式,宜采用拖船拖首或推首的协助方式。

吊拖的拖缆可以带在船首最前端或船尾最后端,可获得最大转船力矩;吊拖还可以改变拖力的作用方向,可利用拖缆沿船舶纵向的分力控制掉头过程中的船舶前进和后退。而顶推力的作用点只能位于船首稍后某一可以顶推的部位,且基本不能改变推力的方向。因此,采用单拖船吊拖方式协助掉头比采用顶推方式协助掉头的效果好。

1.顶流单拖船推尾掉头

顶流情况下单拖船协助掉头时,可采用推尾方式[如图5-2-3(a)所示]或拖尾方式[如图5-2-3(b)所示]。下面以顶流情况下单拖船推尾向右掉头为例,简要介绍其操纵步骤及要领。单拖船拖尾掉头与顺流拖首掉头操纵要领相似。

（1）拖船顶推之前，船舶对地的速度为 0，为此，往往需要低速进车，使船舶对水的速度为流速。船位应位于掉头水域的上游偏右的位置，见图中的位置①。

（2）船尾拖船开始顶推，随着船舶航向的变化，水流造成的漂移逐渐显现出来，当航向变化 30°～40°时，适时停车，防止船舶前冲，见图中的位置②。

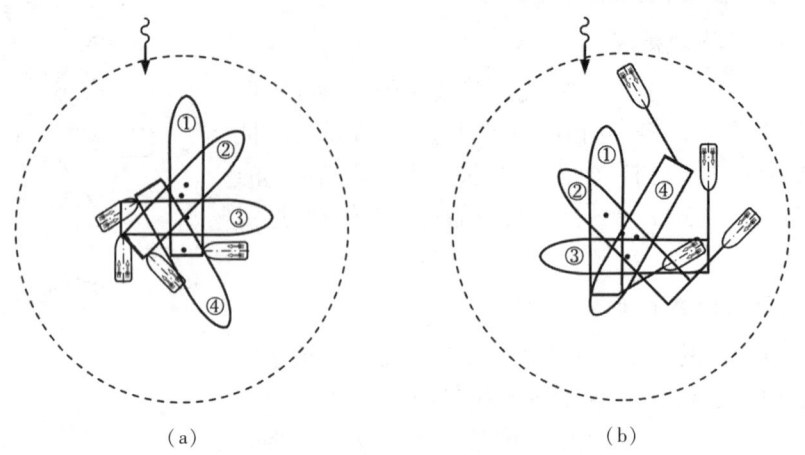

(a)   (b)

图 5-2-3　顶流单拖船协助掉头

（3）随着转动角速度的增大，船舶逐渐转为横向受流，见图中的位置③。应加大拖船推力，迅速转过横流状态，以免造成过大的漂移。横流时，一旦发现船舶前冲或后退，及时倒车或进车予以纠正。

（4）船舶转过横向受流之后，应适当减小拖船推力，进而减小转动角速度。当船首向变化约 150°时，拖船停止顶推，依靠转动惯性转过剩余角度，见图中的位置④。这时若转动角速度仍然很大，则需及时慢速进车、操左满舵，以减小转动角速度，直至船舶稳定在出港航行的新航向上。

2. 顺流单拖船拖首掉头

顺流情况下单拖船协助掉头时，可采用推首方式[如图 5-2-4(a)所示]或拖首方式[如图 5-2-4(b)所示]。下面以顺流情况下单拖船拖首向右掉头为例，简要介绍其操纵步骤及要领。单拖船推首掉头与顶流推尾掉头操纵要领相似。

（1）拖船发出拖力之前，船位应位于掉头水域的上游偏左的位置，且船速为 0。当船首拖船开始发出拖力时，为了减小船舶下游漂移，拖缆方向应指向船舶右后方，见图中的位置①。

（2）随着船舶航向的变化，水流造成的漂移逐渐显现出来，当航向变化 30°～40°时，为防止船舶后退，将拖缆方向逐渐改为垂直于船舶首尾线，以增大转船力矩，见图中的位置②。

（3）随着转动角速度的增大，船舶逐渐转为横向受流，见图中的位置③。应加大拖船推力，迅速转过横流状态，以免造成过大的漂移。横流时，一旦发现船舶前冲或后退，及时倒车或进车予以纠正。

（4）船舶转过横向受流之后，拖缆方向应逐渐向船舶右前方过渡，这样不但可以减小转动角速度，而且可以借助拖缆向前的拖力来减小下游漂移。当船首向变化约 150°时，拖船停车，依靠转动惯性转过剩余角度，见图中的位置④。这时若转动角速度仍然很大，则需及时进车、操左满舵，以减小转动角速度，直至船舶稳定在新航向上。

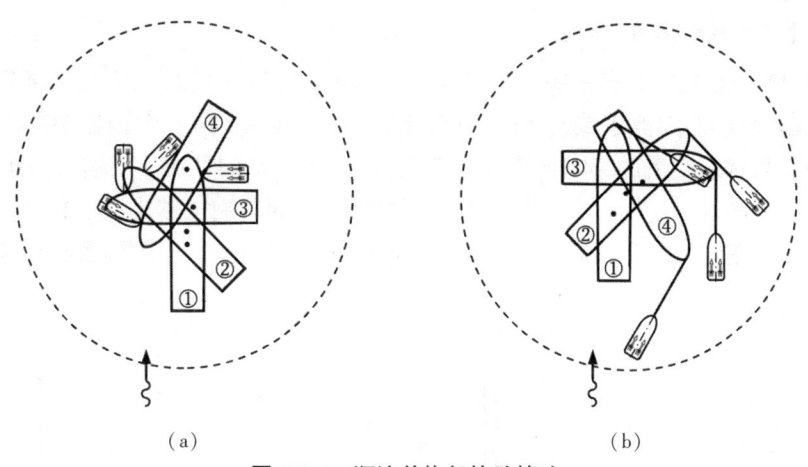

（a）   （b）

图 5-2-4　顺流单拖船协助掉头

第三节　靠离泊操纵

泊位系泊是船舶最常见的停泊方式之一。由于码头水工建筑物的存在以及泊位附近水深的限制,船舶的活动范围比锚地要小得多,故靠离泊操纵要比锚泊操纵的难度大。本节介绍船舶靠离泊操纵应遵循的一般原则和基本操纵方法,并给出几个典型船舶的靠离泊操纵实例,以供读者参考。

一、影响靠离泊操纵的水文气象因素

靠离泊操纵受多种因素影响,这些因素可归纳为人、船舶、环境三个方面。人的因素主要指人的操船技能和失误发生的概率及后果等,这方面的问题已经有大量研究。有关船舶因素在前面已经大量讲述,在此仅对水文气象因素对靠离泊的影响进行概述。

1. 风对靠离泊操纵的影响

风对靠离泊操纵的影响与船型、船舶载况以及风向与码头轴线(泊位线)的交角等因素有关。集装箱船、客船以及滚装船等比油船和散货船船体水上部分受风面积大,受风的影响大;船舶压载状态受风的影响比满载状态大;在风向一定的情况下,风速越大,影响越大。在风速一定的情况下,不同方向的风对靠离泊的影响也不相同。风向与码头轴线交角越小,风的影响越小;风向与码头轴线交角较大时,吹拢风和吹开风的影响不尽相同。

(1)吹拢风:风向由水一侧吹向码头。这时尽管靠泊过程中入泊操作可能所需拖船推力较小,但控制入泊速度需要拖船进行拖曳,很难控制,对靠泊操纵不利。离泊时风的作用将船舶推离码头,对离泊操纵较为有利。

(2)吹开风:风向由岸一侧吹向码头。靠泊时风的作用将船舶推离码头,这时入泊操作可能需要的拖船推力较大,但对入泊速度可以进行控制,对靠泊操纵较为有利。离泊时风的作用将船舶推向码头,对离泊操纵较为不利。

为安全起见,各港口根据当地的具体情况,对风速进行了限制,规定安全操纵的风速极限一般不超过 7 级。

2. 水流对靠离泊操纵的影响

水流对靠离泊操纵的影响主要与船舶载况、流向与码头岸线的交角及流速等因素有关。在最大流速极其微小的港池水域或遮蔽水域(俗称"静水港"),不必考虑流的影响。与风的影响不同,船舶满载状态受流的影响比压载状态大;在流速一定的情况下,流向不同对靠离泊的影响也不相同,见图5-3-1。流向与码头轴线交角越小,流的影响也越小;流向与码头轴线交角越大,流的影响也越大,而且拢流和开流的影响不尽相同。在流向一定的情况下,流速越大,影响越大。

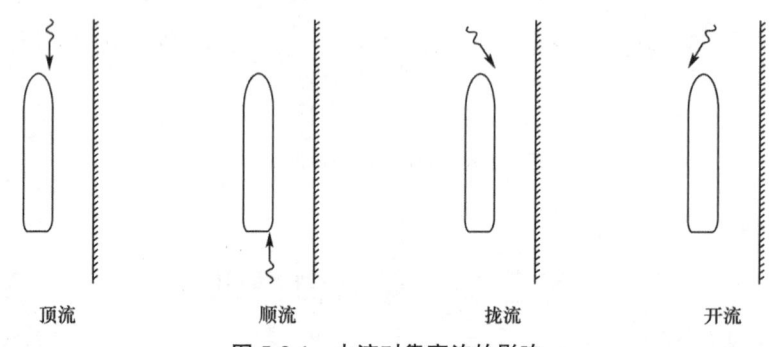

顶流　　　　　　顺流　　　　　　拢流　　　　　　开流

图 5-3-1　水流对靠离泊的影响

(1)顶流和顺流

靠泊过程中船首方向来流称为"顶流",这时为了抵消流造成的漂移,不时需要进车,进而增大了舵力,船舶的偏转较容易控制。靠泊过程中船尾方向来流称为"顺流",这时为了抵消流造成的漂移,不时需要倒车,而倒车造成的偏转很难控制。因此,一般选择"顶流"时机进行靠泊,且最大流速不宜超过 1.5 kn,大型船舶靠泊操纵需要选择平流或流速较缓的时机。

(2)拢流和开流

一般码头轴线大多与当地的主流向平行或交角较小。但在有旋转流的港口,开敞式码头附近还可能存在与码头轴线垂直或有一定交角的水流。这时,流向码头的流称为"拢流",俗称"轧拢流";离开码头的流称为"开流"。

拢流时靠泊,尽管较容易进行入泊操纵,但流速较大时需要拖船拖曳控制入泊速度,控制不好,船舶可能触碰码头,对靠泊操纵不利。拢流时离泊,船舶不易离开泊位,需要的拖船拖力较大,对离泊操纵不利。

开流时靠泊,流的作用将船舶推离码头,入泊速度可以用拖船顶推进行控制,可能需要较大的拖船推力。只要流速不是很大,船舶的横移速度基本是可以控制的。流速较大时,拖船推力不足可能造成靠不上码头,但不至于造成船舶触碰码头。选择流速较小的时机靠泊,开流对靠泊操纵是有利的。开流时离泊,船舶较容易离开泊位,而不需要太大的拖船拖力,对离泊操纵是有利的。

3. 浪对靠离泊操纵的影响

若码头处于开阔的水域,如开敞式码头,则波浪对靠离泊操纵的影响将较为明显,主要体现在波浪作用力方面,特别是横浪时的作用力。船舶吨位越小,波浪的影响越大。对于大型船舶来说,尽管港内波浪对其影响不是很大,但如前所述,波浪对拖船效率的发挥影响较大,在有义波高为 2 m 时,拖船几乎不能发挥其作用。因此,在受海浪影响较大的港口,通常对靠离泊操纵过程中的波高进行限制,一般有义波高不超过 1.5 m。

二、靠离泊方式的选择

按照是否需要外力协助来区分,靠离泊方式分为自力靠离泊和拖船协助靠离泊两种方式。靠离泊方式不同,操纵方法也不相同,故在靠离泊之前应根据船舶排水量、当时的操船环境以及操船者本身的具体情况来选择靠离泊方式。

1. 自力靠离泊方式(Berthing or Unberthing without Tugs)

自力靠离泊指凭借船舶自身的控制设备进行靠离泊的操纵方式。船舶自身的控制设备主要包括推进器和舵,最常见的是单车单舵船。舵控制船舶的能力受多种因素的影响,特别是在低速情况下靠离泊过程中,舵几乎完全失去作用。因此,传统意义上的自力靠离泊方式一般仅适用于小型船舶(万吨级以下船舶),且仅限于在气象条件不太恶劣、水文条件不太复杂的情况下进行。

随着船舶控制技术的发展,船舶自身的控制设备也不断完善,船舶自力靠离泊能力逐渐增强。例如,现代化集装箱船的侧推器大大降低了对拖船的依赖程度。双车船自身的控制能力要高于单车船。因此,在气象条件不是很恶劣的情况下,有些装有侧推器的船舶也采用自力靠离泊方式。

2. 拖船协助靠离泊方式(Berthing or Unberthing with Tugs)

船速越低,船舶失控的概率越大,且船舶吨位越大,操纵风险也就越大。因此,一般情况下,中、大型船舶均采用拖船协助靠离泊方式。实际上,为了降低靠离泊操纵风险,万吨级船舶有时也采用拖船协助靠离泊方式。

拖船协助靠离泊时,所用拖船总功率及数量根据船舶排水量、环境条件以及船舶的操纵性能等因素确定,并留有一定的富余量。

三、靠泊前的准备工作

船舶进港靠泊之前,应做好充分的准备工作,包括了解港口水域环境、水文气象条件以及本船的操纵性能等方面的信息,制订周密的靠泊计划等,其要点如下:

1. 了解有关信息

掌握相关信息是制订靠泊计划的前提条件。进港靠泊有关信息包括港口水域信息(航道、码头泊位、掉头水域等)、水文气象信息(风、浪、流、潮汐等)以及船舶信息(操纵性、载重状态、排水量)等。

(1)港口水域信息

进港靠泊首先应掌握进出港航道、码头泊位等港口水域条件方面的信息。

进出港航道信息包括三方面的内容:一是航道平面布置,如有效宽度、航道长度、实际水深、航道方向、航道弯势等;二是通航管理规定,诸如分道通航制、港内限速、VHF 的使用等;三是导航设施,诸如航标、导标的配布等。

掉头水域信息主要包括掉头水域直径、水深及其位置等。

码头泊位信息包括两方面的内容:一是泊位附近可航水域,诸如航道与码头附近的连接水域有无转角、掉头水域范围及位置、码头前沿停泊水域宽度等;二是泊位平面布置方面的信息,诸如码头方向、泊位长度、泊位水深、泊位前后他船停泊情况、实际泊位空当大小(一般为船长的120%)等。

(2)水文气象信息

水文气象信息包括靠泊过程中遭遇的风、流、浪、潮汐等信息。对于风或流的影响,应掌握风向或流向与航道方向及码头方向的交角,确定是吹拢风还是吹开风,顶流还是顺流或开流还是拢流,并掌握风力或流速的大小及变化趋势。对于浪的影响,应掌握浪向与航道方向及码头方向的交角,并注意浪高对船舶吃水及拖船作用效果的影响。对于乘潮进出港的船舶还应掌握当地潮汐的变化情况。

2. 制订靠泊操纵计划

在了解和掌握上述信息的基础上,结合本船的载重状态和操纵性能,需在靠泊前预先制订一个完整的靠泊操纵计划。靠泊操纵计划一般由船长或港口引航员制订。该计划中应对靠泊中的关键操作的时间、地点及操纵要点做出概要说明,以便有关人员做好充分的准备。靠泊操纵计划一般应包括但不限于下列内容:

(1)预计靠泊操纵过程中及抵泊时的流向、流速、风向、风力、波向及波高;

(2)确认靠泊舷侧,准备相关舷侧的系缆、锚及设备;

(3)拖船协助靠泊时,确定拖缆在船上的系带位置及带缆时船舶抵达的地点;

(4)确定从锚地起锚的时机,如果从港外直接进港,确定抵达某一地点的时间;

(5)估计通过航道的时间,如果需乘潮通过航道,确定满足乘潮水位的时间段;

(6)如果需要掉头操纵,确定掉头操纵的地点及掉头方向;

(7)确定船舶抵达泊位的时机及时间;

(8)靠泊中可能遇到的险情及其预防和应急措施等。

有些港口的引航部门对一些特殊泊位、特殊船舶的靠泊计划以文本的形式与船长进行信息交流,这样有利于操纵安全。

四、靠泊操纵过程与操纵要领

靠泊操纵过程实质上就是利用有效操纵手段对船舶靠泊过程中的运动状态进行控制的过程。从船舶操纵特点来看,靠泊过程可大致分为抵泊和入泊两个阶段,相应的操纵水域也可分为抵泊区和入泊区 ,如图5-3-2(a)所示。在靠泊操纵过程中需要根据操纵目的,重点控制船位、距离、航向、船速等运动状态。

1. 抵泊过程及操纵要领

船舶靠泊操纵第一阶段是船舶从制动开始至抵达泊位前沿水域的运动过程,该阶段是船舶抵达泊位的过程,故简称为抵泊过程。抵泊操纵可以在港池水域或旋回水域进行,抵泊区为范围较广的扇形区域,船舶可能从抵泊区的任意方向接近泊位前沿水域。在接近入泊区之前需对船舶姿态进行调整,以适合靠岸。抵泊过程中应重点控制的船舶运动参数有抵泊速度、抵泊横距和抵泊角度等,如图5-3-2(b)所示。这些参数的控制一般与船舶排水量、载重状态、停船性能、靠泊操纵方式以及水域环境、水文气象条件等因素有关。

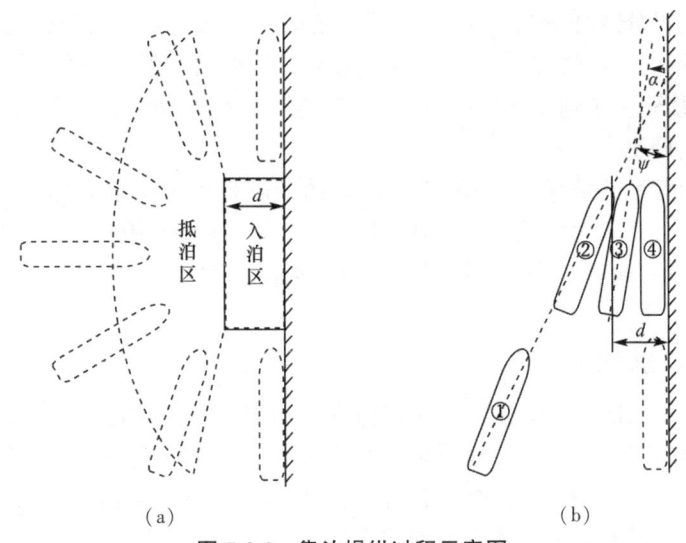

（a） （b）

图 5-3-2 靠泊操纵过程示意图

（1）惯性余速

靠泊过程中，船舶抵达制动水域（距泊位前沿 $3L\sim5L$）时，推进器一般处于停车状态，这时的船速称为"惯性余速"。此后，船舶将以惯性余速滑行至泊位前沿，并要求抵达泊位前沿"靠岸区"[见图 5-3-2（b）位置②]时基本为静止状态，因此，抵泊过程也是惯性递减过程。惯性余速过高，可能不易停船；惯性余速过低，又可能受横风、横流的影响而向下风、下游漂移过大。故严格控制惯性余速是安全靠泊的条件之一。

在风、流影响较小的情况下，通常船舶排水量越大、停船性能越差，惯性余速应越低。小型船舶一般不宜超过 5 kn，在该船速下，可利用主机倒车制动和（或）拖锚制动等措施使船舶抵达泊位时停下来；中型船舶不适宜采用拖锚制动方法，可用主机倒车制动，故惯性余速一般不宜超过 4 kn。大型船舶，特别是超大型船舶，倒车功率严重不足，需要拖船协助制动，惯性余速一般不宜超过 3 kn。

上述参考数据应根据具体情况进行调整。重载船舶的惯性余速应比压载船舶略低；压载船舶有横风影响时，惯性余速不宜过低；顺流时的惯性余速应比顶流时略低。

（2）抵泊横距

抵泊横距是指船舶抵达泊位前沿时，船舶距泊位岸线的最小垂直距离，用 d 表示，如图 5-3-2（b）中的位置②所示，简称"横距"。

一般情况下，船舶排水量越大，横距应越大；有拖船协助靠泊时，可适当增大横距。小型船舶自力靠泊时，一般选择横距 $1.5B\sim2.0B$。中、大型船舶有拖船协助靠泊时，一般选择横距 $2.0B\sim2.5B$，但 VLCC 船舶由于其操纵风险较大，一般选择横距 $2.5B$ 以上。

上述参考数据应根据具体情况进行调整。通常，压载船舶有吹拢风影响时，应适当增加横距，有吹开风影响时，应适当减小横距；重载船舶富余水深较小时，船舶横移困难，则应适当减小横距。

（3）抵泊方向

抵泊方向是指船舶接近过程中的航迹向与泊位岸线的交角，也称为抵泊角度，用 ψ 表示，如图 5-3-2（b）中位置①、②连线所示。按照抵泊角度进行分类，可分为大角度抵泊和小角度抵泊两种方式。这里分两种情况讨论：一种情况是进港航道方向与泊位方向平行,这时,可对抵泊角度进行选择；另一种情况是进港航道方向与泊位方向有较大交角,有的甚至接近 90°,这时,抵泊过程可能是一个连续转向的过程,其轨迹是一弧线,则无法选择抵泊角度,只能根据具体情况进行适当调整。

在可选择抵泊角度的情况下,一般排水量大的船舶宜采用小角度抵泊方式,且排水量越大,抵泊角度应越小；有较大吹拢风或吹开风影响时,为了减小船舶向下风漂移,宜采用大角度抵泊方式；泊位后方有他船停泊比无他船停泊时的抵泊角度要大；顺岸流流速较高时,宜采用小角度抵泊方式。

2. 入泊过程及操纵要领

船舶靠泊操纵第二阶段为船舶从泊位前沿水域向码头靠拢的运动过程,该阶段是船舶进入泊位的过程,故简称为入泊过程,也可称为靠岸过程。入泊区是一个长度约为船长、宽度为横距的矩形区域,一般接近或大于泊位前沿停泊水域范围。入泊区内,在外力作用下船舶将以一定速度靠拢泊位。船舶靠岸运动应局限在入泊区内。入泊过程应重点控制的船舶运动参数有靠拢角度和靠拢速度等。

(1)靠拢角度

靠拢角度是指位于靠岸区船舶向泊位靠拢过程中船首向与泊位方向之间的交角,用 α 表示,如图 5-3-2(b)中的位置③所示。靠拢角度也称为"入泊角度"。靠拢角度一般不等于抵泊角度。在进行靠拢操作之前,需将抵泊角度调整至适宜的靠拢角度。当进港航道方向与泊位方向有较大交角时,靠拢角度的调整过程相当于大角度的转向过程。按照靠拢角度进行分类,可分为平行靠拢和小角度靠拢两种方式。

靠拢角度决定了船舶靠拢时的接触面积,$\alpha \neq 0°$ 时,接触面积小,船体可能仅与一个护舷接触,如果靠岸速度较大,则可能造成码头或船体损坏。因此,无论采用何种靠拢方式,船舶接触码头的瞬间都应采用平行靠拢方式($\alpha = 0°$)。

一般来说,船舶排水量越大,靠拢角度应越小；重载船顶流较强时,靠拢角度宜小；轻载船吹开风较大时,靠拢角度宜大。通常,小型船舶可采用小角度靠拢方式；中、大型船舶由于其惯性巨大而难以控制,则必须采用平行靠拢方式。

(2)靠拢速度

船舶向泊位靠拢的速度简称为靠拢速度或入泊速度。采用平行靠拢方式时,靠拢速度等于船舶横移速度。船舶接触码头瞬间垂直于泊位的速度称为法向靠岸速度,简称靠岸速度,用 V_n 表示。控制靠拢速度就是控制法向靠岸速度。靠拢过程实质上就是靠拢速度的递减过程。开始时,可以靠拢得快一些,之后逐渐降低靠拢速度,直至在快要接近码头时达到所要求的法向靠岸速度。

由于码头设计标准和船体强度的限制,对靠岸速度都有严格要求,操纵中应根据船舶排水量大小严格控制。我国有关设计标准对海港船舶靠岸速度做出了明确规定,见表 5-3-1。表中较大的值适用于靠泊条件较为恶劣或流速较大的河港情况。可见,船舶排水量越大,法向靠岸速度应越小。一般万吨级船法向靠岸速度应低于 15 cm/s；中型船舶应低于 10 cm/s；大型船舶应低于 8 cm/s；对于超大型船舶,应控制在 5 cm/s 以下。

表 5-3-1　海港船舶靠岸速度限制

船舶排水量 Δ	法向靠岸速度 V_n(m/s)	
	有掩护码头	开敞式码头
Δ≤1000 t	0.20~0.25	0.25~0.45
1000 t<Δ≤5000 t	0.15~0.20	0.20~0.40
5000 t<Δ≤10000 t	0.12~0.17	0.17~0.35
10000 t<Δ≤30000 t	0.10~0.15	0.15~0.30
30000 t<Δ≤50000 t	0.10~0.12	0.12~0.25
50000 t<Δ≤100000 t	0.08~0.10	0.10~0.20
Δ>100000 t	0.06~0.08	0.08~0.15

　　小型船舶顶流自力靠泊时,可通过调整靠拢角度 α 和船速 V 来控制靠岸速度 V_n,如图 5-3-3(a)所示。三者之间的关系可表示为

$$\begin{cases} V = \sqrt{V_n^2 + V_c^2} \\ \alpha = \text{atan2}(V_n, V_c) \end{cases} \tag{5-3-1}$$

式中:V——船速(m/s);

　　　V_n——船舶靠岸速度(m/s);

　　　V_c——流速(m/s);

　　　α——船舶靠拢角度(°)。

　　例如,某万吨船,靠岸速度要求在 0.15 m/s 以下,顶流流速 $V_c=1.0$ kn(约 0.514 m/s)时,则最大船速不应超过 1.0 kn,最大靠拢角度不应超过 18°;顶流流速 $V_c=1.5$ kn(约0.771 m/s)时,则最大船速不应超过 1.5 kn,最大靠拢角度不应超过 12°。

　　中、大型船舶可通过调整拖船推力的大小来控制靠岸速度,如图 5-3-3(b)所示。靠泊过程中,避免拖船的顶推和拖曳之间的频繁转换,不但不利于对船舶运动的有效控制,还可能浪费时间,错过控制的最佳时机。

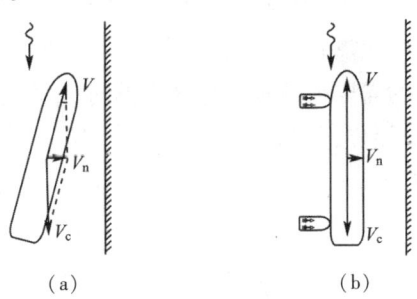

(a)　　　　　　　　　　(b)

图 5-3-3　靠岸速度的控制示意图

　　值得注意的是,平行入泊时,在船舶纵向对水运动速度 $V\neq0$ 时,即使两拖船推力相等,且距船中的距离相等,也可能造成船舶偏转而改变靠拢角度。例如,船舶对水有进速时,水动力中心前移,造成船尾拖船的转船力矩大于船首拖船,致使船尾偏向码头,如图 5-3-4(a)所示;当船舶对水有退速时,水动力中心后移,造成船首拖船的转船力矩大于船尾拖船,致使船首偏向码头,如图 5-3-4(b)所示。为了避免这种情况,平潮靠泊时,应尽可能避免船舶前冲或后退;顶流靠泊时,首部拖船推力应大于尾部拖船推力。

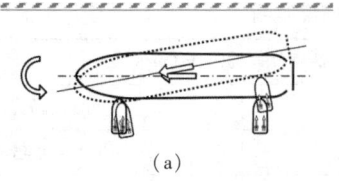 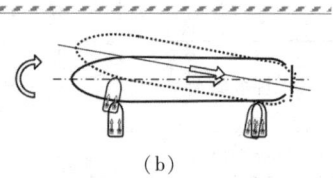

（a）　　　　　　　　　　　　　　　　　　　　　（b）

图 5-3-4　靠岸速度的控制示意图

五、离泊操纵要领

离泊的主要目的是出港,因此,离泊操纵也可分为两个阶段:第一阶段是船舶从泊位移至泊位前沿水域并保持一定安全距离的运动过程,该过程称为"离泊过程";第二阶段是船舶从泊位前沿水域驶向掉头水域或出港航道的运动过程,该过程称为"出港过程"。比较而言,出港过程是"加速"运动过程,随着船速的增加,舵控制航向的能力逐渐增强,风、流造成的漂移逐渐减小,操纵相对较容易。操纵难度较大的是第一阶段的离泊操纵。离泊操纵方法一般取决于船舶排水量、载重状态、水域环境以及水文气象等因素。以下结合具体离泊操纵实例简要说明操纵要领。

1. 离泊方式

按照离泊操纵时船首向与码头岸线之间的交角进行分类,离泊方式可分为首离、尾离和平行离三种方式。首离是指船首先离开码头的离泊方式,如图 5-3-5(a)所示;尾离是指船尾先离开码头的离泊方式,如图 5-3-5(b)所示;平行离是指船舶平行离开码头的离泊方式,如图 5-3-5(c)所示。无论是采用首离还是尾离,操纵风险都比平行离方式要大。因此,在有拖船协助离泊的情况下,普遍采用平行离方式。

小型船舶自力离泊时,一般采用尾离方式。尾离时,船尾摆出角度主要取决于风、流的影响。吹开风、顺流时离泊,摆出角度宜小;吹拢风、顶流时离泊,摆出角度宜大。在顶流、吹开风、泊位后方清爽的情况下,可采用首离方式。首离船首摆出角度不宜过大,否则,车、舵可能触碰码头而损坏,一般不宜超过 15°。中、大型船舶需拖船协助离泊,均采用平行离方式。

2. 安全操纵横距

船舶离开泊位后,可能进行掉头、移泊或出港等后续操纵。这些后续操纵都需要有足够的安全操纵范围,具体讲就是指船舶离开泊位的安全横距。该安全横距取决于风、流的影响,泊位前后的活动空间、后续操纵的需要等因素。直接出港时,泊位前后无他船停泊,安全横距一般至少保证 $2B$;泊位前后有他船停泊时,一般至少保证 $3B$。离泊后需在泊位前沿掉头操纵时,安全横距一般至少保证 $1L$。

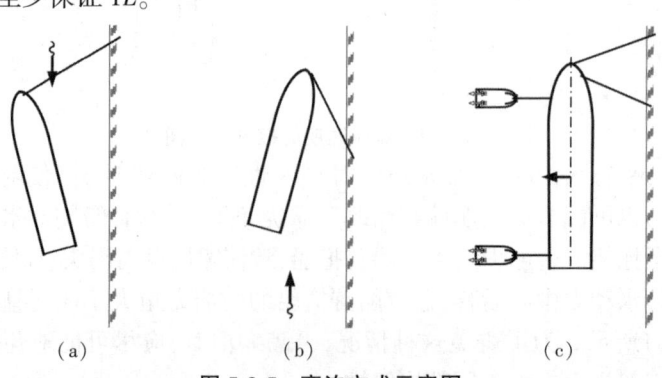

（a）　　　　　　　　（b）　　　　　　　　（c）

图 5-3-5　离泊方式示意图

六、靠泊操纵实例

如前所述,小型船舶在气象水文条件较好的情况下,可自力靠离泊,特殊情况下应有拖船协助靠离泊;中、大型船舶应采用拖船协助靠离泊方式,靠离泊操纵受人、船和环境三种因素的影响,即使是同一种外界条件和水域环境,不同人员操纵同一船舶所采用的操纵方法也不尽相同。由于实际情况多变,操纵形式、种类繁多,不可能一一进行介绍,因此,仅介绍几种典型的靠泊操纵方式,以供操船者掌握靠离泊操纵的基本方法和注意事项。

1.有流港拖船协助靠泊

船舶载态:1万吨级船舶压载。

环境条件:吹开风5~6级,流速1~2 kn,流向与码头岸线平行,开敞式码头,码头前沿约2L的水域宽度可供掉头、靠离泊操纵。

泊位情况:码头岸线与船舶出港方向平行,泊位后端有他船停泊。

操纵方式:1艘拖船协助,控制手段包括推进器、舵、单锚、系缆。

靠泊操纵过程如图5-3-6所示,操纵要点如下:

(1)船舶距泊位前沿约2L时,如图中位置①所示,船速控制在4 kn左右,船舶距泊位后端停泊船外舷约2B,抵泊角度约15°。此时,操正舵,慢速倒车。

(2)船舶抵达泊位后方时,如图中位置②所示,船速降为3 kn左右,受倒车横向力影响船首右偏。此时,仍操正舵,并继续慢速倒车。

(3)船首抵达泊位中点时,如图中位置③所示,船速降为2 kn左右,受倒车横向力影响船首继续右偏,受吹开风的影响船位向下风漂移,此时,抛下左锚1节入水,并停车,操右满舵。

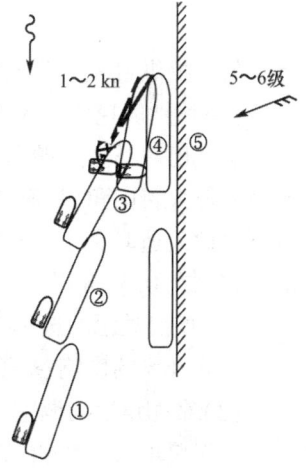

图5-3-6 顶流靠泊操纵示意图

(4)船舶抵达泊位前沿时,如图中位置④所示,船速降为0,受锚链力的作用船首左偏,靠岸角度减小至10°左右。此时,船首距离泊位1B~1.5B,可进行带缆(先带头缆)。令拖船在左舷船中之后慢速顶推,使船尾慢慢接近码头,靠岸角度逐渐减小。靠岸过程中如船首左转,可适当松出锚链;若右偏过快,可适时停车。

(5)随着靠岸角度的逐渐减小,船舶靠岸时基本平行于码头岸线,如图中位置⑤所示。这时,首部缆绳收紧后,即可系带尾缆和后倒缆。全部缆绳带妥后,松出锚链使其处于垂直状态,以免妨碍他船航行。

2.巴拿马型船舶靠泊

船舶尺度及载态:$L = 230$ m,$B = 32.2$ m,$d = 12.5$ m。

水文气象条件:吹开风5级,流的影响可忽略不计。

水域条件:码头前沿水域可供掉头、靠离泊操纵。

泊位情况:港池内泊位,泊位方向为090°—270°。

拖船及其布置:2艘约3000 hp拖船协助,其布置情况如图5-3-7所示。

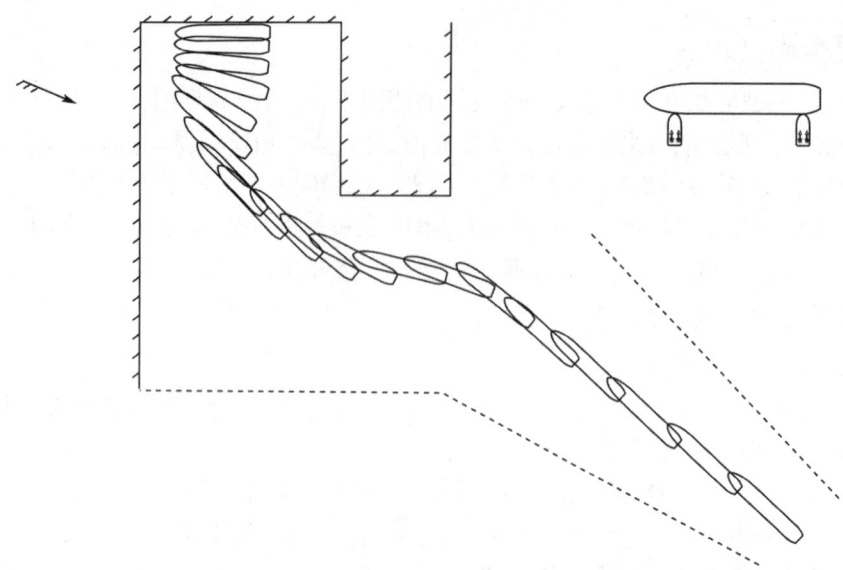

图 5-3-7　满载巴拿马型船舶靠泊操纵实例

靠泊操纵过程具体见图 5-3-7,操纵要点如下:

(1)惯性船速的控制

满载巴拿马型船舶惯性较大,停船距离较长,因此,惯性船速不宜过高。但由于进港航行水域有较大转向角,船速又不宜过低。距离泊位前沿约 1 n mile 时,船速一般控制在 3.5 kn 以下。此后适时利用主机倒车、拖船协助等措施,有效地控制船速,在船舶抵达码头前沿时将船速控制在 0.5 kn 以下。

(2)抵泊横距的选择

受吹开风的影响,抵泊横距不宜过大,选择 $2B$~$2.5B$ 的横距。

(3)靠拢角度的调整

虽然要求大型船舶采取平行靠拢方式,但受风、流和浪的影响以及人为操作上的误差,一般都存在 1°~3°的偏差,但无论如何不可超过 5°。为此,靠拢过程中应根据航向的变化,适时调整船首或船尾拖船的推力,使靠拢角度保持最小。

(4)靠岸速度的控制

吹开风不利于船舶靠泊,因此,靠拢过程中应根据靠岸速度的变化,适时调整拖船的推力,使靠岸速度得到有效控制。开始时,可快一些,随着横距的减小,逐渐降低靠岸速度,待船舶接触码头护舷时,达到所要求的法向靠岸速度。

3. 超大型油船(VLCC)大角度转向靠泊操纵实例

船舶尺度及载态:$L=333$ m,$B=60$ m,$d=21$ m,排水量 344200 t。

泊位情况:栈桥式开敞泊位,泊位方向为 045°—225°。

水文气象条件:吹拢风 6 级,流速 1.5 kn,流向基本平行于码头岸线。

水域条件:码头前沿水域可供掉头、靠离泊操纵,进港方向与泊位方向交角约 95°,抵泊前需要进行大角度转向。

拖船及其布置:5 艘拖船协助,其中一艘功率约为 5000 hp 布置在船尾供制动,其余 4 艘功率为 3600~4000 hp,其布置情况如图 5-3-8 所示。

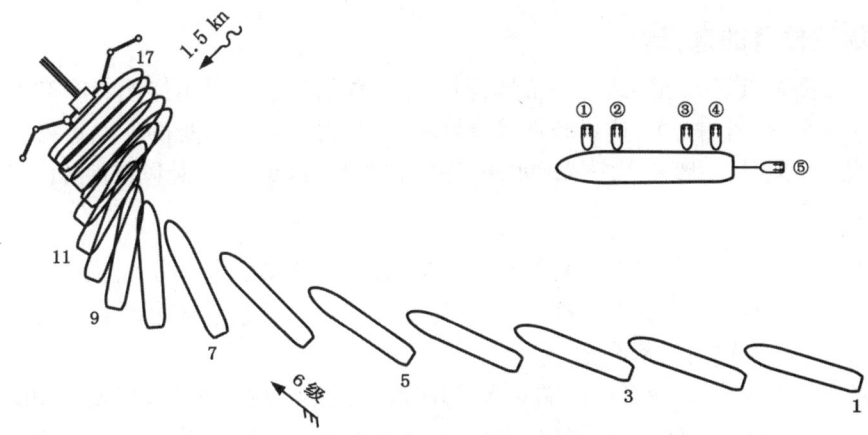

图5-3-8　超大型油船大角度转向靠泊过程

靠泊操纵过程具体见图5-3-8,操纵要点简要叙述如下：

(1)惯性船速的控制

由于进港过程中横流较大,为了降低横流造成的漂移,船速不宜过低。船舶距离泊位前沿约1 n mile时,船速控制在5.5 kn左右。此后适时利用主机倒车、拖船协助等措施,有效地控制船速,将船舶抵达码头前沿水域时的船速控制在0.5 kn以下。

(2)抵泊横距的选择

受吹拢风和顶流的影响,船舶抵泊过程中,始终存在指向左舷的横移速度,如图5-3-8所示。因此,选择2.5B~3B的横距。

(3)靠拢角度的调整

需要注意的是,由于流速较大,靠拢过程中一旦出现靠拢角度较大的情况,流的作用将使船首或船尾"轧拢"码头过快,控制不好可能造成触碰码头的事故。因此,靠拢角度一般应控制在5°以下,而且流速越大,该靠拢角度越小。

(4)靠岸速度的控制

虽然吹拢风有利于船舶靠泊,但靠岸速度不易控制。因此,靠拢过程中应根据靠岸速度的变化,适时调整拖船的推力,使靠岸速度得到有效控制。开始时,可快一些,随着横距的减小,逐渐降低靠岸速度,待船舶接触码头护舷时,达到所要求的法向靠岸速度。

第四节　锚泊操纵

锚泊是指用锚泊力将船舶系留在锚地的某一点的停泊方式。锚泊是船舶最常用的停泊方式之一。一般来说,锚泊具有操纵简单、机动性好、抵御风浪能力强、稳定性较差等特点,故锚泊适合于临时性的停泊,如检疫、候泊、候潮、过驳或避风等。正确的锚泊操纵是确保船舶在锚地安全停泊的前提条件。锚泊操纵涉及锚地的选择、锚泊方式的选择、安全出链长度等。

一、锚泊位置的选择

一般港口都有指定的通用或专用锚地,但具体的锚泊位置可以由操船者在有限范围内自由选择。锚地水深、船舶密度、避风条件等差别较大,须根据船舶本身的特点选择合适的锚泊位置。在选择锚地时,一般须考虑锚地水深、底质和地形、回旋余地、避风条件等因素。

1. 锚地水深

锚泊水域的水深直接影响锚泊船的安全。水深过浅,在波浪的作用下,锚泊船易产生搁浅事故;水深过深,不但影响锚的有效抓力,还可能出现超过锚机起锚能力而丢锚的事故。故选择合适的水深是安全锚泊的条件之一。

选择锚地最小水深时,应考虑船舶吃水、海图水深、当地潮差、波浪高度及船舶的摇摆程度等因素。由于在锚地进行锚泊操纵过程中船速较低,可不考虑船舶航行下沉量的问题。锚泊时,最低潮时所需锚地最小水深可按下式进行估算:

$$h = k \cdot d + h_w \tag{5-4-1}$$

式中:h——最低潮时的锚地最小水深,即海图水深(m);

d——锚泊时船舶最大吃水(m);

k——系数,无浪涌或遮蔽良好时取 1.2,有浪涌或遮蔽不良时取 1.5。

h_w——波浪富余深度(m),无浪涌或遮蔽良好时不计,有浪涌或遮蔽不良时取 2/3 最大波高。

例如,一艘最大吃水为 10 m 的船舶,在遮蔽体条件较差的锚地锚泊,最大波高为 3 m,则所需最小水深约为 17 m;而在遮蔽体条件较好的条件下,仅需约 12 m。

有些大型船舶可能需要在深水水域锚泊,在深水水域选择锚地最大水深时,应考虑锚机的额定起锚能力和锚的有效抓力等因素。考虑到锚的有效抓力,锚地最大水深一般不宜超过一舷锚链总长的四分之一。例如,某船单舷全部链长 385 m,则可进行锚泊的最大锚地水深不应超过 96 m。有些港口规定最大锚泊水深不宜超过 100 m。

2. 底质和地形

锚抓底之后能否发挥出较大的抓力与底质的关系极为密切。软硬适度的沙底和黏土质海底抓力均好,泥沙混合底次之,硬泥、软泥底质较差,石底、珊瑚礁底不宜抛锚。

锚地的海底地形以平坦为好,若坡度较陡(等深线较密)则将影响锚的抓力,容易走锚。另外,在底质不明的水域不宜锚泊。

3. 回旋余地

除了要满足水深和底质条件外,锚泊时还要有足够的回旋水域。所需回旋水域直径取决于水文气象条件、出链长度、船舶长度、水深等因素。

单锚泊占用所需水域为圆形,如图 5-4-1 所示,其半径为:

$$R \approx L + S \tag{5-4-2}$$

式中:R——单锚泊船回旋水域半径(m);

L——船舶总长(m);

S——锚链出链长度(m),港内锚地可取 60~90 m,港外锚地可根据风力估算。

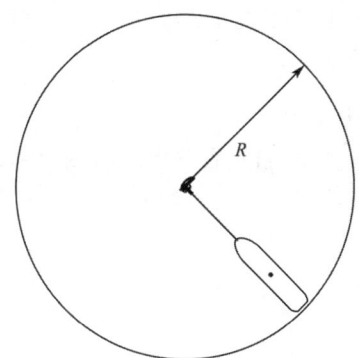

图 5-4-1 单锚泊船回旋水域

港内抛八字锚时,所需水域半径可按船长 L 另加 45 m 估算。

锚泊船的船尾还要与航道、浮标、其他锚泊船、固定设施,以及满足水深要求的浅滩、陆岸、水域边界等保持足够的安全富余距离。单锚泊时与固定设施、浅滩、陆岸、水域边界的安全距离一般可取一舷全部链长加上 2 倍船长,与周围其他锚泊船或浮标等活动物的距离可定为一舷全部链长加上 1 倍船长。船位有误差时还应考虑误差的影响。

船舶在强风中锚泊,锚泊船所需的回转半径 $R=L+S+2r$。其中,r 为船位误差圆半径。同向两船间的距离(后船船头距前船船尾的距离)等于 2 倍回转半径减去船长,即 $2R-L$,也可以表达为 $L+2S+4r$。大型船舶在大风浪中锚泊时,为保证锚泊安全,应保证锚位距下风侧 10 m 等深线 3~5 n mile 的距离,当条件受限时与 10 m 等深线的距离不应小于 2 n mile。

4.避风条件

水域周围的地形应能成为船舶躲避风浪的屏障,以保证锚泊水域海面的平静。尤以可防浪涌袭扰的为最好。

当根据当地气象预报、海浪预报和所处海区盛行的季风选择锚地时,应以免受强风袭扰、靠上风水域一侧为原则(避风水域内)。

5.其他方面

所选锚地附近还应远离航道或水道等船舶交通较密集地区,还应是无海底电缆等水中障碍物、水流缓而方向稳定的水域。

二、锚泊方式的选择

按照使用锚的数量进行分类,锚泊方式可分为单锚泊和双锚泊两种方式。按照双锚泊两锚链方向的交角进行分类,双锚泊又分为八字锚、一字锚和平行锚三种方式。锚泊方式的选择取决于锚地条件、底质、风、浪、流等情况。

1. 单锚泊(Riding at Single Anchor)

单锚泊是指船舶在锚地采用单锚进行锚泊的停泊方式,如图 5-4-2(a)所示。一般情况下,船舶多采用单锚泊方式进行停泊。大风浪中为减轻船舶偏荡运动,也可将另一锚抛出,呈短链拖动状态。这时,尽管使用了双锚,但由于该锚并不增加锚泊力,仅起到抑制偏荡的作用(称为止荡锚),故这种锚泊方式也属于单锚泊方式。

与双锚泊方式比较,单锚泊方式具有操作简单,抛、起锚方便,适用范围较为广泛等优点,中、大型船舶多采用单锚泊方式;其不足之处是大风、急流情况下锚泊力略显不足,且偏荡严重,容易走锚。

2. 八字锚泊(Open Mooring)

八字锚泊是双锚泊方式之一,是船舶先后抛出左右两个锚,使两锚链保持一定水平张角的锚泊方式,如图5-4-2(b)所示。当两侧出链长度相等时,船舶首尾方向的锚泊力为:

$$P_0 = 2P_1\cos(\theta/2) \tag{5-4-3}$$

式中:P_0——八字锚泊锚泊力(N);

P_1——单锚泊锚泊力(N);

θ——两锚链水平张角(°)。

八字锚泊两锚链的张角越小,锚泊力越大,为保持较大抓力,抛八字锚应保持两链间的合适夹角是30°~60°。例如,两锚链张角为30°时,八字锚泊的锚泊力约为单锚泊的1.93倍。两锚链张角为60°时,八字锚泊的锚泊力约为单锚泊的1.73倍。但八字锚的双链保持一定夹角(60°~90°,迎风或迎流),有助于减轻偏荡,从而缓解锚链所受的冲击张力;夹角越小,锚泊力越大,但偏荡越剧烈。从缓解偏荡角度出发,两链的夹角则以90°左右为宜。

与单锚泊比较,八字锚泊方式具有锚泊力较大,回旋水域较小,大风、急流情况下对偏荡有一定的抑制作用等优点;其缺点是操作较为复杂,当风、流方向经常改变后两锚链容易绞缠,故其应用范围受到一定的限制。目前,即使是小型船舶,也很少采用这种方式进行锚泊。但在有些组合系泊方式中常采用八字锚。

3. 一字锚泊(Flying Moor or Ordinary Moor)

一字锚泊也是双锚泊方式之一。在狭窄水域内,船舶沿流向先后抛出左右两个锚,使两锚链水平张角保持在180°左右的锚泊方式称为一字锚泊,如图5-4-2(c)所示。

一字锚泊方式具有最大限度地限制锚泊船运动范围的优点,故多用于往复流的狭水道或河道内临时锚泊;其缺点是作业较为复杂,风、流方向频繁变化后两锚链容易绞缠,且大风、急流情况下锚泊力不足,一般仅适用于小型船舶。

一字锚泊不适用于长时间停泊,且一般为水域范围有限的浅水区域,所以出链长度较短。在无流或流向不明显的情况下,两锚链出链长度相等,一般为3节左右。但在涨、落潮流速不等的水域,流速较大方向的锚链可出链4节甲板,流速较小方向的锚链可出链至3节甲板。在流的作用下,产生锚泊力的锚称为力锚(Riding Anchor),另一锚则称为惰锚(Lee Anchor),相应的锚链分别称为力链和惰链。

船舶一字锚泊时两锚链松紧程度应适当。遭遇横风影响时,两锚链过紧可能因锚链受力过大而造成走锚;过松可能因船舶向下风漂移距离较远而失去一字锚的作用。

4. 平行锚泊(Riding to Both Anchors)

平行锚泊也是双锚泊方式之一。船舶同时抛下左右两锚,使双链长度相等并保持平行,即两锚链水平张角保持在0°左右的锚泊方式称为平行锚泊,也称为一点锚,如图5-4-2(d)所示。

平行锚泊方式具有锚泊力较大(约为2倍单锚泊的锚泊力)的优点。我国南海海域常受台风袭扰,有些船长采用平行锚泊方式来抵御台风的影响,取得了良好的效果。平行锚泊方式的其他特点与单锚泊方式基本相同,但其具有所有双锚泊方式的共同缺点,即风、流方向经常变化后两锚链容易绞缠。

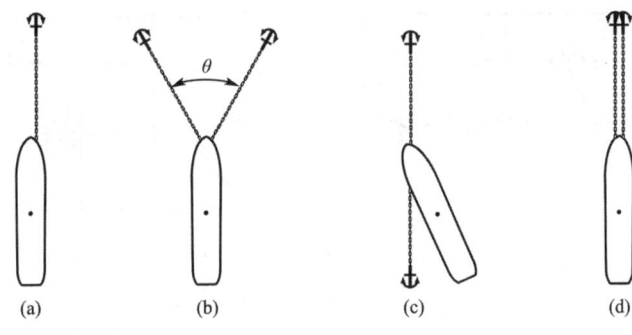

图 5-4-2　锚泊方式示意图

三、单锚泊操纵方法

对于运输船舶来说,无论是小型船舶,还是大型船舶,最常用的锚泊方式是单锚泊,故首先介绍单锚泊操纵方法。单锚泊操纵方法有前进抛锚法和后退抛锚法两种。前进抛锚法仅适用于小型船舶。军舰为求锚位的准确性有时采用前进抛锚法。商船多采用后退抛锚法,尤其是大型船舶更应严格控制抛锚时的船速。

1. 备锚(Stand by Anchor)

备锚是指使锚和锚链处于预备抛出状态,包括启动锚机,解开止链器,合上离合器,用锚机将锚从锚链孔处送至预定抛出高度,刹紧制动器,脱开离合器等操作步骤。

锚备妥后,锚冠至海底的高度称为预定抛出高度,简称抛锚高度。锚的下降相当于自由落体运动,抛锚高度越大,下降速度越快。锚下降速度过快不但可能造成刹车失效或锚机损坏,还可能引起锚与海底撞击而变形或损伤。因此,抛锚高度不宜太高。

按照抛锚高度进行分类,抛锚方法可分为浅水抛锚和深水抛锚两种。从锚链孔处直接抛锚或在水面以上 1~2 m 处进行抛锚的方法称为浅水抛锚法。这种方法适用于中、小型船舶在水深吃水比(h/d)在 1.5 以下的水深抛锚。例如,某船吃水 10 m,在水深 15 m 处抛锚,可将锚处于锚链孔外或用锚机送至水面以上 1~2 m 处的预备抛出状态,这时的抛锚高度为 16~17 m,如图 5-4-3(a)所示。现代中、小型船舶的吃水一般不超过 13 m,故浅水抛锚法一般适用于 20 m 以下的水深。

备锚时将锚送入水中距海底一定高度使之处于预备抛出状态,得到抛锚指令时从这一高度抛锚的方法称为深水抛锚法,如图 5-4-3(b)所示。这种方法适用于小型船舶在水深吃水比约 3.0 以上、中型船舶在水深吃水比约 2.5 以上的水深抛锚。大型船舶,特别是超大型船舶,其吃水可达 20 m 以上,要求采用深水抛锚法。

据统计,在水深 40~80 m 范围内,平均抛锚高度约为 12 m。实际上,为保险起见,水深 25~50 m 时,即应采用这一抛锚高度;水深 50~80 m 时,可利用锚机先将锚送达海底,即抛锚高度接近 0。在水深超过 80 m 时,可利用锚机将预定需抛出的锚链全部送出,并使锚链平卧海底。

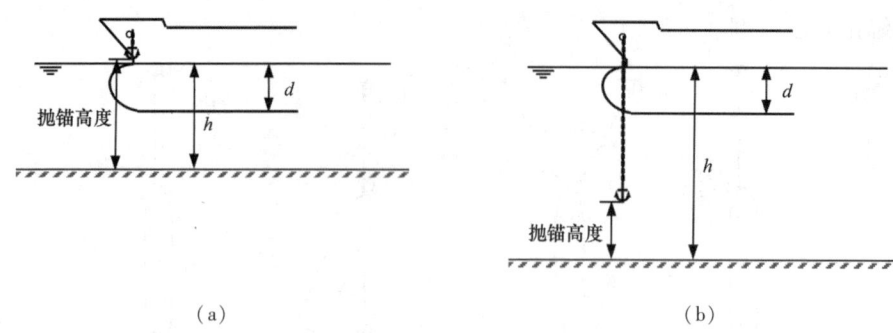

（a）　　　　　　　　　　　　　　　　（b）

图 5-4-3　不同水深的抛锚高度

2. 抛锚时的风舷角或流舷角

根据船舶进港船速和停车冲程确定停车位置,用余速接近锚泊位置。接近过程中注意风、流等外界影响,适时进车操舵控制航向,减小横向漂移。船舶抵达抛锚位置之前的船速不宜过快,否则,为了减速不得不长时间使用倒车,将对抛锚时的姿态产生影响。

船舶进入锚地时船首最好指向风、流作用力的合力方向。锚地有他船锚泊时,可根据其他锚泊船的船首向和锚链的松紧程度大致判断当时的风、流作用力的合力方向和大小。通常,压载船舶遭遇大风且流速较小时,宜采用船首顶风抛锚方式;重载船舶遭遇急流且风力较小时,宜采用船首顶流抛锚方式。风舷角或流舷角越小越安全,一般不宜大于 15°,切忌在横风、横流时抛锚。

3. 抛锚时的船速

运输船舶一般采用后退抛锚法。抛锚时的退速不宜过高,否则,容易出现出链过快而刹不住的现象,造成断链、丢锚或锚机损坏等事故。一般认为,停船后船舶对地略有退速时为抛锚的最佳时机。退速的大小主要取决于船舶排水量,小型船舶一般控制在 2.0 kn 以下,中型船舶控制在 1.0 kn 以下,大型船舶控制在 0.5 kn 以下,VLCC 船舶抛锚时的退速要更小。

正确判断船速是选择落锚时机的关键。可用正横附近灵敏度较高的串视物标之间的相对运动来判断,还可用精度较高的 DGPS 的观测船速进行判断。此外,长期的海上实践经验表明,利用船舶倒车排出流水花抵达的位置可有效地判断船速:当倒车排出流水花抵达船中部时,一般船舶已对水停止运动;值得注意的是,如有流的影响,这时船舶对地速度约等于流速。

4. 抛锚过程中的操作

接到船长抛锚指令后,松开刹车即将锚抛入水中。抛锚时一般先出短链,视锚链滑出的长度适时将锚机刹车刹紧。这样既可防止锚链堆积过多,又可缩短拖锚距离,迫使锚很快抓底。可根据水深情况确定短链长度,一般先出 2 倍水深的短链长度。

夜间或能见度不良时,若对流向、流速的判断有较大误差,则很难准确掌握抛锚时机。这时,也可采取这种试探性抛锚方法,即在船速极其微小时,可先抛出短链(如 2 倍水深)即刹住,锚链受力后,根据锚链方向和松紧程度判断当时的流向及流速,然后用车、舵调整航向,使船首指向来流方向。

5. 调整姿态及松链

抛出短链后,应随时将水面以上锚链部分的松紧程度和方向报告驾驶台。锚链方向通常用整点时钟表示,例如,"12 O'clock"表示锚链指向正前方,"3 O'clock"表示指向右正横,"6 O'clock"表示指向正后方,以此类推。

船长或引航员根据报告的具体情况采用进车、操舵或倒车措施调整船舶运动状态,以便于松链。在锚链指向正横之后时,即使锚链受力较大,也不可松链。这时,应适当倒车使锚链指向正横之前,再松链。

一般根据锚链的松紧程度松链。锚链受力较大(较紧)时,可快速松链;锚链受力较小(较松)时,应慢速松链,直至松到所需链长。

6.锚抓底情况的判断

锚链松到所需链长后,应将刹车刹牢、合上滞链器等操作步骤。此后抛锚操作人员切不可立即离开船首,应对锚链受力状态进行仔细观察,判断锚是否有效抓底。锚抓底后船舶的运动状态变化如图5-4-4所示。

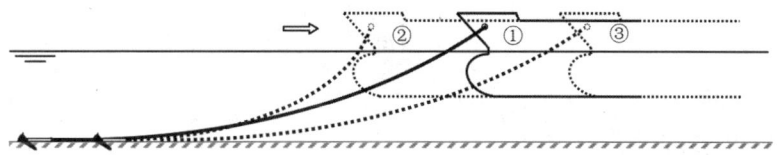

图5-4-4　锚的抓底情况判断方法

停止松链几分钟后,船舶在风、流的作用下将以微小速度后退,锚链随着船舶的后退逐渐绷紧,这时,锚链受力最大,露出水面的锚链长度也最长,见图5-4-4中的位置①。如果锚链绷紧之后短时间内变得松弛,即露出水面的锚链长度缓慢缩短,则说明锚已经稳定抓底,见图中的位置②;反之,如果锚链长时间始终处于绷紧状态,则说明锚没有稳定抓底,而处于走锚状态,见图中的位置③。如果船舶处于走锚状态,应起锚,并重新抛锚。

四、单锚泊安全出链长度

无论采用哪种锚泊方式,都必须保证一定的出链长度,以使锚泊船具有足够的系留力。出链过长或过短都不利于安全锚泊,以下以单锚泊方式为例,说明安全出链长度。

1.锚的系留力

锚的系留力是指船舶处在锚泊状态时所受到的约束力,也称为锚泊力。受重力的作用,锚泊船的出链长度分为两个部分,悬垂在水中的部分称为悬链长度,平卧在海底的部分称为卧底链长,如图5-4-5所示。

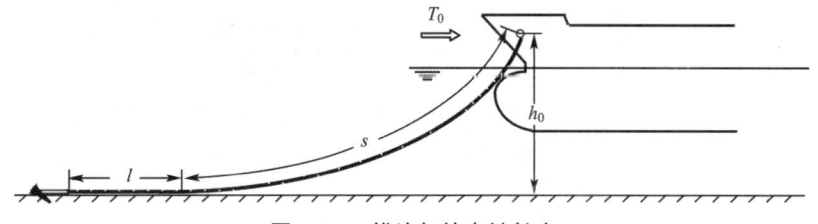

图5-4-5　锚泊船的出链长度

卧底链长与海底的摩擦力称为锚链的抓力,它增加了锚泊力,故锚泊力由锚的抓力和锚链的抓力两部分组成,即

$$P=P_a+P_c=\lambda_a W_a+\lambda_c W_c l \tag{5-4-4}$$

式中:P——锚泊力(t),航海上习惯使用吨作为计量单位;

P_a——锚的抓力(t);

P_c——锚链的抓力(t);

λ_a——锚的抓力系数;

W_a——空气中锚的重量(t)。

λ_c——锚链的抓力系数;

W_c——单位链长在空气中的重量(t/m);

l——卧底链长(m)。

2. 悬链长度

悬链长度是指悬垂在水中的锚链长度,它等于出链长度减去卧底链长。由线积分计算可得悬链长度的表达式:

$$s = \sqrt{h_0 \cdot \left(h_0 + \frac{2 \cdot T_0}{w_c}\right)} \qquad (5\text{-}4\text{-}5)$$

式中:s——悬链长度(m);

T_0——船舶所受的水平外力(t);

h_0——锚链孔至海底的垂直距离(m);

w_c——单位链长在水中的重量(约为 0.87 倍空气中的重量)(t/m)。

由式(5-4-5)可见,悬链长度与水平外力 T_0 的大小有关。T_0 越大,悬链长度越长。当 $T_0 = 0$ 时,悬链长度 $s = h_0$,可见,悬链长度是动态变化的。悬链长度尽管不直接产生抓力,但锚链的重量可使锚杆处的拉力保持水平方向,从而保证发挥锚的最大抓力;此外,悬链长度还可吸收一部分作用于船舶的外力能量,起到缓冲的作用。

3. 安全出链长度

安全锚泊的前提条件是确保足够的锚泊力。该锚泊力应能够抵御作用于锚泊船的合外力,则安全锚泊的必要条件为:

$$P = P_a + P_c = \lambda_a W_a + \lambda_c W_c l \geq T_0 \qquad (5\text{-}4\text{-}6)$$

通过该式可解得卧底链长应满足下列要求:

$$l \geq \frac{T_0 - \lambda_a W_a}{\lambda_c W_c} \qquad (5\text{-}4\text{-}7)$$

则保证单锚泊安全所需总的出链长度为:

$$S = s + l = \sqrt{h_0 \cdot \left(h_0 + \frac{2 \cdot T_0}{w_c}\right)} + \frac{T_0 - \lambda_a W_a}{\lambda_c W_c} \qquad (5\text{-}4\text{-}8)$$

式(5-4-8)中的水平外力 T_0 在理论上可分为两部分:其一是静力,即锚泊船静止中风和流的作用力;其二是动力,即锚泊船运动中的动力。两种力的计算相当复杂。因此,实践中单锚泊出链长度常常采用下列经验公式:

$$S = 3 \times h + 90 \text{(风速为 20 m/s)} \qquad (5\text{-}4\text{-}9)$$

$$S = 4 \times h + 145 \text{(风速为 30 m/s)} \qquad (5\text{-}4\text{-}10)$$

式中:S——出链长度(m);

h——水深(m)。

船舶配备的单舷锚链长度一般为 300~385 m(11~14 节),锚泊时需要保留一定长度的安全余量,可抛出的最大链长是有限的。在水深超过一定限度的深水区锚泊时,即使最大出链长度也可能达不到上述经验公式的要求,这时,为了增加锚泊力,可考虑双锚泊方式。据统计,船舶在水深小于30 m的锚地水域锚泊时,在风力小于7级的情况下单锚泊,出链长度一般为5~6节;风力大于8级的大风浪中单锚泊时,小型船舶的出链长度一般为7~9节,中、大型船舶为9~11节。实际上,出链过长会增大偏荡幅度,也不利于锚泊安全。

五、一字锚泊操纵方法

一字锚泊一般采取顶流操纵方式,根据抛锚顺序可分为前进抛锚法和后退抛锚法两种。两种抛锚方法比较,顶流前进抛锚法有易于保向、锚位准确、风流作用下两锚均保持良好抓底状态等优点,因而被普遍采用。而顶流后退抛锚法具有防止惰链受力过大的优点,但不利于保向,特别是受到较大外力影响时,如横风等,很难有准确锚位和良好的锚泊状态。

1. 顶流前进抛锚法

先抛惰锚后抛力锚的方法称为顶流前进抛锚法,如图5-4-6(a)所示,抛锚操纵要点为:

(1)适时抛出惰锚

船舶及早停车淌航使之顶流前进,保持对地余速为1.0 kn左右抵达惰锚位置(位置①)时,抛出惰锚(有侧向风影响时,为防止两锚链绞缠,惰锚应为上风舷锚)。抛出短链后即刹住,使之受力。

(2)前进中松出惰链

根据需要,进车、操舵保持航向,使船首顶流前进,并慢速松出惰链。当船首抵达力锚位置附近(位置②)时,松出的惰链长度约为预定两舷出链长度之和,然后刹住惰链。在使船舶对地略有退速时,抛出力锚(有侧向风影响时为下风舷锚),出短链即刹住,使之受力。

(3)绞进惰链、松出力链

随着船舶的缓慢后退,慢速松出力链,同时绞进惰链,直至船首抵达两锚位中点附近(位置③)时,调整两锚链长度至预定的出链长度。

2. 顶流后退抛锚法

先抛力锚后抛惰锚的方法称为顶流后退抛锚法,如图5-4-6(b)所示,抛锚操纵要点为:

(1)适时抛出力锚

抛力锚的方法与单锚泊抛锚方法相似。船舶及早停车淌航使之顶流前进,船舶抵达力锚位置,并稍有退速(位置①)时,抛出力锚(有侧向风影响时为下风舷锚),抛出短链后即刹住,使之吃力。

(2)后退中松出力链

随着船舶的缓慢后退,慢速松出力链。当船首抵达惰锚位置附近(位置②)时,松出的力链长度约为预定两舷出链长度之和。然后进车,在使船舶对地略有进速时,抛出惰锚(有侧向风影响时为上风舷锚)。

(3)绞进力链、松出惰链

进车、操舵调整船速及保持航向,使船顶流缓慢前进。惰链受力后,随着船舶的缓慢前进松出惰链,同时铰进力链。直至船首抵达两锚位中点附近(位置③)时,调整两链至预定出链长度。

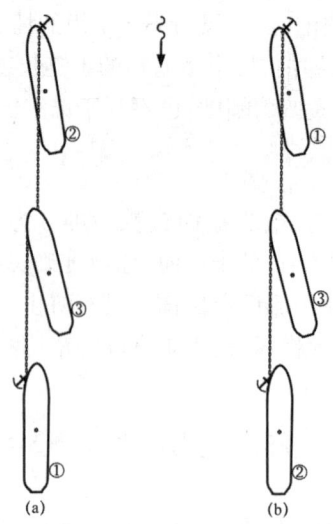

图 5-4-6　一字锚泊操纵示意图

六、锚泊船的偏荡运动

锚泊船在风动力、流压力、波浪力、水动力和锚链力的作用下,将产生围绕锚泊点的周期性运动,这种运动称为偏荡(Yawing at Anchor)。偏荡使锚链水平方向增加了额外冲击张力,这种额外的张力是船舶走锚的主要原因之一。除一字锚外,单锚泊、平行锚、八字锚以及单点系泊等停泊方式都存在偏荡现象,其中单锚泊、平行锚及单点系泊的偏荡幅度较大。在此,以单锚泊船在大风中的偏荡进行概述。

1. 偏荡轨迹

锚泊船偏荡过程中,船首、重心和船尾的运动轨迹呈"8"字形,如图 5-4-7 所示。

在水平面上,描述偏荡的坐标系为 Ox_0y_0,原点 O 位于锚位处,平行于风向的坐标轴为 x_0,垂直于风向的坐标轴为 y_0。偏荡过程中,船舶既有纵荡和横荡,又有首摇,可见,其实质上是船舶在各种力作用下的平面运动。

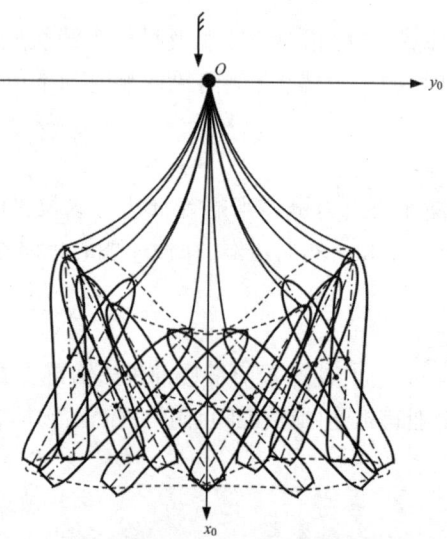

图 5-4-7　单锚泊船的偏荡轨迹

2.偏荡特征参数

锚泊船偏荡的特征参数有偏荡幅度、周期、角速度、锚链张力、锚链方位等。实船试验结果表明,偏荡过程中,各参数随时间呈周期性变化,如图5-4-8所示。

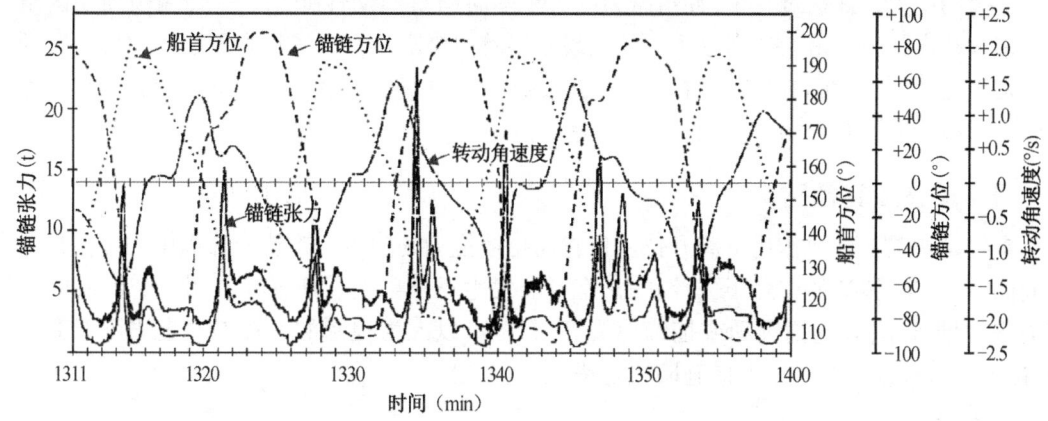

图5-4-8 偏荡参数随时间的变化

(1)偏荡幅度

偏荡过程中,船首在 y_0 方向所能达到的最大值称为极限位置,坐标 $y_0 = 0$ 时称为平衡位置。一般将沿 y_0 轴方向左、右两个极限位置之间的水平距离称为偏荡幅度。偏荡幅度越大,锚链冲击力也越大。偏荡幅度主要取决于出链长度、风力的大小、船舶载况以及纵倾姿态等因素。一般来说,出链长度越长、风力越大,偏荡振幅越大;轻载比重载偏荡幅度大;尾倾比首倾偏荡幅度大。偏荡振幅最大可达 2.5 倍船长。因此,为了使偏荡幅度不至于过大,大风浪中锚泊船的出链长度不宜过长。

(2)偏荡周期

偏荡周期是指锚泊船两次抵达同一极限位置所用的时间。偏荡周期越小,偏荡运动越剧烈,锚链受到冲击力的频率越高。偏荡周期同样取决于出链长度、风力的大小以及船舶载况等因素。一般来说,出链长度越短、风力越大,偏荡周期越短;轻载比重载偏荡周期短。一般单锚泊船的偏荡周期为 10~15 min。因此,为了使偏荡周期不至于过短,大风浪中锚泊船的出链长度不宜过短。

(3)风舷角的变化规律

锚泊船偏荡过程中的风舷角同样指风向与船舶首尾线之间的交角,也称为船首方位。偏荡过程中,风舷角随时间呈周期性变化。在一个偏荡周期内出现两次风舷角最大值。一般船首接近平衡位置时,风舷角最大,其最小值出现在极限位置附近。最大风舷角可达 50° 以上。

(4)锚链方位角

锚链方位角是指船首处锚链方向与风向之间的交角。偏荡过程中,锚链方位角随时间呈周期性变化。在一个偏荡周期内出现两次锚链方位角最大值。船首位于平衡位置时,锚链方位角为 0°,其最大值出现在极限位置。

(5)转动角速度

偏荡过程中,船舶转动角速度随时间呈周期性变化。一个偏荡周期内出现两次转向角速度最大值,一般出现在船首由极限位置向平衡位置运动的过程中,此时,船首在平衡位置附近。

（6）锚链张力

船舶锚泊时,作用在锚链上的张力分为静力和动力,前者称为静态张力,后者称为冲击张力。锚泊船不发生偏荡时,作用在锚链上的力仅为静力;偏荡时,不仅包括静力,还包括由偏荡运动产生的动力。偏荡过程中,冲击张力的大小随时间呈周期性变化。一个偏荡周期内出现两次最大冲击张力。最大冲击张力一般出现在船首由极限位置向平衡位置运动过程中转动角速度发生最大值之后的时刻,此时,船首接近平衡位置,风舷角最大,锚链方位角较小。最大冲击张力一般为静态张力的 2~3 倍,最大可达 5 倍。

七、走锚及其预防

走锚是指锚在外力作用下离开锚泊位置而持续拖动的现象。走锚与操纵中的拖锚是完全不同的概念。走锚的船舶处于失控状态,有可能发生意外事故。拖锚是利用锚与海底的动摩擦力来协助操船,如拖锚制动或拖锚掉头等,它是可以人为控制的。锚泊船走锚可能造成搁浅、碰撞等事故,因此,须采取措施防止走锚。

1. 走锚的原因及姿态

走锚是多种原因造成的,包括锚地底质不佳、出链长度不足、外力增大(大风、急流、浮冰等)以及偏荡等。其中最重要的原因是剧烈的偏荡。锚泊时,锚泊力是有限的,若外力大于锚泊力,则存在走锚的危险。锚泊船不发生偏荡时,锚链静态张力一般不会超过锚泊力,故基本不会走锚。锚泊船偏荡时,锚链张力成倍增加,若超过锚泊力,则可能造成走锚。因此,剧烈的偏荡是船舶走锚的主要原因。

走锚时,锚泊船的船首一般位于偏荡运动轨迹的平衡位置附近,处于风舷角最大,且基本固定不变的姿态。

2. 预防走锚的措施

根据走锚的原因,可采取相应的措施预防走锚。剧烈的偏荡是走锚的主要原因,减轻偏荡可以减小作用于锚链上的冲击张力,进而可预防走锚。因此,预防走锚主要是采取措施减轻偏荡。这些措施包括:

（1）增加船舶吃水和调整纵倾状态

轻载或尾倾的锚泊船偏荡剧烈,可通过增加船舶吃水或调整为平吃水的方法来减小偏荡幅度、增大偏荡周期。

（2）加抛止荡锚

如果偏荡幅度较大,并有走锚的危险,可将另一舷首锚在偏荡过程中适时抛出并刹牢,使之处于拖锚状态,利用其与海底的动摩擦力来抑制偏荡幅度。该短链锚称为止荡锚。止荡锚宜在船首从极限位置向平衡位置过渡中抛出,出链长度以 1.5~2.5 倍水深为宜。止荡锚可以大大减轻偏荡幅度,减小偏荡周期,其应用最为普遍。

（3）增加锚泊力

当锚泊船遭遇强风,特别是在锚地抵御台风,可采取平行锚的锚泊方式。尽管平行锚不能减轻偏荡,但其锚泊力比单锚泊大为增加,从而可预防走锚。

（4）采用车、舵等手段抑制偏荡

大风来临之前,锚泊船应将主机备妥,并启动舵机。在锚泊船偏荡过程中适时使用车、舵配合,不但可以缓解锚链张力,还可减小偏荡幅度。

3.走锚的判断

预防走锚是安全锚泊的必要条件,但预防措施并不一定能完全防止意外走锚。锚泊船走锚之后,防止船舶搁浅、碰撞等事故的关键是发现走锚,并采取适当的应急措施。下面介绍一些行之有效的走锚判断方法及应急措施。

(1)锚泊时,根据锚地锚泊船的密度和气象水文情况设置雷达和GPS等定位系统的警戒圈范围,使之能在锚泊船走锚时发出报警。也可根据与锚地的其他锚泊船,特别是下风、下游的船舶的相对位置变化来判断是否走锚。

(2)仔细观察锚泊船的偏荡运动,必要情况下记录偏荡运动中航向角、船位的变化量。如果周期性偏荡运动突然停止,船舶变为一舷受风,锚链处于上风舷侧,且风舷角在几分钟之内基本保持不变,则可断定发生了走锚。

(3)条件允许时,派人到船头观察锚链的受力情况。偏荡运动中,锚链周期性地张弛。如发现锚链始终处于绷紧状态或发生间歇性的剧烈抖动,则有走锚的可能。

4.走锚应急措施

单锚泊船一旦发现走锚,切不可松长锚链,因为松长锚链不利于锚的二次抓底。首先,可立即抛出另一舷首锚,防止船舶由于走锚距离过大而发生搁浅、碰撞等事故。然后,及时通知机舱备车,报告船长,悬挂及鸣放"走锚"信号,并用VHF等通信手段及时报告有关当局。主机备妥后进行起锚,择地重新抛锚。

第五节　特殊系泊操纵

前文所述的锚泊、系岸(靠码头)是常见的港内船舶系泊形式,航运实际中根据需要还存在系浮筒(包括系单浮和系双浮)、尾系泊、船间并靠等停泊方式。船舶进出船坞、船闸的操纵类似于系泊操纵,需要在低速情况下综合运用车、舵、锚、缆等操纵设备控制船舶姿态。

一、系离浮筒操纵

单浮筒系泊是船舶在锚地或港湾常用的停泊方式之一。一般从船首用缆或锚链直接将船舶系在系船浮上。这种方式系泊操纵方便,船舶能随流向和风向改变方向,缆绳或锚链受力较小,所需水域面积较抛锚停泊要小。对于VLCC,海上单点系泊(SPM,Single Point Mooring)就是典型的单浮筒系泊方式。双浮筒系泊则是将船舶系于两个浮筒之间的系泊方式,通常用于水域较窄、流向稳定的内河。

1.系浮筒的准备工作

系浮筒的准备工作主要有系浮缆的准备工作和必要时带锚链的准备工作。利用锚链系浮多用于长期或有强风浪时的系浮情况。

(1)系浮缆的准备和系带

为保持船舶系浮停泊中的安全,系浮缆绳必须具有足够的强度。在船首接近浮筒之前将缆绳琵琶头从导缆口送出至接近水面。有的系浮缆作为单头缆使用时,在其端部装有系浮钩,可直接钩在浮筒环上;有的则需备有卸扣以便连接浮筒环;有的则使用另备的套索来连接系浮缆与浮筒环。待所有单头缆带好后将回头缆的琵琶头由导缆孔送出,穿过系泊浮筒眼环后,再将琵琶头由船首另一舷导缆孔穿入并套于甲板的缆桩上,适当调整缆绳长度即可。

(2)系浮锚链的准备

船舶长时间系浮或系浮中有大风浪来临时,为保证船舶有充足的系留力应使用锚链系浮,右旋单车船多使用右舷锚链。

锚链的准备一般有以下几个程序:如图5-5-1所示,将锚链倒出少许,把锚固定在船首舷侧;将倒出的第一节锚链沿首尾向排布在锚机甲板旁,并卸下第一节锚链的卸扣;将第二节锚链引入锚链筒上口并导出至舷外接近水面;准备好系浮链卸扣和配用的销子,并从首甲板分别送出;为调整锚链贴靠浮筒,另备一根引环缆从左首舷送出。

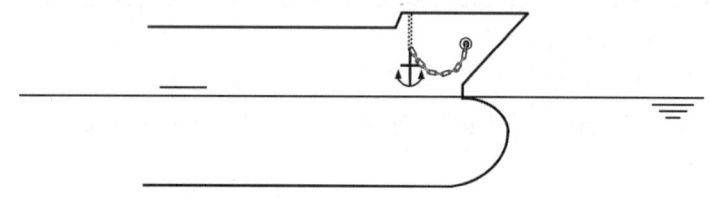

图 5-5-1　系浮锚链的准备

2.系离单、双浮筒的操纵要领

船舶系离浮筒的操纵方法与浮筒的布置,水域的水文、气象条件,船舶条件等多方面的因素有关,以下介绍比较典型的船舶系离浮筒的操纵方法。

(1)系离单浮筒的操纵方法

系单浮筒一般采取顶风或顶流方向驶向浮筒进行系浮操作。当船舶顺风或顺流进港抵达单浮时,应在浮筒下风或下游侧掉头或抛锚后再行顶风或顶流系浮;风流同时存在时应参考泊位附近载重状态相近船舶的船首向,顶风流的合力方向驶近浮筒。

风力较弱时顶风系单浮筒,应使船成顶风状态,将浮筒置于右舷$1B\sim1.5B$处,以保持舵效的最低船速淌航驶向浮筒,当船首距浮筒的纵向距离为$0.5L\sim1L$时,视实际船速适当用车将船拉停,保持船首近乎与浮筒靠上的状态后,送出系浮缆或系浮链等。

顶风较强时系单浮,为防止停船后,船首很快压向下风并给系浮带来困难,先在浮筒左侧(约$0.5L$)上风处抛左锚,出链长度约为1.5倍水深(视风力而定,以能拖锚为宜,但应注意拖锚不要和固定浮筒的索具发生绞缠),利用风力,辅以必要的倒车或进车用舵使船首接近浮筒。完成系浮后应尽可能将锚绞起,或待风缓之后再绞起。

离单浮筒操纵较为简单。一般情况下先将系浮链或系浮缆中的单头缆解掉,最后解去回头缆。

(2)系离双浮筒的操纵方法

系双浮筒时,应将两浮筒连线比作码头,顶风或顶流驶向上端浮筒,驶向上端浮筒的方法与系单浮筒时相同。系好船首浮筒后,船舶后退再系船尾浮筒。如使用拖锚制动,一般当船首抵上端浮筒1/4两浮筒连线长并且距浮筒连线30~40 m时开始抛锚出短链(1.5倍水深作业）。

离双浮筒时,无论顶流离还是顺流离均应解除下游端的所有缆绳,顶流端只留回头缆。用拖船向顶流方向沿 30°~50°方向起拖,以顶流端摆出两浮筒连线为度,然后解掉顶流端回头缆,船身与流向保持 20°左右(满载、流急时该角度不可再大)交角,使船舶横向出泊。

3. 系离浮筒的注意事项

系离浮筒过程中无码头作为依托,风流影响相对较大,加上带缆需时长,要求操纵者认真分析客观条件,制订周密计划,精心操纵船舶,以防止发生撞浮筒、触碰泊位前后他船等事故。

(1)迅速带缆是系浮中的一个重要环节。要求本船船首尽可能接近浮筒,一般纵向距离约为 20 m,横向距离约为 10 m。系浮时尽量保持系船端与浮筒之间相对静止。

(2)拖锚抛锚位置距浮筒不宜过近,一般距浮筒连线 30~40 m。

(3)系双浮筒时,应避免在转流时进行,以防船首系好浮筒后因转流使船尾不在下端浮筒。

(4)系双浮筒时,如遇较强的横风会使系缆受到过大的作用力,此时应注意检查缆绳受力情况,保证各缆受力均匀。当受力过大时,如可行可改用单浮筒系泊法,或必要时离泊改用其他安全方式。

(5)系浮停泊过程中,单头缆受力,回头缆不受力。

二、尾系泊操纵

为在有限水域容纳较多船舶,在遮蔽优良的港内(多为静水港)可进行尾系泊,俗称尾靠方式。这是一种用单锚或双锚向外固定船首,用系缆使船尾固定于浮筒、岸线、突堤或码头之上的船身与码头等近于相垂直的停泊方式。

采用尾系泊方式的商船多为临时性系泊。对于大型船舶,尾缆通常采用四根,船首则采用双链交角较小(如 20°左右)的八字锚形式予以固定。出链长度视外力影响而定(2.5~6 节),也无须两链等长,为能在横风时单船出泊而又无碍于邻船,也可使两链保持平行。

1. 尾系泊船的靠泊

尾系泊的接近路线一般与码头平行。系泊时应特别关注锚抓底的可靠性。上风舷的锚位应偏于本船停泊泊位的上风一侧,而船尾上风舷的系缆也应予以加强。

(1)无风条件下靠泊

船舶平行于码头线淌航驶向泊位,船与码头所保持的横距应为船长、尾缆长和船首出链长三者之和,并根据本船实际情况及时控制余速。

抛锚采用进抛法时,应考虑不应妨碍周围他船的锚及链,并使抛出的锚位于泊位的正前方附近。如采用退抛法抛锚,应根据本船冲程情况将船停在预定的锚位处。

抛锚后利用车舵操纵,并伴随松出锚链至预定长度,使船到达预定系泊位置,带上船尾各缆。

如抛双锚,则应按抛八字锚方法抛锚后再靠尾。

(2)有风条件下靠泊

在有风影响的情况下,船舶可按平行于码头的方向淌航驶向抛锚位置,接近上风侧锚位时,宜控制余速于 1 kn 之内,抛上风锚,出链 2.5 倍水深。利用车舵、拖锚驶至下风侧锚位后,抛出下风侧锚。倒车、控制船的退速,使船尾渐渐对向码头泊位。锚链带力后,进一步松链至预定长度,以控制船尾与码头之间的距离,然后先上风舷、后下风舷依次带好各尾缆,绞紧挽牢即可。

2. 尾系泊船的离泊

尾系泊船在无风条件下离泊时操纵较为简单,有横风影响时需要控制船舶,避免解缆后船舶向下风漂移。

(1)无风条件下离泊

尾系泊船在无风条件下离泊时,首先解掉尾缆,然后收短两舷锚链,先绞起短链锚或非出航一侧的锚链,以出航侧的锚为支点,使船首对向出航方向后,起锚出航。

(2)强横风条件下离泊

尾系泊船强横风条件下离泊操纵要点如下:离泊单绑时,绞紧上风舷锚链,尾部留有两条化纤缆并尽可能收短,以便为及早动车创造条件。由船尾下风舷引出一条保险缆并带到上风侧码头较远距离的缆桩上。开始离泊时,绞进上风舷锚链并徐徐松出下风侧尾缆,待船首转向上风并向前启动时,立即解掉尾缆并收进。快进车配合操舵避免船舶落向下风,在船舶前进过程中对保险缆做溜缆操作。当船首抵两锚位时分别绞起惰锚和力锚,并配合车舵使船首面向出港航道。

三、靠离系泊船

在码头(尤其是修船或舾装码头)泊位有限的情况下,船舶一般平行并靠停泊以节省岸线资源。此外,在加油、加水以及船间过驳装卸货物时,船舶也需要并靠操纵。船间并靠操纵一般情况下是一船靠泊另一艘已经停泊的他船,与单船靠泊操纵类似。具体操纵要领如下:

(1)并靠的船舶,最好不要有向并靠一舷的横倾。并靠侧突出于舷外的部件,如舷梯等应一律收进。同时应备好固定于舷边或手提的碰垫。

(2)贴靠上他船时应尽量平行靠拢,使两船平直的船舷部分相互接触,以免造成点接触而损及船体;并靠接触位置最好在大型船的中部附近,干舷高的船首、船尾不要凌于干舷低的船舷上方,以免损及栏杆、舱面设施或甲板建筑。

(3)风浪天并靠大型船舶,当风力小于 5 级时,为了便于船舶的并靠应选择在上风舷进行;而当风力大于 5 级时,为了减小涌浪对并靠操纵的影响应选择在下风舷进行。风力和涌浪较大时,船舶颠簸剧烈,不宜靠泊,应等待条件好转后再行靠泊。

(4)在有流水域并靠时,两船间流速加快、水压力减小,当两船接近时会发生船舶偏转或船舶快速靠拢的现象。

(5)抛锚时应预先掌握对方船的锚位、链向及出链长度,以免锚链绞缠。靠锚泊船舶,如条件允许,应靠上其未抛锚舷侧。靠泊操纵完毕应将本船的锚绞起。

(6)并靠系浮的他船时,一般应先带好两船之间的系缆即固定用缆,浮筒缆要后带,以防引起两船之间的相互移动及错位,各系缆应尽量均匀受力、系紧挽牢,防止系缆从导缆孔跳出或严重磨损。

(7)锚泊船在风大流急时会产生严重偏荡,这给靠泊带来一定困难。偏荡速度在中间的平衡位置处最快,两边极限位置处最慢,而且往往呈顶风态势,故并靠偏荡中的船舶应选在被并靠船偏荡到极限位置处时进行。

四、进出船坞操纵

船舶进坞操纵一般发生在修理和检验期间,船舶本身通常无动力,需要综合运用引缆和拖船助操以完成操纵任务,具体操纵要领如下:

(1)船舶进坞前,应调整到要求的吃水差、无横倾的状态,并收妥双锚。按厂方要求做好其他入坞前的准备工作。

(2)船舶进出船坞宜在涨末,流速较缓时进行。一般情况下潮流港浮坞的方向和流向基本一致,而干坞的方向与流向垂直。

(3)船舶进出坞,因本身无动力,需靠拖船助操。通常情况下需三艘拖船,一艘绑在船尾的一舷,以代替本船的车舵;一艘用于拖船首;另一艘用来推尾。船舶较大或风流较急时,根据需要另配拖船在下风流舷侧顶推。绑在船尾的一艘拖船应具有较高的主机功率。

(4)全面考虑船舶接近坞门时的余速、船身与风流的交角以及与岸边的横距等因素,对拖船进行全面指挥和正确配合。

(5)船抵坞门后,分别从船首左、右舷各送出一根缆绳系于坞边的缆桩上,以校正和稳定船首的位置;另送出一根缆绳引至坞前方的绞车上,以便在坞内绞船前进。随船身在坞中的前移,船尾可带缆时,再带上左、右各一根缆以取代拖船稳定船尾。

五、进出船闸操纵

船闸是用以调整水位差,使船舶能在有水位差的航道上通行的一种通航水工建筑物,多建筑在河流和运河上。为克服较大的潮差,也建筑在入海的河口和海港港池口门处。船舶进出船闸操纵也需要综合运用车、舵、缆绳等操纵设备,必要时请求拖船协助。

1. 进船闸操纵

船舶进船闸的操纵要领包括:

(1)控制船速维持舵效,使船沿导标中线低速接近闸口,横风较强、受风面积较大的船舶应保持在导标线上风一侧行驶。至闸口前适当距离(例如200~300 m)处,使用车舵,拎直船身进闸。

(2)船首进入闸口,闸口两侧水被挤出。应适时进车,保持入闸趋势,勿使船首偏向船闸的任何一侧。可以通过船首缆或车舵调整,必要时请求拖船协助。横风时,在保证进闸口拎直船身的前提下,使船舶靠向上风侧。

(3)船首带缆时,通常应先带左侧缆,后带右侧缆,以抵御倒车时的不利偏转。横风较强时,半载或空载船舶可视需要用拖船在下风舷顶推,带首缆时则应先带上风侧缆,后带下风侧缆。

(4)船进闸后,船尾左右舷再各带一缆,并保持船舶在船闸的中心线上。横风时,上风舷侧所带的首尾二缆应绞紧。船停于闸内后,在放水前和放水中应调整前后各缆,尽可能使其受力均匀,以防调水时出现前冲或后缩。

2. 出船闸操纵

船舶出船闸的操纵要领包括:

(1)准备出闸前,调整缆绳使船舶处于导标中心线略靠上风侧。

(2)船尾先解下风缆并收进后,再解上风舷缆,快速收进后开慢车前进,船首缆松弛后也解掉,由船闸工提着前行,待船首出闸时收进。

(3)横风较强时,船尾上风舷缆解去后,由船闸工提着前行,等船舶起速后再停车收进,以免船尾推向下风。

思考题

1. 港内水域包括哪些部分?船舶停泊水域有哪些?运输船舶泊位分哪些种类?

2. 简述船舶进港过程的减速过程及航向控制方法。

3. 简述船舶的制动方法及其适用范围。

4. 简述船舶在港内掉头操纵的方法及其所需水域的范围。

5. 简述船舶选择掉头的方向及时机。

6. 简述船舶掉头操纵的技术要点。

7. 简述选择锚地应考虑的因素。

8. 如何确定锚地的最小水深和最大水深?

9. 简述锚泊方式的种类及其适用范围。

10. 简述单锚泊时根据水深进行抛锚的技术要点。

11. 单锚泊操作过程中,如何判断锚是否稳定抓底?

12. 单锚泊的安全出链长度包括几个部分?各部分起什么作用?

13. 简述单锚泊船偏荡运动的概念及运动参数受哪些因素影响。

14. 简述锚泊船走锚的机理及预防措施。

15. 简述风、流、浪对靠离泊安全的影响。

16. 简述船舶靠离泊方式及其适用范围。

17. 如何选择惯性余速、抵泊横距、抵泊方向、靠拢角度和靠拢速度?

18. 简述船舶系浮筒的操纵要点。

19. 简述船舶并靠的操纵要点。

20. 简述船舶尾系泊方式的操纵要点。

21. 简述船舶进船坞的操纵要点。

22. 简述船舶进出船闸的操纵要点。

第六章

大风浪船舶操纵

　　船舶在海上航行,不但受到风、流的影响,还受到波浪的影响。波浪不但影响船舶的运行效率,而且危及船舶的安全。从近年来的集装箱船舶海上事故统计资料来看,航行中造成集装箱丢失的原因除了集装箱系固方面的原因之外,主要是船舶在航行中遭遇大风浪的袭击,船舶产生剧烈摇摆所致。船舶在风浪中的摇摆幅度与船舶操纵有密切关系,因此,为避免船舶在大风浪中遭遇危险,有必要讨论船舶在波浪中的操船措施。本章在讲述波浪的基本概念的基础上,简要介绍船舶在波浪中的运动规律以及相应的操船措施。

第一节　船舶在波浪中的运动

　　波浪会引起船舶摇荡,它不但影响船舶的运行效率,而且影响人员、船舶和货物的安全。了解船舶在波浪中的运动,有助于船舶操纵的安全。

一、波浪及其要素

　　波浪是指水质点在重力以及表面张力作用下以其原有平衡位置为中心,在竖直方向上做周期性圆周运动的现象,即波浪传送能量,不传送质量。

　　波形是位移对于质点坐标的曲线形状。它是在波的传播过程中,由波线上一系列质点在某一时刻的位移的点连接而成的曲线图形。

　　图6-1-1(a)给出了表示波形的空间坐标系,其坐标原点 O 位于静水时的水平面上,z 为指向上方垂直于该水平面的坐标轴,x 为指向波浪传播方向的坐标轴。图6-1-1(b)给出了表示波形的时间历程的坐标系。

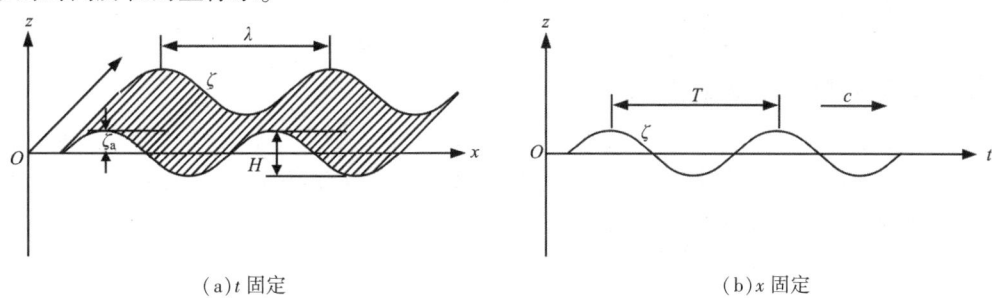

(a)t 固定　　　　　　　　　　　　　　(b)x 固定

图 6-1-1　规则波波形及波浪要素

用于描述海浪的特征的物理量称为波浪要素,主要包括波高、波浪周期、波速、波长和波陡等。

1. 波峰(Crest)、波谷(Trough)、振幅(Amplitude)与波高(Height)

波形最突起的地方或波面的最高处称为波峰,波峰处的纵向位移为正向最大值。同理,波形最凹下的地方或波面的最低处称为波谷,波谷处的纵向位移为反向最大值。振幅是用来表示波浪强弱的物理量,它是指从静止水平面至波峰或波谷的距离,一般用 ζ_a 表示。

波高指相邻波峰和波谷间的垂直距离,一般用 H 表示,显然,波高等于 2 倍的振幅,即 $H = 2\zeta_a$。

2. 波浪周期(Wave Period)和波浪频率(Wave Frequency)

一般用周期表示波动的快慢。波浪完成一次波动所需要的时间或两个波峰(或波谷)相继通过一固定点所经历的时间,称为波浪周期,简称波周期,一般用 T 表示。波浪的显著特点是周期性,即位移、速度、加速度经过一定时间之后又重复地回到原来的数值。根据简谐振动原理,有 $T = 2\pi/\omega$,其中 ω 为角频率,也称波浪频率。

3. 波速(Wave Propagation Speed)

波速指波传播的速度,一般用 c 表示。波速取决于水的惯性和弹性,而与波的频率无关。波速有两种含义,在物理意义上有明显的区别。

(1)相速度:等相位面或波峰(或波谷)在单位时间内的水平位移。我们平时所说的波速指的就是相速度。

(2)群速度:群波传播能量的速度。群波是由一系列波长和频率不同的波叠加而成的合成波。群波的波形随时间变化。若各个分波在水中传播的相速度各不相同,其振幅最大部分的运动速度称为群波的群速度。其值约为相速度(波速)的一半。

4. 波长(Wave Length)

沿着波的传播方向,两相邻的同相位水质点或两相邻的波峰(或波谷)间的水平距离叫作波长,一般用 λ 表示。波长是指波动的水中,任意两个相位差为 2π 的水质点之间的距离。由波速、波长的定义可知,在水质点振动的一个周期内,振动状态传播的距离恰是一个波长,所以 $\lambda = c/\omega$ 或 $\lambda = cT$。式中 ω 表示波浪频率。波长、波速和波浪频率,称为波浪的三要素。

5. 波陡(Wave Steepness)

波陡是指波高与波长之比(H/λ),用来描述波形的陡峭程度。

6. 波面角(Wave Slope Angle)

波面角是波形的切线与水平线间的夹角。

二、波浪要素的简单估算

波浪前进时,水面上每个水质点都沿直径和波高相等的圆形轨迹运动。波峰上水质点运动方向与波浪前进方向一致,则波峰比较陡峭;波谷中水质点运动方向却与波浪前进方向相反,波谷比较平坦,故称为坦谷波。

1. 规则波(Regular Waves)

海浪可以被认为由很多简单、规则的谐波所组成,每个谐波有其自身的振幅、波长(或周期或频率)以及传播方向,这种简单、规则的谐波称为规则波。规则波实际上是一种假定的波浪,尽管其与实际波浪有一定的差异,但它使复杂的船舶在波浪中的运动问题大为简化,故在许多研究领域具有广泛的应用价值。

根据波浪余摆线理论,波浪可用正弦或余弦波表示,波浪要素之间有如下关系:

$$\begin{cases} k = \dfrac{2\pi}{\lambda} \\ \omega = \dfrac{2\pi}{T} \end{cases} \tag{6-1-1}$$

式中:k——波数(rad/m);

　　λ——波长(m);

　　ω——波浪频率(rad/s)。

根据势流理论,对于深水中的波浪有:

$$\begin{cases} \omega^2 = k \cdot g \\ c = \dfrac{\omega}{k} = \dfrac{\lambda}{T} = \dfrac{gT}{2\pi} \\ \lambda = \dfrac{g}{2\pi}T^2 \approx 1.56T^2 \end{cases} \tag{6-1-2}$$

式中:g——重力加速度(9.81 m/s²);

　　T——波浪周期(s)。

由上述公式得到坦谷波的波速、波浪周期与波长间的关系:

$$\begin{cases} T = 0.8\sqrt{\lambda} \\ c = 1.25\sqrt{\lambda} \\ \omega = \dfrac{7.85}{\sqrt{\lambda}} \end{cases} \tag{6-1-3}$$

值得注意的是,式(6-1-3)仅适用于深水中的规则波。

2. 不规则波(Irregular Waves)

实际上,海浪是极其不规则的。不规则波用实际观测统计结果来描述。经过一定时间的观测,将观测到的波高按从大到小依序排列起来,形成一个波列,则该波列中波高最大的波称为最大波(Maximum Wave),其波高记为 H_{max},对应的周期为 T_{max}。

该波列中最高的一部分波的波高的算术平均值,称为部分大波的平均波高。波列中波高较大的 1/10 的波的波高的算术平均值,称为 1/10 最大波高,记为 $H_{1/10}$,对应的周期之平均值称为 1/10 最大波周期,记为 $T_{1/10}$。根据对海上不规则波的统计,1/10 最大波高约为平均波高的 2 倍。波列中波高较大的 1/3 的波的波高的算术平均值,称为 1/3 最大波高,也称为有义波高(Significant Wave Height),记为 $H_{1/3}$。根据对海上不规则波的统计,1/3 最大波高约为平均波高的 1.6 倍,它是波浪预报的一个重要指标。人们在海上目测的波高非常接近有义波高。所对应周期的平均值称为 1/3 最大波周期,记为 $T_{1/3}$,也称为有义波周期 (Significant Wave Period)。如把有义波高 $H_{1/3}$ 设为 1,则用统计法可求得平均波高 H_m 为 0.63,$H_{1/10}$ 为 1.27,$H_{1/100}$ 为 1.61。

有义波高可用来确定最大有义波长和最大能量波长,即

$$\begin{cases} \lambda_{最大有义} = 60 \cdot H_{1/3} \\ \lambda_{最大能量} = 40 \cdot H_{1/3} \end{cases} \quad (6\text{-}1\text{-}4)$$

根据这两个波长可以估计出某船在该不规则波中航行时的摇摆情况。

波高还被用来划分海浪的等级,用以衡量海上海浪的大小,如表6-1-1所示。

表 6-1-1　波高和海浪等级统计表

浪级	波高范围		名称
0	0	0	无浪
1	$H_{1/3} < 0.1$	$H_{1/10} < 0.1$	微浪
2	$0.1 \leqslant H_{1/3} < 0.5$	$0.1 \leqslant H_{1/10} < 0.5$	小浪
3	$0.5 \leqslant H_{1/3} < 1.25$	$0.5 \leqslant H_{1/10} < 1.5$	轻浪
4	$1.25 \leqslant H_{1/3} < 2.5$	$1.5 \leqslant H_{1/10} < 3.0$	中浪
5	$2.5 \leqslant H_{1/3} < 4$	$3.0 \leqslant H_{1/10} < 5.0$	大浪
6	$4 \leqslant H_{1/3} < 6$	$5.0 \leqslant H_{1/10} < 7.5$	巨浪
7	$6 \leqslant H_{1/3} < 9$	$7.5 \leqslant H_{1/10} < 11.5$	狂浪
8	$9 \leqslant H_{1/3} < 14$	$11.5 \leqslant H_{1/10} < 18$	狂涛
9	$14 \leqslant H_{1/3}$	$18 \leqslant H_{1/10}$	怒涛

例:某专业测量队伍一段时间内对某海区的不规则波进行了观测,并取得一组波列。随后进行统计分析,得到具有 10 种不同海浪特征的统计波高,如表6-1-2所示。

表 6-1-2　不规则波中观测一组波列内 10 种不同海浪的统计波高统计表

海浪序号	1	2	3	4	5	6	7	8	9	10
统计波高(m)	0.72	0.81	1.35	0.68	0.62	1.91	0.75	0.79	1.24	0.65

求这组观测波列的平均波高 H_m、有义波高 $H_{1/3}$ 和 1/10 最大波高 $H_{1/10}$。

解:平均波高 H_m 为这组波列内的所有观测海浪的统计波高的平均值。

$$H_m = \frac{1}{10}(0.72 + 0.81 + 1.35 + \cdots + 0.65) = 0.952(\text{m})$$

有义波高 $H_{1/3}$ 为这组波列内观测海浪统计波高排序位于前 1/3 的观测值的平均值。

$$H_{1/3} = \frac{1}{3}(1.91 + 1.35 + 1.24) = 1.50(\text{m})$$

最大波高 $H_{1/10}$ 为这组波列内观测海浪统计波高排序位于前 1/10 的观测值的平均值。

$$H_{1/10} = 1.91(\text{m})$$

三、波浪的分类及其特点

按成因进行分类,波浪可分为风浪(风的作用)、海啸(地震或风暴)、潮波(引潮力作用)、气压波(气压突变)以及船行波(船舶航行作用)等;按波长和水深的相对关系进行分类,波浪还可分为深水波(短波)和浅水波(长波)等。

1.风浪及涌浪

海洋中的波浪主要为风浪。风浪的振幅和波速与风的强度、风向和阵发性情况等因素有关。

风浪的周期为数秒至数十秒,波长由几米至数百米,波高可达数米至十几米。该类波浪的回复力是重力,故称重力波。引起重力波的外力是风,风区内的波称为浪(Wave),其波周期小于 10 s;离开风区的波称为涌浪(Swell),其波周期一般大于 10 s。涌浪较平滑,但周期、波长较长。

吹过海面的风会引起水体向前运动,因而,靠近水面的水质点的轨迹不是正圆形。风的效应使向前一半轨迹上的水质点的速度增大,向后一半轨迹上的水质点的速度减小,出现波峰前部陡峻而后部缓平的不对称形状。风力强大时,波峰前面还可能向内凹进,在重力影响下向下坠落,形成碎波。洋面上局部风力引起的波浪,多为单一风向占优势的波浪,但是波长和波高不同。据统计,海洋上的波浪约45%的波高小于 1.2 m,80%的波高小于 3.5 m,90%的波高小于 6.0 m。多数波浪的周期为 4~12 s,波长为 10 cm~1000 m。

2. 浅水区波浪

以上所述只是海水具有一定深度时的情况。一般用水深与波长之比(h/λ)表示水深对波浪的影响。当 $h/\lambda \leq 1/20$ 时,称为浅水波。波浪进入浅水区,波底最终将和海底接触,这时水质点的垂直运动受到限制,轨迹变为椭圆形。椭圆度以在海底为最大,而由海底向上逐渐减小。愈向海岸水深愈浅,波浪能量除了与海底摩擦消耗的部分以外,都集中到了更小的水体中,必然引起波长的缩短和波高的增大。当 $h/\lambda \leq 1/20$ 时,浅水区波浪的波长为:

$$\lambda = \sqrt{gh} \cdot T$$
$$c = \sqrt{gh}$$

(6-1-5)

可见,浅水波的波速与波长和波周期无关,但与水深的平方根成正比。

3. 波浪破碎

当波浪由深海传播至浅海时,由于水深变浅,波速变慢,波长变短,波高增高,因此波形锐度逐渐增大。在近岸附近波形达到稳定界限或波峰水质点流速等于波速时,波形向前倾倒而成为碎波,深海中波浪也会由于波形锐度过大失去其对称性而发生碎波,当波陡 $H/\lambda = 1/7$ 时,开始发生碎波。

波浪开始出现碎波之处称为碎波点,该点之水深称为碎波水深,此时的波高称为碎波波高。碎波时约有 60%的波浪能量逸出,形成强大的激浪流,曾测到压强达到 30 t/m² 的激浪流,它不但对沿岸地形、沿岸流等有影响,而且对船舶产生较大的冲击力。

4. 波浪的折射与干涉

在深水区,波浪的峰线与引起波浪的力的方向(即波浪前进的方向)垂直。但波浪前进的方向常常与海岸斜交,这样,同一波列两端的水深就可能有较大差异。近岸较浅一端因受摩擦而减速,离岸远而较深一端在深水处继续保持原速前进,最后波峰线将发生转折而与海岸平行,这种现象就是波浪的折射。

波浪在港湾海岸也发生折射。港湾海岸附近海底等深线常常与海岸平行,港湾中海浪因水深而保持原速前进,在伸向海中的岬角上则因水浅,受到海底摩擦而逐渐降低速度。这样,海岸凸出处波峰线凹进,海岸凹进处波峰线凸出,即仍然与海岸线平行。岬角上波能集中而港湾内波能分散,故港湾成为船舶的庇护所。

从海洋远处传来的大浪与某一海区相反方向的波浪相遇或与海浪的折射相互干扰时,形成合成波,它的波速变得很小,而波高可能急剧增大,这种波浪俗称三角浪,它对小型船舶危害较大。

由于风向的变化,风产生的两个不同方向的波浪形成某一交角时,就会形成波的干涉。在海上经常遇到周期性的 3 个或 5 个大浪,随后又出现几个小浪,就是这种干扰的结果。通过仔细观察,掌握住海浪的这个规律,就能够选择在较小的波浪时进行操纵。

5. 灾害性海浪

对船舶可能造成灾害的海浪称为"灾害性海浪"。它是在台风、温带气旋等强风作用下形成的。它常能造成船舶剧烈摇摆,严重时造成船体断裂或倾覆,给海上航行、施工、军事、渔业等带来灾难,因此,正确预报灾难性海浪对保证海上航行安全尤为重要。

海浪对船舶安全的影响程度与船舶大小、耐波性等因素有关。关于灾害性海浪在国际上至今仍没有一个明确的定义,只能根据影响船舶航行安全的因素分别给出相应级别,例如:

(1)对于游艇、渔船等小型船舶,浪高达 2.5~3 m 的大浪已危及其安全,因此,这种海浪对这些船舶就可称为灾害性海浪。

(2)对于 1000~10000 t 的沿海和近海航行的运输船舶,浪高达 4~6 m 的巨浪已危及其安全,对它们来说浪高 4 m 以上的海浪称为灾害性海浪。

(3)对于 5 万吨左右的远洋航行的运输船舶,浪高达 6~8 m 的狂涛已危及其安全,因此,这种海浪对这些船舶就可称为灾害性海浪。

(4)随着船舶的大型化,船舶抗风浪能力不断提高,对于 20 万吨以上的超大型船舶和巨大型船舶,一般认为浪高 9 m 以上的海浪为灾害性海浪。

四、船舶在波浪中的运动

波浪将引起船舶和其他海上浮体的运动,这种影响主要体现在船舶摇荡方面。船在波浪中有横摇、纵摇、首摇、垂荡、横荡和纵荡六个自由度的运动,其中对船舶影响较大而且一般不能直接控制的是横摇、纵摇和垂荡。船舶在波浪的运动取决于外力和外力矩的作用以及船舶本身的运动性能。了解船舶在风浪中的运动特性,有助于采取措施保证船舶操纵的安全。

1. 船舶在波浪中的摇荡

在船舶的运动坐标系内,船舶沿通过船舶重心的三坐标轴线做线运动和回转运动,称为摇荡。纵荡、横荡和垂荡是沿三个坐标轴的线运动,其位移分别为 x、y、z。横摇、纵摇和首摇是绕三个坐标轴的转动,其角位移分别为 θ、ϕ 和 ψ。

船舶常规操纵关注的主要是纵荡、横荡和首摇三个自由度的运动,大风浪中的操纵需要关注船舶的横摇、纵摇和垂荡运动。但船舶操纵能够直接控制的是纵荡和首摇两个自由度的运动,因此大风浪中的船舶操纵实质是通过改变航向、航速来间接控制横摇、纵摇和垂荡对航行安全的不利影响并兼顾航行任务,而极端情况下为满足航行安全的要求需要放弃或改变航行任务。

船舶在波浪中的摇荡运动,是波浪的强迫摇荡和船舶本身固有的摇荡相结合的复合运动,这种摇荡运动受到水阻力的阻尼作用,因而是逐渐衰减的。摇荡的强度取决于波浪要素、船舶耐波性和船舶尺度等因素。

2. 波浪遭遇周期

设船舶以与波浪方向成一定的交角和船速在波浪中运动,如图 6-1-2 所示,则波浪相对于船舶的传播速度为:

$$V_E = c + V\cos\mu \tag{6-1-6}$$

式中:V_E——相对波速(m/s);

V——船速(m/s);

c——波速(m/s);

μ——船首向与波浪来向的交角,简称波向角(°)。

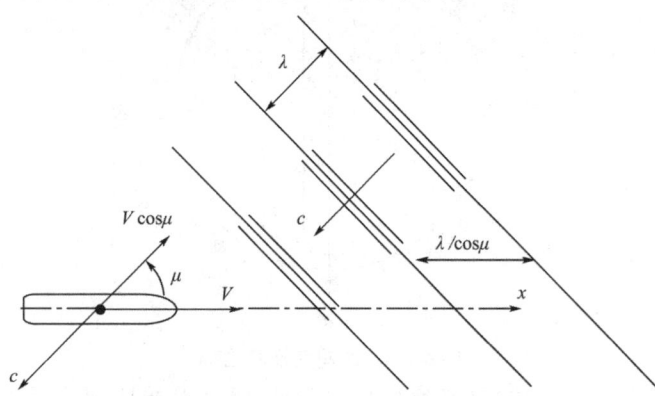

图6-1-2　波浪相对速度与遭遇频率

波浪相对于运动中船舶的周期称为波浪遭遇周期,它就是船上人员所看到的波浪周期,故也称为波浪视周期,简称遭遇周期(Encounter Wave Period)。

由图6-1-2可见,显然,遭遇周期可用下式表示:

$$T_E = \frac{\lambda}{V_E} = \frac{\lambda}{c+V\cos\mu} \tag{6-1-7}$$

式中:T_E——遭遇周期(s);

λ——波长(m)。

由式(6-1-7)可得相应的遭遇频率 ω_E 为:

$$\omega_E = \frac{2\pi}{T_E} = \frac{2\pi(c+V\cos\mu)}{\lambda} = k(c+V\cos\mu) \tag{6-1-8}$$

式中:ω_E——遭遇频率(rad/s)。

应用 $\omega=kc, k=\omega^2/g$ 得深水中的遭遇频率:

$$\omega_E = \omega + kV\cos\mu$$

$$\omega_E = \omega + \frac{\omega^2}{g}V\cos\mu \tag{6-1-9}$$

遭遇周期或遭遇频率是衡量船舶遭受波浪影响程度的重要指标。遭遇周期越长或遭遇频率越低,波浪的影响越大,反之,则越小。由式(6-1-9)可见,遭遇频率与波浪频率 ω、船速 V 和波向角 μ 等因素有关。当船速 $V=0$ 时,$\omega_E=\omega$,即遭遇频率等于波浪频率。这时,船舶的摇摆程度取决于波向角。

3. 波向角及船舶摇摆程度

当船速 $V>0$ 时,遭遇频率取决于波向角。在海上,船舶的波向角分为顶浪(Head Sea)、偏顶浪(Bow Sea)、横浪(Beam Sea)、偏顺浪(Quarter Sea)和顺浪(Follow Sea),如图6-1-3所示。以右舷受浪说明如下:

$0° \leqslant \mu < 30°$ 称为顶浪,也称为迎浪,其遭遇频率比波浪频率高,纵摇摆幅较大,横摇摆幅较小。在 $\mu=0°$ 时遭遇频率最高,相应的纵摇摆幅最大。

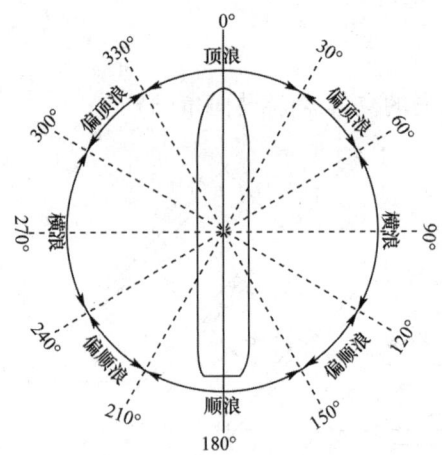

图 6-1-3　波向角及其名称

30°<μ<60°称为偏顶浪,其遭遇频率比顶浪时低,纵摇摆幅比顶浪时小,但横摇摆幅比顶浪时有所增大。

60°<μ<120°称为横浪,其遭遇频率比偏顶浪时低,纵摇摆幅较小,横摇摆幅较大。μ=90°或μ=270°时遭遇频率等于波浪频率,横摇摆幅最大,纵摇摆幅最小。

120°<μ<150°称为偏顺浪,其遭遇频率比横浪时低,纵摇摆幅比横浪时大,横摇摆幅比横浪时小。

150°<μ≤180°称为顺浪,其遭遇频率比偏顺浪时低,纵摇摆幅比偏顺浪时大,横摇摆幅比偏顺浪时小。μ=180°时遭遇频率最低,纵摇摆幅较大,横摇摆幅较小。

4. 谐摇运动及其危害

船舶本身具有的摇摆性能称为自由摇摆性能,如船舶横摇周期、纵摇周期以及垂荡周期等。波浪引起的船舶运动是一种强迫运动,或称为强迫摇摆。强迫摇摆和自由摇摆之间的关系将直接影响船舶在波浪中的航行安全。

当船舶自由摇摆周期近似等于遭遇周期,或船舶自由摇摆频率近似等于遭遇频率时,船舶将发生谐摇。横向谐摇可能造成船舶横倾角过大,严重时可能导致船舶倾覆;纵向谐摇和垂荡谐摇可能产生拍底、螺旋桨空转等,严重时可能导致船体结构、船舶主机以及船舶设备等的损坏。因此,从操纵角度出发,应适当调整船速和(或)航向,避免船舶发生谐摇。

第二节　船舶摇摆幅度及影响因素

船舶在波浪中的运动是六个自由度的耦合,其表述方法极其复杂。故在此仅从运动学的角度定性讨论船舶在规则波中的横摇、纵摇和垂荡及其影响因素。

一、横摇

船舶横摇是绕通过重心的纵轴的转动,横摇幅度与波长、波面角以及船舶固有的横摇周期与波浪遭遇周期的接近程度有关,船舶可以通过改变重心高度或航向航速来调整横摇幅度。

1. 横摇摆幅

船舶在波浪中的横摇幅度称为横摇摆幅,一般用横摇角来表示。在规则波中的强迫横摇摆幅可以近似地用下式表示:

$$\theta = \frac{\alpha_0}{1 - \left(\dfrac{T_R}{T_E}\right)^2} \qquad (6\text{-}2\text{-}1)$$

式中:α_0——最大波面角(°),$\alpha_0 = 180 \times H/\lambda$;

T_R——船舶自由横摇周期(s)。

当船舶横摇周期小于遭遇周期,即 $T_R/T_E < 1$ 时,船舶横摇频率大于遭遇频率,船舶横摇较快,甲板平面与波面经常保持平行,很少上浪,但船舶所受惯性力较大。

当船舶横摇周期大于遭遇周期,即 $T_R/T_E > 1$ 时,船舶横摇频率小于遭遇频率,船舶横摇较慢,甲板平面与波面经常不平行,上浪较多,且船舶经常受到波浪的冲击。

当船舶横摇周期近似等于遭遇周期,即 $T_R/T_E \approx 1$ 时,船舶横摇频率近似等于遭遇频率,船舶横摇剧烈,横摇角越来越大,严重时将导致船舶倾覆,这种现象称为谐摇或谐振。谐摇时的横摇角可用下式估算:

$$\theta_S = 7.92 \sqrt{\alpha_0} \qquad (6\text{-}2\text{-}2)$$

式中:θ_S——谐摇时的横摇角(°);

α_0——最大波面角(°)。

实际上,一般 $T_R/T_E = 0.7 \sim 1.3$ 就会发生谐摇,该区间称为谐摇区间或谐振区间。因此,船舶在海上航行时,应尽可能避免船舶横摇频率与遭遇频率相近的情况。

横摇摆幅还与波向角有关。图 6-2-1 给出了载重量为 264000 t 的 VLCC 满载、船速为 14.3 kn 时在规则波中的横摇摆幅的计算结果,其纵坐标为相对横摇角,横坐标为波长与船长之比。可见,规则波中的船舶纵摇摆幅取决于遭遇周期、船速以及波长与船长之比(λ/L)等因素。由图可见,该船在 14.3 kn 船速下的横摇摆幅与波向角和 λ/L 有关:横浪时,$\lambda/L = 0.2 \sim 1.2$ 时,横摇摆幅随 λ/L 的增加而急剧增大;$\lambda/L = 1.2 \sim 1.3$ 时,横摇摆幅达到最大值;随后,横摇摆幅随 λ/L 的增加而急剧减小。这说明横浪航行时,横摇摆幅最大,最可能发生横摇谐振。偏顶浪时,横摇摆幅随 λ/L 的增加而缓慢增大,横摇摆幅较小。

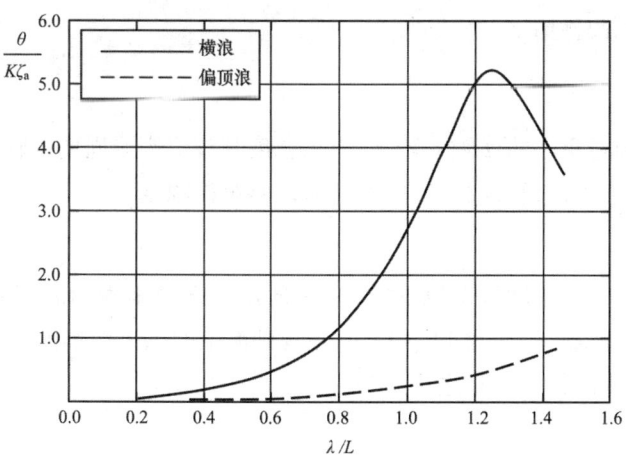

图 6-2-1 264000 t VLCC 在波浪中的横摇摆幅

2. 减轻横摇的措施

船舶在波浪中产生的剧烈的横摇,不但会危及人员、设备、货物和船舶的安全,严重时还会发生谐摇而使船舶倾覆。需要采取减摇措施,避免谐摇。从船舶操纵的角度出发,减摇措施包括调整船舶自由横摇周期和遭遇周期。

(1)调整船舶自由横摇周期

船舶航次计划确定之后,可根据本航次各海区、各季节可能的波浪遭遇周期,在装载时适当选择船舶自由横摇周期,避开谐振区间。船舶在规则波中小角度(小于15°)无阻尼横摇周期(船舶自由横摇周期)可用下式近似求得:

$$T_R = \frac{CB}{\sqrt{GM}} \tag{6-2-3}$$

式中:T_R——船舶自由横摇周期(s)。

B——船宽(m)。

GM——初稳性高度(m)。

C——横摇周期系数,客船为 0.75~0.85,货船为 0.7~0.8,油船重载时为 0.7~0.75,油船压载时为 0.74~0.94,渔船为 0.76~0.88。也可按下式计算:

$$C = 0.746 + 0.046(B/d) - 0.086(L/100) \tag{6-2-4}$$

式中:d——船舶平均吃水(m);

L——船长(m)。

由式(6-2-3)可知,船舶自由横摇周期与船宽、船型以及横稳性高度等因素有关,其中只有初稳性高度是可以调整的。实际上,对于航行中的船舶,调整初稳性高度一般是不可能的,故一般采取调整遭遇周期的措施。

(2)调整遭遇周期

由式(6-1-7)可知,遭遇周期与船速、波向角、波速和波长等因素有关,其中只有船速和波向角是可以调整的。实际上,对于航行中的船舶,调整船速和波向角对于减轻横摇是行之有效的措施。但是,当波向角 $\mu = 90°$ 或 270°,即正横受浪时,遭遇周期等于波浪周期,这时改变船速对调整遭遇周期不起作用。

二、纵摇

船舶纵摇是绕通过重心的横轴的转动,纵摇幅度与波浪遭遇周期、波向角以及船长与波长的接近程度有关,船舶可以通过改变航向航速来调整纵摇幅度。

1. 纵摇摆幅

船舶在波浪中的纵摇幅度称为纵摇摆幅,一般用纵摇角来表示。图 6-2-2 给出了载重量为 264000 t 的 VLCC 满载、船速为 14.3 kn 时在规则波中的纵摇摆幅的计算结果,其纵坐标为相对纵摇角,横坐标为波长与船长之比。

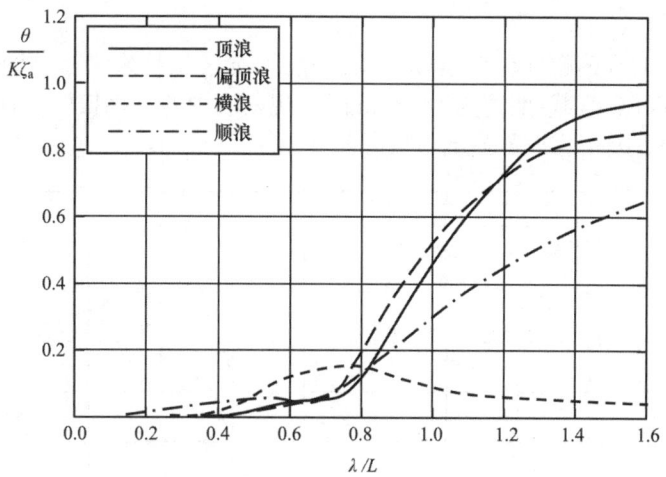

图 6-2-2　264000 t VLCC 在波浪中的纵摇摆幅

可见,规则波中的船舶纵摇摆幅取决于遭遇周期、船速以及波长与船长之比(λ/L)等因素。该船在 14.3 kn 船速下的纵摇摆幅与波向角和 λ/L 有关:

(1)顶浪或偏顶浪,$0<\lambda/L<0.8$ 时,纵摇摆幅随 λ/L 的增大而稍有增大,但变化不明显;$0.8<\lambda/L<1.6$ 时,纵摇摆幅随 λ/L 的增大而急剧增大。这说明顶浪或偏顶浪航行,$\lambda/L>0.8$ 时,波长越大,船舶纵摇摆幅越大。

(2)顺浪,$0<\lambda/L<0.8$ 时,纵摇摆幅随 λ/L 的增大而稍有增大,但变化不明显;$0.8<\lambda/L<1.6$ 时,纵摇摆幅随 λ/L 的增大而缓慢增大。这说明顺浪航行时的纵摇摆幅比顶浪时小。

(3)横浪,$0<\lambda/L<0.8$ 时,纵摇摆幅随 λ/L 的增大而稍有增大,但变化不明显;$\lambda/L\approx0.8$ 时,纵摇摆幅达最大值,其后随 λ/L 的增大稍有减小。这说明横浪航行时,船舶纵摇摆幅最小。

2. 减轻纵摇的措施

船舶纵摇时,船舶自由纵摇周期可用近似公式估算:

$$T_{\mathrm{P}}=C_{\mathrm{P}}\sqrt{L} \tag{6-2-5}$$

式中:T_{P}——船舶自由纵摇周期(s);

L——船长(m);

C_{P}——纵摇周期系数,客船为 0.45~0.55,客货船为 0.54~0.64,货船为 0.54~0.72,油船(尾机)为 0.80~0.91。

在船舶纵摇周期与遭遇周期相等,即 $T_{\mathrm{P}}/T_{\mathrm{E}}\approx1$ 时,船舶将发生纵向谐摇。船舶纵摇惯性矩、阻尼力矩和稳性高度都比较大,故船舶在波浪的作用下产生的纵摇摆幅比横摇摆幅小,纵倾角一般不超过最大波面角。纵向谐摇的摆幅取决于波长与船长之比、波向角和船型等因素。

由式(6-2-4)可见,船舶自由纵摇周期与船长、船型以及纵稳性高度等因素有关。实际上,调整纵摇周期是不可能的,故一般采取调整遭遇周期即调整船速和(或)航向的措施来减小纵摇摆幅。

三、垂荡

船舶垂荡是沿通过重心的垂直轴的升沉运动,垂荡幅度与船舶吃水、波高以及船舶固有的垂荡周期与波浪遭遇周期的接近程度有关,船舶可以通过改变吃水或航向航速来调整横摇运动幅度。

1. 垂荡振幅

船舶在波浪中的垂荡幅度称为垂荡振幅,一般用垂荡位移来表示。图 6-2-3 给出了载重量为 264000 t 的 VLCC 满载、船速为 14.3 kn 时在规则波中的垂荡振幅的计算结果,其纵坐标为相对垂荡振幅,横坐标为波长与船长之比。

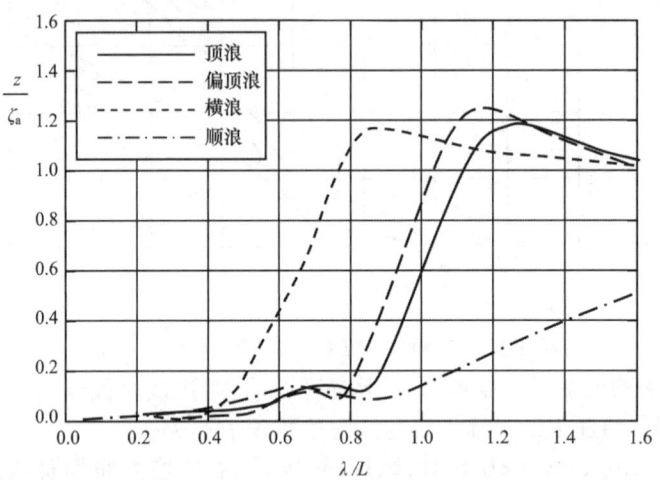

图 6-2-3 264000 t VLCC 在波浪中的垂荡振幅

由此可见,规则波中的船舶垂荡振幅取决于遭遇周期、船速以及波长与船长之比(λ/L)等因素。

顶浪或偏顶浪,$0<\lambda/L<0.8$ 时,垂荡振幅随 λ/L 的增大而稍有增大,但变化不明显;$0.8<\lambda/L<1.2$ 时,垂荡振幅随 λ/L 的增大而急剧增大,$\lambda/L\approx1.2$ 时达到最大值,其后,随 λ/L 的增大稍有减小。这说明顶浪或偏顶浪航行时,在 $\lambda/L>0.8$ 时,波长越大,船舶垂荡振幅越大。

横浪,$0<\lambda/L<0.4$ 时,垂荡振幅随 λ/L 的增大而稍有增大,但变化不明显;$0.4<\lambda/L<0.8$ 时,垂荡振幅随 λ/L 的增大而急剧增大,$\lambda/L\approx0.8$ 时达到最大值,其后,随 λ/L 的增大稍有减小。这说明横浪航行,$\lambda/L>0.4$ 时,发生最大垂荡振幅时的波长比顶浪时小。

顺浪,$0<\lambda/L<0.8$ 时,垂荡振幅随 λ/L 的增大而稍有增大,但变化不明显;$0.8<\lambda/L<1.6$ 时,垂荡振幅随 λ/L 的增大而缓慢增大。这说明顺浪航行时,垂荡振幅较小。

2. 减轻垂荡的措施

船舶垂荡周期可用下列近似公式估算:

$$T_{\text{H}}=2.4\sqrt{d} \tag{6-2-6}$$

式中:T_{H}——船舶垂荡周期(s);

d——船舶平均吃水(m)。

船舶垂荡周期和纵摇周期很接近,后者稍大于前者。一般有 $T_{\text{R}}>T_{\text{P}}\approx T_{\text{H}}$ 的关系,且 $2T_{\text{P}}\approx T_{\text{R}}$。

在船舶纵摇周期与遭遇周期相等,即 $T_{\text{H}}/T_{\text{E}}\approx1$ 时,船舶将发生垂荡谐振。垂荡运动时水对运动的阻尼很大,故重力垂荡使运动衰减得很快。

由式(6-2-6)可知,船舶自由垂荡周期与吃水、船型等因素有关。实际上,航行中调整船舶自由垂荡周期几乎是不可能的,故一般采取调整遭遇周期,即调整船速和(或)航向的措施来减小垂荡振幅。

综上所述,减轻船舶横摇、纵摇和垂荡幅度的有效操纵措施是改变船速和(或)改变航向。横摇的危害最大,且当船舶横向受浪时,这种危害性将进一步增大,特别是发生横摇谐振或大幅度横摇时,将危及船舶的安全,严重时可能导致船舶倾覆。因此,当船舶遭遇巨浪时,应尽可能避免横向受浪。

第三节　纵向受浪的危害

纵向受浪是指波向角为顶浪或偏顶浪和顺浪或偏顺浪的情况。尽管纵向受浪的危险程度不如横向受浪时大,但其也可能使船舶陷入危险境地,因此,在遭遇巨浪袭击时,驾驶人员不但要尽可能避免船舶横向受浪,还应采取措施避免船舶纵向受浪。

一、顶浪或偏顶浪的危害

船舶在顶浪或偏顶浪航行时,遭遇周期要比顺浪或偏顺浪时小,遭遇频率也比较大,其产生的危害主要有拍底、甲板上浪、螺旋桨空转等。

1. 拍底(Slamming)

在激烈的纵摇和垂荡中,船首升起后在下落过程中与向上运动的波浪表面相撞击的现象,称为拍底。它使船首底部,甚至首垂线后 1/4 船长的区域和波浪表面发生冲击,进而产生巨大的应力,严重时将导致船首结构受损。拍底时船体发生剧烈的振动。

船舶是否发生拍底及拍底的严重程度取决于波长与船长之比、船舶载重状态、船速以及船型等因素。

(1)波长:$\lambda/L \approx 1$,即波长与船长接近时,容易发生剧烈的拍底。海上的波长一般在 80~140 m,因此,如果船长在这个范围内,则易发生拍底;大型船舶船长较大,不易发生拍底。

(2)吃水:$d/L < 5\%$,即吃水与船长之比小时,容易发生拍底。一般,空船时拍底严重,吃水为 2/3 以上满载吃水时不易发生拍底。

(3)船速:根据 Lehman 的研究,当弗劳德数 $Fr = V/\sqrt{gL} = 0.14 \sim 0.21$ 时,容易发生拍底。如 $L = 200$ m 的船舶,$V = 12 \sim 18$ kn 时容易发生拍底。

(4)船型:方形系数及棱形系数大的船,拍底冲击力也大。U 形船首比 V 形船首容易遭受拍击,强度也大。

拍底是上述几个因素综合影响的结果,单独一个或两个因素不一定能引起拍底。

综上所述,为了避免发生拍底,一般采取如下措施:保持船首吃水大于 1/2 满载吃水;避免纵摇和垂荡的谐振;减速,保持船速在 $Fr = V/\sqrt{gL} \approx 0.1$。

2. 甲板上浪(Green Water)

打在甲板上的海水可看作自由液面对稳性的影响,严寒时还有结冰的危险。同时浪的作用还会使甲板设备、上层建筑直接遭受破坏。特别是装有甲板货时,易造成货物移动,危及船舶的安全。

甲板上浪的程度与干舷高度、船速及相对波高($H_{1/3}/L$)等因素有关。船舶干舷越低,船速越高,波高越大,甲板上浪也越严重。

为了减少甲板上浪,一般首先是降低船速,其次是适当调整船舶航向。

3. 螺旋桨空转(Racing)

剧烈的纵摇和垂荡会使螺旋桨的一部分或全部周期性地露出水面,产生螺旋桨空转现象,俗称打空车。空转时,螺旋桨效率显著下降,船速下降,螺旋桨、轴系和船体产生很大的振动,同时受到很大的冲击应力,随时有可能受损。空载船舶因为吃水较小更容易产生空转现象。

为了减轻空转现象,防止主机、桨叶等受损,应保持足够的吃水或吹水差使桨叶没入水中,并降低主机转速。出现空转时,可及时调整航向和船速以减轻船舶摇荡。

二、顺浪或偏顺浪的危害

船舶顺浪或偏顺浪航行时,其主要危险有冲浪和打横,也会发生其他的组合危险,简要介绍如下。

1. 冲浪和打横(Surf-riding and Broaching-to)

船舶位于波峰的前部时,可能被波浪加速而骑在波峰上,这种现象类似于冲浪运动员位于波峰之前的情况,故称为"冲浪"现象。当船舶发生冲浪时,波浪力的作用可能使船舶发生航向突变,即"打横"现象,使船舶遭受横浪的作用而产生突发性大幅度横倾,严重时有船舶倾覆的危险。

当船速在波浪传播方向上的分量约等于波浪相速度时,船速较高,船舶将被波浪加速而发生冲浪和打横现象。一般认为这时的船速在波浪方向的分量约为 $1.8\sqrt{L}(\text{kn})$,此速度为发生冲浪或打横现象的临界速度。

2. 横稳性降低(Reduction of Intact Stability)

当船舶位于波峰时,由于排水体积的变化,横稳性明显降低。波长在 $0.6L \sim 2.3L$ 范围内均有可能出现稳性降低到临界值的危险。在这个波长范围内,稳性降低程度基本上与波高成正比。这种情况下,顺浪和偏顺浪时尤其危险,这是因为遭遇周期较长,即船舶在波峰处的时间较长,也就是说,稳性降低的时间变长了。

另外,船舶在顺浪和偏顺浪航行时,因为遭遇周期变大,如横稳性较低而自由横摇周期大,则可能发生船舶自由横摇周期与波浪遭遇周期一致的横摇谐摇运动。

船舶在顺浪和偏顺浪中的运动十分复杂,其运动是三维六自由度的,各种因素或危险现象都可能同时或先后发生,如甲板浸水、甲板上浪并滞留在甲板上或由于货物移动而增大横倾力矩等,这些都可能使船舶处于危险之中,严重时造成倾覆。

三、参数横摇

参数横摇是船舶在纵向受浪(包括顶浪或顺浪)或接近纵向受浪的情况下,横稳性发生周期性变化,产生大幅度横摇的现象。

1. 参数横摇模式

波浪中的参数横摇是由于船舶稳性随船体处于波峰和波谷的相对位置变化而周期性变化引起的大幅度和危险的横摇。参数横摇在以下两种情况下容易发生:

(1)船舶稳性随遭遇周期 T_E 变化,当遭遇周期 T_E 约等于船舶自由横摇周期 T_R,即遭遇比约为 1:1 时,船舶稳性在每个横摇周期内均达到一次最小值。这种情况下将发生典型的谐摇。由于大的横摇幅度导致船体恢复正浮变慢,自由横摇周期 T_R 在一定程度上可能随遭遇周期 T_E 变化,所以这种参数横摇可以发生在较大的遭遇周期 T_E 范围内。船舶在偏顺浪航行时容易发生这种明显的谐摇。

（2）船舶稳性随遭遇周期 T_E 变化，当遭遇周期 T_E 约等于船舶自由横摇周期 T_R 的一半，即遭遇比约为 1∶0.5 时，船舶稳性在每个横摇周期内均达到两次最小值。在顺浪和偏顺浪航行时，遭遇周期 T_E 比波浪周期大，这种参数横摇仅可能在船舶自由横摇周期 T_R 很大、船舶的完整稳性较低的情况下发生。由于船舶在波峰上的稳性降低引起自由横摇周期趋于波浪遭遇周期，这种情况也同样导致船舶产生大幅度的参数横摇。遭遇比为 1∶0.5 的参数横摇也可能发生在顶浪和偏顶浪航行的情况。

2. 纵摇垂荡耦合影响

除了顺浪和偏顺浪之外，当船舶顶浪或偏顶浪航行时，稳性的变化仅受纵向波浪影响，剧烈的垂荡和/或纵摇可能加剧稳性的周期性变化，特别是现代船舶上部宽大的船首或船尾周期性的浸没或浮出的情况，即使在波浪引起的稳性变化较小时，也容易导致严重的参数横摇。

船舶纵摇和垂荡周期通常等于波浪遭遇周期，船舶纵摇对参数横摇的影响程度取决于纵摇和横摇的耦合程度。

四、顺浪或偏顺浪避免危险的方法

IMO 海上安全委员会（MSC）在 1995 年 5 月 9 日至 17 日通过了对船舶顺浪和偏顺浪操纵方法的一个操作指南，并在同年 11 月 19 日以 707 号通函（MSC/Circ.707）进行发布。2006 年 12 月 8 日 MSC 通过了该指南的修正，2007 年 1 月 11 日以 1228 号通函（MSC.1/Circ.1228）发布，即《经修订的船长在不利气象条件和海况下避免危险状况的导则》。该指南强调了上述船舶顺浪和偏顺浪航行时的危害、参数谐摇等危险情况，并提出了避免危险状况的指导意见和操纵方法。

1. 防止冲浪和打横的措施

冲浪和打横现象可能发生在浪向角 $135° < \mu < 225°$、船速高于 $1.8\sqrt{L}/\cos(180-\mu)$（kn）的情况下。为避免冲浪和打横，应调整航向和/或船速，避开冲浪区，如图 6-3-1 所示。

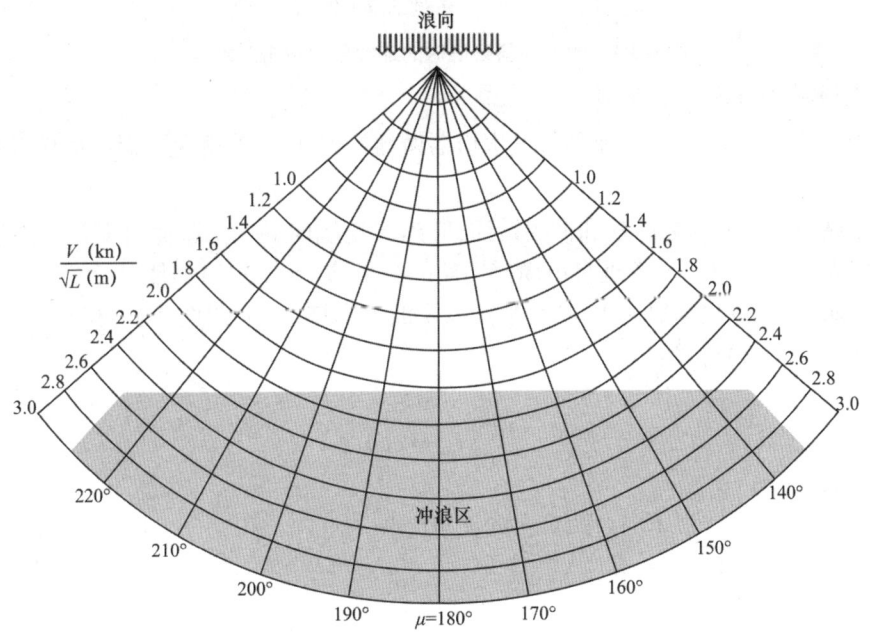

图 6-3-1　顺浪和斜顺浪时的冲浪区

2. 防止巨浪连续冲击的措施

当平均波长大于 0.8L、有义波高大于 0.04L,且船舶受巨浪连续冲击的危险现象较为显著时,应注意不要使船舶进入如图 6-3-2 所示的危险区域。当船舶位于该危险区时,应降低船速或改变航向以避免巨浪的连续抨击。巨浪的连续抨击可能导致完整稳性降低、横摇谐摇、参数横摇以及各种组合危险。

根据遭遇周期的计算可知,图 6-3-2 中危险区对应的遭遇周期约为波浪周期的 2 倍(一般为 1.8~3.0 倍)。

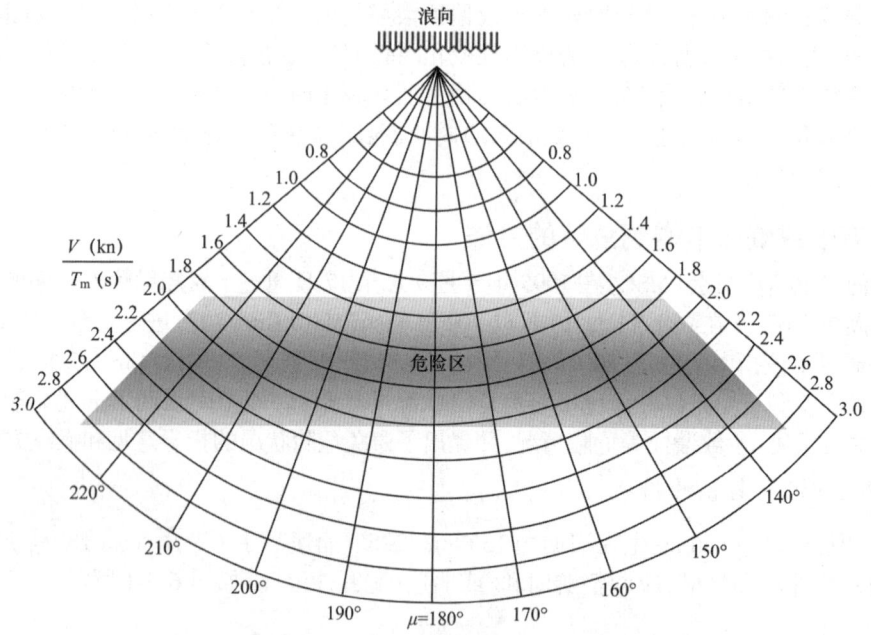

图 6-3-2 顺浪和斜顺浪时的连续巨浪冲击危险区

3. 避免横摇谐摇和参数横摇

如前所述,当 $T_E/T_R \approx 1$ 时,船舶将发生横摇谐摇。因此,应当避免遭遇周期接近自由横摇周期的情况。

为避免纵向受浪的参数谐摇和横摇谐摇,应当改变航向、航速,避免出现遭遇周期接近船舶自由横摇周期($T_E \approx T_R$)或接近自由横摇周期的一半($T_E \approx 0.5T_R$)的情况。

遭遇周期 T_E 可以根据船速 V、浪向角 μ 以及波浪周期 T_W 利用图 6-3-3 确定,也可以根据式(6-1-7)或式(6-3-1)计算:

$$T_E = \frac{3T_W^2}{3T_W + V\cos\mu} \tag{6-3-1}$$

式中:V——船速(kn);

μ——波向角,即波浪来向与船首向的夹角(°);

T_E——遭遇周期(s);

T_W——波浪周期(s)。

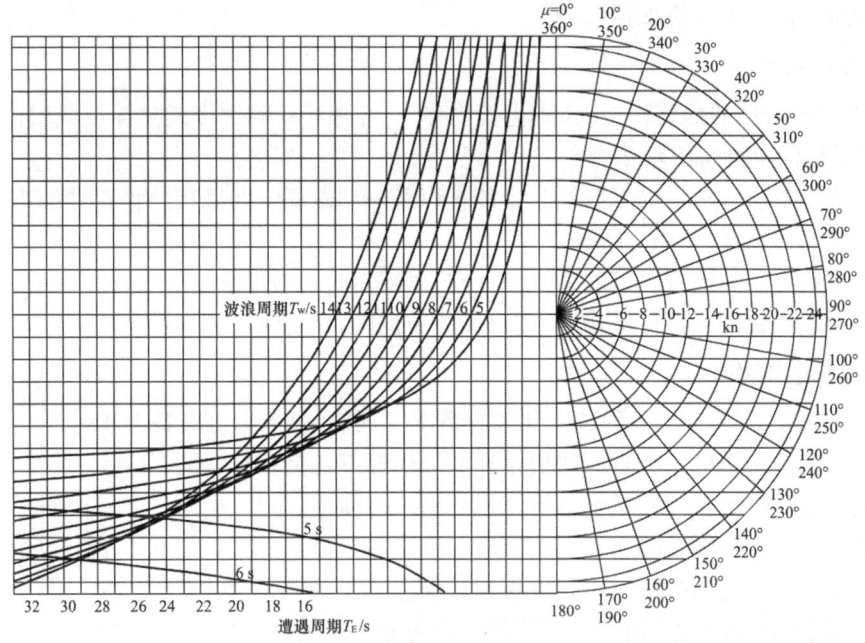

图 6-3-3　遭遇周期的确定

第四节　大风浪及避台操纵方法

在实际操船中,为了保证船舶在大风浪中的航行安全,不但要掌握有关理论知识,还要善于总结吸收海上实践经验。本节介绍一些大风浪及避台中船舶操纵的实践经验。

一、大风浪航行的准备工作

航行中的船舶应处于适航状态。当预测到将有大风浪来临时,必须采取相应措施,检查并做好各项准备工作,保证船体水密完整、排水畅通,并应加固绑扎,做好各项应急准备。

1. 保证水密

船体水密完整是大风浪航行最基本的要求,为保证船体水密,应做好以下准备工作:

(1)检查甲板开口封闭的水密性,必要时进行加固。

(2)检查各水密门是否良好,不用的一律关闭闩紧。

(3)将通风口关闭,并加盖防水布。

(4)天窗和舷窗都要盖好,并旋紧铁盖。

(5)锚链管盖好,防止海水灌进锚链舱。

2. 排水畅通

大风浪中航行甲板上浪和积水如果不及时排出,容易导致稳性和储备浮力降低,为保证排水畅通,应做好以下准备工作:

(1)检查排水管系、水泵、分路阀等,确保其处于良好工作状态。

(2)清洁污水沟(井),确保黄蜂巢畅通。

（3）甲板上的排水孔应保持畅通。

3. 保证船舶稳性

大风浪中航行船舶摇荡剧烈，为防止货物移位，各种活动物倒塌或碰撞造成船体破损或稳性下降，应做好以下准备工作：

（1）吊货设备、主锚、备锚、舷梯、救生艇筏以及一切未固定的甲板物件都要绑牢。

（2）开航前，散装货要做好平舱工作。

（3）各水舱及燃油舱应尽可能注满或抽空，以减少自由液面。

（4）舱内或甲板装有重件货物时，应仔细检查加固，必要时加固绑扎。

4. 做好应急准备

大风浪中航行容易发生各种危险和紧急情况，应做好以下应急准备工作：

（1）确保驾驶台和机舱、船首、舵机室在紧急情况下通信联系畅通。

（2）检查应急电机、天线、舵设备等，确保其处于良好状态。

（3）确保消防和堵漏设备随时可用。

（4）确保人身安全，如拉扶手绳、甲板铺沙等。

（5）加强全船巡视检查，勤测各液舱及污水沟等。

5. 空船压载

在大风浪中，空载对航行安全有很多不利之处，例如风压增大了倾侧力矩，保向性下降，拍底增大，空转加剧，失速严重，易发生横摇谐振等。为确保航行安全，应进行适当的压载，以提高船舶抗风浪的能力，改善船舶的性能。

二、大风浪中的操船方法

如前所述，船舶在大风浪中航行，不论波向角如何，都很危险。例如，横向受浪，可能造成较大的横摇或谐摇，而此时改变船速无济于减小横摇状态，不得不采取改变航向的措施，使船舶变为顶浪或顺浪航行。顶浪时，遭遇周期变短，遭遇频率变高，巨浪的冲击可能会造成拍底、甲板上浪和螺旋桨空转而损坏船体、设备和螺旋桨等；顺浪时，遭遇周期变长，遭遇频率变低，巨浪的作用还可能产生打横、稳性降低、横摇谐振而使船舶处于危险境地。

因此，船舶在大风浪中航行，应根据本船的船型、稳性、吃水、载况、海域和航线等条件，选择适当的操纵方法，减轻船舶的摇摆程度，缓解波浪的冲击，以等待海况好转，或采取积极手段，尽早驶离大风浪海区。广大海员从大风浪操船的实践中总结出以下几种方法，可供船舶航行参考。

1. "Z"字航法

顶浪或偏顶浪航行时，波浪与船的相对速度较大，波浪对船体造成较大的冲击，严重时，造成大幅度横摇、甲板大量上浪、拍底、螺旋桨空转等。顶浪航行一般要降低船速和调整航向，以减轻摇摆幅度。

如果在航线上遭遇顶浪或偏顶浪（波向角为 300°～060°），则可采用"Z"字航法。如图 6-4-1 所示，"Z"字航法即适当调整船速，以船首一舷 10°～30°的受浪角航行一段距离后再改为船首另一舷 10°～30°的受浪角航行的方法。其中航向和船速的调整以减小船舶摇摆幅度为准。

实践证明,"Z"字航法是行之有效的。"Z"字航法既可以保证一定的航速,又可以减轻船舶的摇摆幅度。它适用于耐波性较好的中、大型船舶,特别是大型集装箱船舶。对于小型船舶或经不起波浪冲击的船舶,宜改用漂滞的方法。

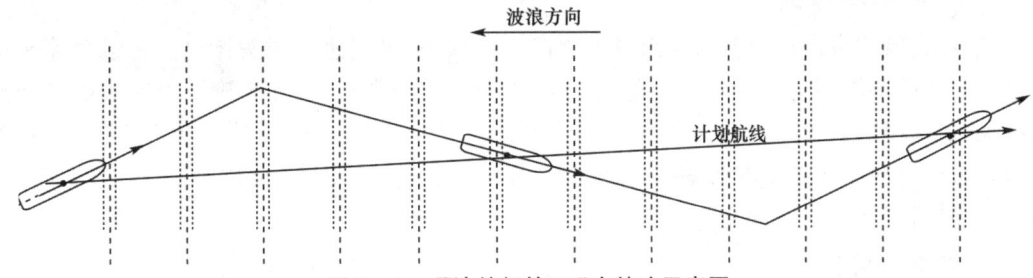

图 6-4-1　顶浪航行的"Z"字航法示意图

2. 滞航

如果船舶在顶浪航行时经不起波浪冲击,则可采用滞航的方法,即能保持航向的最低船速将风浪放在船首 2~3 个罗经点(波向角为 20°~30°)的方位上迎浪(或顶浪)前进的方法。这时的船舶实际上是处于缓进或不进,甚至是微退的状态,而航向需随着风向的改变而不断地进行调整。

滞航可以缓解波浪对船舶的冲击和甲板上浪,使船舶滞留在原地附近,以等待海况的好转。下风侧海域不充裕、船长较长、干舷较高的船舶采用此法较为有利。滞航中要根据风浪的情况选择最佳的风浪舷角,以减轻船舶的摇摆幅度,并根据风浪的变化及时调整航速,保证有足够的舵效,以免船舶打横。

3. 顺浪

如果在航线上遭遇顺浪或偏顺浪(波向角为 120°~240°),则可采用顺浪的方法,即以船尾部受浪前进。顺浪航行时,波浪与船的相对速度较小,可以大大减轻波浪对船体的冲击。滞航中经不起波浪袭击的船舶,可改用顺浪。顺浪航行的船舶可以保持一定的速度,有利于摆脱大风浪海域或台风中心。

但要注意,当平均波长大于 0.8L、有义波高大于 0.04L,且船速 $V \approx 1.8\sqrt{L}$ 时,极易发生冲浪及打横等危险情况,波长远小于或远大于船长时,船舶摇摆都能得到缓和。因此,当遇到顺浪航行的危险情况时,应果断地减速或小角度调整航向,并选择船尾方向 1~2 个罗经点(波向角为 160°~170°或 190°~200°)的受浪角航行。

尾突出、舵面积较小的船舶,在顺浪中不易保持航向,可采用在船尾拖曳物件(如大缆等)的方法来提高保向性。

4. 漂滞

船舶主机停止随风浪漂流的状态,称为漂滞。从动力学上讲,漂滞中,波浪对船体的冲击力大为缓解,甲板上浪不多。严格来讲,漂滞不是一种操纵方法,它是船舶的一种被动漂浮状态。在大风浪中,只要主机和舵机不出现故障,极少采用主动停车进行漂滞的操纵方法,如前所述,主动停车将使船舶在波浪中处于失控状态,很难预料船舶将会发生什么危险情况,历史上也发生过由于船舶在大风浪中失去动力而倾覆沉没的事故。因此,船舶一般不主动采取漂滞。

船舶在大风浪中主机发生故障而被动停车之后,应采取措施避免船舶处于横向受浪状态,如将锚链送出一定的长度,尽可能使船舶处于顶浪或偏顶浪状态,以等待救援。

三、大风浪中掉头

船舶在大风浪中由顶浪转为顺浪或由顺浪转为顶浪,都要进行掉头操纵。在整个掉头操纵过程中,其遭遇周期随着航向改变而发生变化,当船舶转至横浪时,若旋回引起的横倾与波浪造成的横倾相位一致时,过大的横倾将危及船舶的安全;横向受浪还容易出现横摇谐振,掉头时间越长,出现横摇谐振的概率越高,就更增加了这种危险。因此,必须严格掌握掉头时机,控制掉头时间,谨慎地进行操纵。

1. 掉头操纵时机

海浪大小的变化是有规律的,一般情况下,连着三四个大浪之后,必接七八个小浪,俗称三大八小。要利用这个规律,选择在海面较平静的时机进行掉头操纵。

2. 掉头操纵时间

开始时慢速中舵(15°左右),掉头过程中适时使用快车满舵。这样可以减小惯性前冲,减小船舶转向中的横倾角,同时保证舵效,缩短掉头时间。

从顶浪转向至顺浪时,应在海面较平静之前开始,以求海面较平静时正好转到横浪。此后可配合主机加车,操满舵,加速完成后半段的转向。

从顺浪转向顶浪比较危险,必须先降速减小惯性前冲,等待时机,以求后半段掉转在较平静的海面进行。后半段转向应尽可能迅速,否则大浪来到便难以转向顶浪,为此,可根据情况采用主机加车的措施,以增加舵效,加速转向。

由于判断错误,在旋转中遇到大浪来临而处于困难境地时,切勿强行掉转,可选择波浪的适当相位,等待时机,再次掉头。此时,切忌急速回舵,防止大幅度横摇而导致倾覆。

四、避离热带气旋的船舶操纵

台风和飓风都属于北半球的热带气旋,只不过是因为它们产生在不同的海域,被不同国家的人用了不同的称谓。在北半球,国际日期变更线以东到格林尼治子午线的海洋上生成的气旋称为飓风,而在国际日期变更线以西的海洋上生成的热带气旋称为台风。一般来说,在大西洋上生成的热带气旋,被称作飓风,而把在太平洋上生成的热带气旋称作台风。

台风是在热带大洋上生成的一种强气旋性涡旋,总伴有狂风暴雨。在热带洋面上生成并发展的低气压系统称为热带气旋,根据中心附近的最大风力分级,12级以上的统称台风。台风在海上移动,会掀起巨浪,狂风暴雨接踵而来,对船舶造成严重威胁。当台风登陆时,狂风暴雨会给人们的生命财产造成巨大的损失,尤其对农业、建筑物的影响更大。

陆地上防台风是被动的,船舶在海上防台风则是积极的、主动的,尤其是在大洋上,周围可航水域宽阔,可以提早避开台风的移动路径。

1. 台风区位置及其气象变化

在地球的北半球水域内,台风右半圆的波浪比左半圆激烈,这是低气压气旋逆时针旋转与其本身的前进运动相叠加造成的。沿着台风前进的方向,操船者常称台风的右半圆为危险半圆(Dangerous Semicircle),左半圆为可航半圆(Navigable Semicircle),如图6-4-2所示。在南半球水域内,低气压气旋为顺时针旋转,故与北半球相反,称右半圆为可航半圆,左半圆为危险半圆。

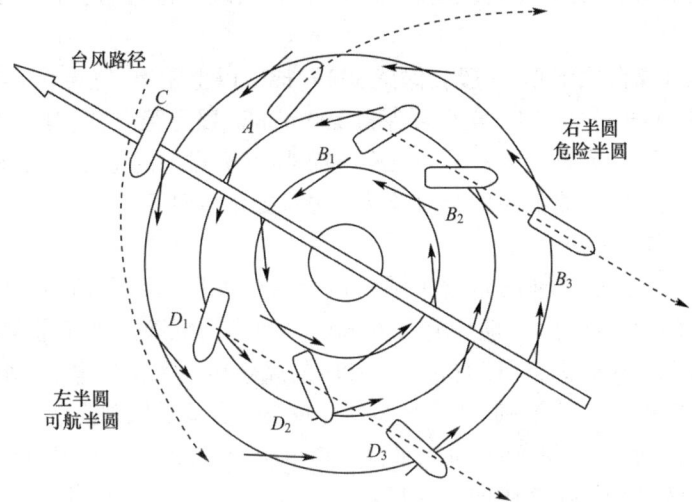

图 6-4-2　台风不同区域船舶避台操纵方法

台风的危害性强,船舶应尽可能避开台风区域航行。如果不慎进入台风区域,应采取措施避离危险。

航行在台风区的船舶,操船者可根据观测到的气象变化情况来判断本船所处台风的位置。从气象变化来看,在北半球的操船者可根据下列方法进行判断:

(1)风向右转,本船处于台风区的右半圆。

(2)风向左转,本船处于台风区的左半圆。

(3)风向无明显变化,本船可能处于台风路径附近。气压逐渐降低,本船处于台风的路径上风眼之前;气压逐渐升高,本船处于台风的路径上风眼之后。

(4)无风、气压值最低,并可见晴天而海面呈现三角巨浪,则说明本船已处于台风眼内。

2.航行避台注意事项

航行中收到有关台风的预报后,应根据船舶所处的相对位置和距离确定避台航法。在做出决策前,应考虑下列各点:

(1)思想上足够重视,及时收听气象预报,仔细观测风向、风力和气压等的变化,做好充分准备。

(2)台风的规模和路径(特别是未来的移动路径),台风路径与本船航线是否交叉,距台风中心最近会遇距离,本船将处于其危险半圆还是可航半圆。

(3)台风中心与本船的距离。根据经验,当气压下降每小时超过 1 hPa 时,即应引起高度重视;气压下降每小时超过 2 hPa 以上时,即应根据情况改向避台。

(4)附近有无避风港口或锚地,船舶所在位置与最近港口或避风锚地的距离。

(5)船舶耐波性,即船舶在大风浪中的摇摆、失速和甲板上浪程度等。

(6)制订周密的避台计划,在估计船舶所处台风位置时留有充分的余地,在避台时间上宁早勿迟。

3.避离台风的船舶操纵

航行在台风区的船舶,在确知台风动态和本船在台风区的位置后,可根据具体情况,采取有效措施避离台风中心。

首先应尽可能远离台风中心,一般应保持 300 n mile 以上距离,风力在 6~7 级,气压不低于 10^5 Pa(1000 hPa);迫不得已时,至少要保持 100 n mile 以上距离,风力不超过 8 级。

沿海航行船舶遇到台风袭来应及早驶入避风锚地;在大洋上的船舶须改变航向和航速,避离台风中心。船舶在台风区的不同位置的操纵方法简要介绍如下:

(1)危险半圆的避台操纵方法

在北半球,台风路径的右半圆(危险半圆),风向与台风移动路径相同,风力比左半圆大,风向逐渐向右转变(顺时针方向),船舶有被卷入台风中心的危险。处于危险半圆时,应以与台风路径垂直的方向全速驶离,即以右首 15°~20° 的风舷角顶风全速避离,如图 6-4-2 中的 A 船所示。这种方法俗称"三右"原则,即右半圆、风向右转、右首受风驶离。

如果风浪巨大,不能全速驶离时,可以采取右首顶风滞航,以等待台风过境,随着台风中心的移动而避离台风区,如图 6-4-2 中的 B 船所示。

(2)在台风进路上的操纵方法

船在台风进路上时,风向基本不变,气压逐渐降低,台风中心即将过境。在北半球应使船尾右舷受风顺航,迅速驶进左半圆,直至气压回升,风力变小,离开险区,如图 6-4-2 中的 C 船所示。

(3)可航半圆的避台操纵方法

在北半球,台风路径的左半圆(可航半圆),风向与台风移动路径相反,风力比右半圆小,风向逐渐向左转变(逆时针方向),其危险性比右半圆小。处于可航半圆时,应使右尾受风驶离台风中心,直到风力由大变小,气压由低变高,如图 6-4-2 中的 D 船所示。

4.系泊抗台注意事项

系靠在码头泊位上的船舶如遭遇台风过境,应根据港口安全部门的要求进行抗台。一般情况下,运输船舶均要离开泊位去锚地锚泊或港外航行抗台。对于小型船舶,如港内避风、避浪条件良好,台风引起的风暴潮不至于使船舶倾覆,船舶受风面积不大,可以留在泊位上抗台。船舶在泊位系泊抗台时应:

(1)增加带缆,各缆应受力均匀,带缆点尽量分散,缆绳的摩擦部位要妥善包扎、涂油以防磨损,码头与船体之间增设碰垫。

(2)空船须增加压载量,减小水面以上受风面积。

(3)在船首、尾外侧抛锚以缓和风浪的作用。

(4)船首系靠在出港的方向上,并做好必要时能离开码头的准备,例如,抛外舷锚或向外侧浮筒系缆等。

船舶系浮筒抗台时,系单浮筒比较有利,它能随时保持船首顶风;可以用锚链系浮,加长锚链或增加系缆,只要系浮锚不发生移位,是可以系浮抗台的。必要时还可抛另一锚来抑制偏荡。系双浮筒时,如遇较大横风,可能造成断缆或走锚事故,故最好改为系单浮筒。

船舶在泊位和系浮筒抗台风险较大时,应及早离泊,去锚地或港外抗台。

思考题

1. 简述波高、波周期、波长和波速的概念以及它们之间的关系(规则波)。

2. 简述有义波高和最大波高的概念。

3. 简述浅水波的特点。

4. 简述船舶在波浪中的运动特点、遭遇周期的概念以及摇摆程度与波向角之间的关系。

5. 简述影响船舶横摇、纵摇及垂荡振幅的因素及其影响程度。

6. 简述横摇谐振的概念。

7. 简述如何避免横摇谐振。

8. 简述船舶纵向受浪的危害及如何减小这些危害。

9. 简述参数横摇的概念。

10. 简述如何避免参数横摇的危害。

11. 简述船舶在顺浪航行时,如何避免顺浪航行危险。

12. 简述滞航、顺浪和漂滞等航行方法。

13. 简述大风浪中掉头操纵的方法及注意事项。

14. 简述避离热带气旋的船舶操纵方法。

第七章

特殊水域船舶操纵

在狭水道、岛礁区和运河以及冰区等特殊水域中，船舶回旋水域受限、航行环境复杂、水文气象条件多变，船舶操纵困难，航行安全受到威胁。本章针对特定水域的特点，就船舶操纵方法和船舶操纵的注意事项加以介绍。

第一节　狭水道船舶操纵

狭水道是指自然环境导致水道相对水深或相对宽度较小，给通过的船舶的操纵带来各种影响的水域，如港区、江河、运河、锚地、岛礁区、雷区及狭窄海峡等。狭水道操纵应事先研究和掌握水道的地理特点及水文气象条件，加强瞭望并谨慎驾驶，注意风、浪、流以及水深等条件的限制，避免发生碰撞和触浅等事故。

一、狭水道环境特点与资料调查

狭水道自然环境特殊，为确保狭水道内航行安全，必须研究和掌握该水道的地理特点及水文气象条件，对狭水道的操纵环境进行全面调查。

1. 狭水道环境特点

狭水道相对水深或相对宽度较小，航道狭窄弯曲，水浅滩多，甚而还有暗礁、沉船或渔栅等障碍物，水文气象条件多变，船舶交通密集。

2. 狭水道资料调查

全面的水道调查应从大比例尺海图、航路指南出发，结合潮汐表、气象资料以及船员实际操纵经验进行，一般应在进入狭水道之前完成。其要求是：

（1）掌握狭水道水域附近的地形地貌，包括两岸山形岛屿岬角、岸滩、弯头角度、居间障碍以及航行障碍物等。

（2）掌握狭水道内可航水域的水文情况，包括水流、流向、水深、可航宽度、最大可偏航距离，以及潮汐、潮流甚至洪峰等。

（3）掌握狭水道助航标志系统。不仅应准确识别并判明其意义，还应熟记其号码和配布，包括其间的距离和驶至各航标的大致时间等；不仅要掌握航标系统，还要熟悉必记的岸形。

（4）掌握狭水道附近的风浪等自然情况，并配以适当风流压差。

（5）掌握狭水道内的船舶交通状况，包括狭水道内航行船舶和锚地船舶的动态等。必须牢记海上交通安全法、分道通航制的适用水域，及有关航道、航速等方面的特殊规定，并能正确解释和运用。

二、狭水道中操船要点及其注意事项

狭水道相对水深或相对宽度较小，航道航行环境复杂，水文气象条件多变，船舶交通密集。必须在研究和掌握该水道的地理特点及水文气象条件的前提下，加强瞭望并谨慎驾驶，避免发生碰撞和触浅等事故。

1. 狭水道中操船要点

狭水道中操船应保证船舶随时行驶在计划航线上，并根据船舶操纵性和航道条件、风流条件，准确地进行操舵转向，使船行驶于新的航线上。

（1）行驶在计划航线上

保证船舶行驶在计划航线上，需要采用正确的导航方法和避险方法。

为了随时查验本船是否驶在计划航线上，可采用的导航方法有浮标导航、岸标导航（如人工叠标、自然叠标等）、单标方位导航以及岛礁的开视和闭视等。

为防止船舶偏离计划航线过远而发生危险，可选用物标方位线避险法、距离圈避险法和距离避险法（如图7-1-1所示）等。距离避险法采用北向上雷达显示，根据参照陆标至计划航线的垂直距离确定避险距离 d，在雷达上将方位与计划航向相同的电子方位线切于设置在避险距离 d 的活动距标圈上，航行中适当调整本船航向只要保证陆标始终在电子方位线上即可保证航行安全。

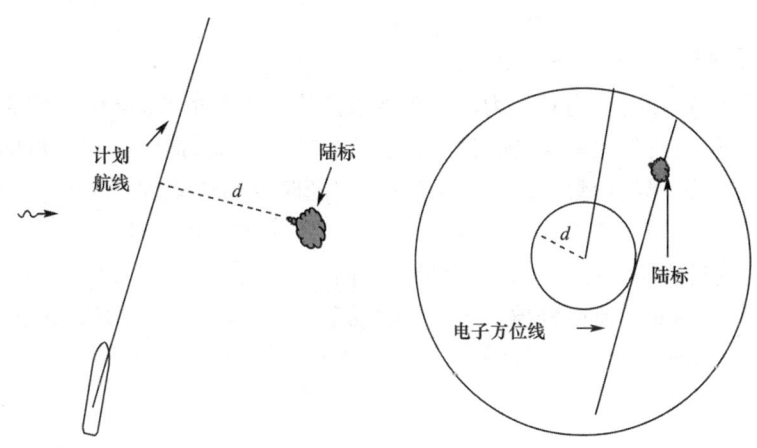

图 7-1-1　距离避险法

（2）准确掌握转向点

欲准确地转上新航向，需要根据船舶的速度、转向角、转舵时间及舵角来确定新航向距离，按施舵点进行转向。

实践中，应根据船舶所受风、流情况，正确选择转向依据和转向时的船位，按所处的地理环境和弯势等适当用车用舵，顶流时晚转向，顺流时早转向，使船行驶于新的航线上。

2. 狭水道中操船时的注意事项

狭水道中应选择适当的时机通过危险地段，并应谨慎驾驶，注意风、浪、流以及水深等条件

的限制,并应注意:

(1)随时确认船位,注意是否偏离航线。大风浪、急流中的航道浮标有移位的可能,用来导航时应多方参照而不可盲目相信。

(2)根据情况需要适时备车、备锚,必要时需不间断测深。

(3)浅水域航行估计船舶富余水深不足时,最好应选满潮时通过,必要时应降速航行以减少首倾。应尽量避免在该类水域追越他船,以免因海底不平或倾斜产生较大偏航,操舵时应尽量做到有预在先、充分预防。

(4)通过潮流比较强的水道时,应选于视界良好、交通量较少的平流时进行,以免陷入被动局面。

(5)距岸较近高速行驶,船行波将引发沿岸系泊船的激烈摇摆运动,有时导致系泊船船体受损或缆绳绷断。因此,此类狭水道必须减速通过。

(6)夜间或雾中驶于狭水道时,因视界较差往往兼用雷达进行瞭望。狭水道内用 ARPA 协助瞭望尽管可给出有关碰撞危险的信息并将其显示出来,但仍应在确认附近实际情况之后才可进行避让操纵。

三、在有流弯曲航道中的船舶操纵

弯曲水道中的水流无论涨潮还是落潮均向凹岸一边冲压,近凹岸侧水深流急,凸岸侧水浅流缓,加上岸壁效应,操纵变得很是困难。因弯曲水道中横向断面的水流速度,自凸岸至凹岸依次增加,故船舶顶流过弯时受水流作用船首可能向凹岸方向偏转,而顺流过弯时船首可能向凸岸方向偏转。有时因靠岸壁较近,在过弯时,需时常压转弯方向的反方向舵,以便抑制岸壁效应的影响。

1. 顶流过弯操纵

船舶顶流进入弯道时,舵力转船力矩和船首水流的作用力矩方向相反,不容易转向。在驶入弯道之前应调整船位,使船舶保持在河道轴线略偏凹岸一侧,把船首对着流向,然后提前操舵转向,用慢速顺着凹岸的弯势一点一点地转向,即随时要与岸线保持平行,尽量使船首尾线保持与流线平行,防止因船舶首尾所受流压不一致导致偏转,如图 7-1-2 所示。

在弯曲顶点附近应防止操舵太迟或过早把定而产生过大横移,一旦用舵太迟或过早及过久把定,就会使船首内侧受流而外偏。一旦发现船首外偏,应及时增加螺旋桨转速增大舵效进行纠正。当措施无效时,应果断抛双锚,快倒车,以防发生触碰岸壁的事故。

2. 顺流过弯操纵

顺流过于靠近凹岸航行时,船首将被排开,船尾被吸拢,使船产生转头而横越水道;反之,过于靠近凸岸,船会受到弯嘴回流的作用而偏转,同时船尾也受到流压,使船冲向凸岸。因此,在顺流中过弯,应保持在水道的中央,使船尾坐着流,沿着弯势依次操舵转过,如图 7-1-3 所示。顺流中速度不易控制,舵效比较迟钝,为保证顺利过弯,可以提前停车淌航,在到达弯段前突然加车,以提高舵效。

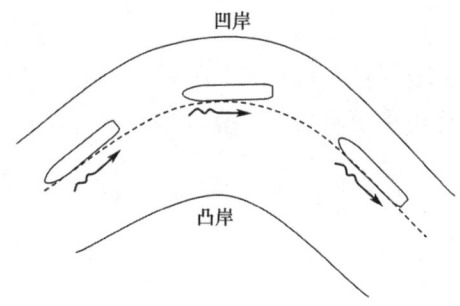

图 7-1-2 顶流过弯操纵

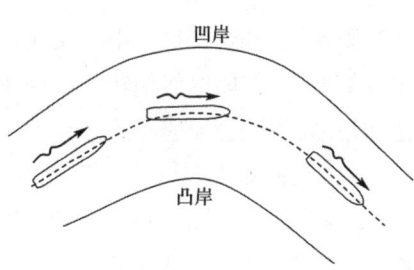

图 7-1-3 顺流过弯操纵

一旦用舵太早或过晚把定,就会使船尾内侧受流压而内偏,此时,也应迅速加车用舵纠正。当措施无效时,应果断抛双锚,快倒车,以防发生事故。

四、运河中的船舶操纵

运河由于开凿成本的原因,通常航道非常狭窄,船舶只能单程航行,水深也不大,给船舶航行带来一定的困难。所以,应备车、备锚,挑选操舵技术好的舵工操舵,并准备一艘艇,以便必要时放艇系缆。夜间可用探照灯照亮航道和两岸。

1. 保持在航道中线上航行

在河床基本对称的运河中航行时,应保持船位在河面的中线上,两岸对船的推力与吸力趋于平衡,操纵将比较容易,只需少量左右相等的舵角即可保持所需航向。

在河床不对称的河段,船舶应驶在航道的中线上,否则就可能出现由于岸推、岸吸而产生船首的偏转。

当有风影响时,应稍偏向上风一边。用小舵角或左右相等的舵角即能稳定航向,则说明船舶正好在航线上。

过弯道时,应适当靠近弯道凹岸的一边行驶。如航线掌握得当,借助岸壁效应,可以较少用舵,船沿弯道自然转过;如过近靠凹岸行驶,可能需要时常压转弯方向的相反方向舵。船舶如沿航道中线过弯,要用舵转过。如靠近凸岸一边过弯,则往往出现船首冲向凹岸一边的危险情况。

船在运河中航行,受浅水和水域宽度的影响,又加上航速限制,舵效比海上差得多,操舵时必须注意力集中,用舵要及时、准确,必要时用较大舵角。

2. 选定航速

运河航行中如速度太快,船岸间的流体动力作用增强,会导致浪损和波荡影响周围他船或系岸船舶,情况严重时也会导致本船搁浅或触碰岸壁。速度过慢,则舵效、保向性和旋回性下降,在有流的水域操纵时,更易陷入困境。

各运河都有航速限制。船舶的实际航速应根据船舶的载况、风流影响等在限制航速范围内适当调整,以确保航行安全。但须注意,用主机转速来推算航速时,同样的转速在浅水中要比在深水中的船速慢。

如果发现船速太快需减速时,应逐渐地减下来,否则突然停车或大幅度减速,舵速急剧下降,舵效大受影响,船可能发生偏转。减速如需采用倒车,应先驶到中线上或中线略偏左侧,这样即使出现偏转尚有纠正的余地。

3. 偏转的产生与克服

在受限水域中航行,往往由于操舵不稳、速度突变、岸壁效应、海底不平、水深变浅或偏离航道中线等原因,使船突然偏转。这种现象在人工运河中更易发生。克服偏转的行动必须十分迅速和果断,否则会酿成事故。

(1)单推进器船克服偏转的措施

一般偏转时可用满舵纠正。根据需要可瞬时地加车以助舵效,待船摆正后立即减速。偏转迅速时可用倒车,但应选择恰当的时机。

例如,当船舶大角度向左偏转,用右满舵不能克服时,船首冲向左岸。此时,船首受左岸影响,又被推向右岸,而船尾被吸向左岸,结果使船向右岸冲去。此时,应全速进车、左满舵,当船首停止或即将停止右偏时,全速倒车,继续左满舵,而推进器倒车横向力可防止船尾甩向右岸;此后再开进车将船驶到航线上。

假如开始时向右偏转,则倒车横向力将增大船尾甩向左岸的力。因此,先用左满舵,当船首停止或即将停止右偏时,全速倒车。这时,倒车的横向力可防止船尾被吸向右岸,并减小船首向左偏的力。

另外一种克服严重偏转的有效方法是在减速的同时抛下偏转相反一舷的锚,利用短链拖锚,可防止冲向对岸。

(2)双推进器船克服偏转的措施

一般的偏转可将偏转相反一舷的车停住,并向偏转相反一舷施舵,当船首停止偏转并开始向相反一舷转动时,再将停止的车开进车,用舵驶入中线。如果在克服最初的偏转后,船首向另一舷偏转很快,此时可将偏转相反一舷的车倒转。

低速时发生偏转,可将偏转一舷的车加速,另一车减速或停车,并用满舵配合。高速时发生偏转,应将偏转相反一舷的车全速倒车,另一车减速或停车,同时用满舵配合。这种方法可以减小冲力,改善操纵条件。

4. 运河中会船

有的运河,如基尔运河、巴拿马运河,某些航段航道宽度和深度比较大,两船对驶而过,只要双方配合得当,影响并不明显。而在苏伊士运河中,影响较大,因此只能在规定的湖泊中会船。如果在特殊情况下会船,一般是一船系缆,让另一船驶过。

(1)系缆靠岸时,应尽量不用倒车。一般在 1 n mile 前就需减速。有风时,若条件许可应靠下风一边,操纵性能差些的船靠岸时,可将船停在中间,用艇带好缆后再绞拢。双车船应注意螺旋桨不要碰及岸壁。除有流及强顶风外,一般只需带两根横缆即可。

(2)他船驶过时使系缆船剧烈摇荡而无法用缆稳定,为克服这种摇荡,必须松掉前后缆,用车舵抵消,否则易造成尾部与驶过船的尾部相碰,双车船只能用外舷车,以防碰坏螺旋桨。

(3)驶过船必须以慢速保持在航道的中线上航行。这样,虽与系泊船距离较近,但可避免船舶过分靠近另一岸而出现岸壁效应。

第二节　岛礁水域船舶操纵

岛礁(Islarcels and Reefs)一般包括岛屿、干礁、沙洲和暗沙。其中,岛屿指四面环海,并在高潮时高于水面,自然形成的陆地区域。礁指在海洋里由岩石和珊瑚虫遗骸堆积而成的石状物体,一般高潮时不露出水面,在海平面以下。干礁为低潮高地,在高潮时位于海面以下,在最低低潮时才露出水面。沙洲指在海洋当中,高潮时露出水面的沙滩。暗沙无论在高潮还是低潮时都在海面下。世界上有名的岛礁水域有南太平洋各岛和澳大利亚东北海岸附近的珊瑚礁水域等。

岛礁区操纵有区别于一般水域操纵的特点,应注意判断水深,谨慎驾驶,提前发现并避开礁石。

一、岛礁水域的特点

以岛礁水域中常见的珊瑚礁为例。珊瑚礁多见于平均水温为25~35 ℃、海流相对较强的热带水域,并易于在阳光可射入的较浅水域内发展起来。绝大部分珊瑚礁以火山岛为基础发育而成,并有裙状、环状等多种形式。一般岸线向海的深度变化较为剧烈,因而船舶可以接近岸线航行。然而岸形、浅滩位置和水深等时有变化,且与海图和航路指南有所差异,因此岛礁水域中航行时还要注意以下特点。

1. 航路图志的精度不可盲目信赖

岛礁水域由于通航船舶较少,故测量较少和未测部分多有存在,在海图上漏测的浅礁很多,有些测点即使标有水深,其精度也难以满足要求。

2. 航标系统极不完备

在岛礁附近缺少明显而突出的操舵导标和定位物标,航路标志则更少。疾风暴雨天气中,岛礁易被风浪所遮蔽,有时雷达图像也难以识别。

3. 测深与确认船位困难

岛礁海域中视野变窄,视程变差,一般情况下利用连续测深进行航迹推算较为困难。如果测深发现海底深浅变化较大,则该处附近必有礁脉。夜航于无航标的岛礁海域更需高度警惕。

4. 岛礁海域的海流和潮流资料缺乏

海流和潮流资料严重缺乏是岛礁海域难航行的重要原因,而恰在该水域水流却强而复杂。由外洋驶入珊瑚礁潟湖时,进口附近潮流对船舶运动影响较大,而且由于浪涌从外向内扑来,给船舶保向带来很大困难。一旦进入潟湖水面就变得平静,而且潮流也小了很多。

二、岛礁水域航行注意事项

船舶在岛礁水域航行,需要实行严密的瞭望,根据海水颜色和波浪情况判断水深,以保证及时发现礁石,避免搁浅和触礁事故。

1. 瞭望要求

岛礁区瞭望应按下述要求进行：

（1）应在高处进行瞭望；

（2）应保持连续测深以便及时发现浅礁所在；

（3）应根据海水颜色判断附近的水深；

（4）应派懂得珊瑚礁知识的人员负责瞭望工作。

2. 判断水深

岛礁区的水深变化较大，礁盘上方的水深较浅，具有与其他深水区不同的多种特征，可以用多种手段判断水深，提前发现礁石。

（1）利用海水颜色判断水深

珊瑚礁常出现于阳光可以达到的浅海区，故从高处望去可经由水色的变化发现浅礁和判断水深。但是，因为底质对透过光线的反射情况并不相同，尤其是当云映照于海面的时候或海面有微波的时候更是难以辨认，所以单靠海水颜色来识别海水的深度并不可靠。

低高度太阳位于前进中的船舶前方时，在前方发现珊瑚礁是很困难的。

利用海水颜色判断水深大体上可循下述标准（H 为水深）：

①深紫蓝色………$H>70$ m

②紫蓝色…………40 m$<H<70$ m

③带紫的蓝色……$H\approx30$ m

④蓝色……………$H\approx20$ m

⑤带白的蓝色……$H\approx15$ m

⑥蓝绿色…………$H\approx10$ m

⑦黄绿色…………2 m$<H<5$ m

⑧略带褐色………$H\approx2$ m

（2）阳光方向影响

利用海水颜色判断水深时，应当注意阳光照射角度、观察角度以及天气条件等因素的影响。

①当太阳高度较低斜向受光时，水深超过 20 m 的水域呈现带黑的蓝色，广阔的水域为带白的蓝色，狭小的水域内可看到蓝色。

②当太阳高度较高且为晴空时，如背向太阳可用望远镜识别左右各约 120°视野内海水颜色的变化，最易识别的条件是左右各约 60°视野内海水颜色的变化，并随太阳高度的降低而减少。

③当船首前方的上空为晴空而本船为云影覆盖时最易识别。但薄云天或与太阳相反的方向上有乱云、太阳光线被水面反射时，识别将很困难。

④云的移动较慢时，易将前方的云影误认为礁浅；若使用带色眼镜，则从易于发现浅礁的角度来看，以浅褐色镜片为好。

（3）根据波浪观察礁盘

由于水深较浅，礁盘上方的波浪与其他深水中的波浪有区别，通过仔细观察波浪能够及时发现礁石。海面有微波时，被淹没的礁滩会出现和周围不同的特殊波纹。稍有风浪，礁盘上或沙洲边缘即起白浪;若刮大风,更是白浪滔滔。这种浪与大海浪涛不一样,前者为碎浪,后者则一般为长浪。

(4)礁盘其他特点

根据经验,在礁盘所在地的水天线附近上空常有反光,在晴天比别处亮。早晨和傍晚时分,可根据成群结队的海鸟的飞行方向进行判断,也可寻觅一些礁盘上的特有标志。

三、岛礁水域操纵要点

岛礁水域航行时应当确保船位,尽可能避开浅礁,并做好应急操纵准备。

1. 确保船位

在岛礁水域中,由于缺乏显著物标或航标,无论是航迹推算还是定位等工作以往均存在很大困难;然而,如今可利用 GPS 接收机很容易定出准确船位;在此基础上还可将多次核定的测深数据标注在相应位置处,以便再次驶经该海域时用作参考。

船位定出后,再根据实际观测结果,利用已有的航路图志,对照陆岸的形状,谨慎驾驶船舶。

2. 避开浅礁

为了能避开浅礁,应保持在岛礁区航行时连续做好雷达观测和测深,以便及早发现后采取措施。雷达观测可以发现水平线上浅礁处出现的位置,但适淹的浅礁只能通过视觉(破碎的大浪浪花)、听觉(破碎的浪花声)去发现。

为了保证及时发现浅礁,在岛礁水域应尽可能在保向的前提下减速航行,还应注意不致造成因流致漂移而触浅。

3. 应急措施

正常情况下,岛礁区应避免抛锚。但船舶在岛礁水域航行应做好应急操纵准备,正确实施应急抛锚。

应急抛锚要领为:首先使船舶顶风慢进,边测深边通过岛礁区;然后将链送至锚泊所需长度,使船舶后退;待锚抓住礁(珊瑚)面再慢慢松出锚链,并在越过礁面的较深水域处锚泊。

在珊瑚礁水域采用一般抛锚法抛锚时,锚可能与珊瑚底的撞击而受损,另外,也有锚抓住珊瑚较深而难于起锚的情况。若在锚能滑落的斜面上抛锚,也可能根本得不到应有的抓力。对于上述问题,在选择抛锚位置时应给予足够的关注。

第三节　桥区水域船舶操纵

在河流、海峡等船舶通航的水道上方通常建有桥梁,船舶需要从桥下的通航水域航行。桥梁的修建改变了水域原有通航环境,由于桥区水域的水深状况、深水航道、水流方向、岸标异常复杂,给船舶航行安全带来不利影响,船舶通过桥区水域需要了解情况,谨慎驾驶,避免发生事故。

一、桥区水域的特点

船舶桥区通航具有自然环境特殊，通航水域受限，风险性大，交通流密集等特点。桥梁修建前后，桥区水域通航环境的改变体现在航道宽度缩减、通航高度受限、流场特性发生改变、交通流密集度增加等。

1. 桥区通航环境条件

桥梁选址通常为航道曲率半径较大的平直航道水域，一般情况下，桥梁选址应满足有关桥梁建设及通航规范的相关要求，桥梁轴线法线方向与主航道方向（水流主流流向）夹角一般应小于5°。但在桥梁实际设计、建设过程中，可能由于桥梁及其接线与道路路网相衔接的限制，或因建造成本等因素，而忽略通航要求，使得船舶通航条件极度恶化。

除了单孔单跨桥梁对航道可航水域的影响较小外，其他设计工艺的跨海、跨江桥梁都会因为在航道中设置桥墩及防撞装置而缩减船舶原有通航水域宽度，并导致桥区水域局部交通流密集度增大。另外，修建桥墩使原有水流受阻而产生的水位升高引起壅水现象，明显改变该水域原有流态。

2. 桥区通航参数

桥梁通航净空宽度与通航净空高度是通航桥梁最重要的两个通航参数，在桥梁设计时根据自然环境条件和规划航道通航的设计船型确定，通航船舶通过桥梁时不应超过设计允许的通航参数。

（1）桥梁通航净空宽度

桥梁通航净空宽度系指航道设计底高程以上供代表船型的船舶或船队安全通过桥孔的最小净宽度。桥梁通航净空宽度按航道有效宽度乘以扩大系数（扩大系数通常取1.5，建在风浪较大的开敞水域或通航代表船型大于100000 DWT的桥梁，取1.8）确定，航道有效宽度由航迹带宽度和富余宽度组成。通航船舶需要根据自身尺度和环境条件核算是否能够通过桥梁。

（2）桥梁通航净空高度

桥梁通航净空高度系指代表船型的船舶或船队安全通过桥孔的最小高度，起算面为设计最高通航水位。通航净空高度数值为通航代表船型空载水线以上至最高固定点高度与富余高度之和。桥梁通航净空的富余高度值的选择一般采用以下标准：在通航海船的内河水域或有掩护作用的海域，取2 m；在波浪较大的开敞海域，且建在重要航道上的桥梁，宜取4 m。通航船舶需要根据通航时的水位和本船的水线上最大高度核算是否能够通过桥梁。

3. 桥区通航风险

由于桥区水域航道宽度及高度受限、流场特性发生改变、交通流密集度增加，通航船舶的操纵难度和风险均明显增大。桥区通航风险主要来源于两个方面，一是外界条件导致的通航风险，如强风、强流等自然环境导致的通航风险；另一个是船舶自身因素导致的通航风险，如船舶失控、操纵失误等造成的安全事故风险。桥区通航风险主要表现为船舶触碰桥梁（包括桥墩与桥面）的风险与船舶碰撞的风险。由于桥墩损坏对桥梁交通的影响较大，为了保护桥墩，通航孔的桥墩应按需要设置安全可靠的防撞设施，其承受船舶碰撞的能力依据通航代表船型计算确定。

二、桥区水域的操纵要领

桥区通航条件特殊,流场特性发生改变,船舶通过桥区水域时的操纵难度较大,需要根据桥区通航水域的特点采取针对性的操纵措施,保证操纵安全。

1. 桥区通航的船位控制

船舶通过桥梁通航孔时过分接近桥墩将产生类似于船间效应的情况,使船舶发生偏转和横移。因此,操纵船舶使船舶航迹带所占宽度尽可能小,并维持船位在航道中心线附近是桥区船舶操纵的关键所在。

2. 风流压差角的调整

由于桥墩使通航水域宽度缩减,在有流的情况下流速将相对上、下游的流速变大。而在有横风流的情况下,桥下的风流受桥墩影响与上、下游的方向也有很大差异。因此,在通过桥梁的过程中,需要根据风流条件预判并及时调整风流压差。

在横向风流作用下,船舶通过单向通航的桥区水域的风流压差调整过程如下(见图 7-3-1):

(1)调整航向、确认船速船位

在接近桥梁通航孔前(见图 7-3-1 中位置 0),船舶进行过桥前的准备工作;在船舶过桥前进行初始船位调整。接近通航孔的过程中(见图 7-3-1 中位置 1)根据自然条件预设风流压差角,使船舶计划航线与桥梁通航孔轴线垂直,并保持船首向稍微靠近中心线的上风舷一侧。

(2)桥墩入口处操纵

船舶首部进入桥墩连线水域之前(见图 7-3-1 中位置 2),调整船舶风流压差,使船体保持平直通过桥墩连线水域,并尽可能保持在航道中心线上。当船舶尾部驶出桥墩连线水域时(见图 7-3-1 位置 3),横向风流的作用使船首向下风舷产生一定的偏转,偏转程度越大,船舶碰撞桥墩的风险越大。

(3)船舶整体通过桥墩连线水域后的操纵

船舶整体通过桥墩连线水域后(见图 7-3-1 中位置 4),桥区水域的船舶操纵仍然没有结束,由于横向风流等自然条件与桥墩连线水域的影响不一致,如驾驶人员不采取适当的操作,重新设定风流压差,船舶仍然会因为过大的风流压而漂移、撞击桥墩。因此,通过桥墩连线水域后应根据风流条件变化情况重新设定风流压差。

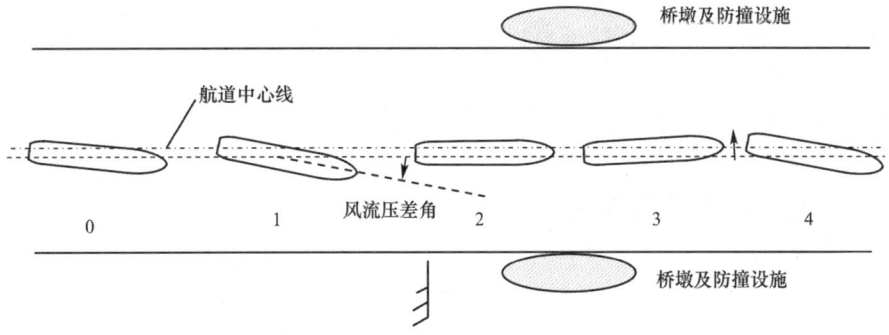

图 7-3-1　横风流作用下单向通航航行示意图

三、桥区水域操纵注意事项

船舶通过桥区水域的操纵难度较大,因而操船时应集中注意力,谨慎驾驶。特别是在横风流较强的桥区水域,更应做到船舶、人员、设备都处于最佳状态,以确保船舶顺利通过桥梁通航孔水域。

1. 桥区通航的戒备

船舶应当配备有效的航海图书资料(包括航行通告),并按规定进行更新。船舶通航桥区应当根据自身情况选择合适的通航桥孔通过,保留足够的富余高度、富余水深,并与桥墩边缘保持足够的安全距离,禁止船舶从有禁航标志的桥孔通过。

船舶进入桥区水域前,应当备车,并对船舶主要航行设备、号灯等进行检查,确保处于良好状态。

船舶通过桥区水域时,船长或驾驶人员应调用全船一切可用资源确保船舶桥区水域的航行安全。轮机部应确保主机、舵机工作状况良好,备车。甲板部大副亲自或指派人员到船首备锚、瞭头,驾驶台当值人员紧密配合船长或引航员监控驾驶台仪器资源。船舶应接受主管机关的统一指挥,主动联系附近船舶协调避让。

2. 桥区通航的安全措施

船舶通过桥区水域时,应当采取如下安全措施:

(1)加强瞭望,谨慎驾驶,使用安全航速。

(2)如发现桥区水域助航标志等有异常情况,不能确保安全过桥时,不得强行通过,应立即采取安全措施,同时向当地海事管理机构报告。

(3)禁止在桥区水域内追越、掉头、试航或并排航行。

(4)除非紧急情况,船舶不得在桥区水域内停泊或锚泊。船舶因紧急情况在桥区水域锚泊或停泊时,应立即向当地海事管理机构报告,并按规定显示信号、用甚高频等发布船舶动态,采取有效措施尽快驶离桥区水域。

(5)船舶应注意收听天气预报和有关航行安全信息,如遇大风、能见度不良、汛期急流等异常情况,不能确保安全过桥时,不得冒险通过。

(6)主管机关规定的其他安全措施。

3. 禁止通航的情况

桥梁建设需要满足一定的桥梁通航标准,不满足规定的通航条件时不能通航。有下列情况之一,船舶不得通过大桥:

(1)能见度低于规定要求时;

(2)风力达到限制通航的风力等级时;

(3)汛期流速达到限制通航的速度时;

(4)其他严重影响航行安全的情况。

第四节　冰区船舶操纵

海冰是某些高纬度海域和极地海域最突出的海洋灾害之一。海冰,特别是冰山,对航行船舶和海洋资源开发设施的安全构成很大的威胁。每年12月下旬至次年2月中旬,我国莱州湾、渤海湾、辽东湾的港口都有不同程度的结冰,给船舶航行安全带来一定的危害。本节将就有关船舶在冰区的操纵问题进行讨论。

一、冰区概述

存在海冰的航行水域称为冰区。对船舶航行安全威胁较大的是冰山和浮冰。作为船舶操纵人员,有必要了解冰山和海冰的有关知识,以利于安全。

1. 冰山及其影响

冰山是从冰川或极地冰盖临海一端破裂落入海中漂浮的大块淡水冰,通常多见于南极洲和格陵兰岛周围。

冰山大多在春夏两季内形成,那时较暖的天气使冰川或冰盖边缘破裂的速度加快。每年仅从格陵兰西部冰川产生的冰山就有1万多座。北冰洋的冰山高可达数十米,长可达一二百米。南极冰山一般呈平板状,同北冰洋冰山相比,不仅数量多,而且体积巨大。长度超过8 km的冰山并不少见,有些甚至高达数百米。冰山产生的速率在北冰洋约为每年280 km³,在南极约为每年1800 km³。大多数冰山的相对密度约为0.9,因此其体积的7/8在海面以下。

冰山按其大小可分为:冰山(Berg),其直径超过30 m;小冰山(Berg Bit),其直径在6~30 m;冰岩(Growler),其直径在2~6 m。

冰山对船舶航行造成巨大威胁。有些小冰山露出水面的部分过小不易发现,一般只在海面平静时,不超过1 n mile才能够用视觉发现。在冰区,目前使用雷达和声呐跟踪冰山,每日向过往船舶提供两次报告。

2. 海冰及其影响

海冰是指直接由海水冻结而成的咸水冰。咸水冰是固体冰和卤水(包括一些盐类结晶体)等组成的混合物,其盐度比海水低2‰~10‰。海冰物理性质不同于淡水冰。海冰按运动状态分为固定冰和浮冰。固定冰与海岸、岛屿或海底冻结在一起,多分布于沿岸或岛屿附近,其宽度可从海岸向外延伸数米至数百千米;浮冰自由漂浮于海面,随风、浪、海流运动。

按生成过程海冰可分为:

(1)冰晶(Ice Crystal):薄片状的结晶,对船舶正常航行无影响。

(2)冰泥(Ice Slush):浮于海面的初期极薄冰层,对船舶正常航行不会产生影响。

(3)软冰(Sludge):由冰泥固结的软冰层,直径3~30 m,呈圆盘状,对低速航行船舶无碍。

(4)荷叶冰(Pancake Ice):厚度达30 cm,直径30 cm~3 m,冰块与冰块之间相互撞击,对船舶航行产生较大的影响,操作不当将导致船体或螺旋桨的损坏。

(5)冰群(Pack Ice):在风浪和潮流的作用下,由海岸或冰原破碎冰和海上形成的冰聚集而成。大部分冰群较为平坦,但冰与冰相互挤压重叠可形成冰丘(Ice Ridge)。船舶应避免进入冰群海域。

3.冰量

冰量是指海区浮冰的密集程度,或覆盖量,通常采用视距范围内海冰覆盖面积与总面积之比来度量。粗略估计以度为单位,假定总面积为 10 份,以海冰覆盖面积所占的份数定义为几度。根据对船舶航行的影响程度,冰量可分为:

(1)开阔水域(Open Water):冰量小于 1 度(<1/10),对船舶航行不构成威胁,可自由航行。

(2)稀疏冰(Scattered Ice):冰量为 1~5 度(1/10~5/10),船舶不能按预定航向航行。

(3)疏散冰(Broken Ice):冰量 5~8 度(5/10~8/10),船舶航行有障碍。

(4)密集冰(Close Ice、Close Pack 或 Packed Ice):冰量 8 度(8/10)以上,无破冰船(Ice Breaker)支援难以单独航行。

(5)固结冰(Consolated Ice):冰量 10 度,冰布满视界并形成冰原。

4.海冰的探测

冬季在高纬度水域(北半球 10—次年 3 月,北纬 40°以上;南半球 4—9 月,南纬 50°以上)应按时接收冰情传真图和收听冰情预报。此外,还应加强瞭望,谨慎驾驶,并根据水文、气象的变化情况判断船舶与冰区距离。

(1)冰光(Ice Blink)是被雪和冰表面反射的太阳光线在其上空云层底部呈现的景象。冰的反射光为黄白色,下部明亮,上部暗淡。冰光的高度和范围因冰区的远近、大小和天气而异。白天,有冰覆盖的水域上空云底部呈白色,无冰水域上空云底部呈灰色。

(2)冰区边缘往往出现浓雾,并有少量浮冰漂流。海冰可能在很近的距离内才被发现;大洋航行时,浪涌突然减弱而风力无减,如上风方向无陆地则表明可能有冰区。

(3)水温降低表示可能正在接近冰区。如发现水温为 1.1 ℃左右,则距冰区在 150 n mile 之内;若水温为 0.5 ℃,则距冰区不足 50 n mile;远离陆地处发现海豹、海狮或海鸟等,则表示附近有冰区存在。

5.冰山的探测

冰山对船舶航行威胁极大,必须引起操船者的高度警觉。尽管冰山体积在水面以上的部分较小,但还是比浮冰更容易发现,探测冰山可以使用以下方法和手段:

(1)使用雷达能否发现冰山决定于回波的强度,这与冰山的大小和反射面的角度有关。高大的冰山则可在 10 n mile 以外观测到;露出水面 3 m 以上的冰山,可探知距离往往只有 2 n mile 左右;而水面上高度不足 0.3 m 的冰山难以观察到。

(2)在晴朗的白天,大冰山的视距可达 10 多海里以上。夜间,如月亮与冰山都位于船舶前方,有冰山也难于发现;如月亮处于和冰山相反方位上,则冰山视距几乎与白天相同。也可凭借冰山上空呈黄白色的冰光来判断。

(3)风力急剧减缓,浪涌也突然减低(波高 2~3 m 的波浪也将在接近冰原 1 km 以内安静下来),海水温度急剧下降(例如,由 15~20 ℃急剧下降至 0~2 ℃),则说明在 2 n mile 左右有冰山并已相当逼近。

(4)发现本船发出的汽笛声有回声或大浪击壁发出的声响,则说明附近可能有大冰山。

二、冰区航行准备工作

冰区水域气温低、海面有海冰聚集、风力较大,船舶在冰区航行存在很大的风险。例如:船舶运动状态难以控制,船体与浮冰撞击可能产生变形和破损;机械设备可能意外损坏。因此,进入冰山区前船长要组织全体船员做好充分准备。

1.收集并研究冰情资料

船舶进入冰区前,应认真查阅《航路指南》、进港指南、《航海员手册》中有关冰区航行方面的资料,详细了解冰区分布、冰的概况、航行方法和注意事项,收集最新冰况图、冰情预报和天气预报,保持连续接收 NAVTEX 关于冰情的警告和预报,仔细研究冰情分布,充分了解冰况、天气情况和冰区推荐航线等。

2.进入冰区前的检查

船舶进入冰区前,应做好充分的检查,保证船舶适于冰区航行的条件,尤其应做好应急准备。检查工作应包括以下各点:

(1)检查船舶水密设备,保证船舶水密。货舱、油舱和水舱所有舱室的透气管和量水管无破损;双层底的管系阀门都要保持正常状态;舱盖、人孔盖、水密门等水密良好。

(2)检查和试验排水设备,如各舱室压载泵、污水泵、消防泵等,并准备相关替代设备,如潜水泵等。

(3)检查船体结构,特别是船首部分,必要时在首尖舱内加撑纵向和横向的冰梁,以增大强度。检查救生设备,使其处于良好技术状态。卸除船旁水线附近的突出物,如铁环、舷外排水孔罩盖、水压式计程仪皮托管等。

(4)准备堵漏器材,包括千斤顶、电钻、各种大小堵漏用的螺栓和铁板、长短方木、快干水泥等,以备应急使用。

(5)检查海水冷却系统的管系、阀门和泵是否运行正常。清理各海水进口滤器,随时准备拆开滤器清除冰块。

3.调整船舶吃水和吃水差

船舶进入冰区前要适当调节货物、压载水、燃油、淡水等,使船舶具有适当的吃水和吃水差,以保证船舶具有良好破冰能力和操纵性能,并保护船体、桨、舵设备。

(1)一般,吃水差以 0.5~1.0 m 为宜。冰层厚度达 30 cm 时,应保持螺旋桨在水面下1.5 m 以上。

(2)对于 B 级冰区加强的船舶,冰带外板是加强的,其纵向范围从首柱向后至满载水线最大宽度处,但不超过 0.2L。垂向范围从重载水线(LWL)以上 0.5 m 至轻载水线(BWL)以下0.5 m。因此,如可能,船首吃水宜保持在轻载水线以上大于 1.0 m、重载水线以下大于 0.5 m。

4.做好防冻工作

水结冰以后体积膨胀,为避免船舶结构或设备损坏,船舶进入冰区前应排除不必要的积水,各水舱应保持必要的余量。防冻工作包括以下各点:

(1)航行中保持航行灯、室外磁罗经以及陀螺罗经复示器照明灯光昼夜常开。

(2)救生艇淡水桶只能装其容量的 3/4,并用帆布包妥或暂移室内。

(3)用草包裹住集装箱底脚,放出法兰螺丝螺杆套筒中的残水。

（4）关闭货舱通风筒,防止冷气入内存水结冰。

（5）放尽消防水管残水后再关闭;冲锚链水的出口阀应常开。

（6）放尽室外淡水管残水,冲洗管或用稻草包扎。

（7）上层边水舱、边水舱与前后尖舱水量不超过满舱的85%。

（8）双层底水舱内的存水量至多为其容量的95%,其空气管和测量管在双层底舱顶以上部分绝不允许有存水。

三、冰区船舶操纵

船舶航线上如果可能遭遇冰山、海冰,可能的情况下,最好选择迂回航线。根据冰情预报,通过瞭望,及早掌握冰区的范围及可航的水域,采取操纵措施,安全通过冰区。

1. 进入冰区

根据经验,对于一般运输船舶,在冰量5/10以下、冰厚不超过30 cm时,船舶可自航通过冰区。在冰量6/10以上、冰厚超过30 cm时,船舶自航比较困难,需破冰船引航。船舶自航进冰区时,要仔细瞭望,选择适当的地点、时机和方法。

（1）冰区上风边缘冰块密集,有涌浪时碎冰容易损坏船体,因此,船舶应从下风侧进入冰区。

（2）涨潮时浮冰易聚集,退潮时浮冰易破碎,且浮冰随流漂移,当有厚冰快速漂移时,应等待缓流或无流时进入冰区。

（3）当海面涌浪较大或有5级以上横风时,不宜进入冰区。冰区的边缘不规则时,应选择较平坦处进入。

（4）进入冰区时应保持船首与冰缘垂直,并将冲击力降到最小。当船首顶住冰块时,再逐渐增加船速,推开冰块,驶向冰块松散的方向。

2. 通过冰区

船舶进入冰区后,航行中应注意下列各点:

（1）根据冰量正确选择航速:冰量为4/10~5/10时,可常速航行;冰量为6/10~7/10时,应慢速航行。

（2）冰区夜航时,应低于白天的船速;能见度不良时,应大幅度降低船速,降至保持舵效的船速。

（3）有离岸风时,近岸边常有可航水道;有向岸风时,不能从冰的靠岸一边通过。

（4）通过冰区时最好少改变航向,不得不转向时,切不可一次用30°舵角,要用小舵角慢慢转过,每次改向5°~10°,以防舵及螺旋桨损坏。

（5）如被大面积冰块挡住去路,无法破冰时,应立即倒车退出。倒车前,正舵,先用短暂的进车,将尾部的碎冰排开,再开倒车后退。待船后退接近碎冰时停车,利用惯性使船舶退至碎冰区。然后进车,利用向前的冲击力在冰中撞出一条通道。一次不行,可反复几次。冲撞时,要严格掌握船速,并保持船首与冰缘正面相撞。与雪混合的软而厚的冰,不易撞碎,要避免被冰困住。

3. 冰困后的措施

破冰前进中,若船的前部被冰夹住而不能进退时,为避免被困住或随冰漂流至危险水域,应立即采取以下措施使船舶脱离险境:

（1）全速进车，左右满舵，以使船首有所松动，然后用快倒车正舵退出。

（2）交替排、灌各压载水舱的压载水，改变船舶排水量、纵倾和横倾状态，以松动船体。

（3）上述方法失败后，应等待破冰船援助。

（4）冰困中应保持螺旋桨和舵的转动，以免船尾后方的水道被冰封住。

四、破冰船护航

一般运输船舶，在冰量超过 6/10 时，最好跟随破冰船编队通过冰区，航行仍困难时，可以由破冰船拖航。

1. 破冰船护航编队

破冰船护航编队时应把船体强度较差、主机功率较小的船放在船队的中部。航行中应注意：

（1）编队前后船舶间的距离一般保持 2~3 倍船长。

（2）后船要密切注意前船的动态，及时调整本船距前船的距离，当前船减速，而后船由于惯性来不及停住时，可转离前船的航迹以避免碰撞。

（3）护航中，当冰量小于 4/10 时，可保持 8 kn 的船速，冰量每增加 1/10 就减速 1 kn。

2. 破冰船拖航

在冰量较大，即使有破冰船护航，船舶航行仍发生困难时，可以由破冰船拖航。拖带中，一般用 10~15 m 长龙须缆。拖缆最好从锚链孔中穿进，再用木棒穿过拖缆的琵琶头，卡在锚链筒的口子上。

在坚冰中拖航时，破冰通道周围的压力较大，破冰船通过后，通道可能立即被冰封闭，所以要使被拖船的船首与破冰船的船尾紧挨在一起。此时破冰船的操纵较为困难。

五、冰区系泊

船舶在冰区锚泊或靠泊操纵时，浮冰的存在可能给操纵带来困难甚至危险，因此应充分注意浮冰的影响。

1. 冰区锚泊

船舶在冰区下锚应选择薄冰或碎冰的浅水区，锚链长度不得超过 2 倍水深，出链过长将会发生船被冰困住或断链等事故。锚泊中，锚机和主机应随时处于准备状态，必要时可起锚驶离冰区。

在岸边的冰上或海中冰群的边缘可以抛冰锚带缆停靠。先在冰上挖好槽，将 0.07 m×0.25 m×2 m 的硬木方冰锚放入槽中，套上缆绳，再浇上水，使冰锚与水冻结在一起。

2. 冰中靠泊

港内结冰时，往往由于码头附近有大范围的海冰而增加船舶的操纵难度。此时，可用拖船在泊位附近迂回破冰，待海冰松动后，船舶再进行靠泊操纵，操纵要点如下：

（1）如泊位后端有余地，可将船首对准泊位后端，向码头靠拢，带头缆至泊位前端较远的桩上，绞头缆，进车，外舷舵，使船首紧贴码头扫过，将碎冰排挤出去。当船首到达前端位置时，如里舷尚有少量浮冰，则可带上前倒缆及尾缆，开进车，利用排出流将碎冰排出，再逐步靠上船尾。

（2）如泊位后端无余地应将船首对准泊位前端插入，带好头缆、倒缆及尾缆，用进车、外舷舵，在拖船顶推的协助下，挤压里舷的积冰。然后用排出流将碎冰排出，按上述方法反复进行多次，可逐渐将冰挤碎排出，使船尾靠拢。

思考题

1. 简述狭水道航行应注意的问题。
2. 简述运河航行应注意的问题。
3. 简述岛礁区水域判断水深的方法。
4. 简述岛礁区航行应注意的问题。
5. 简述桥区水域的特点。
6. 简述桥区水域的船舶操纵要点。
7. 简述冰区航行船速选择和转向应注意的问题。
8. 简述冰区锚泊操纵和靠泊操纵应注意的问题。

第八章

应急船舶操纵

　　船舶所处的环境和面临的情况复杂多变,总会出现一些非正常的特殊或紧急情况。这些情况将可能危及人员、船舶和环境的安全。紧急情况的出现往往具有很大的偶然性,而且一般在不恰当的时候发生。尽管我们强调对事故的预防,但在操作过程中总是存在预料不到的环境和情况的变化,以及人在操作过程中的疏忽等潜在危险。在特殊或紧急情况出现后如何采取应急措施以避免或减小损失,是船舶操纵的研究内容之一。

第一节　搁浅或触礁应急操纵

　　船舶搁浅或触礁是最常见的航行事故之一。船舶搁浅或触礁一般发生在沿海或港口附近,其危险性尽管不如碰撞、触损等航行事故大,但它使船舶始终处于危险状态,不但可能造成船体损坏,还可能阻塞航道而影响通航安全。因而,船舶搁浅或触礁后应采取适当的应急措施控制险情、降低风险。

一、搁浅船舶应急反应

　　船舶搁浅不可避免时,应操纵船舶尽可能减轻搁浅程度、减小搁浅损失。船舶搁浅后应立即按照应急反应程序采取行动,查明搁浅情况,对搁浅态势进行正确评估,控制险情,并进一步确定脱浅方法。

　　1.搁浅不可避免时的行动

　　航行中,发现搁浅不可避免时,应根据船舶所处的情况和环境采取如下行动:

　　(1)如不明了搁浅水域的地形和地貌,应立即停车,可行时立即抛双锚;

　　(2)如明了搁浅水域情况,船尾方向水域开阔、水深充裕,且船舶航向与浅滩垂直,应立即停车、倒车,可行时抛双锚;

　　(3)如明了搁浅处仅为航道中新生的小沙洲,应全速前进并左右交替满舵。

　　2.搁浅应急程序

　　船舶搁浅后,船舶驾驶人员应立即按照下列步骤采取行动,以便达到控制局面和减少损害的目的:

　　(1)搁浅情况未判明前不应盲目动车脱浅;

(2)运用一切可能的手段保证船舶整体水密性;

(3)显示适当的船舶搁浅信号;

(4)通知有关主管机关和其他有关机构。

3.搁浅船舶的态势评估

当紧急危险过后,船长或驾驶员应对搁浅船的态势进行初步评估,包括但不限于下列各项:

(1)船上人员的安全状况;

(2)天气和海况,包括预报情况;

(3)潮流和潮汐情况;

(4)船舶周围水域的海底底质、海岸线和水深分布情况;

(5)船舶损坏情况以及已发生的污染和潜在污染的危险性;

(6)进一步损失的危险性;

(7)通信状况;

(8)船体与海底之间的作用力;

(9)船舶的吃水和纵倾情况。

要想对船舶态势做出准确的评估,必须尽可能多地收集相关信息,特别是搁浅部位舱室的损坏情况。当货舱有货无法进行检查时,在打开测深管、天窗、下舱人孔、舱口和其他连接通道时应特别小心,以防进水扩大。应注意船体列板变形、扭曲和其他船体损坏的表征。频繁测量各压载舱、燃油舱、首尾尖舱等水线以下各舱室的液位深度,并将所测值与搁浅前的测值进行比较,以发现船体破损情况。

一旦决定通过外援浮起船舶,应立即发出救助请求,切不可延误。救助程序的及早启动和救助人员的及早到达是救助成功的关键。

4.测量船舶吃水、水深和检查搁浅部位

搁浅船的吃水既是计算损失浮力的基础,又是计算脱浅拉力的依据。船舶能否顺利脱浅,与搁浅船的吃水勘测是否精确关系密切。因此,用一定的时间努力获得准确的搁浅船吃水是值得的。

由于搁浅船的吃水是随水位变化而变化的,测量船舶吃水数据时,应记录当时的时间、潮高以及海况等情况,并将吃水修正到潮高基准面。通常,潮高基准面与当地的海图基准面相同。若海面涌浪较大而无法准确测量时,可用铅锤测量主甲板至海底的距离间接获得水深。所测得的水深资料应在大比例尺海图或空白海图上的船体周围进行标注,以表明船舶搁浅程度。

根据搁浅前后的吃水变化以及当时水深情况,可以查明搁浅部位和搁浅程度:

(1)船体部分搁浅时如发现某部位搁浅后的吃水大于搁浅前的吃水,又小于舷边水深,则表明该部位未搁浅;

(2)如搁浅后的吃水及舷边水深小于搁浅前的吃水,则表明该部位已搁浅,且搁浅后的吃水与搁浅前的吃水差异越大,搁浅越严重;

(3)如搁浅部位的吃水小于搁浅前的吃水且小于舷边水深,表明此处船体搁在海底突出物上;

（4）如搁浅部位的吃水小于搁浅前的吃水且大于舷边水深，表明此处船体陷入海底。

5. 固定搁浅船舶

通过初步评估表明船舶不存在偏转、沉没和倾覆可能的情况下，可在下一个高潮时运用全速倒车进行脱浅。如果船舶不能在短时间内脱浅，在船舶搁浅的期间应使主机处于随时可用的备车状态并保证船舶的安全。这时，如果船舶在涌浪的作用下有上下起伏运动，表明搁浅船是活动的。

活动的搁浅船存在偏转和加重搁浅的危险，应采取下列固定措施：

（1）船首向的变化表明船舶发生偏转且船尾清爽可以操作，则可果断地运用主机和舵，以防船舶搁浅加重。

（2）可能的话，可用缆绳将搁浅船固定在礁石、珊瑚礁或其他固定点以避免船舶偏转。

（3）有拖船协助时，可以通过拖船将搁浅船向宽阔水域一侧顶推以防偏转。

（4）向舱内注水使船舶下沉以防搁浅船向岸漂移。可向漂浮一侧的压载舱注入压载水，以增加船底与海底的接触面积，进而分散海底的作用力，还会减小船体扭矩和弯矩。

二、脱浅方法及脱浅拉力的计算

脱浅方法应根据对搁浅船舶态势的评估结果来选择，如果采用拖曳方式则需要估算船舶脱浅所需的拉力。

1. 脱浅方法

脱浅目前有自力脱浅和外援脱浅两大类：自力脱浅是指利用船舶本身的能力使船舶脱离浅滩的方法；外援脱浅是指借助外力使船舶脱离浅滩的方法。

（1）候潮脱浅

候潮脱浅是最常用的自力脱浅方法之一。如果船舶搁浅时不是处在高潮水位期间，且船体没有损坏，船尾部又有宽阔的水域和足够水深，则可等待下一个高潮时争取自力起浮脱浅，必要时可利用车、舵、锚配合协助脱浅。一般做法是在高潮前一小时动车，用本船主机倒车脱浅，当全速倒车无效时，可改用半速进车配合左右满舵来扭动船体，然后快速倒车脱浅，需要时应在用倒车的同时配合绞锚，利用锚的强大抓力协助脱浅。如底质是泥沙，倒车时应注意泥沙可能在船体周围堆积而妨碍脱浅。

（2）移载脱浅

移载脱浅也是自力脱浅方法之一。如船舶一端或一舷搁浅，而另一端或另一舷有足够的水深，则可移动压载水、淡水、燃油或货物进行脱浅。移载脱浅前必须经过严格的计算，以免脱浅后产生过度的纵倾或横倾，使船舶发生危险。一舷搁浅而海底又陡峭时不宜用此法。

（3）卸载脱浅

如估算调整纵横倾后，仍不能自力用车、舵、锚来脱浅，则也可以进行卸载脱浅。卸载时应遵循迅速、方便和损失最小的原则。首先应考虑打出压载水，排出多余的淡水，其次考虑卸去能漂浮海面而又不易受损的货物。卸载的数量应是主机拉力、拖船的拖力、绞锚拉力和移载等不足的数量，卸载前应进行严格的船体强度、浮力、稳性、纵倾和横倾的计算。

（4）外援脱浅

船舶搁浅后，如果车叶、主机损坏，或船体损坏严重，已经失去漂浮能力；或经过计算，所需的脱浅拉力太大无法自力脱浅时,应毫不犹豫地请求外援,以求尽快脱浅。申请外援时,应预先计算脱浅所需的拖力、拖船的数量和功率。

请求外援脱浅不仅可以利用援助船的拖力协助脱浅,还可以利用援助船协助固定船体、堵漏排水、移载、过驳,或者利用大型打捞浮筒增加搁浅船的浮力等,以达到脱浅的目的。

2.脱浅拉力的计算

脱浅拉力是克服船底与海底间的摩擦力所需的外力,通常依据船舶搁浅前与搁浅后损失的排水量及船底与海底间的摩擦系数来计算。

(1)船舶搁浅前的排水量

船舶搁浅前的排水量按照下式计算:

$$\Delta_1 = \Delta - \sum p_i \tag{8-1-1}$$

式中:Δ_1——船舶搁浅前的排水量(t);

Δ——船舶离港时的排水量(t);

p_i——船舶离港后至搁浅时的油、水变化量(t)。

(2)船舶搁浅后的排水量

船舶脱浅时的平均吃水用下式计算:

$$d_m' = d_m + h - h_0 \tag{8-1-2}$$

式中:d_m'——脱浅操作时船舶的平均吃水(m);

d_m——用"四分之一平均法"获得的平均吃水(m);

h——船舶脱浅操作时的潮高(m);

h_0——用"四分之一平均法"获得的平均吃水时的潮高(m)。

确定船舶脱浅时的平均吃水 d_m' 后,即可在船舶静水力曲线图(表)上查得船舶脱浅时的排水量 $\Delta_2(t)$。

(3)计算船舶脱浅所需拖力

船舶脱浅操作当时所需拖力用下式计算:

$$F = (\Delta_1 - \Delta_2) \times f \tag{8-1-3}$$

式中:F——脱浅操作所需拖力(t);

Δ_2——脱浅操作时的排水量(t);

f——船底与海底的摩擦系数,根据海底底质按照表8-1-1选取。

表 8-1-1　船底与海底的摩擦系数

海底底质	稀黏土	软黏土	黏土沙	细沙
摩擦系数	0.18~0.22	0.23~0.30	0.30~0.32	0.35~0.38

(4)船舶主机的进车推力与倒车拉力

船舶主机能发出的最大进车推力或倒车拉力可用下式计算:

$$F_P \approx 0.01 \times MCR$$
$$F_P' \approx 0.006 \times MCR \tag{8-1-4}$$

式中:F_P——船舶主机进车的推力(t);

F_P'——船舶主机倒车的拉力(t);

MCR——船舶主机的常备功率(hp)。

如果 $F_p(F'_p)>F$，则可用主机进车（倒车）进行脱浅。否则需要拖船协助或采用卸载的方法进行脱浅。

（5）脱浅所需拖船功率及数量

根据上述的计算结果，与本港每艘拖船或外部援助拖船提供的拖力进行比较，可得所需拖船的功率和数量。

船舶在航道搁浅后，最常用且有效的脱浅措施是利用港作拖船的拖力脱浅。利用港作拖船脱浅时，需计算搁浅船的损失排水量、脱浅所需拖力以及所需拖船的功率等数据。

（6）计算实例

某船离港时的排水量 $\Delta=39670$ t，平均吃水 $d=10.56$ m，在航道搁浅后按照上述勘测方法测得平均吃水 $d_m=10.36$ m，勘测吃水时的潮高 $h_0=2.70$ m，预计在潮高 $h=2.80$ m 时进行脱浅，求脱浅所需拖力及拖船数量。

由于泊位与船舶在航道中的搁浅位置距离较近，油水消耗量可忽略不计，即 $\Delta_1\approx39670$ t。

脱浅时的平均吃水 $d'_m=d_m+h-h_0=10.36+2.80-2.70=10.46$ m。依据 d'_m 在船舶静水力曲线图（表）上查得船舶脱浅时的排水量 $\Delta_2=39260$ t。

航道海底底质按照黏土沙计算，摩擦系数取为 0.32，则所需拖力为：

$$F=(\Delta_1-\Delta_2)\times f=(39670-39260)\times0.32=131.2\ t$$

搁浅船的主机功率为 10000 hp，倒车可用于脱浅，则主机倒车所发出拉力为：

$$F'_p=0.006\times10000=60\ (t)$$

显然，船舶主机倒车的拉力不足以使船舶脱浅。假如本港每艘拖船提供的拖力最大为 50 t，至少需要 3 艘拖船同时产生的拖力才能使船舶脱浅。

3. 卸载脱浅卸载量的计算

船舶在搁浅后，在利用港作拖船的拖力不能使船舶脱浅时，切不可强行操作，须对脱浅计划进行修改，改用卸载脱浅的方法，这时，需要计算搁浅船的损失排水量及卸载货物数量等数据，以便确定需要驳船的数量及驳载时间。

在决定卸载量时，首先要确定预计船舶脱浅或起浮时的潮高，再根据当时潮高值决定卸载量的大小，有三种方法可供选择：

（1）卸载至船舶自然起浮的排水量 P_1

若想使得船舶自然起浮，卸载量至少应等于当时潮高下的损失排水量，则卸载量为：

$$P_1=\Delta_1-\Delta_2 \tag{8-1-5}$$

（2）主机倒车拉力能够拖动的卸载量 P_2

$$P_2=\Delta_1-\Delta_2-\frac{F'_p}{f} \tag{8-1-6}$$

（3）拖船拖力能够拖动的卸载量 P_3

$$P_3=\Delta_1-\Delta_2-\frac{F_T}{f} \tag{8-1-7}$$

三种方法比较，第一种方法卸载量最大，需要较长的卸载时间；第三种方法卸载量最小，能使船舶尽快脱浅。

三、拖船协助脱浅操纵

拖船协助脱浅时,脱浅阶段的主要任务包括准备和实施。准备工作相对短暂,主要集中在使搁浅船起浮。拖船直接拖曳搁浅船,可使搁浅船转动、脱离浅滩。

1. 拖船接近搁浅船

拖船作为脱浅动力,作业中总是存在一定的危险。只有在搁浅船周围的水深已经勘测核实后,拖船才可在搁浅船附近进行操作。应对搁浅船附近所有预计拖船操作水域的水深进行记录。在作业现场,记录人员应将搁浅船周围水域的危险物分布情况用红色笔标注在海图上。任何时候应使拖船的锚处于随时可用状态。

拖船将锚抛在搁浅船的向深水一侧并在松链的同时倒车驶向搁浅船,以确保拖船安全地接近搁浅船。锚使拖船船首朝向深水的方向,以便在失去推力时控制船舶的位置。

2. 与搁浅船的连接

拖缆与搁浅船连接时,连接点必须是搁浅船上足以承受脱浅拉力的系固点。可接受的系固点包括:

(1)起货机底座

甲板舱室和建筑物、主桅、起货机和中柱等的安全负荷较大。可将链索围绕这些结构物底部并将拖缆用卸扣与链索连接。为避免过大的拉力造成甲板结构物的转角处损坏,应在转角部位进行衬垫处理。

(2)系缆柱和缆桩

可将为挂钩准备的钢丝缆或链索以8字形挽在系缆桩上。受力端应从系缆柱或缆桩的底部引出,否则,拖曳时产生的拖力达到缆桩的极限强度时,将造成缆桩损坏。为了防止拖缆从缆桩跳脱而滑落,应在缆桩上设置止滑绳。

(3)甲板地令

通常,在船舶检验时,都会对甲板地令的安全负荷进行拉力测试,并标注试验载荷和试验日期。如果没有标注安全负荷和试验数据,则不可轻易使用。若有相应数据资料,则应认真检查地令的表面和焊缝部位是否有裂缝或变形。如果发现裂缝或变形,则不宜使用该地令。

3. 拖船布置和拖缆长度

多艘拖船的布置必须遵循下列原则:

(1)能发挥最有效的拉力;

(2)避免相互影响;

(3)避免拖缆与锚索绞缠。

为了发挥拖船的最大拖力,通常多艘拖船沿搁浅船首尾方向同时向深水一侧拖曳搁浅船,也可向正横方向拖曳搁浅船的船首或船尾转动搁浅船。

为了避免拖缆绞缠,所有拖船的缆绳长度应当大致相同。当拖缆长度相同时,多艘拖船可能相互接触而发生擦碰,应在救助船或拖船上设置防碰垫,以便当拖船相互接触时吸收能量避免损坏。

所有拖缆长度应大于从搁浅船上引出的锚索长度。拖缆与锚索的间距由海底的坡度决定。拖缆的悬垂部分不应与锚索绞缠。

4. 脱浅拖曳方式

在进行脱浅拖曳操作前需考虑脱浅的方向、拖曳拖船作业的方式,并应确保救助拖船自身的安全。

(1)脱浅的方向

一般情况下,脱浅方向是船舶搁浅时船舶航向的相反方向。这是因为船尾脱浅后通常可以避免船舶沿海底滑动时损坏舵、螺旋桨和其他附属装置。

在搁浅船与浅滩垂直或接近垂直且船首向没有明显变化的情况下,最佳的脱浅方向通常是船舶搁浅航向的相反方向。水文勘测应精测计划脱浅路线沿途的水深和水下障碍物。

如果搁浅后船舶发生偏转,脱浅的方向仍沿着船舶搁浅前的相反方向。这种情况下,脱浅前有必要调整船舶的首尾向,转动船舶所需拖力为脱浅拉力的三分之一左右。

(2)串列拖曳

当操作范围受限时,可以用两艘拖船一前一后布置成一直线进行串列拖曳,以增加作用于搁浅船的拖力。采用这种方式作业时,中间拖船一般为控制航向能力较差或受海浪影响较大的拖船。处于引导位置的船舶协助中间拖船控制搁浅船的首尾向,使其朝向预计的方向拖曳。一旦拖船布置成串列作业方式,它们的总体操纵性能会降低。当引导拖船丧失拖力时,涌浪和风可能导致另一艘拖船搁浅。可用卸扣系固拖缆并在手头备好切削工具。两艘拖船上的锚应做好抛出的准备。

当拖船采用串列作业时,两拖船的总拖力通过中间拖船缆桩的拖缆传递到搁浅船上。故缆桩的受力绝不可超过拖缆的破断强度,如可行,不应超过拖缆的安全负荷。

为了保证中间拖船始终保持在某一航向上,引导船应随时调整其航向。

(3)转动搁浅船

拖船协助脱浅操作另一种有效方法是转动搁浅船,即拖曳搁浅船的船首或船尾一端使其改变航向。转动搁浅船有助于克服海底摩擦力或使搁浅船转至容易脱浅的航向上。为了转动搁浅船,拖船在拖曳中需随时改变操作方式。一般最大马力的拖船应用来转动搁浅船。用来转动搁浅船的拖船的布置应便于搁浅船迅速调整至计划脱浅的路径上。如果没有足够的水域,用来转动搁浅船的拖船的回转弧度至少为60°。当采用两艘以上拖船转动搁浅船时,应协调两船的回转范围,使拖船的拖曳行动协调。

当搁浅船开始转动时,协助转动的拖船应立即停止转动操作并迅速回到能为脱浅方向提供最大动力的航向上。

(4)援助拖船的自身安全

拖船在协助脱浅操作时,总是存在一定的危险性。在全部操作过程中,直至拖曳结束或搁浅船移动,拖船的螺旋桨始终处于最大转速或最大螺距状态,而拖船本身几乎处于静止状态,且操作人员也处于高度紧张状态,这种情况下,一旦发生意外情况,可能危及拖船或人员的安全。因此,现场指挥或拖船船长必须随时准备停止操作。当拖船或脱浅操作面临危险时,应立即停止操作。当拖船出现故障或必须停止操作时,系于搁浅船上的锚索用来控制船位。

5. 脱浅拖曳操作

为了利用高潮时海底作用力最小的时机,脱浅拖曳应在高潮时进行。拖曳力应逐步增加,预计高潮潮时之前的 2 h 达到最大拖力,并在涨潮的整个过程中保持该拖力,直至潮水开始下落时为止。避免过早进行拖曳,以防高潮到来之前拖曳时间过长。拖曳过程中,经常检查拖缆的受力情况,并及时进行调整以便获得最大拖力。船上人员应随时观测陆标的方位和距离,一旦搁浅船舶有移动的迹象,及时通知现场指挥。

第二节　船舶碰撞应急操纵

由于通航密度的增大、人的失误以及环境因素的影响等,航行船舶的碰撞事故时有发生。同样,发生碰撞紧急情况时,应采取适当而有效的船舶操纵措施,以使损失降至最低。

一、碰撞前的应急操纵和碰撞后的应急措施

当船舶碰撞不可避免时,驾驶人员在碰撞前和碰撞后采取适当而有效的应急操纵和应急措施将会使碰撞的损失大为减小。

1. 碰撞不可避免时的应急操纵

由于船舶的大型化和高速化,航行中船舶发生碰撞的后果都是灾难性的。无论由于何种原因导致碰撞不可避免时,船舶驾引人员应运用良好船艺,采取减少碰撞损失的应急措施。这些措施包括:

(1)如可行,采取紧急措施避免船中或机舱附近被他船船首撞击。

(2)如可行,采取大角度紧急转向措施减小碰撞角度,避免垂直角度碰撞。

(3)全速后退,降低船速,以减小撞击能量。

2. 碰撞后的应急操船措施

碰撞发生后,为了减小碰撞的损失,碰撞后应根据两船大小、种类、碰撞位置、碰撞角度及干舷高度的差异等具体情况采取适当的应急操船措施。

(1)我船船首撞入他船船体时

当我船船首撞入他船船体后,应首先开微速进车顶住对方。为使本船能与对方船体靠紧以减少进水量和防止滑出,有时可互用缆绳系住,并配合用车,保持顶住对方破洞的姿态。如被撞船舶有沉没的危险且附近有浅滩,经对方同意后,可将被撞船顶向浅处搁浅。

待被撞船舶采取防水堵漏应急措施后,征得同意后方可倒车脱出。倒车退出后,应滞留在附近,一方面检查本船的损坏情况,另一方面可随时准备实施救助和协助。确信对方已经脱离危险可以继续航行,本船也可以安全续航,并办理完有关碰撞事实确认手续之后,方可离去。

(2)我船船体被他船撞入时

当我船船体被他船撞入后,应尽可能减小或消除船舶纵向惯性速度,使本船对水静止,以减少进水量,并迅速关闭破损舱室前后的水密装置。当确认船舶没有沉没的危险,且船舶本身的排水、堵漏器材能控制进水量后,方可同意对方倒车脱出。如果是一舷船体受损,应尽可能操纵船舶使破损部位处于下风侧。

二、碰撞后的应变部署

船舶发生碰撞后,应立即发出碰撞警报信号,实施碰撞应变部署。除了上述应急操纵措施外,还应立即查明碰撞损失程度,并采取适当措施保证船舶的安全。

1. 查明碰撞损失

进行现场检查后查明船体进水情况,要求大副和水手长检查全船,安排木匠测量各货舱污水井(沟)、压载水舱和淡水舱的水位,通知机舱测量各油舱的油位,并将测量结果与碰撞前的记录进行比较,迅速确定船体破损的位置、大小及进水量等情况,并检查其他有关人员的应变部署情况,并将测量、检查结果迅速报告船长。判明损失情况时应考虑下列因素:

(1)碰撞的船舶大小;

(2)碰撞前的相对速度;

(3)碰撞角度的大小;

(4)碰撞的部位。

2. 保证船舶水密和排水

破损部位确定后,应立即关闭破损部位附近舱室的水密门、通风帽、通风窗,必要情况下应予以加固。通知机舱启动相关泵系全力排水,并随时观测各舱室的水位变化,以计算泵系的排水量。

3. 堵漏措施

根据船体破损部位、大小和进水量,船长组织研究堵漏措施。碰撞引起的船体破损部位多位于舷侧水线附近。破洞较大时,需用堵漏毯紧贴洞口以限制其进水。挂上堵漏毯后再根据破洞的大小,采用堵漏板或制作水泥箱灌注水泥堵住漏洞,然后排除舱内积水。破损舱室进水量较大时,必须对进水舱室邻近的舱壁进行加强,防止因水压过大引起舱壁变形、破损而波及相邻舱室。

4. 调整纵横倾

船体进水后一般都会引起纵倾和横倾的变化。应详细测量各油舱、水舱的液位变化情况,利用排出、注入、转驳等方法保持船舶的浮态。值得注意的是,使用注入法调整船舶浮态应特别谨慎,因为这种方法可能降低储备浮力和稳性。

5. 抛弃货物

在下列情况下应采取抛弃货物的措施:

(1)进水可能引起货物着火;

(2)进水可能引起货物急剧膨胀;

(3)为保持稳性;

(4)为保留储备浮力或减少进水量。

三、续航、抢滩操纵

船舶发生碰撞后,在采取上述应急措施后,应对船舶所面临的危险进行评估,根据评估结果,做出续航、抢滩或弃船的决策。

1. 评估船舶所面临的危险

根据查明的损坏程度,评估船舶所面临的危险,是采取下一步行动的前提。评估船舶所面临的危险应考虑下列事项:

(1)进水量的大小、排水设备、堵漏设备能否控制进水量;

（2）船位以及距离最近港口或浅水区的距离；

（3）风、流、浪的大小和方向；

（4）船舶主机、辅机、舵机的运行状况；

（5）船舶是否有沉没的危险等。

2. 续航操纵

碰撞后的续航决策应十分谨慎。船舶发生碰撞后，经过仔细检查，如果主机、副机、舵机情况完好无损，船体破损部位经过堵漏、加强后进水得以控制，经调整后船舶能保持正常浮态和稳性，救生设备完好无损，可考虑继续航行至最近的港口进行检查修理。不能自力航行时，可考虑拖航。续航时应做到：

（1）减速航行，指令船员勤测各舱水位并记录，密切注意各舱水位的变化情况；

（2）预先设计航线，选择最近的港口，并尽可能近岸航行；

（3）密切注意气象变化，查明邻近海域可供避风的锚地，风力增大后应立即择地避风；

（4）与附近海岸电台及公司保持密切联系，使公司及时掌握本船位置及航行情况；

（5）保护好损伤部位，尽量使之处于下风舷侧，根据风浪方向调整航向和船速，尽可能减小船舶的摇摆幅度。

3. 抢滩操纵

如果碰撞后水线附近或以下破损范围较大，无法进行堵漏，大量进水，且进水的速度远大于排水速度，评估船舶有沉没的危险，附近有浅滩时，可考虑抢滩，并申请救助，以保护船舶及货物，减少损失。

（1）选择抢滩地点时应考虑的因素

为保证安全和便于操纵，选择抢滩地点时应考虑以下几方面因素：

①底质：泥、沙或沙砾底质均适于船舶抢滩，但软泥底质易导致船体下沉而难以脱浅，活沙底质则不易固定船体。此外，附近应无礁石。

②风和流：尽可能选择潮流较小的场所抢滩，并应在高潮后落潮期间进行抢滩。尽可能选择港湾内遮蔽风浪良好的场所或当地盛行风的下风场所。

③水深：水深（含潮位）应大于轻载吃水，小于型深，保证船舶主甲板始终露出水面。

④坡度：为了避免船体受损或堵住机舱海水阀，坡度应适当。坡度大小可参照造船的下水滑道的比例，即小型船 1：15，中型船 1：17，大型船 1：19～1：24。可利用抢滩位置处相邻两个等深线的数值之差与其间距之比判断坡度。

⑤四周环境：四周环境应便于固定船舶，应让出航道以利于施救工作的进行。

（2）抢滩和出滩操作

选定抢滩地点后，可按下列步骤进行抢滩和出滩操作：

①抢滩前应向压载水舱注入压载水，将船舶吃水差调整到与抢滩坡度相适应。

②船首抢滩时，尽可能保持船舶首尾线与岸线垂直，慢速接近，适时停车，使船舶缓慢地接触滩涂。速度过大，不但易损坏船体，而且不利于出滩。

③船首上滩时，可抛下双锚，以便稳定船体和利于出滩。若抛锚将影响抢滩效果，也可在抢滩后，用专业救助拖船或重吊将锚向后抛出。

④抢滩后，应尽可能在下一个高潮来临之前将破洞堵好。然后进行出滩操作。

⑤出滩时,应选择在高潮前的涨潮期间进行操作。排出压载水,高潮到来时收绞双锚,同时配合主机倒车,将船舶慢慢脱出滩涂,然后驶往附近安全锚地或港口进一步检修。

第三节　海上拖带操纵

海上拖带是海上特种货物运输方式之一,一般由专业远洋拖船来完成拖带任务。对于不经常从事海上拖带的运输船舶来说,海上应急拖带是一个全新的任务,船舶操纵有其特殊性和危险性。本节简要介绍有关海上拖带的基本知识。

一、拖带前的准备

事前充分的准备工作是安全拖带的前提。这些准备工作包括拖缆的准备、传递、系结和确定合适的拖航速度等。

1.拖缆的准备

拖缆一般用锚链、钢丝缆或尼龙缆组合而成,要求有一定的长度和适当的重量,并能形成一定的悬垂量,以具有充分的缓冲能力。

（1）拖缆的长度

拖缆保持适当的长度有利于缓解拖船与被拖船之间运动而产生的冲击张力,也有利于缓解被拖船的偏荡。根据海上拖带的实际经验,拖缆的长度可按下式来进行估算：

$$S = k(L_1 + L_2) \tag{8-3-1}$$

式中：S——拖缆的长度（m）；

　　　L_1——拖船的长度（m）；

　　　L_2——被拖船的长度（m）；

　　　k——系数,取 1.5~2.0,拖带速度高时取大值。

（2）拖缆的悬垂量

长度、重量足够的拖缆,能在拖船与被拖船之间形成悬垂状态,起到缓冲作用,防止拖缆在拖带中受到冲击作用而发生断缆。但悬垂量过大,在浅水中容易拖底。

根据悬链长度计算公式,可得拖缆长度与悬垂量的关系：

$$S = 2\sqrt{d\left(d + \frac{2R}{w}\right)} \tag{8-3-2}$$

式中：d——悬垂量（m）；

　　　R——被拖船的阻力（N）；

　　　w——单位拖缆长度在水中的重量（kg/m）。

在深水的洋面上拖航时,悬垂量宜保持在拖缆长度的6%左右,务必使拖缆的中部没入水中。根据经验,当海面平静时拖缆的悬垂量应不少于 8 m,风浪较大时拖缆的悬垂量应不少于 13 m。

2.接近被拖船的操纵

为了连接拖缆,拖船根据当时的具体情况,采用不同方法接近被拖船。

（1）横风接近

横风作业无困难时，可采取与被拖船航向基本一致的航向在被拖船上风或下风接近。当本船横向漂移速度大于被拖船的横向漂移速度时，应从被拖船的上风舷接近；当被拖船横向漂移速度大于本船的横向漂移速度时，应从被拖船的下风舷接近。

（2）顶风接近

当横风作业有困难时，也可采取顶风驶近被拖船待拖一端的接近方法。这种方法更易于控制拖船，并便于拖缆的传递。

3. 拖缆的传递

传递拖缆可以使用抛绳枪或救生艇等，可根据两船的种类、大小及作业时的天气海况选择不同的拖缆传递方式。

（1）使用抛绳枪

无论采用哪种方法接近被拖船，都应尽可能减小传递拖缆时两船之间的距离。可由拖船或被拖船用抛绳枪抛出撇缆，一般抛绳枪抛出撇缆的最远距离可达 230 m。

（2）救生艇送出

在海面较为平静的条件下，可由拖船放出救生艇传递拖缆。这时，拖船应驶向被拖船的上风舷侧停住，以使下风舷海况相对平静，放下下风舷侧救生艇。随着救生艇接近被拖船，引缆逐渐放出，接近被拖船时，由被拖船抛下撇缆将引缆拉上被拖船。

4. 拖缆的系结

拖缆的系结应满足牢固、应力分散和便于松绞等要求。为了分散应力，拖缆应先围绕甲板舱室或桅柱等，在另一舷缆桩上各绕一圈，然后在缆桩上绕 8 字。为了便于松出和绞进拖缆，应预先准备好制索器。

在通过的导缆孔或锚链筒的拖缆处用帆布、麻袋等包扎拖缆后涂以牛油，拖航中还应定时加油、检查拖缆的磨损情况。甲板室及舱口的转角处，要用木板衬垫以减小急折。舱口的围板内要用坚固的木方加强。钢丝缆或锚链与甲板摩擦部分，要垫以木座板。

5. 拖航速度的确定

拖航速度取决于拖缆强度、被拖船的阻力和拖船的推力等因素。匀速拖带中，拖船推力等于被拖船的阻力，且低于拖缆强度。

（1）拖缆的强度

拖航中作用于拖缆的力包括被拖船阻力、拖缆阻力以及拖船与被拖船的速度差造成的冲击力等。拖缆的强度可按下式估算：

$$T = \frac{2\eta C}{N} \tag{8-3-3}$$

式中：T——拖缆的安全拖带强度（t）；

η——拖缆的强度系数，钢丝缆可取 0.045；

C——拖缆的直径（mm）；

N——拖缆的安全系数，近距离拖航可取 4，长距离拖航或有风浪影响时取 6~8。

（2）被拖船的阻力

被拖船的阻力包括被拖船的摩擦阻力、剩余阻力以及被拖船推进器的阻力等。当螺旋桨

处于游离状态时,阻力大大下降。静水中被拖船的阻力可按下式估算:

$$R = \frac{D^{2/3}U^2}{K} \qquad (8\text{-}3\text{-}4)$$

式中:R——被拖船的阻力(t);

　　D——被拖船的排水量(t);

　　U——拖航速度(kn);

　　K——系数,可取 3000~4000。

(3)拖航速度的控制

拖缆强度取决于拖缆的尺度,在满足而 $R<T$ 的条件下,可按式(8-3-4)估算出最大允许拖航速度。

可通过观测拖缆的悬垂程度来判断拖航速度是否适当。拖航中拖缆保持符合要求的悬垂量,即说明拖缆所受的张力处于允许的范围之内。一旦发现拖缆露出水面或悬垂量极小,即应减速以缓解拖缆受力。

大洋中,一般情况下拖带运输船舶时,速度常控制在 6~8 kn;而拖带大型驳船、大型钻井平台等物体时,速度多控制在 3~4 kn。在拖航中应充分考虑风、浪、流等气象条件的影响。

二、拖带中的船舶操纵

拖航的过程中应始终确保拖船和被拖船适航,同时在拖带的不同阶段需特别注意拖航系统的安全操作。

1.起拖及加速

拖船和被拖船在拖缆牢固系结之后才可起拖。起拖时应使用微速进车,并尽可能反复使用停车、微速进,在保持拖缆有一定悬垂量的条件下,使被拖船渐渐加速;待拖速达到 2 kn 时,可分段加速,每段加速以 0.5 kn 左右为宜,并始终保持拖缆的悬垂量,直至达到预定的拖航速度。

2.改变航向

需要大幅度改变航向时,应分段实施。避免单次 20° 以上的变向。有潮流、涌浪影响时,每次改向不宜超过 5°;风、流、浪影响较小时每次可变向 5°~10°。每次改向前,拖船需等待被拖船航向与拖船航向一致之后,才可以采取新的转向措施。在受限水域掉头估计掉头区域或旋回水域时,须将拖船、被拖船的船长及拖缆长度一并考虑。

3.拖航中被拖船的偏荡及其抑制

拖航中,被拖船的偏荡运动不但影响拖航的稳定性,还可能增大拖缆的受力、增加拖缆的磨损以及偏离拖带航线等危险。发生偏荡时,应采取下列措施予以抑制。

(1)在保持被拖船正浮的基础上,尽可能增大其尾倾,以增加其航向稳定性。但对于船体受损的船舶,不宜采用注入压载水的方法。

(2)降低拖航速度以减小偏荡幅度。

(3)在被拖船的船尾拖曳一漂浮重物,可增加其航向稳定性。

(4)及时调整拖缆的长度,适当地缩短拖缆的长度可减小偏荡幅度。

(5)改变拖缆的系结方法,如在拖缆上增加抑制索,可减小偏荡幅度。

4. 拖航中的减速、停车和解拖

拖航中的减速和抵达停泊地的停车,均应逐级进行,以避免拖缆因受力突然降低而下垂过大。拖船突然停车,被拖船仍具有较大惯性,因此拖船应微速前进,待被拖船速度逐渐降低后再行停车。只有在两船均已静止并系泊或抛锚后方可解掉拖缆。

第四节　人员落水操纵与弃船

船舶航行中如有船员或旅客落水,需要实施应急操纵以快速寻找落水者。施救落水人员以及弃船时均需要释放救助艇或救生艇筏。人员落水操纵以及释放艇筏的操纵有其特殊性和危险性,需要根据当时环境条件采取适当的应急措施。

一、救助落水者的操船

船舶航行中如有船员或旅客落水,其体力消耗很快,将危及生命,尤其是在低温水域更是如此。因此,需在最短时间内将落水者救起。

1. 人员刚落水时的紧急处置

航行中一旦发现人员落水,应立即采取下列紧急措施:

(1)目击者应抛下就近的救生圈、自发烟雾信号,夜间应抛下自亮灯浮救生圈。

(2)停车并向落水者一舷操满舵,摆开船尾,以免船尾和螺旋桨打到落水者。

(3)发出人员落水警报,启动人员落水应急预案,按照应急部署采取行动。

(4)派专人携带望远镜登高瞭望,不断报告落水者的方位和大概距离。

(5)报告船长,同时通知机舱备车,运用适合当时情况的操纵方法操纵船舶驶近落水者,并准备放艇救助。

2. 驶近落水者船舶操纵方法

人员落水后,应根据当时的具体情况操纵船舶驶近落水者,以便释放救生艇实施救助。IMO A.601(15)决议要求船舶进行人员落水的操纵试验,并将试验结果列入"操纵性手册"中,以便使用。人员落水后的船舶操纵行动分三种情况,即立即行动、延迟行动和人员失踪(搜寻失踪人员):立即行动指发现人员落水后立即采取操纵行动,并使船舶在最短的时间内返回落水者的位置;延迟行动指接到目击者人员落水报告后采取操纵行动,并使船舶较精确地返回落水者的位置;人员失踪后的操纵指接到人员失踪报告后采取行动,并使船舶返回原航迹向上的搜寻操纵。

常用的驶近落水者的操船方法及其适用范围如下:

(1)单旋回(Single Turn)

单旋回驶近落水者所需的时间最短,适用于上述的立即行动,但不适用于延迟行动和人员失踪。其操纵方法如图8-4-1所示,操纵要点如下:

①停车,向落水者一舷操满舵,驶过落水人员后加车;

②距落水者方位剩余20°舷角或航向改变250°时操正舵;

③减速接近落水者并停船施救。

（2）双半旋回（Double Turn）

双半旋回适用于立即行动或延迟行动,也要求能始终看见落水者。其操纵方法如图 8-4-2 所示,操纵要点如下:

①停车,向落水者一舷操满舵,驶过落水者后加车;

②转向 180°并保持与原航向相反的航向航行,即旋回半周;

③当落水者方位达正横后 30°,再一次操满舵旋回半周,把定原航向;

④向落水者上风处定向驶近,适时降速,接近落水者,停船施救。

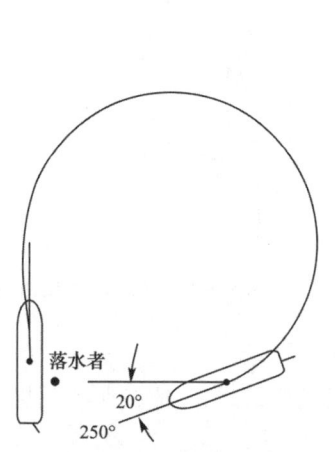

图 8-4-1　单旋回操纵

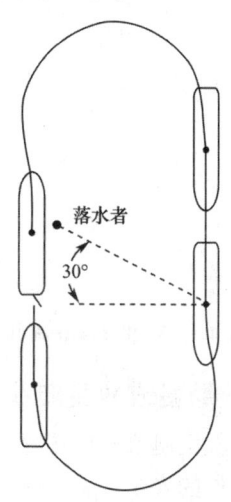

图 8-4-2　双半旋回操纵

（3）Williamson 旋回（Williamson Turn）

Williamson 旋回是最常用的应急操纵方法,这种方法驶近落水者的位置较为精确,在夜间或能见度不良时是有效的接近落水者的操纵方法。多数船舶的人员落水操纵试验采用 Williamson 旋回。Williamson 旋回最适用于上述的延迟行动,对于立即行动和人员失踪也适用。Williamson 旋回的不足是所需时间较长。Williamson 旋回操纵方法如图 8-4-3 所示,要点如下:

①停车,向落水者一舷操满舵,驶过落水者后加车;

②当转向角达到 45°~60°时操相反一舷满舵;

③船首距原初始航向的相反方向差 20°时回正舵;

④待船舶航向变为初始航向的相反方向时把定,发现落水者后适时停车接近落水者。

（4）Scharnow 旋回（Scharnow Turn）

Scharnow 旋回耗时比 Williamson 旋回要少,并可节省 1~2 n mile 的航程。Scharnow 旋回适用于人员失踪,但不适用于立即行动和延迟行动。其操纵方法如图 8-4-4 所示,操纵要点如下:

①向任一舷操满舵;

②当船舶改向达 240°时操另一舷满舵;

③船首距原初始航向的相反航向差 20°时回舵;

④待船舶航向变为初始航向的相反方向时把定,发现落水者后适时停车接近落水者。

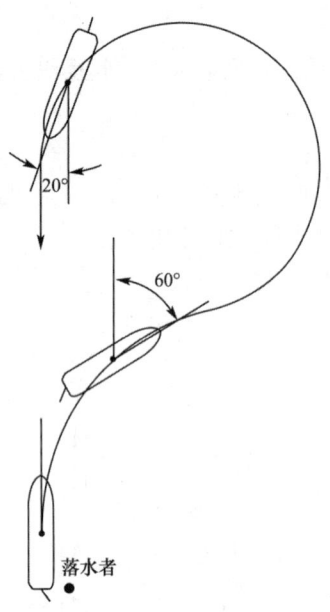

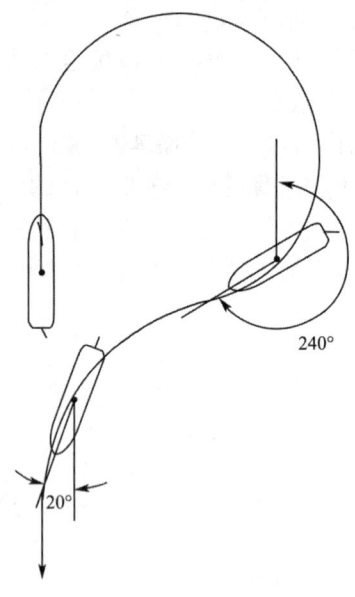

图 8-4-3　Williamson 旋回操纵　　　图 8-4-4　Scharnow 旋回操纵

二、释放救助艇或救生艇筏

航行中释放救生艇或救助艇是救助落水人员的常规操作,应按照有关规定和要求释放,以确保艇上救助人员的安全:

(1)如海面较为平静,应尽早放下救生艇,以免延误时机。

(2)释放救生艇时船舶纵倾应低于10°,横倾应低于20°,船速应不高于5 kn。恶劣天气情况下,船舶可采用滞航操船法释放救生艇。为减少和避免大风浪中救生艇的摇摆及与大船碰撞,可用止荡索、碰垫和艇篙。

(3)救生艇落至水面时船舶最好为对水静止状态。在脱钩之前应将系船索系妥,一般应前后同时脱钩,如不能同时脱钩,应先脱后吊钩,后脱前吊钩。

(4)如海面有风浪,应将船舶驶至落水者的上风侧,释放下风舷救生艇。

(5)救生艇接近落水者的方向取决于相对漂移速度、风况以及事故情况。一般情况下,最好从下风靠近落水者。

(6)大风浪中收艇时,一般应前后同时挂钩,如不能同时挂钩,应先挂前钩,后挂后钩。船舶横摇中挂钩应在大船由一舷横摇至中间位置时进行。

三、弃船

船舶发生碰撞、触礁、火灾、爆炸等事故,经积极抢救无效,事态恶化,确认已无法保全船舶,船舶有沉没危险并将危及船员生命安全时,船长经周密和慎重考虑后可决定弃船。

1. 准备工作

船长做出弃船的决定后应发出弃船警报信号和遇险求救信号。当听到弃船警报信号时,除"途中固定值班人员"外,全体人员应立即穿着救生衣,按应变部署表规定的职责到艇甲板做好准备工作,待命放艇。在弃船前应着重做好以下几个方面的准备工作:

(1)电台负责人应在发出弃船警报信号后,仍在电台值守,发出遇险求救信号,同时做好弃船的准备工作,直到船长通知撤离。

(2)机舱值班人员在听到弃船警报信号后仍应坚持岗位按令操作,在得到完车的通知后,在轮机长的领导下,抓紧做好锅炉熄火放汽、关停发动机和机舱内正在运转中的其他一切设备、关闭海底阀和各个应急遥控油阀等弃船安全防护工作,再携带规定物品撤离机舱登艇。

(3)按应变部署表的规定,由专人做好下列工作:降下国旗并携带登艇;销毁秘密以上等级的文件;由专人分别携带航海日志、轮机日志、电台日志和电台执照、车钟记录簿、出事地点及附近的有关海图、船舶证书、船员名册和旅客名册、救生艇电台、雷达应答器、望远镜、救生圈、手持式无线电对讲机、现金和账册、货运单证等物品登艇;封闭油舱在甲板上的空气口,以免船舶沉没后燃油溢出污染海洋环境。

(4)放艇前,各艇长应检查工作,准备就绪后向船长汇报:艇底塞是否塞牢;淡水、食品是否充足;机动艇燃油柜是否装满燃油;发动机试车是否正常;各种属具是否齐全;各种吊艇装置的技术状态是否良好;是否准备好艇的首尾系缆;船边有无影响艇筏降落的障碍物。

(5)放艇前,船长应向艇长布置下列事项:本船遇险地点;发出的遇险求救信号是否有回答;可能获救的时间、地点;驶往最近陆地或交通线的航向、距离及其他有关指示。

2. 弃船放艇

弃船放艇的操纵与前述救助放艇的操纵类似,大船若不能操纵且预测有沉没危险的情况下应当提前放艇。另外,为保证旅客和船员的安全,弃船放艇应注意以下事项:

(1)做好放艇准备后,由船长下令放艇。

(2)放下救生艇或救生筏后,首先组织旅客安全离船登艇,然后安排船员有秩序地登艇,船长应在确信全船无任何人员后方可登艇离船。

(3)人员登艇后,应迅速在离开遇险船200 m以外集合。

(4)离船后,船长对全体船员和旅客仍保持有完全的责权。

第五节　海上搜寻与救助

如果有船舶遇险或飞机在海上遇难,需要进行海上搜救。海上搜救一般由救助协调中心统一组织进行,参与海上搜救是运输船舶的责任和义务。本节介绍有关海上搜救的主要内容。

一、搜救手册

现行的有关船舶参与海上搜寻与救助的指南为《国际航空和海上搜寻救助手册》(International Aeronautical and Maritime Search and Rescue Manual,IAMSAR)。它是国际海事组织(IMO)与国际民航组织(ICAO)于1998年联合出版的,代替了以前出版的《商船搜救手册》(MERSAR Manual)和《IMO搜救手册》(IMOSAR Manual)。

IAMSAR手册共三册:

第一册为组织管理,内容包括搜救概念、组织、训练、通信与管理;

第二册为任务协调,内容包括搜救系统、通信、得知遇险和初始行动阶段、搜寻计划与技巧、拯救计划、其他紧急救助等;

第三册为移动设施(即船舶和飞机),内容包括提供救助、现场协调和船舶/飞机上的紧急事故处理。

IAMSAR 手册的第一册和第二册供岸上搜救中心使用,而第三册需携带在船上和飞机上,因为船舶和飞机是海上搜救资源。

IAMSAR 手册详细说明了有关搜救事项,包括每个阶段、遇险求救频率、程序、海空通信频率、现场救助通信频率(包括 GMDSS 船舶)、搜寻计划的计算、搜寻技巧等。

二、搜救行动的协调与实施

在国际海事组织海上安全委员会(MSC)的全球搜救计划中,将全球海区划分为 13 个海上搜救责任区(Search and Rescue Region,SRR),每个搜救责任区指定一个沿海国政府为救助协调中心(Rescue Coordination Centre,RCC)。该救助协调中心负责搜集海上紧急信息,建立通信联络,提供搜救服务,并协调同一海区内各国政府之间和相邻海区之间的搜救服务。搜救责任区内的各沿海国应设立自己的救助协调中心,并在本国沿海各分管水区设立救助分中心(Rescue Sub-Centre,RSC)。

1. 海上搜救中现场指挥的协调

救助协调中心、救助分中心收到遇险信号后,应立即派出专业搜救船舶或飞机,或应招事发现场附近的船舶参与搜救行动。当两个或多个搜救设施共同参与一个搜救任务时,由指定的现场协调人(On-Scene Coordinator,OSC)来协调搜救行动,其他参与搜救的设施则按现场协调人的指示参加搜救活动。现场协调人是参加搜救的一个救助单位、船舶或航空器的负责人或第一艘抵达现场的设施负责人。

海面搜寻协调船的识别信号是:白天悬挂国际信号旗"FR";夜间则定常显示预定的识别标志。

2. 船舶实施救助应考虑的一般事项

对水里的幸存人员,救助船可能有必要:

(1)系好攀网、撇缆、绳梯等便于落水人员攀爬的设施。

(2)指定若干船员使用适当装备下水中救援幸存人员。

(3)释放救生艇和(或)救生筏,航行中释放救生艇或救助艇应按照有关规定和要求释放。如果遇险船舶发生火灾,可能需要从上风接近。抛绳枪和必要的系艇索应预先备好,以便和遇险船、艇筏之间系缆时使用。

(4)在船舷系靠一救生筏或救生艇,作为登船站。

(5)对在舷边的遇险人员应选择在船中部位进行救助。

(6)恶劣天气时,应考虑使用镇浪油来减小海浪的影响。经验表明,植物油和动物油,包括鱼油,最适合镇浪;除非无其他方法,否则不得使用燃油,这是因为燃油对水中人员有害;可以使用滑油,滑油危害性较小,试验表明,船舶慢速前进中用橡胶皮龙慢慢向海面释放 200 L 滑油,可以在 5000 m^2 左右海面镇浪。

(7)做好准备,提供初步的医疗处置。

三、直升机救助时船舶应采取的措施

直升机不但在海上搜寻中起到重要作用,在救助落水人员、医疗转移等方面中应用更为普遍。但直升机作业存在较大的风险,为了确保直升机作业的安全,除了直升机驾驶员的操作外,船舶应严格按照有关规定和要求进行准备和操作。

1.船舶与直升机之间的通信

直升机作业期间船舶与直升机之间应建立直接的通信联络,并充分理解所交流的信息。除非预先另有约定,在直升机到达之前,船舶应保持在 VHF16 频道守听。直升机与船舶之间至少在下列方面应进行信息交流:

(1)船舶位置;

(2)到达指定集合地点的航向和航速;

(3)所处海域的气象、海况情况;

(4)如何从空中识别本船(如旗帜、橙色烟雾信号、聚光灯或日光信号灯等)。

2.直升机降落或吊运区的位置

直升机降落或吊运区是指船上操作区。船上操作区应安排在主甲板上,如可行,两舷都要安排。船上操作区由外部操纵区和内部清爽区两部分组成。内部清爽区应尽量靠近船舷。外部操纵区可能延伸至舷外,但所有内部清爽区都不能延伸至舷外。

(1)外部操纵区和内部清爽区由两个同心圆组成的范围构成。外部操纵区直径至少为30 m,该区域内的障碍物高度不得超过 3.0 m。内部清爽区直径至少为 5.0 m,该区域内不得存在障碍物。

(2)留出从舷边顺利进出作业区的通道。

(3)在作业区内确定最佳清爽区位置,如没有障碍物的连续甲板。大型船舶可以在甲板上标出一个区域,漆写一个"H"表示用于直升机降落,或涂成黄色以表示仅用于吊运。

(4)为了减小船舶航行中所产生的扰动气流的影响,建议不要在靠近船首的位置设置上述区域。

(5)夜间吊运区内应提供足够照明,照明灯应妥善安置以免对航行中的飞行员或该区域内的工作人员的视觉造成影响。照明灯的分布应能保证对表面和障碍物标志的正确识别。对于吊运区灯光照不到的位置,船舶应与飞行员协商,尽可能将船舶照亮,尤其是作业区的障碍物,诸如桅杆、烟囱、甲板装置等。

(6)由于直升机起降会产生强烈气流,现场附近的衣物或其他散放物品应移开或系牢。

3.船上安全准备

直升机降落或吊运前,船舶应做好相应准备工作。在作业开始前,应召开会议与所有相关人员讨论关于直升机与船舶间作业的安全须知和操作要领。

(1)在直升机作业期间,应准备好下列消防设备或等效设备:

①至少两个干粉灭火器,总容量不少于 45 kg;

②一个合适的泡沫施放系统(固定式或便携式),具备每平方米清爽区每分钟不少于 6 L的泡沫量,并且能维持该流量至少 5 min;

③二氧化碳灭火器,总容量不少于 18 kg;

④甲板水系统,并且能保证至少有 2 根水柱可以喷射至直升机作业区的任何部位;

⑤至少 2 个具有双重功能的消防水龙带喷嘴;

⑥防火毯或手套和足够的防火服;

⑦在离船点附近放置足够的用于扑灭油火的便携式灭火器;

⑧如有可能,应启动消防水泵,接好水龙带备用。

(2)为使直升机飞行员从空中更好地识别船舶和辨别风向,船舶应悬挂好三角旗或其他旗帜。

(3)所有相关的船员或需转运的人员都应穿好救生衣。当穿救生衣可能使伤病人员的状况恶化时,可以不穿救生衣。伤病人员不应穿宽松的衣服、戴宽松的帽子。

(4)绞缆端部的起吊装置不得与船舶的任何部位固定,并不得与固定设备的索具绞缠。

(5)除非直升机机组人员要求,否则船上人员不要试图去接触起吊装置。起吊装置的金属部分应与甲板接触以防静电。

(6)在装载易燃或爆炸货物的船舶上的可燃混合气体泄漏处附近进行直升机绞盘作业时,为避免因静电导致火灾或爆炸事故,绞盘作业接触船体的地方应远离气体泄漏处或油舱通风孔。

(7)直升机飞行员一般希望顶风(相对风向)从飞行员一侧(右侧)盘旋接近船舶。这时,船舶应保持恒定的船速,并应保持船首左舷30°的风向(如图8-5-1所示);当操作区在船中部附近时,应保持船中正横30°的风向;当操作区在船的前部时,应保持船尾右舷30°的风向。作业区上方应尽可能避免干扰,不受烟雾和其他障碍物的影响。

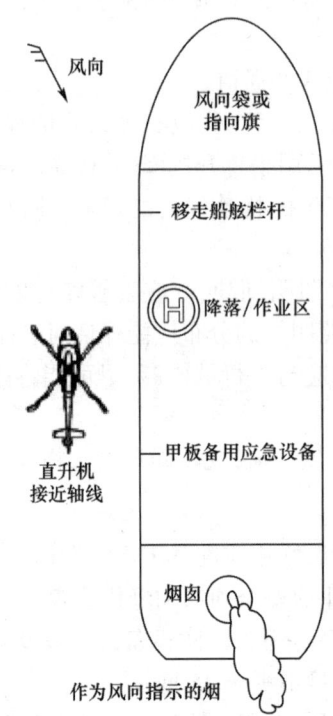

图 8-5-1 直升机接近遇险船舶

(8)从事直升机作业的船舶应悬挂的号型为"球菱球"。

四、搜寻计划

为了使船舶和航空器进行有效的搜寻,最大限度地减小风险和延误,需事先计划好搜寻模式和程序。

1. 搜寻基点

搜寻基点是指进行搜寻活动的地理参考点。在不能从岸上机关得知遇险搜寻基点时,海面搜寻协调船应通过计算遇险者的漂流值,确定搜寻目标存在概率最高的位置,并将该位置定为搜寻基点,向参加救助的船舶和海岸电台进行通报,以该点为中心对所在区域开始进行搜索。确定搜寻基点时应考虑的因素有:

(1)通报遇险的时间和船位。

(2)各救助船到达遇险船船位的时间。

(3)救助船到达之前,遇险船及其艇筏的漂移量。

(4)救助船驶抵现场前,已飞达现场的搜救飞机所做的情况估计。

(5)遇险船舶的漂移速度可由风压漂移和流压漂移的合速度进行估算;漂移方向为漂移速度的矢量方向;漂移距离等于漂移速度与漂移时间(事故发生时或上一次计算基准时间与搜寻开始时的时间间隔)的乘积。

2. 搜寻区域

搜寻区域是搜寻目标有一定存在概率的区域,是一个考虑到所通报遇险位置的不准确性、计算漂移距离有误差而求得的以搜寻基点为中心的区域。

初始搜寻阶段,遇险最有可能存在的区域,是以搜寻基点为中心,以 10 n mile 为半径所作圆的外切正方形区域,如图 8-5-2 所示。

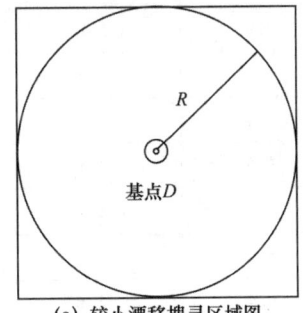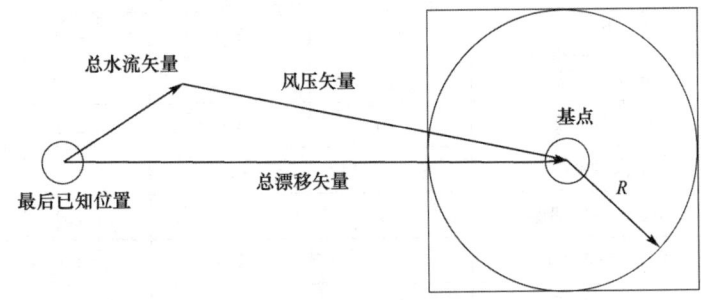

(a) 较小漂移搜寻区域图　　　　　(b) 较大漂移搜寻区域图

图 8-5-2　搜寻区域

当该区域有多艘搜救船舶驶达时可能会有所扩大。然而,从搜救实际结果来看,与其在宽广的搜索区域内粗略地进行搜寻,倒不如在狭窄区域内彻底地进行搜寻。

3. 海面搜寻协调船的规定

海面搜寻协调船根据任务、海区和船舶的具体情况,对搜索的具体要求做出规定。

(1)雷达搜寻的模式虽没有特殊规定,但海面搜寻协调船可按维持 1.5 倍雷达观测距离的间隔要求各船成一列横队进行搜寻(平行搜寻)。

(2)平行搜寻时,各船最初的航向通常应与遇险船的漂移方向一致。

(3)为实施平行搜寻,搜寻速度通常应取最慢船舶能开出的最高船速,以便让所有船舶都能参加平行搜寻。

（4）目视搜寻时应按适合于救助船艘数的搜寻模式实施，平行搜寻模式的间隔可按IAMSAR 手册确定。当搜寻目标为小型艇、筏、运动艇、落水人等较小目标时，该间隔应适当减小。

（5）能见度不良时，应减速、缩小间隔进行搜寻。无雷达或雷达有缺陷的船舶应配置在其他船舶的后面进行搜寻。

4. 搜寻线间距

除了扇形搜寻模式以外，都需要规定一个搜寻线间距，用 S 表示，搜寻线间距可用下式计算：

$$S = S_u \times f_w \qquad (8\text{-}5\text{-}1)$$

式中：S——搜寻线间距（n mile）；

$\quad S_u$——未经修正的搜寻线间距（n mile）；

$\quad f_w$——天气修正系数。

表 8-5-1 给出了未经修正的搜寻线间距的数值。可见，它的大小取决于能见度情况和搜寻目标的具体情况。表 8-5-2 给出了天气修正系数的数值。

表 8-5-1　搜寻线间距

搜寻目标	能见距离（n mile）				
	3	5	10	15	20
落水人员	0.4	0.5	0.6	0.7	0.7
4 人救生筏	2.3	3.2	4.2	4.9	5.5
6 人救生筏	2.5	3.6	5.0	6.2	6.9
15 人救生筏	2.6	4.0	5.1	6.4	7.3
25 人救生筏	2.7	4.2	5.2	6.5	7.5
长度<5 m 的船舶	1.1	1.4	1.9	2.1	2.3
长度 7 m 的船舶	2.0	2.9	4.3	5.2	5.8
长度 12 m 的船舶	2.8	4.5	7.6	9.4	11.6
长度 24 m 的船舶	3.2	5.6	10.7	14.7	18.1

表 8-5-2　天气修正系数

天气	能见距离（n mile）	
	落水人员	救生筏
无风	1.0	1.0
风速>28 km/h（15 kn）或浪高>1.0 m	0.5	0.9
风速>46 km/h（25 kn）或浪高>1.5 m	0.25	0.6

五、搜寻模式

搜寻方式应根据参与搜救的船舶或飞机的数量以及遇险者可能存在范围的大小等因素确定，可供使用的搜寻模式（Search Patterns）主要有扩展方形搜寻、扇形搜寻、平行搜寻等。

1. 扩展方形搜寻(Expanding Square Search)

扩展方形搜寻是从基点开始,逐步扩展正方形边长进行搜寻,见图8-5-3。扩展方形搜寻是用于单船搜寻的一种方式,多船搜寻情况下第一艘到达现场的船舶也适用。如果有可能,最好在基点处投下一艘救生筏或其他漂浮标志以观测漂移速度。此后,它可用作整个搜寻过程中的基点标志。

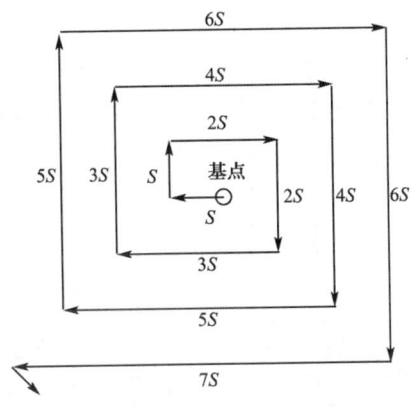

图 8-5-3　扩展方形搜寻模式

2. 扇形搜寻(Sector Search)

扇形搜寻也是用于单船/单飞机搜寻的一种方式,见图8-5-4。搜寻目标的可能存在区域较小,如有人落水或曾看到过搜寻目标但随后不久又丢失等情况,适于实施扇形搜寻,发现目标的可能性比较大。

该搜寻模式的半径通常在2~5 n mile。搜寻中船舶改向角均为右转120°,分两段进行。前一段搜寻结束后(图中实线航迹),应马上右转30°进入后一段搜寻(图中虚线航迹)。

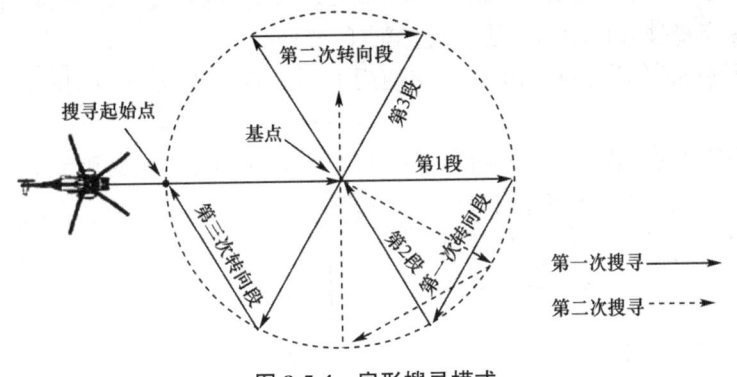

图 8-5-4　扇形搜寻模式

3. 平行搜寻(Parallel Track)

有两艘或多艘船舶参与救助时,可采用平行搜寻模式。平行搜寻的搜寻方向为遇险船的漂移方向,船舶的间隔为搜寻线间距 S。两船、三船、四船和五船以上的平行搜寻模式分别如图8-5-5、图8-5-6、图8-5-7和图8-5-8所示。

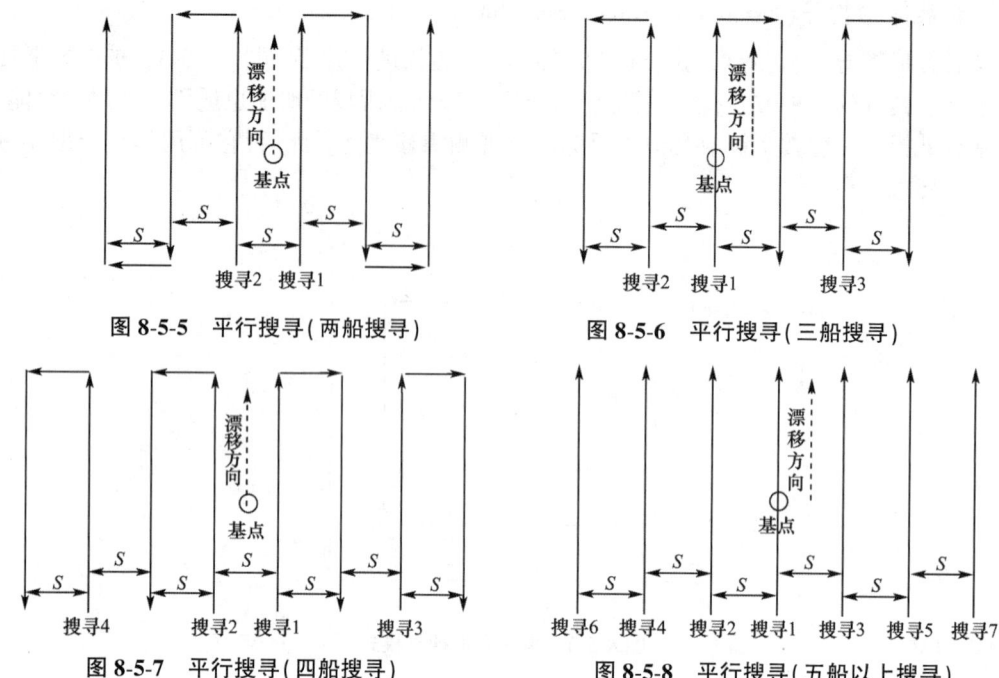

图 8-5-5　平行搜寻(两船搜寻)　　　　　图 8-5-6　平行搜寻(三船搜寻)

图 8-5-7　平行搜寻(四船搜寻)　　　　　图 8-5-8　平行搜寻(五船以上搜寻)

4. 海空协同搜寻(Ship/Aircraft Co-ordinated Search)

海空协同搜寻是由飞机协同船舶共同搜寻的模式,具体如图 8-5-9 所示。实施海空协同搜寻时应注意:

(1)开始搜寻时,早到达的船舶应首先开始扩展正方形搜寻。实施中如飞机赶到时,则船舶仍继续其搜寻,飞机也应单独进入搜寻。

(2)第一阶段搜寻告一段落,海面搜寻协调船或现场指挥应根据船舶到达的艘数,确定可有效发挥船舶和飞机搜寻作用的方法,实施第二阶段搜寻。

(3)海面搜寻协调船有关操船的指令应使用本手册的标准信文,或国际信号规则,或标准航海用语。

(4)在实施搜寻的过程中,仍应全面遵守《1972 年国际海上避碰规则》。

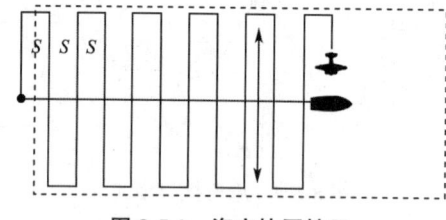

图 8-5-9　海空协同搜寻

六、搜寻终止时的措施

采取适当的搜寻模式开展搜救后,海面搜寻协调船根据生存者是否得救、搜寻成功与否做出搜寻终止的指令。

1. 生存者得救的情况

有负伤者需医生处置,应将其转移至有船医的船舶上。为此,海面搜寻协调可向附近航行的船舶发出邀请医生的紧急通报,或与海岸电台联系,了解附近有船医船舶的存在情况和从陆地派遣医生的可能。

救助活动已全部完成时,海面搜寻协调船在向全部船舶通报搜寻终止的同时,应向海岸电台报告搜寻终止及如下事项:

(1)收容生存者船舶的名称和目的港,收容于各船舶的生存者数量及健康状态;

(2)是否需要医疗援助;

(3)遇险船的现状和是否有碍于航行。

2. 搜寻不成功的情况

当搜寻未取得预定结果时,应根据具体情况由海面搜寻协调船决定是否停止搜寻或者海面搜寻协调船与其他陆上的搜救机构协商处理。

(1)决定停止搜寻时应认真考虑以下问题:

①生存者存在于搜寻区域之内的可能性;

②在已搜寻的区域之内若搜寻目标万一还存在,可以发现该搜寻目标的可能性;

③搜寻船和搜寻飞机能在现场滞留的时间;

④生存者在当时的气温、水温、风、浪等实际条件下得以生存的可能性(着衣完整的人在0 ℃以上的情况下,即使有大风也可能生存)。

(2)海面搜寻协调船在与其他陆上的搜救机构协商的基础上应做如下处理:

①在沿岸水域遇险时,有关停止搜寻的问题应经由最近的海岸电台与陆上的搜救机构协商。

②在海洋水域遇险时,应向救助船通报停止搜寻并请其恢复原航向,同时将通报要点通报陆上的搜救机构。但是,对于处在搜寻区域内及其周围附近的全体船舶,仍要求其继续保持瞭望。

思考题

1. 简述船舶搁浅后的应急措施(立即行动)。

2. 简述为防止损失进一步扩大,船上人员应如何对搁浅船进行固定。

3. 简述船舶脱浅的方法及使用的原则。

4. 简述拖船协助脱浅方法及其注意事项。

5. 简述船舶碰撞前后应采取的应急操纵措施。

6. 简述当我船船首撞入他船船体时,我船应如何进行操纵。

7. 简述在海上拖带时,应如何选择拖缆长度和悬垂量。

8. 简述在海上拖带时,拖船应如何接近被拖船,如何传递拖缆。

9. 简述在海上拖带时,应如何确定拖航速度。

10. 简述拖航操纵的要领。

11. 简述当发现人员落水后,值班驾驶员应立即采取哪些应急措施。

12. 简述单旋回、Williamson 旋回以及 Scharnow 旋回的操纵要点及适用范围。

13. 简述释放救生艇接近落水者的操纵方法及其注意事项。

14. 简述海上搜寻方式的种类及其适用情况。

参考文献

［1］VLCC 研究会. 超大型船舶操纵要点. 人民交通出版社,1982.

［2］苏兴翘. 船舶操纵性. 国防工业出版社,1981.

［3］贾欣乐,杨盐生. 船舶运动数学模型. 大连海事大学出版社,1999.

［4］洪碧光. 船舶操纵. 大连海事大学出版社,2016.

［5］陆志材. 船舶操纵. 大连海事大学出版社,2000.

［6］王逢辰,古文贤,郑经略. 船舶操纵与避碰. 人民交通出版社,1987.

［7］古文贤. 船舶操纵. 大连海事大学出版社,1995.

［8］蒋维清. 船舶原理. 大连海事大学出版社,1998.

［9］赵月林. 船舶操纵. 大连海事大学出版社,1998.

［10］吴秀恒. 船舶操纵性与耐波性(船舶工程专业用). 2 版. 人民交通出版社,1999.

［11］乐美龙. 船舶操纵性预报与港航操纵运动仿真. 上海交通大学出版社,2004.

［12］吴秀恒,刘祖源,施生达,等. 船舶操纵性. 国防工业出版社,2005.

［13］李殿璞. 船舶运动与建模. 2 版. 国防工业出版社,2008.

［14］金一丞,尹勇. 航海模拟器. 科学出版社,2014.

［15］朱仁传,缪国平. 船舶在波浪上的运动理论. 上海交通大学出版社,2019.

［16］盛振邦. 船舶原理(下册). 2 版. 上海交通大学出版社,2019.

［17］杨宗默,李晓松,王义安,等. 船舶操纵模拟技术与工程应用. 人民交通出版社,2021.

［18］郭晨. 船舶系统仿真技术. 国防工业出版社,2023.

［19］FOSSEN T I. Guidance and Control of Ocean Vehicles. John Wiley & Sons Ltd. , Chichester, UK,1994.

［20］ANTHONY F MOLLAND, STEPHEN R TURNOCK, DOMINIC A HUDSON. Ship Resistance and Propulsion. Cambridge University Press,2011.

［21］FOSSEN T I. Handbook of Marine Craft Hydrodynamics and Motion Control, 1st edition, John Wiley & Sons Ltd. , Chichester, UK,2011.

［22］BIRK, LOTHAR. Fundamentals of Ship Hydrodynamics：Fluid Mechanics, Ship Resistance and Propulsion. Wiley Press,2019.

［23］FOSSEN T I. Handbook of Marine Craft Hydrodynamics and Motion Control. 2nd edition. John Wiley & Sons. Ltd. , Chichester, UK,2021.